国家自然科学基金（71172186）资助
西安交通大学人文社科学术著作出版基金资助
财政部"会计名家培养工程"资助
长江大学"楚天学者"特聘教授项目资助

或有事项信息披露及其经济后果：理论与实证

张俊瑞　刘　慧　冷奥琳　刘　彬　著

中国财经出版传媒集团
中国财政经济出版社

图书在版编目（CIP）数据

或有事项信息披露及其经济后果：理论与实证／张俊瑞等著．—北京：中国财政经济出版社，2018.7

ISBN 978 – 7 – 5095 – 8211 – 4

Ⅰ.①或… Ⅱ.①张…②刘…… Ⅲ.①投资分析 – 研究 Ⅳ.①F830.593

中国版本图书馆 CIP 数据核字（2018）第 077474 号

责任编辑：马　真　　　　　　　责任校对：杨瑞琦

中国财政经济出版社 出版

URL：http://ckfz.cfeph.cn

E – mail：cfeph@ cfeph.cn

（版权所有　翻印必究）

社址：北京市海淀区阜成路甲 28 号　邮政编码：100142

营销中心电话：010 – 88191537

天猫网店：中国财政经济出版社旗舰店

网址：https://zgczjjcbs.tmall.com

北京财经印刷厂印刷　各地新华书店经销

710×1000 毫米　16 开　24.5 印张　480 000 字

2018 年 9 月第 1 版　2018 年 9 月北京第 1 次印刷

定价：118.00 元

ISBN 978 – 7 – 5095 – 8211 – 4

（图书出现印装问题，本社负责调换）

本社质量投诉电话：010 – 88190744

打击盗版举报热线：010 – 88191661　QQ：2242791300

序 一

（一）

不确定性（Uncertainty），是我们所处的世界普遍存在的现象。

在经济学中，不确定性指经济行为者在事先不能准确地知道自己的某种决策的结果，或者说，只要经济行为者的一种决策的可能结果不止一种，就会产生不确定性。在风险管理学说中，不确定性是一个风险管理概念，是经济主体不能确知其对未来的收益和损失的分布范围和状态。英国的"百年老店"——巴林银行、美国的能源巨头——安然公司，这些几乎被认为"大而不倒"的商业帝国，却分别因为违规从事高风险业务和内控失灵、大量关联交易和财务舞弊，而轰然坍塌。这恐怕就是不确定性的真实写照。

在我曾做过的系统工程相关研究中提出：对不确定性的研究一直是系统科学的重要理论课题之一，各专门学科中面临的具体不确定性问题种类繁多。在预测与决策过程中，对客观对象内涵的不确定性的识别和把握具有十分重要的作用。根据系统科学的研究成果，现在已能区分三类不同性质的不确定性，即概率型不确定性、模糊型不确定性以及多逻辑冲突型不确定性。不同的不确定性有不同的生成环境和变化规律，需要分别应用不同的方法加以研究。对于实际经济中大量存在的非概率型不确定性，经济人个体偏见不仅不能相互抵消，反而可能相互放大从而形成宏观上的流行偏见，使宏观经济指标与实际经济状态相背离。在股票市场、期货市场的价格波动与预期中，这种情形是屡见不鲜的。正是由于经济人在个体和群体层次上的理性局限性，使经济系统时时呈现出与物质系统的可预测性、可控制性完全不同的某种复杂性，我们称之为结构不良性。通常，经济系统的结构不良性与经济人的有限理性是一对相互关联的因素，两者常常互为因果。

同样，不确定性也是会计学家关注的重要问题。会计学虽然能用科学的方法（比如复式记账）反映企业经济活动的现状，并可据以预测企业的未来，但这些反映和预测同样存在着不确定性。主要是因为：其一，经济活动本身是不确定的，是不可预测的；其二，会计规则无法做到高度精确，存在大量的人为估计和职业判断；其三，人们在运用会计规则时，可能存在着职业偏好或某种特定动机，导致会计选择出现偏差。这些行为最终会反映到财务报表上，把不确定性体现到信息加工和信息传递上，从而影响信息使用者的决策行为，最终影响全社会资源配置的有效性。

在会计学中，还有一个专门反映不确定性的词汇，就是或有事项（Contingencies）。按照会计准则专业的解释，或有事项是指过去的交易或者事项形成的，其结果须由某些未来事项的发生或不发生才能决定的不确定事项。从字面理解，或有，就是或者有，或者无；在经济现实中，有些事项是否发生，取决于未来的环境变化或者法律法规、政策、准则的变迁；某些会计业务是否发生，则取决于某些经济活动是发生还是不发生、如何发生这样一些不确定性。因此，或有事项信息是会计信息的重要组成部分，在经济业务日益复杂、新兴业务不断涌现、经济纠纷频繁发生的背景下，规范或有事项的会计处理及其信息披露变得越来越重要，其披露与否以及披露的程度、披露的质量，对于投资者的决策有着重要的影响。

或有事项因其不确定性而对企业持续经营和长远发展产生不能忽视的消极影响；企业应当积极客观地披露因存在或有事项而承担的财务风险、运营风险，使投资人、债权人和其他利益相关者能够及时获得充分的财务报告信息，进而做出相应的决策。但是我国上市公司对或有事项信息的披露却往往忽视，披露违规、隐瞒不披露或披露不及时的情况屡屡发生；一些上市公司往往采取不披露、少披露、推迟披露等违规的会计信息披露方式，这就使得投资者不能获得充分、有用的或有事项会计信息。同时对于上市公司来说，或有事项中的担保、诉讼事项往往会带来巨额损失进而导致企业经营失败，如果不加以防范，很有可能使企业进入终止经营或破产清算的境地。然而长期以来，学术界与实务界对企业或有事项的关注较为缺乏，尚未形成对或有事项系统、全面的经验研究成果；公众对上市公司或有事项的披露情况、或有事项潜在的消极经济后果的预判也较为匮乏。

对或有事项的会计确认、会计计量与会计报告虽然是财务会计的重要构成部分，但长期以来，因其模糊性、边缘性、复杂性，对或有事项的研究和学术文献较为罕见。尤其是在浩如烟海的会计学、管理学著作中，尚缺乏一部系统研究或有事项及其信息披露的专门著作。

（二）

张俊瑞教授等人合著的《或有事项信息披露及其经济后果：理论与实证》一书的出版，在一定程度上弥补了国内系统研究或有事项的空白，对该领域的学术研究与财务会计的发展具有重要的推动作用。

我以为，本著作的主要内容和特点如下：

1. 研究视角新颖、独特。上市公司发生的很多或有事项通常涉及重大金额，给公司带来较大不确定性，当经济事件真正发生时，又会对资本市场产生重大影响。国内现有文献忽视了对或有事项问题的研究，成果贫乏。本著作以我国上市公司频繁发生的对外担保、未决诉讼等各类或有事项的现实案例为依据，以上市公司或有事项信息披露为研究对象，以保护投资者利益为目的，进行了专题研究，研究内容新颖，视角独特，扩展了信息披露领域的研究文献，补充了或有事项问题的研究成果。

2. 研究内容完整、系统。本著作的主要研究内容包括：或有事项会计确认、计量与披露概念研究；或有事项披露动机及经济后果的理论分析；或有事项相关理论文献梳理与评述（债务担保、未决诉讼、环境污染、质量保证、承诺事项、票据背书贴现等相关理论）；或有事项研究数据搜集及数据库建立；或有事项信息披露（披露动机、经济后果）的实证研究；债务担保经济后果的理论分析和实证研究；担保市场风险传递的关系研究；基于定价的财务特征对担保双方行为选择机理的研究；财务特征对担保方定价策略影响的实证研究；未决诉讼的影响因素研究；未决诉讼的经济后果研究等。

3. 研究方法多样、综合。目前国内有关或有事项信息披露的研究较多采用规范研究方法，实证研究方法较少，本著作则结合多种实证研究方法以实现研究目标。通过检验或有事项是否发生、披露与否、比较上市公司披露和未披露具有重大影响的或有事项在所依附的经济事项最终发生后股价和交易量的变动程度，以期找到或有事项的披露和发生可能引起股价波动的规律，并根据先验检验和后验检验计算或有事项披露对股价影响的期望值，从概率论的角度科学证明或有事项的规范披露对投资者以及上市公司皆有益的观点，进而提升了研究结论的可靠性。

4. 研究成果丰富、创新。本著作依托于国家自然科学基金项目，经过六年的系统研究，张俊瑞教授带领研究团队取得了丰富的研究成果，很多成果具有显著的创新性。他们不仅进行了卓有成效的理论分析，而且通过手工挖掘建立了"或有事项数据库"，并以此为基础开展了系列实证研究。他们取得的一系列成果、尤其是对上市公司债务担保和未决诉讼的研究在国内外达到领先水平。部分研究成果被多家企业采纳并应用，取得了良好的技术经济效益。

我认为，本著作所体现的学术成果是系统的、显著的、创新的，完全可以作为研究生和其他研究者学习和研究或有事项等相关问题的专业文献。

鉴于本著作是近年来财务会计与资本市场相关研究领域不可多得的一部学术专著，我乐于为其出版作序。

中国工程院　院士
西安交通大学教授，管理学院名誉院长　汪应洛

公元 2018 年 5 月 20 日，于西安

序 二

确定性是相对的，不确定性永远是绝对的。正如美国前财政部部长鲁宾所说，"天下唯一确定的是不确定性"。人类活动如此，经济活动如此，会计亦如此。无论是财务会计，还是管理会计，经常面对着不确定的经济环境，发生着不确定的经济事项，诸如信贷、承诺、担保、抵押、质押、背书、诉讼等各类业务，无时无刻不在各类企业中发生着。这些事项或现象的背后，往往就隐藏着大量的不确定性。

在财务会计中，以上很多事项都归于或有事项之列。随着经济发展，经济业务日益复杂化，或有事项业务类型也日益多样化，发生或有事项业务的企业越来越多。然而，纵观近年来我国或有事项会计信息披露状况，虽然整体来看较为合规，但上市公司因或有事项信息披露不充分、不及时而遭受处罚甚至面临退市风险的事件仍不胜枚举。客观地说，或有事项虽然只是财务会计大海之一粟，在庞大的财务会计体系中并非那么显眼，但这些事项却往往以高不确定性的特征，可能对企业财务报表以及企业业绩产生重大，甚至致命的影响。

从财务会计研究来看，主流研究主要关注盈余管理、会计选择、盈余质量、信息披露等方面，学术界对或有事项的关注很不够，这一方面是因为或有事项数据欠缺以及或有事项披露不充分、不规范，导致围绕该领域的理论研究较少，所形成的学术成果也很不够；另一方面，或有事项多为表外项目，而表外项目往往不为分析师和报表用户所关注，故而也难以为学术界所重视。因此，当我读到张俊瑞教授等人《或有事项信息披露及其经济后果：理论与实证》这部著作时，内心倍感喜悦与欣慰，这是一部采用规范与实证研究方法系统研究或有事项信息披露及其经济后果的学术专著，该专著的问世在一定程度上将填补国内或有事项研究领域的空白，对该领域的学术研究与财务会计领域的学术发展具有重要的贡献。

在这部专著中，著者全面、系统地分析了我国2 000多家上市公司或有事项信息披露的现状，充分搜集客观数据、辅以中国上市公司的相关典型案例，用事实说话，指出我国上市公司在或有事项信息披露过程中暴露出来的种种问题；然后对或有事项的国内外相关研究进行了较为全面的梳理与回顾，分析了或有事项信息披露对投资者保护的重要作用，深入挖掘了上市公司或有事项信息披露的动机，提升了这项研究的意义；更难能可贵的是，六年前在开始本项研究之初，由于进行实证研究面临缺乏数据的困境,著者不畏艰辛、克服困难,采取手工查阅跨度长达六年的上市公司年报、中报、临时公告等公开披露信息,建立了"上市公司或有事项数据库",为其开展实证研究、获得客观经验证据、形成系列研究成果并最终形成这本探索性的学术专著奠定了坚实的基础,再次验证了"数据是实证研究的基础"的真谛。

我相信,本专著的出版,对于财务会计研究者具有重要的文献价值,对于财务会计相关领域的研究、尤其是非主流领域的研究具有积极的推动作用。

书山有路勤为径,学海无涯苦作舟。期待张俊瑞教授以及团队成员在未来的学术道路上,不断取得更多、更好的研究成果。

在本书即将付梓之际,我衷心祝贺本专著的出版,并乐为之序。

上海财经大学资深教授 孙铮

2018 年 5 月 30 日

前　言

本书以或有事项信息披露为研究核心，以委托代理理论、信号传递理论、财务风险理论等经典理论为基础，以我国2000多家上市公司为对象，通过手工收集方式获取了A股上市公司涉及对外担保、未决诉讼、票据贴现、产品质量保证等多项或有事项大样本数据，构建了"上市公司或有事项数据库"。基于收集的数据，结合公司治理理论和其他相关理论，通过分析上市公司或有事项披露的现状，采用理论分析和实证检验等方法，我们在诸多方面取得了具有创新性的研究发现。

本书的主要内容包括：导论；或有事项会计确认、计量、披露与相关法律法规；或有事项研究综述（债务担保、未决诉讼、环境污染、质量保证、承诺事项、票据背书贴现等相关理论）；或有事项信息披露的理论与实证研究；债务担保与持续经营不确定性审计意见关系研究；基于担保方视角的债务担保、会计稳健性与债务成本关系研究；债务担保、审计意见与债务成本关系研究；担保市场风险传递与交易撮合研究；未决诉讼的影响因素研究；未决诉讼的经济后果研究。

本书的创新性的重点研究成果主要包括：

第一，首次详细、深入地了解了我国上市公司或有事项信息披露现状，并从中寻找或有事项信息披露存在的问题，同时辅以中国上市公司的相关典型案例，向读者更为直观地剖析展示或有事项信息披露的重要性及其可能引发的经济后果。

第二，系统地回顾了国内外学者对或有事项信息披露的研究情况，并按照或有事项的类型逐个进行了研究综述。形成了较为完整的或有事项信息相关研究的系统总结。

第三，基于我们建立的"上市公司或有事项数据库"，对中国上市公司中最为高发、最为典型的两类或有事项——对外担保与未决诉讼，进行全面细致的理论与实践研究，得到了以下一系列宝贵的研究结论：

通过对上市公司或有事项信息披露行为动机和影响机理的研究，发现上市公司对外担保对其自身违约风险并无显著影响，而对于子公司、股东和关联方提供担保则会增加其违约风险；上市公司管理层包括或有事项信息在内的业绩预告存在机会主义行为；终极控制人特征会对上市公司业绩预告的精度和准确性产生显著影响。同时，实证还发现：投资者保护水平高的地区能显著增加公司的对外担保行为；法治水平高的地区，增加公司社会责任报告的披露会有效降低公司的诉讼风险。

通过对产权性质、金字塔股权结构、股权激励、多元化等对于关联担保影响的研究，我们发现，相比非国有公司，国有上市公司会更积极地为第三方提供债务担保；公司的控制权、现金流权越大，两权分离度越大，上市公司越可能发生关联担保；高管持股比例与是否发生对外担保、是否过度对外担保和对外担保规模均显著负相关；公司多元化程度与关联担保正相关，与非相关多元化相比，相关多元化更能提高关联担保比例。

通过对上市公司或有事项经济后果的研究，我们发现：（1）企业的对外担保行为显著增加了企业自身的债务融资成本，说明债权人对于企业对外担保的行为持谨慎态度；（2）存在对外担保的上市公司其面临的融资约束显著大于不存在对外担保的上市公司；（3）存在未决诉讼的上市公司获取银行债务融资的成本比不存在未决诉讼的上市公司更高；（4）担保规模越大的上市公司越容易被审计师出具持续经营不确定性审计意见，提供风险担保的上市公司更容易被审计师出具有保留意见的审计报告，等等。

第四，通过构建或有事项披露博弈模型、担保风险传播机理和网络构架，对或有事项以及会计信息披露和监管提供了相应策略。指出监管者要采取"双管齐下"的监管策略，即在加强监管力度的同时，加重对违规行为的处罚才能起到有效的监管效果；同时在现有信息披露监管框架之上，考虑节点企业在网络中的位置及担保规模，防范系统性风险的发生。

作者

2018 年 5 月

目 录

第一章 导 论 ……………………………………………………………（1）
 第一节 或有事项信息披露现状 ……………………………………（2）
 第二节 我国上市公司担保现状与经典案例分析 …………………（6）
 第三节 我国上市公司诉讼现状分析 ………………………………（12）
 第四节 本章小结 ……………………………………………………（14）

第二章 或有事项会计确认、计量、披露与相关法律法规 …………（15）
 第一节 或有事项概念界定 …………………………………………（15）
 第二节 或有事项的分类 ……………………………………………（17）
 第三节 或有事项的确认、计量与披露 ……………………………（22）
 第三节 担保的概念与相关法律法规 ………………………………（37）
 第四节 诉讼的相关法律法规及政策规定 …………………………（45）
 第五节 本章小结 ……………………………………………………（50）

第三章 或有事项研究综述 ……………………………………………（51）
 第一节 或有事项披露的研究综述 …………………………………（51）
 第二节 或有事项披露动机研究综述 ………………………………（54）
 第三节 或有事项披露经济后果研究综述 …………………………（57）
 第四节 债务担保的相关理论分析 …………………………………（59）
 第五节 未决诉讼的相关理论分析 …………………………………（63）
 第六节 环境污染整治的相关研究综述 ……………………………（65）
 第七节 产品质量保证的相关研究综述 ……………………………（70）
 第八节 承诺事项的相关研究综述 …………………………………（74）
 第九节 票据贴现、背书的相关研究综述 …………………………（78）
 第十节 本章小结 ……………………………………………………（79）

第四章 或有事项信息披露的理论与实证研究 …………………（80）
第一节 或有事项披露动机研究 ………………………………（80）
第二节 或有事项披露对银行信贷决策的影响研究 …………（97）
第三节 基于博弈论模型的或有事项披露治理策略 …………（104）
第四节 本章小结 ………………………………………………（110）

第五章 债务担保与持续经营不确定性审计意见关系研究 ……（111）
第一节 债务担保与持续经营不确定性审计意见关系理论分析 …（111）
第二节 债务担保与持续经营不确定性审计意见关系实证检验 …（115）
第三节 本章小结 ………………………………………………（121）

第六章 基于担保方视角的债务担保、会计稳健性与债务成本关系研究 ……（122）
第一节 债务担保、会计稳健性与债务成本关系理论分析 …（122）
第二节 债务担保、会计稳健性与债务成本关系实证检验 …（134）
第三节 本章小结 ………………………………………………（148）

第七章 债务担保、审计意见与债务成本关系研究 ……………（151）
第一节 债务担保、审计意见与债务成本关系理论分析 ……（151）
第二节 债务担保、审计意见与债务成本关系实证检验 ……（154）
第三节 本章小结 ………………………………………………（164）

第八章 担保市场风险传递与交易撮合研究 ……………………（166）
第一节 担保与风险传递 ………………………………………（166）
第二节 基于定价的财务特征对担保双方行为选择机理研究 …（180）
第三节 财务特征对担保方定价策略影响的实证研究 ………（187）
第四节 或有事项风险传染监管策略 …………………………（197）
第五节 本章小结 ………………………………………………（201）

第九章 未决诉讼的影响因素研究 ………………………………（202）
第一节 分析师跟进对企业未决诉讼的治理作用 ……………（203）
第二节 企业社会责任报告对企业未决诉讼的治理作用 ……（211）
第三节 企业内部控制对其未决诉讼的治理作用 ……………（223）
第四节 本章小结 ………………………………………………（236）

第十章　未决诉讼的经济后果研究 ································· (237)
　　第一节　公司诉讼事项披露的市场反应 ···························· (238)
　　第二节　未决诉讼对企业债务融资成本的影响 ···················· (258)
　　第三节　未决诉讼对审计意见类型、审计费用以及审计报告时滞的影响 ··· (269)
　　第四节　未决诉讼对高管薪酬的影响 ······························ (288)
　　第五节　未决诉讼对公司经营效率的影响 ························· (296)
　　第六节　本章小结 ·· (312)

参考文献 ·· (314)

附录1：或有事项研究数据搜集及数据库建立 ························ (332)
附录2：企业会计准则第13号——或有事项（2006年） ·············· (333)
附录3：国际会计准则第37号（IAS37）——准备、或有负债和或有资产 ··· (336)
附录4：中华人民共和国担保法 ······································· (348)
附录5：中华人民共和国担保法司法解释 ····························· (359)
附录6：企业对外担保的内部控制制度（例） ························ (372)

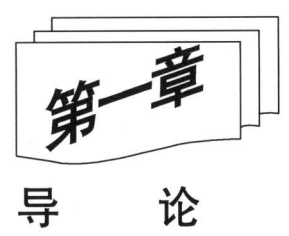

导　论

　　经过20多年的发展，中国的资本市场依旧处于探索与完善的进程之中，有效促进资源的合理配置、保护投资者利益以实现利益相关者价值最大化是这一进程的目标。会计信息在促进资源合理配置中发挥着越来越重要的作用，信息的充分、及时披露能使投资者根据获得的客观信息更好地评价企业潜在的风险和可能获得的投资收益，有助于其做出合理的、正确的决策。因此，信息质量的高低对于全社会的资源配置有着极其重要的影响。

　　或有事项，是指过去的交易或者事项形成的，其结果须由某些未来事项的发生或不发生才能决定的不确定事项。根据中国《企业会计准则13号——或有事项》的规定，企业应当在财务报告附注中披露与或有事项有关的信息，包括预计负债、或有负债的种类、形成原因以及经济利益流出不确定性的说明等。对于企业来说，或有事项中的担保、诉讼事项往往会带来巨额损失进而导致企业经营的失败。由此可见，或有事项作为一项极为重要的会计信息，其披露与否以及披露的程度、披露的质量，对于投资者的决策有着重要的影响。或有事项信息是会计信息的重要组成部分，在经济业务日益复杂、新兴业务不断涌现、经济纠纷频繁发生的背景下，规范或有事项的会计处理及其信息披露变得越来越重要，并日益成为保护投资者利益的重要手段。

　　然而，我国上市公司往往忽视对或有事项信息的披露，披露违规、隐瞒不披露或披露不及时的情况屡屡发生。例如：ST沪科在2010年因未按规定披露为控股股东的关联方提供担保、公司银行存款被银行划扣、公司资金被控股股东关联方占用等多项事项而受到中国证监会的处罚；ST贤成于2009年因未及时披露向关联方及非关联方提供合计56 943.2万元的担保事项而受到证监会行政处罚；广发银行于 2017 年 11 月因违规担保被银监会处罚 7.22 亿元。从以上事例可以看出，一些上市公司往往采取不披露、少披露、推迟披露等违规的会计信息披露方式，这就使得投资者不能获得充分、有用的或有事项会计信息，产生了代理人与投资者之间或有事项信息的不对称。

同时，因未及时披露、未披露或未按规定披露或有事项而受到中国证监会处罚的上市公司也不在少数。很多违规披露或有事项的案例牵涉的金额巨大，部分公司甚至多次违规、情节严重，如果不予重视，将极大地损害证券市场的信息透明和健康发展，进而损害到广大投资者的利益。例如：ST 九发和 ST 东盛分别于 2008 年和 2010 年因未按照规定披露担保造成投资者利益受损进而受到证监会的相应惩罚和投资者诉讼；紫金矿业于 2010 年因未按规定披露环境污染事项而引起股价下跌和证监会的立案调查。这表明或有事项在资本市场所扮演的角色日渐突出，在会计信息披露机制中，可以把政府监管部门看成是委托人，企业是代理人，两者处于信息不对称地位，政府监管部门要对有关或有事项的信息披露进行管制。

由于或有事项具有不确定性的特征，其对企业持续经营和长远发展的不利影响不容小觑；企业因存在或有事项而承担的财务风险、运营风险应当通过财务报告加以全面、系统地反映，使投资人、债权人和其他利益相关者能够及时获得充分的财务报告信息，进而做出相应的决策。对于上市公司来说，或有事项中的担保、诉讼事项往往会带来巨额损失进而导致企业经营失败，如果不加以防范，很有可能使企业进入终止经营或破产清算境地。由此可见，或有事项作为一项极为重要的财务会计信息，企业是否披露以及披露的程度、披露的质量如何，都会对会计信息使用者的投资决策、信贷决策及其他产生重大的影响。

在中国资本市场不断发展壮大且日趋成熟的特殊背景下，或有事项信息披露的规范与否对于资本市场健康发展、保护投资者合法权益起着至关重要的作用。因此，本书在了解、分析我国上市公司或有事项信息披露现状的基础上，通过对或有事项的相关文献进行系统梳理，分析或有事项信息披露对投资者保护的重要意义，深入挖掘上市公司或有事项信息披露的动机，寻找或有事项信息披露存在的问题，从投资者保护的视角出发，系统分析或有事项信息披露与投资者保护之间关系的机理，分析或有事项信息披露可能带来的经济后果，为保护投资者利益提供依据，为政府机构制定保护投资者利益的相关法规、促进资本市场健康发展的治理策略提供依据。

第一节 或有事项信息披露现状

一、基于大样本的或有事项信息披露现状

根据我们的收集和整理，我国上市公司 2007—2011 年或有事项信息披露情况如

图 1-1 所示。其中，披露最多的为债务担保事项，共有 4 027 个样本，占到了 2007—2011 年总样本的 59.73%；其次为票据贴现与背书，有 2 545 个样本；而环境整治、产品质量保证和亏损合同的相关披露最少，分别为 30、13 和 7 个样本。课题组注意到，2007 年以后证监会披露的上市公司违规处罚行为中涉及或有事项中的担保事项有 470 件，诉讼事项有 150 件以及环境污染事项 9 件。这说明随着相关法律法规的完善，我国上市公司或有事项信息披露行为虽然日渐改善，但仍然存在信息披露不充分的问题。

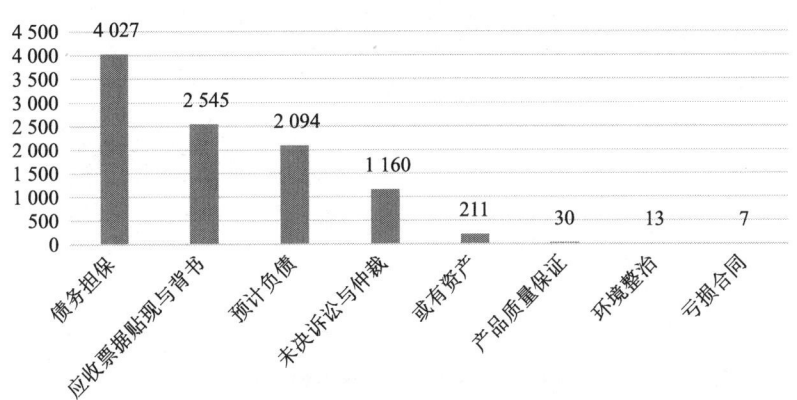

图 1-1　2007—2011 年我国上市公司或有事项信息披露分布

依托项目组前期建立的"或有事项数据库"（详见附录），在此选取 2009—2011 年或有事项分类披露状况进行统计，详见表 1-1、表 1-2、表 1-3。

表 1-1　2009 年或有事项信息披露状况

	农、林、牧、渔	采掘	制造	电力、煤气水	装饰装修	交通运输、仓储	信息技术	批发零售	房地产	社会服务	传播文化	综合	合计	%
样本数	26	34	810	60	30	52	79	99	114	44	14	43	1 405	100
担保事项	15	16	376	37	15	19	36	61	83	19	6	30	713	51
未决诉讼	3	4	46	2	3	3	4	12	9	6	0	3	95	7
票据贴现或背书转让	3	4	162	14	3	2	10	10	8	4	2	10	232	17
预计负债	1	6	62	9	3	1	6	14	17	7	0	9	135	10
产品质量保证	0	0	7	1	0	0	1	2	0	0	0	1	13	1
其他	3	3	52	2	5	5	5	7	14	4	0	3	103	7
或有事项披露	19	23	463	44	20	27	43	74	93	26	6	36	874	62
或有事项披露比例%	73	68	57	73	67	52	54	75	82	59	43	84	62	

表 1-2　　　　　　　　　2010 年或有事项信息披露状况

	农、林、牧、渔	采掘	制造	电力、煤气水	装饰装修	交通运输、仓储	信息技术	批发零售	房地产	社会服务	传播文化	综合	合计	%
样本数	29	36	872	60	30	51	89	102	118	44	16	44	1 491	100
担保事项	13	18	372	41	16	24	30	65	81	16	4	32	712	48
未决诉讼	1	4	42	2	4	1	7	8	13	5	1	2	90	6
票据贴现或背书转让	0	6	152	11	4	3	9	9	9	1	2	5	211	14
预计负债	1	8	79	10	2	3	6	18	19	4	1	6	157	11
产品质量保证	0	0	6	1	0	0	0	0	2	0	0	0	9	1
其他	2	2	53	1	6	4	5	6	12	3	0	3	97	7
或有事项披露	14	25	457	44	19	28	40	73	92	21	6	35	854	57
或有事项披露比例%	48	69	52	73	63	55	45	72	78	48	38	80	57	

表 1-3　　　　　　　　　2011 年或有事项信息披露状况

	农、林、牧、渔	采掘	制造	电力、煤气水	装饰装修	交通运输、仓储	信息技术	批发零售	房地产	社会服务	传播文化	综合	合计	%
样本数	32	38	1 028	62	37	54	106	112	116	48	15	45	1 693	100
担保事项	14	20	368	42	16	27	30	60	83	16	4	32	712	42
未决诉讼	3	1	45	4	3	2	11	8	10	4	1	3	95	6
票据贴现或背书转让	1	9	160	12	6	4	11	7	12	1	1	7	231	14
预计负债	3	6	74	9	3	2	4	16	20	5	0	6	148	9
产品质量保证	0	0	8	1	0	0	0	0	0	0	0	0	9	1
其他	3	2	48	3	4	7	5	7	9	3	0	2	93	5
或有事项披露	15	24	456	44	18	33	39	70	90	22	5	36	852	50
或有事项披露比例%	47	63	44	71	49	61	37	63	78	45	33	80	50	

从 2009 年至 2011 年，或有事项样本数量在逐年递增，而样本公司中披露或有事项的比例已经超过50%，三年分别为62%，57% 和51%，说明或有事项的发生和披露十分普遍。与此同时，在所选样本中，综合类的或有事项披露比例最高，分别

为84%、80%和81%，其次是房地产类，这与行业间的经营背景不同有关。

或有事项中发生比例最高的是担保事项。担保事项在样本公司中普遍存在，作为担保方的公司在被担保方无法履行契约合同的情况下要承担连带责任。这种类型的事项随着发生被担保方无法履约的可能性和金额的变化，给企业带来的风险也随之可大可小。从上表中可见，样本公司中披露担保事项的比例每年都在40%—50%之间。

其次是票据贴现和背书转让事项。商业承兑汇票贴现或者转让后，背书人并不因此而转让了所有权利及义务，反而会因为承兑人无法履行契约而承担连带责任。样本公司中披露票据贴现和背书转让的比例在15%左右。

未决诉讼和仲裁是当事人在不能通过协商解决问题的情况下，通过法律途径请求法院解决纠纷的事项。因此，能否了结官司对于被告来说是潜在的或者显示的义务，官司可大可小，给公司带来的影响体现在各个方面。样本公司年报中披露未决诉讼和仲裁的比例在6%左右。

产品质量保证，是公司在销售产品提供劳务后，给顾客的一种承诺，若产品未达到承诺的质量要求，公司将有义务对产品进行更换、回收修理等服务。这样的承诺一方面形成了一项潜在的负债，另外一方面向消费者显示了公司良好的市场形象。样本公司年报中披露产品质量保证的比例只有不到1%。

其他类别包含了除担保事项、票据贴现和背书转让、未决诉讼和仲裁、产品质量保证，以及发生比例非常低的债务重组、环境污染整治、亏损合同和或有资产以外的其他或有事项。样本公司年报中披露其他类别或有负债的比例为6%～7%。

预计负债的确认，除了满足负债的基本确认条件之外，还需要具有以下特征：（1）该项义务是企业承担的现时义务，而非潜在义务；（2）该项义务的履行导致经济利益很可能流出企业；（3）该义务的金额能够可靠计量。样本公司中达到确认为预计负债条件的事项在10%左右。

二、基于抽样调查的或有事项信息披露现状

为了了解我国上市公司或有事项披露的现状，我们从2013年度发布的2 621家A股上市公司年报中，随机抽取300家作为研究样本，对其或有事项信息披露进行统计分析。统计结果显示，在随机抽取的300家上市公司的年报中，有12家上市公司未在财务报表附注中设立"或有事项"这一内容披露；288家设立了"或有事项"披露内容的上市公司中，仅有150家披露了或有事项，另外138家上市公司在"或有事项"这一内容下，显示"本年度无或有事项"等字样。但是进一步分析这些上市公司的年报后发现，这些公司大多存在符合"或有事项"定义的不确定性事项，如：对外担保、未决诉讼、产品质量保证、亏损合同等，但这些事项均在年报其他部分分散披露，并未特别强调这些事项作为"或有事项"的特点。比如在这

138家"或有事项"内容披露为"无"的上市公司中,有98家上市公司是存在对外担保事项的,仅在"重要事项"中予以披露,并未体现在"或有事项"的披露中;还有61家上市公司是存在未决诉讼事项的,但仅在如"其他重要事项"等内容中予以披露,也未体现在"或有事项"的披露中;还有4家上市公司完全未披露未决诉讼事项内容,仅在"预计负债"的披露中显示预计负债的原因是未决诉讼。并且在整体统计后发现,上市公司即使对"或有事项"进行披露,也大都局限于对外担保与未决诉讼或仲裁,对产品质量保证、环境污染整治、亏损合同等事项并未纳入或有事项考虑。抽样样本中,有19家上市公司及其子公司属于国家环境保护部门规定的重污染行业,其中6家有"环境污染整治"的相关内容在年报其他部分有所显示,如"研发支出"部分提到了对环境污染整治的投入,但是都未体现到或有事项的披露中;此外,还有9家上市公司披露了"产品质量保证金"的情况,其中4家还说明了产品质量发生问题的可能性,但是均未在"或有事项"中予以披露。

总之,我国上市公司的或有事项披露较不规范,存在该披露而未披露、披露不详尽、披露不恰当等问题。根据抽样样本的统计分析可以看到,上市公司对或有事项所引起的"或有负债"的判断尤为模糊,几乎没有上市公司对其或有事项发生的可能性进行科学合理的评估并予以披露,对于或有负债发生的可能性是否超过50%没有清晰的界定,因此预计负债的计提与否也缺乏合理依据。这使得企业的或有事项信息在经营者与投资者、经营者与监管者之间存在信息不对称;结合会计准则中对于或有事项的确认与披露的规定来看,对或有事项的会计估计和信息披露方面也给予了管理层一定的自由裁量权。在现实中对或有事项发生的可能性往往难以客观准确地把握,主要依赖于管理者根据其所掌握的信息进行估计。这就赋予了管理层很大的执行空间,便于其对或有事项确认、计量和披露的操纵,导致管理者隐瞒或者不按规定披露或有事项,进而影响到投资者等会计信息使用者的决策。

第二节 我国上市公司担保现状与经典案例分析

一、担保及相关概念界定

担保,是指法律为确保特定的债权人实现债权,以债务人或第三人的信用或者特定财产来督促债务人履行债务的制度。《中国华人民共和国担保法》中所称担保,又称债权担保、债的担保、债务担保。担保也是一个总括的概念,内涵丰富,外延广泛。担保的实质是承诺,是对担保人和被担保人行为的一种约束。担保一般发生在经济行为中,如被担保人到时不履行承诺,一般由担保人代被担保人先行履行承诺。

债务担保制度的出现是为了帮助有融资需求的企业获得发展所需的资金，其最基本的目标是促进企业的融资活动和资本市场的发展。为了促进企业经营活动的顺利进行，企业在合理范围内为其他企业提供债务担保属于一种正常的商业行为。可是一些上市公司因过度提供债务担保而深陷债务泥潭，不仅为担保企业带来巨大的财务风险，而且影响了资本市场的健康发展（罗党论和唐清泉，2007）。

二、我国上市公司担保现状分析

近年来，我国债务担保市场的增长十分迅速。根据 Dybvig 等（2011）的研究，我国在 2005 年末仅仅有不到 3 000 家专业信用担保公司，而到 2010 年末，这一数字增加到大约 6 000 家。从这些专业担保机构提供的债务担保规模来看，在 2009 年我国中小企业大约有 7.5% 的贷款是由这些专业担保机构提供的担保。截至 2010 年底，这些专业担保机构为大约 166 000 家企业提供了 8.93 亿元人民币的债务担保（Dybvig 等，2011）。除了专业信用担保机构提供的债务担保，我国上市公司的债务担保行为也变得越来越普遍。在 2007—2014 年我国 A 股主板上市公司中，大约有 60% 的公司在当年年末都存在债务担保行为。图 1-2 显示了 2007—2014 年中国主板 A 股上市公司中提供担保的企业数量和比例。在这些年份中，A 股主板上市公司中平均每年提供担保的企业数量大约为 800 家，担保企业的数量占 A 股主板上市公司的比例大约为 60%。整体来说，这些年提供债务担保企业的数量在不断上升，所占比例在不断增加。郑海英（2004）对更早时期债务担保的研究表明，在 2001 年和 2002 年提供债务担保的上市公司数量分别只有 433 家和 465 家，担保企业占当年上市公司数量的比例也仅仅只有 37% 和 40%。这足以说明我国企业的债务担保行为正变得越来越严重。

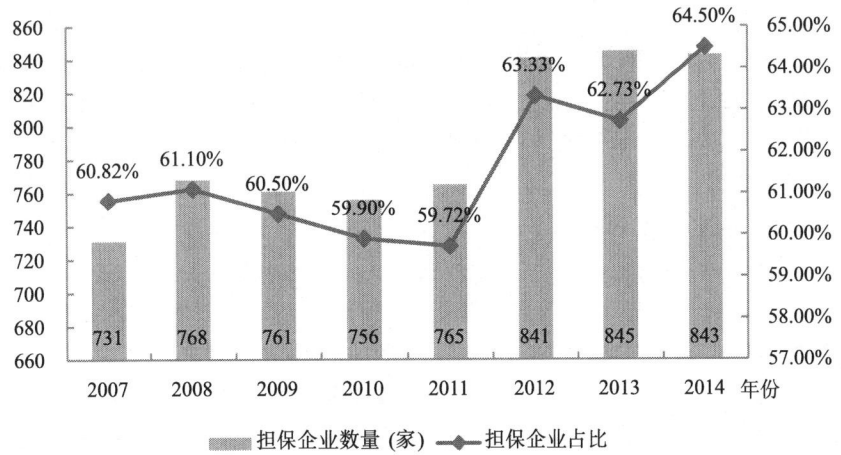

图 1-2　担保企业数量和担保企业占比

此外，上市公司提供债务担保的规模也相当大。根据 Jian 和 Xu（2012）的研究，他们以 2004 年作为例子，发现所有上市公司总的债务担保规模超过 14.5 万亿元人民币，而当年所有上市公司的总市值只有大约 3.71 万亿元人民币。从整个股票市场上来看，上市公司的债务担保规模大约是其市值的 4 倍。更进一步，从微观企业的视角，他们发现有大约 14% 的样本公司担保规模超过了自身一半净资产，有大约 5% 的样本公司担保规模超过了自身全部净资产。对于这 5% 的上市公司来说，一旦借款人不能及时偿还债务，这些提供债务担保的企业将会资不抵债，面临巨大的破产风险。图 1-3 显示了 2007—2014 年我国 A 股主板上市公司中担保规模超过自身一半净资产和超过自身全部净资产的上市公司比例。整体来看，近年来我国上市公司的大规模债务担保情况越来越普遍。

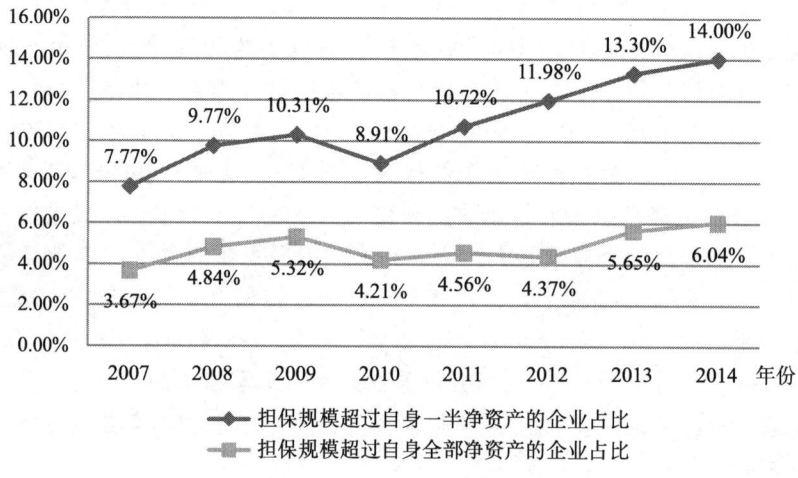

图 1-3　存在大规模担保的企业占比

在过去的多年里，我国已经发生过多起有较大影响的上市公司债务担保案例，其中之一便是在深圳证券交易所上市的猴王股份有限公司（股票代码：000535）。2000 年末，猴王股份有限公司为其控股股东猴王集团提供了总额为 2.44 亿元人民币的债务担保以及总额为 8.9 亿元人民币的长期贷款，而此时猴王股份有限公司的总资产仅有 9.34 亿元人民币（Berkman 等，2009）。这意味着猴王股份有限公司面临着巨大的财务风险，猴王股份有限公司的债权人也承受着巨大的违约风险。2001 年初，猴王集团宣布破产。由于猴王股份有限公司为猴王集团提供了巨额的债务担保以及长期贷款，猴王股份有限公司遭受了巨大的损失。最终，猴王股份有限公司在 2005 年不得不退出证券市场。在"猴王事件"之后，在上海证券交易所上市的新疆啤酒花股份有限公司（股票代码：600090）也遇到了相似状况，最终导致啤酒花股份有限公司不得不卖壳求生。即使到近年，巨额担保事件仍然是层出不穷。根据李香才（2012）的文献，到 2012 年初，ST 海龙（股票代码：000677）及其控股子公司对外担保额为39.51亿元,占最近一期经审计的公司净资产的2 502.84%;此外,深国商(股票代码:000056)及其控股子公司对外担保总额已达到15.28亿元,其中15亿元是公司对控股子公司融发公司向银行及其他金融机构借款提供的担保。深国商对外担保总额占公司2010年未经审计的归属于母公司所有者净资产的2 813%。实际上,担保占比较高的上市公司远非ST海龙和深国商两家。截至2011年9月30日,南京医药(股票代码:600713)对外担保总额高达16.98亿元,但是到了2012年2月18日,这一数字更是激增到了33.94亿元,占净资产比重达到338.37%,短短4个多月的时间,对外担保额近乎翻番。

三、上市公司债务担保经典案例分析

1. ST猴王事件

猴王股份有限公司(以下简称猴王公司,股票代码:000535)是由原猴王焊接公司改组,吸收境内法人和内部职工参股定向募集的股份有限公司,于1992年11月18日正式成立,经营范围是:主营焊接材料、焊接设备、机械电器设备生产及销售等,兼营房地产开发、汽车运输、广告设计和制作。公司于1993年9月获得证监会批准向社会公开发行人民币普通股3 000万股,并于1993年10月在深圳证券交易所挂牌交易,是原国家机械部定点生产焊接材料和焊接设备的大型骨干企业。

发行后猴王公司总股本达到11 246万股,除去成立公司时募集的8 246万股,实际发行的普通股为3 000万股,发行价为3.8元,共从股市募集资金1.12亿元。上市之初,猴王公司股份曾以"绩优股"的形象出现在证券市场上,是有名的"凤凰"。发行当年,年末税后利润为4 892万元,比上年增长482.88%。可在此后的7年当中,它的业绩却每况愈下。

从1993年至1997年期间,宜昌市国有资产管理局是猴王公司的大股东,猴王集团实际控制猴王公司,并大量占用、拖欠股份公司资金,虚构股份公司利润。即便如此,1997年4月,宜昌市国有资产管理局仍以授权经营国家股的名义向猴王集团签发《关于持有经营猴王有限公司国家股的批复》,使猴王集团正式取得股份公司国家股股权。至此,猴王集团才出现在猴王大股东名单上。

截至2000年末,猴王公司为其控股股东猴王集团提供了总额2.44亿元的债务担保,以及通过长期借款形式借贷给猴王集团高达8.9亿元的资金,而此时猴王公司的总资产仅仅只有9.34亿元。2001年2月27日,猴王公司的控股股东猴王集团突然宣布破产。2001年3月1日,猴王公司发布公告,称由于猴王集团的破产,使得公司对其拥有的债权已存在严重的不确定性风险,直接导致了公司的财务状况异常。3月7日,证监会对猴王股份实施特别处理,股票简称由"猴王A"改为"ST猴王"。由于猴王集团的破产,ST猴王不仅无法收回猴王集团所欠的8.9亿元长期借款,而且还要承担对猴王集团2.44亿元的债务担保连带责任。

2001年4月28日，ST猴王公布2000年报，摆在投资者面前的是一串难以承受的数字。数据显示，ST猴王2000年净利润由上一个会计年度的亏损9 523万元，增加到亏损6.8亿元，每股收益也由-0.31元"增加"到-2.28元。

随即，2001年ST猴王在政府的帮助下分别与18家公司债权人签订了《债务和解协议》，豁免债务及担保6.25亿元，协议虽然在当时取得了一定效果，但并没有持续执行下去。除长江证券等4家单位完成了相关手续并做了账务处理外，其他14家债权人的《债务和解协议》的相关手续未全部完成，也未进行账务处理，所以和解协议并没有使公司彻底走出困境。

之后，宜昌市政府下血本对ST猴王实施了保壳运动，包括解除银行贷款担保责任、进行债务转移、资产转换与收购等方法。算下来，当地政府通过各种渠道，已直接间接地给ST猴王输血达75 441万元。在这场铺垫之后，上海国策实业有限公司于2002年开始对ST猴王进行重组。作为重组方，上海国策提出了自己的重组方案。在公司债务重组方面，债权人只能将债务按30%保留在猴王，70%予以豁免。在股权重组方面，上海国策提出：将公司非流通股股东的50%股权以0.1元/股的价格转让给重组方上海国策，第一大股东股权全部转让给重组方，满足重组方相对控股的要求。可是，一直到2005年，上海国策的重组几乎没有任何实质性进展，最终ST猴王收到深交所的退市通知，其股票自9月21日起终止上市。至此，猴王事件画上了句号。

2. 新疆啤酒花事件

新疆啤酒花股份有限公司（以下简称啤酒花公司）是新疆农业产业化龙头企业，于1997年在上海证券交易所挂牌上市（股票代码：600090），主营啤酒花制品、啤酒、大麦等，拥有资源、产业和技术优势。其中，啤酒花年产销量达到6 000吨，占到全国总量的60%以上，是当时全国最大的啤酒花原料、颗粒供应商。

1999年，艾克拉木·艾沙由夫掌控的新疆恒源投资公司成为啤酒花公司第一大股东。2003年10月29日，新疆高级人民法院下达判决书，冻结啤酒花第一大股东新疆恒源投资公司的6 000多万股法人股。一天之后，艾克拉木·艾沙由夫就神秘失踪。

2003年11月4日，啤酒花公司发布公告声称：该公司无法与董事长艾克拉木·艾沙由夫取得联系，并通过自查发现公司尚有约9.88亿元的对外担保因故没有对外披露，加上此前已经披露的对外担保7.99亿元，公司总计的对外担保金额为17.87亿元，这对公司的财务状况将造成重大影响。根据当时的财务报告数据，啤酒花公司的净资产只有6.01亿元，也就是说明其担保总额接近其净资产的3倍，一旦需要承担担保责任，啤酒花公司将面临巨大的财务风险。因而公告之后，此事马上就在股市上掀起了巨大波澜，啤酒花公司的股价便连续13个跌停板，若从10月31日的收盘价16.65元/股开始算，股价一路跌至3.82元/股才开始震荡整理，股价在半个月左右的时间内跌去近 80%，流通市值蒸发 20 多亿元。11 月 18 日，啤酒花公司收到中国证券监督管理委员会的立案调查通知书，证监会决定对啤酒花公司"因涉嫌重大事项信息披露不实"事项立案调查。11 月 20 日，啤酒花公司发布公告声称：公司根据目前状况，已向上海证券交易所申请对公司股票交易进行特别处理。由于存在巨额的债务担保，啤酒花公司的几乎所有债权人都要求提前归还借款，这使得啤酒花公司几乎破产。此后由于新疆维吾尔自治区政府和相关重组方的努力，使得啤酒花免于退市，但由于之前的担保事项影响巨大，最终还是不得不卖壳求生，给投资者带来了不可估量的损失。

此外，由于新疆众多上市公司与啤酒花公司存在互相担保的行为，因而导致这些公司的股价也大受影响，给相关投资者也带来了巨大的损失。

3. 深圳"担保圈"

深圳"担保圈"以深石化（000013.SZ）、ST 盛润（000030.SZ）和 PT 金田（之前还有 ST 中华）为中心形成了错综复杂的担保链条。其涉及深石化、ST 盛润、深宝安（000009.SZ）、ST 特力（000025.SZ）、海王生物（000078.SZ）、深纺织（000045.SZ）、ST 深物业（000011.SZ）等 13 家上市公司，以及另外的数十家非上市公司，涉及总金额数十亿元。2003 年，深圳"担保圈"核心的深石化和 ST 盛润已经岌岌可危，深石化本身为别的公司提供了巨额贷款，深宝安、中科健等企业又为深石化提供了巨额担保。而退市公司深金田早已是穷途末路，ST 中华、深物业、深宝安、深石化、ST 特力都为其提供了巨额担保。深石化现在已经是连续两年亏损，2001 年亏损 15 亿元，2002 年的 4.5 亿元亏损并不表示石化是在好转，"只是或有损失是在 2001 年大量计提而已"，巨额担保和借贷形成的数十亿元债务是引发这一问题的主要原因：截至 2002 年底，深石化的担保总计达 16 亿元，其中的担保对象诸如金田、中浩等上市公司或已经退市，或在破产边缘挣扎，根本无力还款，目前因担保被法院提起诉讼的标的达 7.3 亿元。深石化严重资不抵债而且亏损巨大，难以偿还到期债务本息，存在数额巨大的诉讼及担保事项，所持股权及大部分固定资产被冻结或抵押，部分已经进入被拍卖程序。在这一"担保圈"中，除了深石化这一核心之外，ST 盛润和退市的 PT 金田是另外两个风暴中心。金田虽已退市，却有多家上市公司为其提供了担保，深宝安为金田提供担保 2 558 万元，ST 深物业为金田担保 6 500 万元，ST 特力也提供了 1 900 万元的担保，自身难保的深石化为金田担保 1 亿元，ST 中华为金田提供了 5 000 万元的担保。退市的金田除了接到无休止的应诉之外，根本无力偿还，金田已经变成了荒田，而这些昔日的担保现在都变成了这些为金田担保的上市公司的催命款。诸如深石化之类的上市公司显然是没有能力的，为金田的担保只能是让深石化加速死亡，而深石化的倒掉又将把深宝安之类的担保公司拉下马。ST 盛润虽然从中华的"担保圈"里面脱身，但其为多达 30 家的非上市公司的担保同样使得盛润了无生气，2002 年 ST 盛润曝出 5.6 亿元的巨亏。

第三节 我国上市公司诉讼现状分析

一、我国上市公司诉讼仲裁现状分析

2016年以来，上海和深圳两个证券市场上市公司涉及的行政诉讼、民事诉讼、债务逾期、合同违约、劳动争议等案件数量达到了840起，而2015年同一时间的诉讼纠纷案件是506起，从数量上，案件增加了300余起。除了涉诉公司数量激增以外，涉诉金额也颇为惊人。2016年的840起案件涉及金额426.49亿元，相比之下，2015年同一时间的涉案金额为153.19亿元，额度大幅激增。

二、我国上市公司诉讼仲裁经典案例分析分析

1. 巨额涉诉案例——"神火股份"涉案金额35亿元

2012年6月神火股份曾与潞安集团签订了《山西省左权县高家庄煤矿探矿权转让合同》，经协商双方确认交易总价款为47亿元。目前公司仅收到了潞安集团支付的合同定金9.4亿元和8亿元转款。公司于2015年提交仲裁申请，2015年6月仲裁案组庭并开庭审理，9月又进行了第二次开庭审理。2016年3月，神火股份收到裁决书，判决潞安集团向神火股份支付转让合同约定的前六笔转让价款中尚未支付部分、滞纳金及该案仲裁费，总计35.28亿元。

2. 高频涉诉案例——"北大荒"一年涉诉达33起

有中国农业蓝筹第一股美誉的北大荒，2013年9月10日发布公告显示，其对2012年9月7日至2013年9月6日期间涉案金额超过1 000万元，并且占公司最近一期经审计净资产绝对值10%以上的重大诉讼、仲裁事项进行了统计，其中涉案33起，涉案金额合计7.924亿元。

仔细查阅黑龙江北大荒农业股份有限公司2012年9月7日至2013年9月6日诉讼（仲裁）案件统计表发现，上述33宗案件大多是拖欠货款或货物的经济案件。其中，有11宗起诉（申请）方均为北大荒鑫亚经贸有限责任公司（下称"鑫亚公司"），占整个上市公司涉案总数的1/3。

而从涉案金额看，33起重大诉讼中，涉案金额在亿元以上的共有4起，其起诉方分别为鑫亚公司、米业集团及两位自然人，涉案金额分别为1.02亿元、1.14亿元、1.25亿元和1.6亿元。

公开资料显示，2013年3月27日，北大荒宣布收购黑龙江省北大荒米业集团有限公司所持有的北大荒鑫亚经贸有限责任公司51%股权。经过审计后鑫亚公司净资产为负，本次股权收购价格为0元人民币。收购完成后，鑫亚公司成为北大荒持

股100%的子公司。鑫亚公司设立之初为公司全资子公司。2010年，北大荒股份将鑫亚公司51%股权转让给米业公司。

2013年9月6日，北大荒在一日之内连续收到黑龙江证监局三份行政监管措施决定书，均显示这家公司存在严重的信息披露违规。与此同时，财政部此前披露的《我国上市公司2012年实施企业内部控制规范体系情况分析报告》显示，在2 244家已披露2012年内部控制评价报告的上市公司中，有8家上市公司披露存在内部控制重大缺陷，3家上市公司的内部控制评价结论为无效，北大荒则出现在上述名单中。

3. 未决诉讼影响公司重大事项案例——湖南信托上市涉11起未决诉讼，或影响其重组计划

作为上市的基本要求，信息一定是要公开透明的。而湖南信托的11起法律诉讼案件，很多信息不公开也不透明，很多权责并未厘清，因此牵扯的案件会影响整个交易的进行。湖南信托涉及的11起诉讼案件，涉讼金额都在1 000万元以上，并且部分案件的金额过亿元，虽然都是以原告的身份起诉对方，但是如果对方的偿债能力不足，将会使湖南信托资产缩水，并进一步引发兑付风险。

公开资料显示，2013年7月湖南信托募集规模3亿元的华宸未来—湖南信托志高集团专项资产管理计划违约，出事方是安徽淮南志高神州欢乐园项目。而出事的原因是因为融资方淮南志高未经批准非法占用土地被行政处罚，志高欢乐园项目在2013年12月就已经停工。事发后淮南志高动漫文化科技发展有限责任公司作为被告被湖南信托起诉，这起金融借款合同纠纷涉及本金2.99亿元。另外，据媒体报道，湖南信托与被告湖南省德胜房地产开发有限公司金融借款合同纠纷，涉及本金1.35亿元。

相关法律从业人士表示，诉讼及仲裁案件的结果都会直接影响企业的资产或负债情况，严重的直接导致企业不符合上市标准。并且，诉讼及仲裁案件的背后往往蕴涵着企业经营活动和财务运作的风险，并最终在利润表中体现出来。如果处理不好这些诉讼，则湖南信托的经营及财务将出现亏损情况，难以达到重组要求。因此，诉讼案件如不能及时解决将延误重组，但不太可能使重组流产，即使湖南信托不能参与重组，其他资产应该会尽快完成重组上市。

4. 长时间悬而未决的诉讼案例——中电广通案例

中电广通公司前身为甘肃三星石化，在2003年，其母公司中国石油天然气股份有限公司（以下简称"中石油"）和中国电子信息产业集团公司（简称"中国电子"）两家公司通过资产置换等资产重组方式，中电广通实现借壳上市。三星石化于2004年将名称变更为：中电广通股份有限公司（以下简称"中电广通"，股票代码：600764）。中电广通于2003年与中国有线巨额供货公司——中国有线电视网络有限公司（以下简称"中国有线"）签订供货合同，合同总价款为30 964.05万元。

截至 2006 年底，中电广通账面应收中国有线 20 035.31 万元。2006 年 9 月中电广通向北京市高级人民法院提交诉讼，状告中国有线拖欠货款人民币 18 279.58 万元，并要求支付违约金 5 049.73 万元，诉讼总标的为 23 329.32 万元。北京高院在 2006 年 10 月受理了本案；2007 年该诉讼没有进展；2008 年 6 月该诉讼获得进展，公司收到北京高院判决书。判决书的主要内容如下：（1）中国有线支付给中电广通 14 367.65 万元；（2）驳回中电广通其他诉讼请求。2008 年 7 月，诉讼双方都不服上述判决，向最高人民法院提起上诉。2009 年该诉讼没有进展，2010 年该诉讼仍没有进展，2011 年 12 月中电广通收到最高院判决书，判决主要内容如下：（1）变更原北京高院判决第一项内容为：中国有线给付中电广通 18 279.58 万元；（2）维持北京高院判决的第二项内容；（3）驳回中国有线其他请求。两次案件受理费共计 238.4 万元，由诉讼双方的中电广通和中国有线分别承担总金额的 50%。2012 年，中国有线通过债权转股权的方式，将所欠中电广通的货款以股权的形式偿还。至此，由 2003 年一份买卖合同纠纷引起的诉讼案件才终结。

第四节 本章小结

本章概括性地介绍了全书的研究内容——了解我国上市公司或有事项信息披露现状，寻找或有事项信息披露存在的问题，挖掘上市公司或有事项信息披露的动机，进而分析或有事项信息披露可能带来的经济后果，为政府机构制定企业或有事项披露的相关法规、促进资本市场健康发展的治理策略提供依据。此外，本章提供了对外担保和未决诉讼这两类最典型的或有事项的一些经典案例，通过实际的案例分析向读者更为直观地展示或有事项的披露情况以及可能引发的经济后果。

第二章
或有事项会计确认、计量、披露与相关法律法规

第一节 或有事项概念界定

目前，各国、各会计团体对或有事项的定义存在着不同的表述，下面主要介绍在国际上比较有代表性的定义：美国财务会计准则委员会（Financial Accounting Standards Board，FASB）在1975年发布的财务会计准则公告（Statement of Financial Accounting Standards，SFAS）第5号《或有事项会计》中对或有事项的定义是："现存的带有不确定性的情况、状态或处境，它可能会给企业带来利得或损失，但其最终是否实现则取决于一个或若干个未来事项是否发生。"国际会计准则委员会（International Accounting Standards Committee，IASC）在1978年发布的国际会计准则（International Accounting Standards，IAS）第10号《或有事项和资产负债表日以后发生的事项》中认为或有事项"是这样的一种状况或处境，其最终结果是收益或损失，并且只有在一项不确定性的未来事项发生或不发生时才能予以证实"。我国财政部于2006年2月15日发布的《企业会计准则第13号——或有事项》对或有事项的定义是："指过去的交易或者事项形成的，其结果须由某些未来的事项发生或者不发生才能决定的不确定事项。"

上述几个定义，虽然出于不同国家或机构，但对或有事项定义的实质含义是一样的：（1）或有事项是一种带有不确定性特点的状况。或有事项的不确定性是指企业现存经济业务本身的不确定性，经济业务有可能发生，也有可能不发生，有可能这样发生，也有可能那样发生,并体现在经济业务的最终发生的结果(如金额、时间)的不确定性。通常或有事项的结果可以表现为一项资产、利得或一项负债或损失,而且不确定性还表现在各种结果发生的可能性(概率)是不确定的。作为中度不确定性,或有事项的这一特征同低度不确定性中的资产折旧相比尤为突出。资产折旧的最终结果是必然导致资产减少,未来经济利益流出;或有事项的最终结果是以不确定性为基础,只能通过经验或数学推理等方式予以估计。(2) 或有事项是由过去的交易或事项形成的而目前已经存在的一种状况。作为中度不确定性经济业务,或有事项是基于过去或现在的事实,目前已经客观存在的不确定性状况。这个特征说明或有事项具有客观性,是客观上已经存在的一种状况。这一特征也是或有事项与高度不确定性经济业务中的未来事项的根本区别。未来事项是一种在目前尚未发生而未来有可能发生的经济业务,存在于未来一个时间段,现在尚未发生,对目前的财务报表没有直接的影响。或有事项是目前已经客观存在的事项,对企业财务报表有直接的影响。(3) 或有事项的最终结果需要通过未来事项才能得到证实。对或有事项的分析、预测、确认和计量主要基于过去或现在已经存在的状况或处境,并通过对或有事项有决定性影响的相关因素和过去资料的分析来预测或有事项可能的结果。而这种结果需要由未来事项的最终发生或不发生予以证实,随着时间的推移和已知条件的增多,或有事项的不确定性会逐渐变弱,并最终成为确定性。

在我国,有关或有会计事项的理论研究起步较晚,且专门化、系统性的研究很少。在2000年以前,企业会计政策中对大部分或有事项缺乏明确、具体的规定,会计实务工作中,能够对或有事项进行会计处理的业务基本局限在商业票据贴现等个别会计问题上,对应收票据贴现之外的大多数或有事项业务,缺乏足够的认识。这致使许多影响企业财务状况和经营成果的或有事项会计信息,无法通过财务报告或其他方式传递给信息使用者,供其决策时参考。有些公司为了达到某种目的,有意隐瞒或有事项,比如不按要求在财务报告附注的或有事项栏中披露,即使披露了,也含糊其辞,难以辨识;不披露或有事项可能对公司经营和财务状况产生的影响;对预计负债不予以确认或不予以充分确认。理论研究的滞后,一方面造成企业或有事项会计政策的不明确、不完善;另一方面导致或有会计事项实务处理不规范、低水平。1999年重新修订并于2000年7月1日起开始实施的《中华人民共和国会计法》明确规定:"单位提供的担保、未决诉讼等或有事项,主要按照国家规定、统一会计制度规定,在财务报告中予以说明。"因此,2000年4月我国首次制定发布了《企业会计准则——或有事项》,并于2000年7月1日起施行。2006年2月,我国重新发布了修订后的《企业会计准则第13号——或有事项》。该准则规定:不适用该企业会计准则的项目包括债务重组、建造合同、所得税、保险合同、终止营业、租赁企业重组及环境污染整治,主要因为其他会计准则对以上业务均另有规范。我国《企业会计准则》对或有事项主要使用了下列术语:或有事项、负债、资产、或有负债、或有资产;对"或有负债"进行了定义,但没有对"或有损失"进行界定;对"或有资产"进行了定义,但没有对"或有利得"进行界定。

早在1958年,美国注册会计师协会(AICPA)曾在《会计研究公报》(ARB)第50号中将或有事项定义为"一项现行条件、情形或环境,有较大的不确定性,通过相关未来事项的发展,会导致资产、负债的增加或减少,常常伴随着利得和损失的发生""其结果并不是要记录在账户中,而是表明其可能有重大影响财务状况和经营成果的可能"。随后,国际会计准则(IAS No.10)将或有事项定义为"或有事项是指这样的一种状况或情况,其最终结果是收益或亏损,只有在一项或若干项不确定的未来事项发生或不发生时才能证实"。我国《企业会计准则》(2006)将或有事项定义为:过去的交易或者事项形成的,其结果须由某些未来事项的发生或不发生才能决定的不确定事项。或有事项可划分为三种类型:第一类是确定为负债的或有事项,可称为预计负债;第二类是或有负债;第三类是或有资产。而或有事项的披露也据此分为表内披露和表外披露两种。

从或有事项的定义和披露规范可知,或有事项表明公司未来的发展存在一定的不确定性,而且会计准则在对或有事项的会计估计和信息披露方面也给予了管理层一定的自由裁量权。会计准则中使用了较多的"可能"一词,"可能"究竟应该如何界定,这在现实中往往难以客观准确地把握,主要需要依赖管理者根据所掌握的信息进行估计。这就赋予了管理层很大的空间,便于其对或有事项确认、计量和披露的操纵,导致管理层隐瞒或者不按规定披露或有事项,进而影响到投资者等会计信息使用者的投资决策。近年来,国内外上市公司发生或有事项的比重不断增加,其中很多或有事项可能会损害投资者利益并影响社会资源配置,上市公司日益增多的诉讼案也足以证明了这一点。

第二节 或有事项的分类

一、按性质分类

根据性质,或有事项可以分为或有资产、或有负债、或有利得与或有损失。资产和负债分别表示企业拥有或控制资源的存在形式和资金来源的渠道,是财务报表尤其是资产负债表的基本要素,反映企业的财务状况;而收入和费用则表示企业经济利益的产生和抵消,并最终会对资产或负债产生影响。因此在研究或有事项会计理论和会计处理时,需要将或有事项分为预计负债、或有资产与或有负债。

1. 预计负债

满足负债确认条件的或有事项,预计负债是指"因或有事项而确认的负债",

事实上，预计负债也就是国际会计准则第 37 号中的准备，由于我国目前会计实务已习惯于将准备视为资产的备抵，如坏账准备等资产减值准备，因此用预计负债表述金额或时间不确定的负债更为恰当，避免了与资产调整项目准备的混淆，如与该项或有事项有关的义务不能同时符合前述的三个条件时，则只能将其作为或有负债处理，而不予确认，只有预计负债允许在会计报表中确认。或有负债无论作为潜在义务还是现时义务均不符合负债的确认条件，因而不予确认。作为潜在义务，或有负债不符合负债的定义，因而不能确认为负债，作为特定的现时义务，虽然符合负债的定义，但却不完全符合另外的两个要求，因而也不能确认为负债。当或有事项满足确认为负债的条件时，可确认为负债，由此相应确认的费用或损失，则不应作为企业税前扣除项目，因为这种费用和损失至资产负债表日并未真正发生，只是企业做出的一种专业判断，而这种判断的合理性和金额的准确性有赖于未来不确定事项是否发生来验证。最终结果很可能会与事先所做的判断存在差距，在此基础上确认的费用和损失与税法规定的税前扣除项目不相符，因或有事项而产生的费用和损失应待实际发生时作为税前扣除项目。

2. 或有资产

我国财政部于 2006 年 2 月 25 日发布的《企业会计准则第 13 号——或有事项》对或有资产的定义是"指过去的交易或事项形成的潜在资产，其存在需通过未来不确定性事项的发生或不发生予以证实"。国际会计准则委员会在《国际会计准则第 37 号——准备、或有负债和或有资产》中对或有资产的定义是"指因过去事项而形成的潜在资产，其存在仅通过不完全由企业控制的一个或数个不确定未来事项的发生或不发生予以证实"。两种定义的实质是相同的。或有资产的存在与否、金额大小、有无价值、对其是否拥有所有权都是不确定的，均须视其未来的结果来确定。通常或有资产属于备忘性质的假定资产，只有在特定条件下才能转化为资产。例如，在以企业作为原告的未决诉讼案件中，当估计企业胜诉的可能性在 95% 以上时，可以将该项可能流入的经济利益确认为资产。

3. 或有负债

我国财政部于 2006 年 2 月 25 日印发的《企业会计准则第 13 号——或有事项》对或有负债的定义是"过去的交易或事项形成的潜在义务，其存在需通过未来不确定性事项的发生或不发生予以证实；或过去的交易或事项形成的现实义务，履行该义务不是很可能导致经济利益流出企业或该义务的金额不能可靠地计量"。国际会计准则委员会在《国际会计准则第 37 号——准备、或有负债和或有资产》中对或有负债的定义是指以下二者之一：（1）因过去事项而产生的潜在义务，其存在仅通过不完全由企业控制的一个或数个不确定未来事项的发生或不发生予以证实；（2）因过去事项而产生，但因下列原因而未予确认的现时义务：①结算该义务不是很可能要求含有经济利益的资源流出企业；②或该义务的金额不可以足够可靠地计量。或有负债是一种可能存在也可能不存在的债务，其金额大小、偿付日期、债权人通常都是不能确定的。例如，企业作为连带责任方，对某一债务进行担保时，可以根据被担保方的债务偿还可能性的大小，对企业因此向担保业务而形成的或有负债做不同的处理。

4. 或有损失

或有损失是指因或有事项对企业的影响所形成的、企业在未来可能发生的损失。或有损失可能会带来企业资产的减少或负债的增加，通常伴随出现或有资产和或有负债。按照产生的主客观原因，或有损失可以分为以下两类："一类是与企业经营活动无关，企业无法控制的外在因素所导致的或有损失，另一类是与企业经营活动有关的或有损失。"前者称为广义的或有损失，如自然灾害；后者称为狭义的或有损失，如应收账款抵借。通常财务会计上所指的或有损失是后一种或有损失。根据本书对不确定性的划分，前一种或有损失应该属于高度不确定性的经济业务。例如自然灾害，它不是已经存在的状况或处境，也不是过去的交易或事项所形成的。

5. 或有利得

或有利得是指因或有事项对企业的影响所形成的、企业在未来可能取得的收益。或有利得可能会带来企业资产的增加或负债的减少，通常或有利得伴随出现或有资产或者或有负债，只表示一项或有资源的流向。按或有事项发生的可能性大小分类：在《1994年会计手册》（Accounting Handbook 1994）中，加拿大特许会计师协会（Chartered Accountants of Canada，CICA）曾把不确定性按可能性的范围分为很可能（likely）、未必可能（unlikely）和不可能确定（not determinable）三类。但是，加拿大特许会计师协会于1993年1月发表的一份《或有利得和损失》的征求意见稿，在不确定性的量化、确定与揭示等问题上，提出了建议。新建议把不确定性的程度称为"概率"，并把概率分为三大类。按照新建议对概率的分类思想，或有事项可分为以下三类：（1）很可能（likely）的或有事项，其中又包括：实际上可以确定（virtually certain）的或有事项；（2）介于很可能和未必可能之间（neither Likely nor unlikely）的或有事项；（3）未必可能（unlikely）的或有事项，其中又包括可能性极小（remote）的或有事项。国际会计准则委员会的征求意见稿把概率分得更细，并且用百分比来加以量化，按照该意见稿的分类方法，还可以将或有事项分为以下五类：（1）"实际上可确定"的或有事项，该类或有事项发生的概率在90%以上至99%之间；（2）"很可能"的或有事项，该类或有事项发生的概率在50%以上至90%之间；（3）"介于很可能和未必可能"的或有事项，该类或有事项发生的概率为50%；（4）"未必可能"的或有事项，该类或有事项发生的概率在15%以上至50%之间；（5）"可能性极小"的或有事项，该类或有事项发生的概率在1%以上至15%之间。

二、按类型分类

根据类型划分，或有事项可以分为未决诉讼、票据贴现或背书、债务担保、产品质量保证、重组义务、环境污染整治、亏损合同和企业承诺等。

1. 未决诉讼

未决诉讼是指单位作为原告或者被告，法院还没有做出最终判决的正在进行过程中的民事诉讼，不包括行政诉讼和刑事诉讼。未决诉讼和未决仲裁是指企业涉及尚未判决的诉讼案件、原告提出有赔偿要求的待决事项。这是因为，如果企业胜诉，将不负有任何责任；若企业败诉，则负有支付原告提出的赔偿要求的责任。即一旦有待决的对方提出的索赔事项时，企业即应视为一项或有负债。

2. 票据贴现和背书

票据贴现是指资金的需求者，将自己手中未到期的商业承兑票据、银行承兑票据或短期债券向银行或贴现公司要求变成现款，银行或贴现公司（融资公司）收进这些未到期的票据或短期债券，按票面金额扣除贴现日至到期日的利息后付给现款，票据到期时再向出票人收款的票据交易行为。

一般而言，票据贴现可以分为三种：分别是贴现、转贴现和再贴现。贴现是指客户（持票人）将没有到期的票据出卖给贴现银行，以便提前取得现款。一般工商企业向银行办理的票据贴现就属于此种；转贴现是指银行以贴现购得的未到期的票据向其他商业银行转让的行为，一般是商业银行间相互拆借资金的一种方式；再贴现是指贴现银行持未到期的已贴现汇票向中央银行的贴现，通过转让汇票取得中央银行再贷款的行为。再贴现是中央银行的一种信用业务，是中央银行为执行货币政策而运用的一种货币政策工具。

票据背书是指持票人在票据背面或者粘贴单上记载有关事项并签章，将汇票权利让与他人的一种票据行为。《票据法》规定，背书必须做成记名背书。

3. 债务担保

担保是发生在平等主体的自然人、法人之间的民事法律关系，往往涉及双方或者三方当事人的权利义务。按照《担保法》第二条规定，"在借贷、买卖、货物运输、加工承揽等经济活动中，债权人需要以担保方式保障其债权实现的，可以依照本法规定设定担保"，从而要求债务人向债权人提供担保的合同。因此，担保可以分为贷款担保、租赁担保、发行债券担保、票据担保、工程担保、备用信用证、商业信用证、纳税担保等很多种类。担保具有提高债务人履行债务可能性的作用，以债务人或担保人的信用或者特定财产来确保债权人能够实现债权。它是对担保人和债务人行为的一种约束，对债权人实现合法权益的一种承诺。

4. 产品质量保证

产品质量保证通常是指由产品的销售商或者生产者在销售产品或提供劳务后，

对客户提供服务的一种承诺。在产品售出的约定期内，如果产品在正常使用过程中出现非意外性产品质量问题或与之相关的其他属于正常范围的问题，销售商负有更换产品、赔偿、免费或仅收取成本价进行维修等责任。这意味着在未来的约定期内，有可能发生一定的费用支出，但其具体数额是多少在销售当期无法确定。所以产品质量保证是伴随着销售而来的一种未来的、隐含的产品延伸成本，具有一定的不确定性。为此，企业应当在符合确认条件的情况下，于销售成立时确认预计负债。

5. 重组义务

根据百度百科的解释，重组是指企业制定和控制的，将显著改变企业组织形式、经营范围或经营方式的计划实施行为。属于重组的事项主要包括：（1）出售或终止企业的部分业务；（2）对企业的组织结构进行较大调整；（3）关闭企业的部分营业场所，或将营业活动由一个国家或地区迁移到其他国家或地区。

企业因重组而承担了重组义务，并且同时满足预计负债的三项确认条件时，才能确认预计负债。同时存在下列情况的，表明企业承担了重组义务：（1）有详细、正式的重组计划，包括重组涉及的业务、主要地点、需要补偿的职工人数、预计重组支出、计划实施时间等；（2）该重组计划已对外公告。

企业应当按照与重组有关的直接支出确定预计负债金额，计入当期损益。其中，直接支出是企业重组必须承担的直接支出，不包括留用职工岗前培训、市场推广、新系统和营销网络投入等支出。

6. 环境污染整治

环境污染整治作为一种或有事项，主要体现在其形成的环境负债。国际会计准则理事会（International Accounting Standards Board，IASB）将环境负债定义为"企业发生的，符合负债的确认标准，并与环境成本相关的义务"，具有可追溯性、连带性和不确定性三个特征。由于环境成本的金额以及发生的时间都有很强的不确定性，其确认依赖于将来发生的事件，因此是一种潜在的义务，应归类于或有负债。

7. 亏损合同

亏损合同是由待执行合同发展而来，其中待执行合同指合同各方未履行任何合同义务，或部分履行了同等义务的合同。或有事项会计准则对企业亏损合同的定义为："亏损合同，是指履行合同义务不可避免发生的成本超过预期经济利益的合同。"亏损合同产生的义务满足预计负债的确认条件的，应当确认为预计负债。

8. 企业承诺

企业承诺作为一种或有事项，区别于普通意义上的承诺事项，特别指企业或政府做出的由未来不确定性事项所触发的财务性承诺。

第三节 或有事项的确认、计量与披露

一、或有事项的确认

确认是一个重要的会计程序,也称会计确认(accounting recognition)。会计确认的实质是在何时、以何种方式确认经济业务(交易或事项)的成立并将其纳入会计系统(凭证、账簿、报表)。会计确认也可分为狭义的会计确认与广义的会计确认。狭义的会计确认只包括是否与何时应当记录和报告的问题。广义的会计确认包括了会计记录、计量和在财务报告上的报告这三个过程。美国财务会计准则委员会(FASB)在第 5 号《财务会计概念公告》(Statement of Financial Accounting Concepts,SFAC)中把确认定义为"是将某一项目,作为一项资产、负债、营业收入、费用等正式记入或列入某一主体的财务报表的过程。它包括同时用文字和数字表达某一项目,其金额包括在财务报表的合计数中。对于一项资产或负债,确认不仅要记录该项目的取得或发生,而且要记录随后的变动,包括导致该项目从财务报表上予以剔除的变动"。这一定义的一个重要特征是:所谓确认,指的是对财务报表要素(我国称为会计要素)的确认,如资产的确认、收入的确认等。确认,是指将某个交易或事项作为一项资产、负债、收入、费用等会计要素正式列入企业财务报表的过程,它包括用文字和数字描述某个项目,已确认项目的金额包括在财务报表总计中;对于一笔资产或负债的确认不仅要记录该项目的取得和发生,还要记录其后发生的变动。根据会计准则,要将某项目在财务报表中予以确认,除符合会计要素的定义外,还必须符合确认的条件:IASC 概念框架指出,财务报表要素确认的基本条件是:(1)与该项目有关的未来经济利益很可能流入或流出企业;(2)对该项目的成本或价值能够可靠地加以计量。除国际会计准则或国际财务报告准则外,其他一些国家如加拿大、澳大利亚等的会计准则概念框架,也规定了财务报表要素确认的基本条件。虽然各概念框架所规定的基本条件在形式或内容表达上可能与 IASC 概念框架的相关规定有所不同,但其实质却是一致的。FASB 在概念公告第 5 号《企业财务报表项目的确认与计量》中,要求确认一个项目和有关的信息,要符合四个基本的确认标准:即(1)可定义性;(2)可计量性;(3)相关性;(4)可靠性。可定义性和可计量性是会计确认的两个首要标准。

一般而言,某个项目要确认为资产、负债或收入,必须同时符合以下三个要求:首先,该项目要符合资产、负债或收入的定义;其次,与该项目有关的经济利益很可能流入或流出企业;再次,该项目的成本或价值能够可靠地计量。

或有事项的不确定性,直接影响到或有事项的确认,或有事项与确定事项的转

化需要一定时间，而此段时间往往跨越两个会计期间。由于在前一会计期间截止日，企业管理当局往往无法对此种事项的结果做出保证和施加影响，因此需要进行主观判断，而这种判断的恰当性和合理性直接影响到企业对或有事项的确认计量和披露，也可能影响到企业的经营业绩。因此，企业应充分重视此类事项的确认，可考虑聘请专业人士对企业情况、市场状况和其他外部环境调查研究之后做出判断，或根据企业的历史记录同行业情况以及相关单位的资信经营情况做出较合理的判断。

美国是世界上较早研究或有事项会计政策的国家。早在 1975 年，美国财务会计准则委员会（FASB）颁布的第 5 号财务会计准则公告中，就对或有事项的会计政策有所规定。例如，关于或有负债的确认标准，准则公告强调必须符合两个条件：一是在发出财务报表之前已有充分信息表明，某项负债在不久的将来很可能发生；二是该项负债可能招致的损失金额可以合理估计。按照该准则公告的主张，会计上对或有利得基本上不予确认，而对或有损失实行表内确认或表外披露。经过 30 多年的实践，这一主张得到许多国家的认同，目前已基本成为国际上较为流行的做法。美国对或有事项会计的规范，仅在财务会计准则第 5 号公告中涉及或有事项的会计处理（Accounting for Contingencies）。对于适用范围，美国财务会计准则公告（SFAS）第 5 号用以取代会计研究公告（ARB）第 50 号及 43 号（或有事项准备），公告第 8 段所列或有损失的条件不改变会计研究公告及会计原则委员会（Accounting Princple Opinions，APB）对特别类型确认费用或损失的规定。美国财务会计准则公告第 5 号对或有事项使用的几个主要用语是：或有事项、或有利得、或有损失。并特别说明或有利得可能是资产的取得或负债的减少；或有损失是资产的损失或毁坏，或一笔负债的发生。美国财务会计准则对于未来事项发生或不发生的可能性规定：当或有损失存在时，未来事件证实一项资产的损失或毁坏或一笔负债的发生的可能性的程度分为很有可能、有可能及极小可能三种。美国财务会计准则对或有损失发生的各种可能性进行了鉴定，把可能性的幅度从"很可能"到"有可能"再到"可能性极小"列成一个连续区域，这种设计有利于或有损失的合理核算及披露。美国财务会计准则规定应作为损失计入当期损益的或有损失应同时满足两个条件：（1）财务报表公布之前的资料能证明在财务报表编制日资产很可能已遭毁损或负债很可能已经发生；（2）能够合理估计损失金额。

国际会计准则对或有事项的会计准则体现在第 37 号 IAS 上，用以取代第 10 号 IAS 中有关或有事项的规定，并命名为 Provisions, Contingent Liabilities and Contingent Assets（准备、或有负债及或有资产），即 IAS 37（见书后附录 3）。第 37 号 IAS 的适用范围是：（1）国际会计准则并未特别指出引起（或有负债）的词句，而说明那些状况所引起的准备、或有负债及或有资产不适用本公告；（2）国际会计准则特别指出因金融产品以公平市价衡量及执行合约所引起的准备、或有负债及或有资产不适用本准则；（3）国际会计准则特别规范重组（包括停止营运）适用于准备的规定。

国际会计准则第 37 号共有 96 条，涉及的名词定义较多。主要有如下术语：准备、负债、义务事项、法定义务、推定义务、或有负债、或有资产、负有义务合约、重组。该准则并未直接定义或有事项，而只界定了分成准备、或有负债及或有资产，同时也没有或有损失及或有利得等术语，可见国际会计准则更注重对财务状况的表达。对未来不确定事项发生或不发生的可能性，国际会计准则基本上认为是否有现行义务应该很明确，不难判断。所以极少不明确状况下才要考虑，而其标准是：若发生的可能性比不发生的可能性高，就认为很有可能，若不发生的可能性高于发生的可能性，便认为不是很可能。只有在有现行义务且有概率因清偿义务而流出经济资源的情形下方可列入负债。

国际会计准则规定有下列情况之一时，应列入准备：（1）因过去的事项而使企业在目前负有义务；（2）很有可能因清偿义务而导致经济资源流出；（3）义务金额可被合理加以估计。国际会计准则对于估计金额的确定考虑了较多因素，强调只有极少数情况下属于无法估计的情形，避免了滥用无法估计的情形。此外指出最佳估计是资产负债表日清偿的金额，若金额重大时须用折现值，另外要考虑有未来事项（例如未来科技）影响估计的金额，估计技术需采用统计方法。国际会计准则直接规定或有负债及或有资产不入账，只有合乎准备的情况下才需入账。对或有事项的披露，通常只披露已入账的项目，对于未入账的或有资产项目只有在很有可能时才披露；而对或有负债，除了极少可能发生的外，皆要披露。国际会计准则还有一项特别规定：若应披露的信息会引起另一方的偏见或误解时，可无须说明争议的性质及不披露的事实和理由。

我国会计准则对或有事项的规定列示于《企业会计准则第 13 号——或有事项》（见附录 2），与或有事项有关的义务应当在同时符合以下三个条件时，确认为预计负债进行确认和计量：（1）该义务是企业承担的现时义务；（2）履行该义务很可能导致经济利益流出企业；（3）该义务的金额能够可靠地计量。

1. 该义务是企业承担的现实义务

该义务是企业承担的现时义务，是指与或有事项相关的义务是在企业当前条件下已承担的义务，企业没有其他现实的选择，只能履行该现时义务。这里所指的义务包括法定义务和推定义务。

其中，法定义务，是指因合同、法规或其他司法解释等产生的义务，通常即企业在经济管理和经济协调中，依照经济法律、法规的规定必须履行的责任。例如，企业与其他企业签订购货合同产生的义务就属于法定义务。推定义务，是指因企业的特定行为而产生的义务。企业的"特定行为"，泛指企业以往的习惯做法、已公开的承诺或已公开宣布的经营政策。并且，由于以往的习惯做法，或通过这些承诺或公开的声明，企业向外界表明了它将承担特定的责任，从而使受影响的各方形成了其将履行那些责任的合理预期。例如，甲公司是一家化工企业，因扩大经营规模，到 A 国创办了一家分公司。假定 A 国尚未针对甲公司这类企业的生产经营可能产生的环境污染制定相关法律，因而甲公司的分公司对在 A 国生产经营可能产生的环境污染不承担法定义务。但是，甲公司为在 A 国树立良好的形象，自行向社会公告，宣称将对生产经营过程中可能产生的环境污染进行治理，甲公司的分公司为此承担的义务就属于推定义务。

2. 履行该义务很可能导致经济利益流出企业

履行该义务很可能导致经济利益流出企业，是指履行与或有事项相关的现时义务时，导致经济利益流出企业的可能性超过 50%，但尚未达到基本确定的程度。企业通常可以结合表 2-1 所列情况判断经济利益流出的可能性，企业因或有事项承担了现时义务，并不说明该现时义务很可能导致经济利益流出企业。

表 2-1　　　　　　　　　经济利益流出可能性判断

结果的可能性	对应的概率区间
基本确定	大于 95% 但小于 100%
很可能	大于 50% 但小于或等于 95%
可能	大于 5% 但小于或等于 50%
极小可能	大于 0 但小于或等于 5%

从上述定义可以看出，想要判断或有事项发生的可能性大小，重要的一个步骤是要区分"可能"和"很可能"等术语的界定。我国将或有事项可能性分为"基本确定""很可能""可能""极小可能"四种，分别对应着 95%—100%、50%—95%、5%—50% 和 5% 以下。正是由于对发生概率的判断具有很大的主观性，才为管理层进行盈余管理等操纵提供了空间。

3. 该义务的金额能够可靠地计量

该义务的金额能够可靠地计量，是指与或有事项相关的现时义务的金额能够合理地估计。

由于或有事项具有不确定性，因或有事项产生的现时义务的金额也具有不确定性，需要估计。要将或有事项确认为一项预计负债，相关现时义务的金额应当能够可靠估计。只有在其金额能够可靠地估计，并同时满足其他两个条件时，企业才能加以确认。我国或有事项会计准则规定，如果与或有事项相关的义务同时符合以下条件，企业应将其确认为负债：(1) 该义务是企业承担的现时义务；(2) 该义务的履行很可能导致经济利益流出企业；(3) 该义务的金额能够可靠地计量。我国或有事项准则和国际会计准则第 37 号的确认条件基本上一致，只不过前者将现时义务直接分解为现时的法定或推定义务，后者未作分解。按 IASC 的解释，现实义务包括法定义务和推定义务。法定义务是指因合同（通过其明确的或隐含的条款）、法规或其他司法解释等产生的义务，这种义务是因为过去事项而承担的法定责任，通常比较好判断。推定义务指因企业的特定行为而产生的义务。特定行为泛指企业以往的习惯做法、已公开的承诺，或已公开宣布的经营政策。由于以往的习惯做法，或通过这些承诺，或公开的声明，企业向外界表明了它将承担特定的责任，从而使受影响的各方形成了其将解除那些责任的合理预期。推定义务的确定相对较难，它需用更多的职业判断。

预计负债是指"因或有事项而确认的负债"，事实上，"预计负债"也就是国际会计准则第37号中的"准备"，由于我国目前会计实务中已习惯于将准备视为资产的备抵，如坏账准备等资产减值准备，因此用预计负债表述金额或时间不确定的负债更为恰当，避免了与资产调整项目准备的混淆，如与该项或有事项有关的义务不能同时符合前述的三个条件时，则只能将其作为或有负债处理，而不予确认，只有预计负债允许在会计报表中确认。或有负债无论作为潜在义务还是现时义务均不符合负债的确认条件，因而不予确认。作为潜在义务，或有负债不符合负债的定义，因而不能确认为负债，作为特定的现时义务，虽然符合负债的定义，但却不完全符合另外的两个要求，因而也不能确认负债。当或有事项满足确认为负债的条件时，才可确认为负债，由此相应确认的费用或损失，则不应作为企业税前扣除项目，因为这种费用和损失至资产负债表日并未真正发生，只是企业做出的一种专业判断，而这种判断的合理性和金额的准确性有赖于未来不确定事项来验证。最终结果很可能会与事先所做的判断存在差距，在此基础上确认的费用和损失与税法规定的税前扣除项目不相符。因或有事项而产生的费用和损失应待实际发生时作为税前扣除项目。

或有事项涉及两方或多方相关的义务和权利是对称的。对一方来说是义务，对事项对应的另一方或多方来说则是权利，因此或有事项的确认不能只限于或有事项产生义务的确认而忽视或有事项所产生的权利的确认。根据国际会计准则37号和我国或有事项会计准则，如果清偿因或有事项而确认的负债所需支出全部或部分预期由第三方或其他方补偿，则补偿金额只能在基本确定能收到时作为资产单独确认，预期可获得补偿的或有事项除了符合规定条件可确认资产外，企业不可确认或有资产[①]。主要将或有事项的确认限定在或有事项产生的义务方面，主要理由是，或有事项作为不确定的会计事项，对企业所造成的影响也具有不确定性，从会计核算的谨慎性原则出发，对于不确定的义务，只要符合一定的条件就应确认，对于不确定的权利则一般不予确认，义务性或有事项的确认标准是"很可能"，而权利性或有事项的确认标准则是"基本确定"，可见资产的确认标准明显比负债的确认标准严格，体现了谨慎性原则的应用。

---

① IAS 37（国际会计准则37号）对或有资产的规定：An entity shall not recognise a contingent asset.

企业在确认因或有事项而发生的负债时，通常应对每一个或有事项分别加以考虑，分析每一个或有事项的特定情况。例如，企业对待决诉讼的或有损失进行确认时，应当考虑特定诉讼的具体进展情况、法律专家的咨询意见、本企业对类似事件的经验以及其他企业在同样情况下的经验。但是，如果某个或有事项是常发生的，也可以就同类业务所处的情形做出调查、分析和咨询。如售后保修损失是企业经常发生的，在估计这些损失时不必分别对每一项售后商保损失进行分析，而可以根据以往经验加以综合分析确定。

或有事项的会计处理是在资产负债表日对或有事项的有关不确定因素的分析基础上进行适当的会计处理的过程。但是，随着时间的推移，或有事项的影响因素可能不断发生变化，并有可能逐渐转化为确定性的因素。此时，对或有事项应当了结，在会计上做出相应的处理。

企业应持续地对与或有负债和或有资产有关的因素进行评价。影响或有负债的因素是多方面的，而且这些因素处在不断变化当中。企业持续地对这些因素进行评价，可以判断潜在义务是否已转化成现时义务。如果或有负债对应的潜在义务已转化成现时义务，则应进一步判断履行该义务是否很可能导致经济利益流出企业，该义务的金额是否能够可靠地计量。如果履行该义务很可能导致经济利益流出企业，且该义务的金额能够可靠地计量，则企业应将该义务确认为一项负债。同样的，企业应持续地对与或有资产有关的因素进行评价，以判断或有资产给企业带来经济利益的可能性是否发生变化，并相应地做出会计处理。

"预计负债"会计科目应按负债的种类设置明细科目进行核算，期末有余额的明细科目，则是资产负债日存在的或有事项。针对特定项目而确认的负债，应在最终结果确定之后，将该明细项目余额冲销转入"其他负债"细目，以使财务报告能更公允地反映企业实际存在的或有事项。

财务报告批准报出日与资产负债表日之间一般总存在一定的时间差，而所确认和披露的或有事项则是资产负债表日的或有事项。资产负债表日确认的或有事项在财务报告批准报出日可能已产生最终结果，并已转化为确定事项。在此情况下，应按资产负债表日后事项来进行处理，按事后已知的结果进行调整，并按已确定的结果进行确认与计量。

二、或有事项的计量

1. 计量的原则

或有事项计量与或有事项确认是紧密相连的，如果一项或有事项产生的义务的金额不能可靠地计量，那么也就不能将其确认为负债。或有事项对应的现时义务，导致经济利益流出企业的金额具有较大的不确定性，这就决定了义务金额只能是估计数。义务金额可以合理估计，与义务金额能够可靠计量不发生冲突，使用合理的估计是财务报表编制过程必不可少的部分,而且并不削弱财务报表的可靠性。或有事项计量要建立在准确、客观、科学的假定基础之上,保证计量结果的准确性和科学性。

国际会计准则 第37号（IAS 37）要求,确认为"准备"的金额应是资产负债表日履行现实义务所要求支出的最佳估计,履行现时义务所要求的最佳估计,应是企业在资产负债表日履行该义务,或将该义务转让给第三方而合理支付的金额。围绕着应确认为"准备"的金额的不确定性,可根据情况采用不同的方式处理。如果予以计量的"准备"涉及大量的项目,则应基于其相关的可能性,对各种可能结果进行加权来估计义务。估计采用的统计方法称为"预期价值法",因此,当给定金额损失的可能性不同时,"准备"的金额也不同；如果存在可能结果的连续区间,且该区间中每一点和其他各点的可能性都一样,则可采用区间的中点计量单项义务,单个最可能的结果可能是该负债的最佳估计。但是即使在这种情况下企业也应考虑其他可能的结果,如果其他可能的结果大部分均比最可能结果的金额高或低,则最佳估计将是一项较高或较低的金额。我国或有事项会计准则规定,因或有事项而确认的负债金额,应是清偿该负债所需支出的最佳估计数,其中最佳估计数的确定分两种情况：如果所需支出存在一个金额范围,则最佳估计数应按该范围的上下限金额的平均数确定；如果所需支出不存在一个金额范围,则最佳估计数应按如下方法确定：（1）或有事项涉及单个项目时,最佳估计数按最可能发生金额确定,涉及单个项目指或有事项涉及的项目只有一个；（2）或有事项涉及多个项目时,最佳估计数按各种可能发生额及其发生概率计算,确定涉及多个项目指或有事项涉及的项目不止一个,如产品质量保证。对或有事项的计量可以划分为两个阶段：初始计量和后续计量。初始计量同资产或负债的初始确认相伴随,大多依据当时的数值和价值信息以及对各种经济因素所做的假设和预测,是一种直接计量。后续计量是当资产或负债的价值发生明显变动时进行的更正和补充,在每个资产负债表日还应对"预计负债"进行检查、调查,以反映当前的最佳估计结算；当该义务不再是很可能要求包含经济利益的资源流出时,"预计负债"应予转记。"预计负债"的计量还应考虑风险和不确定性等因素的影响,对风险的调整可能增加负债计量的金额,在不确定的情况下进行判断需要谨慎,以使收益或资产不会被高估,费用或负债不会被低估。但是考虑风险和不确定性,并不意味着应提取过多的"准备"或故意夸大负债,而应尽量准确,符合现实情况。

从或有事项的确认条件看,我国会计准则的规定与 IAS 37 基本相同,只是略有区别。我国会计准则把最佳估计数分为两类：一类为对应的义务支出存在特定的金额范围,另一类为对应的义务支出不存在特定的金额范围。IAS37 没有这种分类,但是对如何确定最佳估计数解释得很详细："结算现时义务所要求支出的最好估计,应是企业在资产负债表日结算该义务,或在此时将该义务转让给第三方而合理支付的金额。在资产负债表日结算或转让义务通常不可能发生或是发生的金额不可能异常大,但是企业为结算或转让该义务所要求支出的最好估计。"而我国会计准则只规定了最佳估计数应是能代表最可能发生的支出金额,没有提供"将义务转让给第三方而合理支付的金额"这样的估计途径。与其他会计事项不同的是,或有事项往往存在很大的主观判断因素。通常,我们对会计事项的计量要求建立在准确、客观、科学的基础上,但不乏有上市公司管理层通过运用自由裁量权来操纵或有事项达到私人目的。国际会计准则对计量的要求是"资产负债表日履行现实义务所要求支出的最佳估计数",而我国对最佳估计数的要求更为直接:第一,当或有事项的估计数存在一个范围时,应该取该范围的最大最小值的平均数来确定;第二,当或有事项的估计数不存在该范围时,按事项未来可能发生的金额计量,若存在多个项目和多个项目对应的估计数,则按各项目发生的概率与相应估计数加权计算确定。除此之外,还要考虑风险、货币时间价值等因素对或有事项及其计量带来的影响。由此可见,或有事项的计量综合了众多的主观判断因素在其中,更增加了其不确定性。美国财务会计准则未涉及或有事项的计量,只是规定了或有损失的计量要求,规定:当损失可能范围中的某个估计金额比该范围内其他估计金额更好时,该金额是应计金额;当该范围内没有一个估计金额比其他更好时,该范围内的每个估计金额均可作为应计金额。假若满足下列两种条件,或有损失应列报估计费用至损益表:(1)在财务报表发布前所获得的信息表明很有可能在财务报表日资产已受损或负债已发生;(2)损失金额可以合理估计。

2. 计量的属性

会计计量的属性又称计量基础,是指经济交易或会计要素应予量化的特征。从本质上看,会计计量模式选择受到计量单位和计量属性的双重影响。计量单位是指会计计量采用什么货币单位,是名义货币单位还是不变购买力单位。传统会计计量模式采用名义单位,即不考虑货币价值本身变动对会计计量的影响。但是,物价变动会计则考虑了币值变动的影响,多采用不变购买力单位对名义货币进行调整,以反映经济活动的真实情况。计量属性如前所述,是被计量会计要素特性的体现,在会计计量中,客观上有多种属性并存,目前可供选择的计量属性主要有历史成本、重置成本、可变现净值、未来现金流量的现值、公允价值等六种。

历史成本(Historical Cost):亦称实际成本,是企业取得资产时发生的实际支出。在历史成本计量属性下,资产按照购置时支付的现金或者现金等价物的金额,或者按照购置资产时所付出的对价的公允价值计量。负债按照因承担现时义务而实际收到的款项或者资产的金额,或者承担现时义务的合同金额,或者按照日常活动中为偿还负债预期需要支付的现金或者现金等价物的金额计量。由于历史成本所具有的易得性、客观性和可靠性,长期以来,其在财务会计计量中得到广泛的应用,并成为首要的计量属性。

重置成本（Replacement Cost）：是指企业重新取得与其所拥有的某项资产相同或与其功能相当的资产需要支付的现金或现金等价物。在重置成本计量属性下，资产按照现在购买相同或者相似资产所需支付的现金或者现金等价物的金额计量。负债按照现在偿付该项债务所需支付的现金或者现金等价物的金额计量。

可变现净值（Net Realizable Value）：亦称脱手价值（Current Exit Value），是指出售或处置资产预期可收回的金额扣除处置成本后的净值。在可变现净值计量属性下，资产按照其正常对外销售所能收到现金或者现金等价物的金额扣减该资产至完工时估计将要发生的成本、估计的销售费用以及相关税费后的金额计量。

现值（Current Value）：亦称现行价值或折现值，是指在现值计量属性下，资产按照预计从其持续使用和最终处置中所产生的未来净现金流入量的折现金额计量。负债按照预计期限内需要偿还的未来净现金流出量的折现金额计量。

公允价值（Fair Value）：是指市场参与者在计量日发生的有序交易中，出售一项资产所能收到或者转移一项负债所需支付的价格。在公允价值计量属性下，资产和负债按照市场参与者在计量日发生的有序交易中，出售资产所能收到或者转移负债所需支付的价格计量。

上述各种计量属性，历史成本反映经济活动的过去状况，重置成本、可变现净值等反映经济活动的现实状况，而现值、公允价值则反映经济活动的未来状况或趋势。按照其对会计信息质量的影响，上述几种计量属性的会计信息的可靠性依次减弱，而相关性则依次增强。

或有事项计量的关键是对影响或有事项结果的各种因素进行正确合理的估计，选用合理的计量属性时，要充分考虑所计量项目的性质以及与计量属性的相关性和可靠性。或有事项在时间上虽然可能跨越过去、现在和将来，但一般没有历史成本，且其经济结果有待于未来才能证实，所以应选择具有现在和将来时间特征的计量属性，因此或有事项的计量属性更多地选择现行价值。如现值、公允价值等会计计量都是采用某种可观察的由市场决定的金额，如已收到或已支付的现行成本或现行市价。但是当不能得到可观察的市场价值时，常常会转而使用未来现金流量的估计值来计量某项资产或负债，由于这类现金流量通常发生在未来一个或多个期间内，自然引出会计计量应该反映这些现金流量的现值还是未经过折现的金额之和的问题。关于是否应采用现值存在两种意见：一种意见认为应采用现值，在会计计量中，使用现值的目的是为了尽可能地捕捉和反映各种不同类型的未来现金流量之间的经济差异，因为或有事项具有不确定性而且时间往往拖得很长；IAS 37 认为，如果货币时间价值的影响重大，"准备"的金额应是履行义务预期所需支出的现值。受货币时间价值的影响，于资产负债表日后不久发生的现金流出有关的"准备"，比于较后时间内发生同样金额的现金流出有关的"准备"负有更大的义务。因此，在影响重大时，"准备"应予折现，折现率应体现货币的时间价值、当前市场评价及该负债特有风险的税前折现率。目前有些国家的会计准则，如美国就要求采用现值法确定环境治理等方面的支出。另一种意见认为不应采用现值，理由是现值计算涉及诸多相关因素，如折现率、折现期等，对于极具不确定性的或有事项来说这些因素更不易确定。我国会计准则中或有事项确认的负债，除了石油、天然气的油气水井以及核电站的弃置费用外，均没有考虑货币时间价值。这样做有其简单理解的一面，但是也有其不尽合理之处，假如预计负债金额大、时间长、货币时间价值影响重大，那么确认的"预计负债"的金额最好予以折现才能更好地反映将来所承担的债务。由于或有事项会计准则主要涉及期限较短的或有事项，不采用现值计算造成的金额差异并不大。因此，现值的采用可根据具体情况进行具体分析，若货币时间价值的影响重大，金额应是结算义务预期所要求支出的现值。即如果影响很大，则必须在计量"预计负债"时考虑现值因素，反之则无须考虑。

三、或有事项的披露

或有事项的披露对信息使用者来说非常重要，因为：（1）它有助于信息使者了解企业的资产质量和收益质量；（2）它有助于信息使用者评价影响企业的会计风险；（3）它有助于信息使用者了解企业的真实情况。或有事项的披露分为表内和表外两种。表内披露特指资产负债表内预计负债的披露，根据谨慎性原则，一般不计提资产。相对于表内披露而言，企业财务报告中表外披露的信息更多，所有的或有事项，无论是否确认为预计负债，都应在财务报告附注中予以相应说明。

1. 我国或有事项会计准则对或有事项披露的规范

（1）因或有事项而确认的负债的披露。为使财务报告反映的会计信息详实、完整，会计准则规定：因或有事项而确认的负债，应在资产负债表中单列项目反映，并在财务报告附注中做相应披露；与所确认负债有关的费用或支出应在扣除确认的补偿金额后，在利润表中反映。

确认为负债的或有事项是企业一种不确定性的经济业务，与确定性经济业务相比，一方面其风险更大，而风险是信息使用者极为关注的重要信息；另一方面，其确认与计量也更为复杂，所以除确认与计量之外还应对其进行充分信息披露，这样才有利于信息使用者全面理解或有事项的实质和经济影响。对于预计负债，如果只在表外披露，会低估负债和费用及其对利润的影响；而如果只在表内确认的话，又会误导报表使用者将其与表内其他负债的性质等同，显然，只有同时在表内确认和表外披露才能保证会计信息的客观充分。根据会计准则，预计负债的确认，除了满足负债的基本确认条件之外，更应该具备以下特征：第一，该项义务是企业承担的现时义务，而非潜在义务；第二，该项义务的履行导致经济利益很可能流出企业；第三，该项义务的金额能够可靠计量。除此之外，若该项义务是企业承担的潜在义务，或者金额不能可靠计量，我们都将这类事项确认为或有负债，在表外披露，在附注中予以说明。另一方面，或有资产的确认条件更为严格，只有很可能发生的或有资产才会在表外披露。上市公司常见的或有事项包括对外担保、未决诉讼和未决仲裁等等。

（2）或有负债的披露。或有事项无论作为潜在义务，还是现时义务，若不符合负债的确认条件，在财务报告项目中就不应反映。但是，如果或有事项符合某些条件，则在财务报告附注中予以披露，披露的基本原则应是可能性和重要性相结合。

或有负债虽不予确认，但作为企业的现时义务或潜在义务，有着明显的不确定性，将来可能对企业的财务状况、经营成果产生不利影响。对于或有负债应披露的内容，我国或有事项会计准则规定：对于应予披露的或有负债，企业应分类披露如下内容：①或有负债形成的原因；②或有负债预计产生的财务影响（如无法预计应说明理由）；③获得补偿的可能性。在确定哪些预计负债与或有负债可以合并为一个类别时，必须考虑这些项目的性质是否相当或类似，因此，将与不同产品保证有关的金额作为单独一类处理可能是恰当的。如果预计负债与或有负债由相同的一系列情况形成，企业披露的方式应表明该预计负债与或有负债之间的关系。或有负债披露的基本原则是：极小可能导致经济利益流出企业的或有负债一般不予披露；但是，对某些经常发生或对企业的财务状况和经营成果有较大影响的或有负债，即使其导致经济利益流出企业的可能性极小，也应予以披露，以确保会计信息使用者获得足够充分和详细的信息。为此，考虑会计信息披露的充分性和完整性，我国或有事项会计准则规定"企业应在会计报表附注中披露如下或有负债：已贴现商业汇票形成的或有负债；未决诉讼、仲裁形成的或有负债；为其他单位提供债务担保形成的或有负债；其他或有负债"。对于应披露的或有负债，企业应披露以下内容：或有负债形成的原因、预计产生的财务影响、获得补偿的可能性。

（3）或有资产的披露。或有资产作为一种潜在资产，不符合资产确认条件，因而不予确认。因为确认或有资产，可能会导致那些可能永远不会实现的收益得到确认，但是如果或有资产符合某些条件，则应予披露。基于稳健性原则，我国或有事项会计准则规定：或有资产一般不应在会计报表附注中披露。但或有资产很可能会给企业带来经济利益时，则应在会计报表附注中披露其形成的原因；如果能够预计其产生的财务影响，还应作相应披露。在进行或有资产披露时，企业应特别谨慎，以免会计信息使用者误以为所披露的或有资产肯定会实现。另外，对于确认为资产的或有事项，一方面应在资产负债表相关资产项目中反映其金额，另一方面应在利润表中反映基本确定能获得的补偿，抵减因或有事项而确认的费用或支出，这部分金额且无须在会计报表附注中披露。有时，充分披露未决诉讼、仲裁形成的或有负债信息可能会对企业生产经营造成重大不利影响。对一些例外情况，从保护信息提供者利益出发，为避免企业在后续诉讼、仲裁过程中处于不利地位，保护自身合法权益，则可以不披露对自己可能造成损害的敏感信息。我国或有事项会计准则规定：

在涉及未决诉讼、仲裁的情况下，如果披露全部或部分信息预期会对自身造成重大不利影响的，则无须披露这些信息。但这并不表明企业可以不披露任何相关信息，至少应披露该未决诉讼、仲裁形成的原因。

2. 国际或有事项会计准则（IAS 37）对或有事项披露的规范

第 37 号国际会计准则要求对或有事项披露的主要内容包括：

（1）因或有事项而确认的负债的披露。国际会计准则第 37 号规定：对于各类准备，企业应披露如下内容：①期初和期末的账面金额；②当期增加的准备包括现有准备的增加；③当期使用的金额即发生并冲销准备的金额；④当期转回的未使用金额；⑤当期因时间流逝而增加的折现金额以及任何折现率变化的影响。另外，还要求企业应披露以下内容：①义务性质的简要描述以及经济利益最终流出的预期时间；②有关这些经济利益流出的金额或时间的不确定性的说明。如果必须提供充足的信息，那么企业应披露就未来事项所做的主要假设；③预期补偿的金额，说明就该预期补偿已确认的资产的金额。

（2）或有负债的披露。国际会计准则 37 号规定，除非履行义务时经济利益流出的可能性极小，否则，企业应在资产负债表日简要地披露各类或有负债的性质，并在可行的情况下披露：①其财务影响的估计；②与流出的金额或时间有关的不确定性的说明；③补偿的可能性。

（3）或有资产的披露。国际会计准则 37 号规定，如果经济利益很可能流入企业，应在资产负债表日简要地披露或有资产的性质，并在可行的情况下，再披露其财务影响的估计数。有时，充分披露未决诉讼、仲裁形成的或有负债信息可能会对企业的生产经营造成重大不利影响。对一些例外情况，从保护信息提供者利益出发，为避免企业在今后的诉讼仲裁过程中处于不利地位，保护自身的合法权益，企业有权不披露对自己可能会造成损害的敏感信息，这与我国会计准则的规定是一致的。国际会计准则 37 号还规定：在极少的情况下，披露所要求的部分或全部信息，预期会严重损害处在与其他方面就准备、或有负债和或有资产发生争端的企业的地位。在此情况下，企业不需要披露这些信息，但应披露该争端的一般性质以及没有披露该信息的事实和原因。

此外，美国财务会计准则对或有事项披露的规定包括：①关于或有损失的披露。对于确认的或有损失项目，应披露其性质，某些情况下应在财务报告中反映其金额；对于不满足确认条件中的一条或者都不满足而未计应计损失，或者已存在的损失超过依照确认条件计提的损失，则在一项损失或额外损失可能已经发生时，披露这项或有事项，而且必须表明该或有事项的性质，并给出可能发生损失的估计数或范围。②关于或有利得的披露。对产生或有利得的或有事项必须给予恰当的披露说明，但注意对实现的可能性要避免运用误导的暗示。美国会计准则规定应披露有可能的损失金额或额外可能的损失金额。在披露时，还应该指出或有事项的性质及可能的损失金额或损失范围,若不能估计,则应说明原因,但未提及估计采用的方法。但提出未主张的请求权若很有可能发生,在结果可能不利的情况下,也应予以披露。

四、国际会计准则与中国会计准则相关规范对比分析

从我国《企业会计准则第 13 号——或有事项》的基本内容来看,已经与相对应的《国际会计准则第 37 号——准备、或有事项和或有资产》(以下简称 IAS 37)基本趋同。比较两者内容可以看出:我国该项会计准则在制定时大部分采纳了国际会计准则的内容,整体上与国际会计准则保持一致。但是,仍有一些项目结合我国国情,体现了中国特色。我国会计准则实现与国际会计准则的趋同,对于我国企业的国际化发展有重要的促进作用,有利于我国企业参照国际标准来加强财务管理,提高会计信息可比性,改善投资环境,提高我国企业的国际竞争力。以下围绕"或有事项"的定义、会计处理原则、确认、计量等方面,对中国会计准则与国际会计准则进行系统的比较分析。

1. 定义比较

我国《企业会计准则第 13 号——或有事项》对"或有事项"的定义是:"过去的交易或事项形成的一种状况,其结果通过未来不确定事项的发生或不发生予以证实。"国际会计准则并无给出该定义。该定义至少包括三个特征:

(1)或有事项是过去的交易或事项形成的一种状况:这种状况是由企业过去的交易或事项引起的,是一种资产负债表日的客观存在。它对企业能产生多大的影响,是有利影响还是不利影响,这些都只能由未来发生的事件来证实,现在是不能确定的。

(2)或有事项的结果不确定:首先,或有事项是否会发生是不确定的。如为其他企业承担债务担保,如果被担保企业到期不能偿还债务,则担保企业将负连带的偿还责任。对于提供担保的企业而言,这项担保引起的连带责任是可能发生的,构成了或有事项,但是这个连带责任是否需要履行,在最初担保协议达成时是不确定的。其次,即使能够预料到或有事项会发生,但是具体的发生时间或者产生的金额都是无法预计的。

(3)只有未来发生的事项能确定或有事项的结果:或有事项在发生时是难以证实结果的。只有未来的不确定事件发生或不发生才能导致或有事项的不确定性消失。

2. 会计处理原则比较

我国《企业会计准则第 13 号——或有事项》对或有事项的处理原则与国际会计准则遵循的原则相同,包括稳健性原则、重要性原则、充分披露原则、实质重于形式原则。具体内容是指:对于可能的费用和损失要充分预计,而对于可能的收益无须做出预计;对不同重要性的或有事项要区别性地处理和对待,根据可能发生金额的相对大小或者概率来判断或有事项的重要性,对或有事项按照确定程度来分别处理，分为基本确定、很可能、可能、极小可能等几种情况；对于影响决策的信息，如果会计报表中的项目反映不出来，则要披露在附注中。当事项目的法律形式与经济实质不一致时，应当根据该或有事项的经济实质进行确认、计量和披露，而不是根据其法律形式。

3. 或有事项的会计计量比较

只有正确认识或有事项发生的"可能性"，才能按照会计准则的规范准确和熟练地处理或有事项。美国的会计准则将这种"可能性"分为三个标准：很可能、尚有可能、很少可能。但是对这三个概率的标准并没有明确说明；IAS 37 也没有对或有事项的可能性分类和概率情况明确说明；加拿大将可能性大体上分为四个层次，具体为：95%—100% 对应可合理确定，50%—95% 对应很可能，5%—50% 对应有可能，0%—5% 对应极小可能。我国第 13 号会计准则基本借鉴了加拿大的研究成果，只是"可能性"的分类名称有所不同，概率区间则一样。

对比国际会计准则与我国企业会计准则，我们发现两者对或有事项的规范基本相似，具有明显的共同点。我国《企业会计准则第 13 号——或有事项》（2006）将或有事项定义为："由过去的交易或者事项形成的，其结果须由某些未来事项的发生或不发生才能决定的不确定事项。"《国际会计准则第 37 号——准备、或有负债和或有资产》（IAS 37, 1999）则定义为："或有事项是指这样一种情况，其结果是收益或亏损，由一项或若干项未来不确定的事项的发生或不发生才能予以证实。"不难发现，从定义上来分析，它们对或有事项的确认所要满足的条件具有以下相似点：第一，产生或有事项的交易或事项是由过去形成的；第二，或有事项的发生或不发生具有不确定性；第三，结果必须由未来事项确定。

4. 披露规范比较

相对于我国或有事项会计准则，IAS 37 对"准备"的披露内容规定得比较详尽；此外，或有事项与可能性大小存在密切联系，在披露或有事项时对"可能性"的判断依据也不容忽视，可能性的估计涉及较多的职业判断。从成本—效益原则考虑：至少应要求企业对与预计负债有关的可能性的判断依据做出说明；同时，仅披露预计负债的期末余额还不够，期初余额、当期增加金额、当期使用金额、当期转回未使用金额，均应作相应披露。

五、或有事项可能对企业产生的影响

在复杂的商业社会，不确定性无处不在，或有事项是不确定性会计的一个重要领域。市场经济条件下，由于竞争和风险日益加剧，使得企业所发生的经济业务的不确定性不断加大。或有事项的内容不断扩展，对于企业财务会计信息以及经营决策会产生重大影响，或有事项对企业的影响具体表现在以下几个方面：

1. 或有事项直接影响企业的持续经营和发展

或有事项的一个重要特征是不确定性,即这一事项是否实际给企业造成有利或不利影响的结果往往难以预测,主要表现为因企业过去的一种行为而引起的另一种潜在的债务或损失,如果这种潜在的债务或损失一旦成为现实,很可能造成企业一夜之间因巨额债务不能清偿,或因巨额亏损而破产、重组或陷入财务困境。

2. 或有事项直接影响企业的财务质量和财务状况

或有事项的另一个特征在于其发生的隐秘性和对企业影响的滞后性,如有的企业高管私自为其他单位提供借款担保而不走正常程序或不被监管者觉察,当或有损失因未来某一不确定事项成为现实,则必导致企业资产流出或负债增加,实际损失酿成现实。或有事项发生的隐秘性、对企业影响的滞后性以及会计处理的不完善、揭示的不适当,一方面造成企业对其现实财务状况的错误认识,即无视其或有负债的存在,高估其现时的经营业绩和财务状况;另一方面也影响有关方面对企业现时财务质量的评估,对企业财务状况难以做出正确判断。

3. 或有事项影响企业经营成果的确认

根据企业会计准则,企业会计核算应遵循稳健性原则,未来可能形成的或有资产在现时一般不予确认,对于未来可能形成的损失即或有损失应根据其发生可能性的大小采取确认入账、注释披露等会计处理方式。所以,对或有事项的不同确认方法直接影响企业一定时期经营成果的大小。会计实务中有两种倾向:一是无视对企业不利事项的存在,人为降低或有损失发生的可能性,以达到较高的会计账面利润;二是人为提高或有损失发生的可能性,使会计账面利润降低,达到避税的目的。可见或有事项的确认将直接影响经营成果,或有事项的不当处理也常常成为某些单位和个人用以粉饰企业财务成果的手段,是导致会计信息失真、质量不高的一个重要因素。

4. 或有事项是企业未来现金流量的重要影响因素

或有事项如果成为现实,往往会引起现金流出或流入,如应收票据贴现,一旦出票人无力清偿,则企业必将用现金予以偿付。由于债务担保等或有事项常常具有发生时的隐秘性和不能得到应有的反映,直接影响企业对未来现金流量做出可靠的预计。因此,在预计未来现金流量时,应充分考虑或有事项的潜在影响。

5. 或有事项对企业风险存在潜在的影响

从企业内部来说,风险分为经营风险和财务风险。风险是与不确定性紧密联系在一起的,或有事项的不确定性会增加企业的财务风险,也有可能引发企业的经营风险。当企业承担的或有负债演变为真实负债时,会直接面临偿债需求,若现金流量不足时,其长债危机便不言而喻,财务风险油然而生;当企业面临巨额索赔而形成的诉讼危机时,可能直接影响其经营的正常进行,引发资产流失或巨额损失,产生巨大的经营风险。特别对上市公司来说,企业风险加大,会影响公司形象,影响投资者的信心,影响股票价格,进而影响企业可持续发展。

第三节 担保的概念与相关法律法规

一、担保的概念界定

根据《中华人民共和国担保法》(以下简称《担保法》),在借贷、买卖、货物运输、加工承揽等经济活动中,担保是一种为保障债权人资金安全而订立的商业契约。在一项担保契约中,当主债务人违约时,担保方需要对该项债务履行偿还责任。

1. 担保方式分类

根据担保信用承载物的差异,担保方式包括保证、抵押、质押、留置和定金。

保证:是指保证人和债权人约定,当债务人不履行债务时,保证人按照约定履行债务或者承担责任的行为。

抵押:是指抵押人和债权人以书面形式订立约定,不转移抵押财产的占有,将该财产作为债权的担保。当债务人不履行债务时,债权人有权依法以该财产折价或者以拍卖、变卖该财产的价款优先受偿。其中,抵押人可以是债务人自己,也可以是第三方。

质押:是指债务人或者第三人将其动产移交债权人占有,将该动产作为债权的担保。当债务人不履行债务时,债权人有权以该动产折价或者以拍卖、变卖该动产的价款优先受偿。质押一般包括动产质押和权利质押。

留置:是指债权人按照合同约定占有债务人的动产,债务人不按照合同约定的期限履行债务的,债权人有权依法留置该财产,以该财产折价或者以拍卖、变卖该财产的价款优先受偿。留置一般发生在保管合同、运输合同、加工承揽合同等经济行为中,留置物品一般即为合同标的物品。

定金:在合同订立或在履行之前,当事人可以约定一方向对方给付定金作为债权的担保。债务人履行债务后,定金应当抵作价款或者收回。给付定金的一方不履行约定的债务的,无权要求返还定金;收受定金的一方不履行约定的债务的,应当双倍返还定金。

本书后续实证研究所关注的担保是指由第三方提供的担保,即债务人自身提供的担保并不在本书实证研究的关注范围,担保方式可以为保证担保、抵押担保、质押担保等形式。

2. 担保业务的分类

根据目前我国担保业务的开展,担保业务主要包括贷款担保、综合授信担保、保函业务、诉讼保全担保、履约担保、保理业务担保、再担保等。

贷款担保是担保机构为放款人(金融机构)和借款人(主要是工商企业和自然

人）提供的第三方保证。担保机构保证在借款人没有按借款合同约定的期限还本付息时，负责支付借款人应付而未付的本金和利息。贷款担保合同在借款人收到所借款项时生效，借款人或担保人偿还本息后失效。贷款担保是信用担保机构的主要业务，其目的主要是为了缓解企业融资难问题，分散银行放贷、企业融资可能产生的风险，起到保证信用贷款安全、促进企业发展的作用。贷款担保又包括流动资金贷款担保、固定资产贷款担保、银行票据贴现担保、个人消费贷款担保、个人经营性贷款担保等。其中，为流动资金贷款进行的担保称为流动资金贷款担保，流动资金贷款是为解决企业在生产经营过程中流动资金不足而发放的贷款。这种贷款的特点是贷款期限短（一年以内）、周转性较强，融资成本较低，是客户使用最为频繁的贷款。固定资产贷款担保是指企业购置机器设备、技术更新改造、购地建房、房地产开发、基本建设投资需要资金，向银行申请贷款所提供的担保。银行票据贴现贷款担保是指企业（持票人）在商业汇票（包括银行承兑汇票、商业承兑汇票）未到期前，为了取得资金，贴付一定利息将票据权利转让给银行为其提供的担保。

综合授信担保是指为企业的综合授信业务提供的担保。综合授信业务主要用于企业流动资金贷款需要，包括流动资金周转贷款、银行承兑汇票的承兑及贴现、商业汇票的担保、国际结算业务项下融资等项目。企业可在批准的授信额度、期限和用途内根据自身实际情况需要将各种贷款方式进行组合、循环使用。

保函业务主要分为两大类，包括付款保函和履约保函。付款保函包括预付款保函、分期付款保函；履约保函包括投标保函、工程承包保函、工程维修保函、质量保函、借款保函、租赁保函。

诉讼保全担保是指在民事诉讼过程中，人民法院对于可能因当事人一方的行为或者其他原因，使生效判决不能或难以执行的案件，在对当事人申请财产保全的请求做出裁定时，一般要求申请财产保全一方的当事人提供一定的担保。此项业务，可解决当事人因一时无法提供财产保全担保或是提供财产保全担保后影响其正常生产经营活动等问题，保证其生产经营活动和诉讼活动的正常进行，保障被申请人因诉讼财产被保全后的合法权益。

履约担保是担保公司承诺一旦在该项担保的受保人履行了其应履行的合同义务之后，保证人将保证购销合同中有关货款支付、货物供应等结算条款或违约金支付条款得到执行，从而有效地避免或降低供需双方在交易过程中的风险，维护债权人的合法权益。履约担保中开展最为广泛的业务主要包括工程合同履约担保和工程招投标履约担保。

保理业务担保是指为保理业务提供的担保。保理业务是指卖方、供应商或出口商与保理商之间存在的一种契约关系。根据该契约，卖方、供应商或出口商将其现在或将来的基于其与买方（债务人）订立的货物销售或服务合同所产生的应收账款转让给保理商，由保理商为其提供贸易融资、销售分户账管理、应收账款的催收、信用风险控制与坏账担保等服务中的至少两项。

再担保是指担保公司对符合约定的商业性担保机构、民间担保机构及其他担保机构提供个案业务再担保服务。再担保方式主要采用固定比例再担保、溢额再担保和联合再担保三种。固定比例再担保是由担保人和再担保人约定，对在一定担保责任限额内的业务，担保人将全部同类担保业务都按约定的同一比例向再担保人进行再担保，每项业务的担保费和发生的损失，也按双方约定的比例进行分配和分摊。溢额再担保是由担保人将其超过预定限额的担保责任向再担保人进行再担保，或由担保人和再担保人共同对被担保人担保，由再担保人承担超过担保人预定限额的担保责任，对每一项业务的担保费和发生的损失也按双方承担的比例进行分配和分摊。联合再担保是指对于数额较大的或超过担保人规定担保能力较多的单项担保业务，经协商一致，可由省市担保机构共同与被担保人签订委托保证协议，共同与银行签订保证合同，双方按各自承担责任的比例承担相应的权利和义务。

二、担保的会计处理

1. 对担保收入的处理

（1）担保合同生效时。应将依据担保合同规定向被担保人收取的担保费作为一项金融负债——"财务担保合同"予以确认，借记"银行存款"等科目，贷记"财务担保合同"科目。同时，根据企业对外签订担保文件所记载金额计入或有负债（开出担保保证）辅助账中。

（2）担保期内。一方面，应分期摊销并确认担保费收入，按当期应确认的担保费收入，借记"财务担保合同"科目，贷记"担保费收入"科目。另一方面，应根据保后监管确定的风险程度对未到期的财务担保合同进行评估，按以下两项金额中较高者进行后续计量：按《企业会计准则第13号——或有事项》确定的金额；初始确认金额扣除按《企业会计准则第14号——收入》确定的累计摊销额后的余额，即按预计采取反担保措施可收回的金额借记相关资产，按上述计量方式确定的金额贷记"财务担保合同"科目，差额借记相关费用。

（3）被担保人的违约责任。被担保人提前清偿被担保的主债务而解除担保企业的担保责任。应将与该担保有关的"财务担保合同"金额全部冲销。按与该担保合同有关的财务担保合同账面余额借记"财务担保合同"科目，按原计入相关资产和费用的金额贷记相关资产和费用，差额贷记"担保费收入"科目。同时，在或有负债（开出担保保证）辅助账中注销该担保事项。

被担保人未发生违约，如期偿还贷款。应将与该担保有关的"财务担保合同"金额全部冲销，并在或有负债（开出担保保证）辅助账中注销该担保事项。

被担保人发生违约。若违约发生在担保企业实施代偿之前，应通过对客户信用状况的跟踪判断，按照前述计量方式调整"财务担保合同"金额。若被担保人在此期间归还全部或部分贷款,则应将与该担保有关的"财务担保合同"金额全部或部分冲销。担保企业履行代偿义务时,应将与该担保有关的"财务担保合同"金额全部冲销。按与该担保合同有关的财务担保合同账面余额借记"财务担保合同"科目,按实际支付的代偿金额贷记"银行存款",差额部分依次贷记相关资产和费用,并在或有负债(开出担保保证)辅助账中注销该担保事项。最终按照反担保措施的履行情况,确定与该项担保业务有关的损失。

2. 对担保事项本身的会计处理

根据《企业会计准则第 13 号——或有事项》,企业对担保事项的会计处理主要关注以下几点:

(1) 注意区别企业为自身债务担保和为他人债务担保的会计处理。企业为自身债务担保,如企业以自己的资产作抵押或质押向银行借款,被担保的债务(银行借款)已在企业财务报表中确认、列报,企业并不会因为该担保事项产生额外的或有负债,但企业应在财务报表附注中披露债务的担保情况及资产因抵押、质押而所有权受限制的情况。若到期未能偿还债务,债权人行使抵押权或质押权,对抵押、质押资产折价或者拍卖、变卖时,企业进行资产处置的会计处理。对于编制合并财务报表的企业集团,发生于合并范围内的担保,从合并会计主体来看,相当于是企业以自己的资产为自身债务担保,亦应按上述办法处理。

企业为他人债务提供担保,则已承担了可能向债权人偿还被担保债务的责任,形成了或有负债,应在财务报表中作为或有事项披露该担保情况。以后随着债务人财务状况的恶化,还可能转化为负债(预计负债)予以确认,形成担保损失。

(2) 注意担保事项的或有负债转化为企业的负债或预计负债。企业为他人债务提供担保产生的或有负债,随着时间推移和事态变化,或有负债对应的潜在义务可能转化为现时义务,原本不是很可能导致经济利益流出的现时义务也可能被证实将很可能(可能性超过 50%)导致企业流出经济利益,并且现时义务的金额也能够可靠计量。这时或有负债就转化为企业的负债或预计负债,符合负债(预计负债)的确认条件,应当予以确认。一般要注意以下两种情况:

第一,如企业为他人债务提供一般保证的担保。根据法律规定,只有在债务人不能履行债务时,保证人才承担保证责任。一般保证的保证人在主合同纠纷未经审判或者仲裁,并就债务人财产依法强制执行仍不能履行债务前,对债权人可以拒绝承担保证责任。因此,企业为他人债务提供一般保证担保,一般情况下,应将保证责任作为或有负债进行披露;但当债务到期未能偿还,债权人已起诉或申请仲裁,且债务人财务状况恶化很可能不能偿还债务时,保证人应当按照承担担保责任所需支出的最佳估计数确认预计负债。

第二,如企业为他人债务提供连带责任保证的担保。债务人在主合同规定的债务履行期届满没有履行债务的,债权人可以要求债务人履行债务,也可以要求保证人在其保证范围内承担保证责任。因此,企业为他人债务提供连带责任保证,在债务到期前,一般作为或有负债进行披露,但若已有证据表明债务人无力偿还债务,保证人很可能在债务到期时承担偿还担保债务的责任,应予确认预计负债;债务到期,债务人未能偿还债务,债权人已向担保人提出实现债权要求的,保证人应确认预计负债。此外,对于由于保证责任被债权人起诉,且法院已判决保证人承担还债责任的,保证人应确认为负债。我国《民法通则》规定,债权人或者债务人一方人数为两人以上的,依照法律的规定或者当事人的约定,享有连带权利的每个债权人,都有权要求债务人履行义务;负有连带义务的每个债务人,都负有清偿全部债务的义务。已履行担保责任的担保人,有权向债务人追偿,或者要求其他负有连带义务的人清偿其应当承担的份额。按照或有事项准则规定,预期可获得的补偿金额只有在基本确定能够收到(可能性达到95%以上),且能够可靠计量时,才能作为资产单独确认,确认的补偿金额不应当超过预计负债的账面价值。通常情况下,企业承担了担保责任,说明债务人财务状况不佳,一般不应将预期补偿金额确认为资产,除非有确凿证据表明能够收到补偿款。根据资产和负债不能随意抵销的原则,预期可获得的补偿在基本确定能够收到时确认为一项资产,而不能作为预计负债金额的扣减。

(3)关于担保事项的计量。企业确认担保事项产生的预计负债和补偿资产时,应当以担保合同约定及相关法律规定的担保范围为基础,根据担保事项现时的事态,计算履行现时担保义务所需支出和可追偿的补偿款的最佳估计数进行初始计量。

法律规定,担保的范围包括主债权及利息、违约金、损失赔偿金、担保财产保管费用和实现债权或担保物权的费用。担保合同另有约定的,按照约定。我国《担保法》规定:同一债务有两个以上保证人的,保证人应当按照保证合同约定的保证份额,承担保证责任;没有约定保证份额的,保证人承担连带责任,债权人可以要求任何一个保证人承担全部保证责任,保证人都负有担保全部债权实现的义务。我国《物权法》规定:被担保的债权既有物的担保又有人的担保的,债务人不履行到期债务或者发生当事人约定的实现担保物权的情形,债权人应当按照约定实现债权;没有约定或者约定不明确,债务人自己提供物的担保的,债权人应当先就该物的担保实现债权;第三人提供物的担保的,债权人可以就该物的担保实现债权,也可以要求保证人承担保证责任。

如果预计负债的确认时点距离实际清偿有较长的时间跨度,货币时间价值的影响重大(通常时间为3年以上且金额较大),那么在确定预计负债的金额时,应考虑采用现值计量,即通过对相关未来现金流出进行折现后确定最佳估计数。

(4)关于担保的时效。担保合同一般自签订之日起生效,质押合同自质物或权利凭证移交之时生效,按照法律应当办理抵押、出质登记的抵押、质押合同自登记之日起生效。担保合同是主债权债务合同的从合同,主合同无效,担保合同无效,除非另有约定。

保证合同的保证期间按照合同的约定，如果未约定保证期间，则为主债务履行期届满之日起6个月。在保证期间，一般保证合同的债权人未对债务人提起诉讼或者申请仲裁的，保证人免除保证责任；债权人已提起诉讼或者申请仲裁的，保证期间适用诉讼时效中断的规定。对于连带责任保证合同，在保证期间，债权人有权要求保证人承担保证责任；在保证期间，债权人未要求保证人承担保证责任的，保证人免除保证责任。保证人就连续发生的债权作保证，未约定保证期间的，保证人可以随时书面通知债权人终止保证合同，但保证人对于通知到债权人前所发生的债权，承担保证责任。

根据《民法通则》关于诉讼时效的规定，向法院请求保护民事权利的诉讼时效期间为2年，法律另有规定的除外。诉讼时效期间从知道或者应当知道权利被侵害时起计算。而根据《物权法》，主债权消灭、担保物权实现或债权人放弃担保物权的，担保物权消灭。抵押权、质权因抵押物、质物灭失而消灭。因灭失所得的赔偿金，应当作为抵押财产、出质财产。

（5）留置和定金的会计处理。留置是因保管合同、运输合同、加工承揽合同发生的债务到期不能偿还而依法自然发生的（除非法律规定或者当事人约定不得留置的动产），在留置发生前（即债务到期前），只需对交易进行正常的会计处理。债务到期未偿还，债权人行使留置权，债务人应在财务报表附注中披露被留置资产所有权受到限制的情况。留置权人与债务人应当约定留置财产后的债务履行期间，没有约定或者约定不明确的，留置权人应当给债务人两个月以上履行债务的期间，但鲜活易腐等不易保管的动产除外。留置财产后的债务履行期间结束后，债务人仍未还款，债权人以留置财产折价或以拍卖、变卖留置财产的价款优先受偿时，债务人作为以资产抵偿债务的交易进行会计处理。

企业采购货物、接受劳务按照购买合同、劳务合同支付定金，作为预付账款（或其他应收款）处理。如果以后企业不履行约定，已支付的定金不能收回，作为损失处理；如果对方未履行约定，企业在收到对方双倍返还的定金，或确定能够收到返还款时，冲回预付账款（或其他应收款），超过原支付金额部分作营业外收入。

三、担保相关法律法规变迁

近年来，中国资本市场发展十分迅速，越来越多的证券市场监管法律法规也开始逐步实施。由于上市公司的债务担保行为对资本市场的影响日益显著，政府监管部门陆续制定了多个与债务担保相关的法律法规，以期规范上市公司的债务担保行为。

关于债务担保相关法律法规的演变，我们大致可将其分为四个阶段：

第一阶段，债务担保的主要法律法规是1995年6月30日颁布，1995年10月1

日开始实施的《担保法》。《担保法》总则中明确界定了制定这一法律的目的是为了"促进资金融通和商品流通，保障债权的实现，发展社会主义市场经济"。它认为担保是指在借贷、买卖、货物运输、加工承揽等经济活动中，债权人需要以担保方式保障其债权实现而设定的，担保方式包括保证、抵押、质押、留置和定金。《担保法》认为担保合同属于主合同的从合同，主合同无效则担保合同亦无效。这部法律主要对担保相关概念进行了定义，仅仅给出了一些基本的担保概念和分类。

第二阶段，为了保护投资者的合法利益，中国证券监督委员会（此后称之为中国证监会）在2000年6月出台了61号文件《关于上市公司为他人提供担保有关问题的通知》。这项法规明确表明上市公司不得以公司资产为本公司的股东、股东的控股子公司、股东的附属企业或者个人债务提供担保。此外，该法规还规定"上市公司为他人提供担保必须经董事会或股东大会批准。董事会应当比照公司章程有关董事会投资权限的规定，行使对外担保权。超出公司章程规定权限的，董事会应当提出预案，并报股东大会批准。上市公司董事会在决定为他人提供担保之前（或提交股东大会表决前），应当掌握债务人的资信状况，对该担保事项的利益和风险进行充分分析，并在董事会有关公告中详尽披露"。可是，这项法规并不要求对以前的违规担保行为进行追溯，因而导致此前的违规担保行为无法得到规范。

第三阶段，由于大量上市公司主要为控股股东提供债务担保，并且一些债务担保行为还对证券市场产生了严重的负面影响（比如撼动资本市场的"ST猴王事件"），因而中国证监会在2003年8月出台了56号文件《关于规范上市公司与关联方资金往来及上市公司对外担保若干问题的通知》。该法规要求严格控制上市公司的对外担保风险，对上市公司的对外担保行为做出以下规定：（1）上市公司不得为控股股东及本公司持股50%以下的其他关联方、任何非法人单位或个人提供担保；（2）上市公司对外担保总额不得超过最近一个会计年度合并会计报表净资产的50%；（3）上市公司《章程》应当对对外担保的审批程序、被担保对象的资信标准做出规定，对外担保应当取得董事会全体成员2/3以上签署同意，或者经股东大会批准，不得直接或间接为资产负债率超过70%的被担保对象提供债务担保；（4）上市公司对外担保必须要求对方提供反担保，且反担保的提供方应当具有实际承担能力；（5）上市公司必须严格按照《上市规则》《公司章程》的有关规定，认真履行对外担保情况的信息披露义务，必须按规定向注册会计师如实提供公司全部对外担保事项；（6）上市公司独立董事应在年度报告中，对上市公司累计和当期对外担保情况、执行上述规定情况进行专项说明，并发表独立意见。该项法规要求上市公司对之前存在的不合规担保进行追溯处理，弥补了2000年6月出台的61号文件的缺陷。此外，该法规还对上市公司发生的违规对外担保行为提出了更为明确的处罚措施。

第四阶段，债务担保的法律法规主要包括2005年10月新颁布的《中华人民共和国公司法》以及中国证监会于 2005 年 11 月出台的 120 号文件《关于规范上市公司对外担保行为的通知》。这两部法律法规对上市公司的对外担保行为做出了进一步的规范，严格控制上市公司的对外担保风险。这些法律法规要求应由股东大会审批的对外担保，必须经董事会审议通过后，方可提交股东大会审批。须经股东大会审批的对外担保，包括但不限于下列情形：上市公司及其控股子公司的对外担保总额，超过最近一期经审计净资产 50% 以后提供的任何担保；为资产负债率超过 70% 的担保对象提供的担保；单笔担保额超过最近一期经审计净资产 10% 的担保；对股东、实际控制人及其关联方提供的担保。股东大会在审议为股东、实际控制人及其关联方提供的担保议案时，该股东或受该实际控制人支配的股东，不得参与该项表决，该项表决由出席股东大会的其他股东所持表决权的半数以上通过。应由董事会审批的对外担保，必须经出席董事会的 2/3 以上董事审议同意并做出决议。上市公司董事会或股东大会审议批准的对外担保，必须在中国证监会指定的信息披露报刊上及时披露，披露的内容包括董事会或股东大会决议、截至信息披露日上市公司及其控股子公司对外担保总额、上市公司对控股子公司提供担保的总额。这些法律法规重新放开了之前被禁止的债务担保行为，如允许上市公司为控股股东提供债务担保，但需要经过股东大会的批准。此外，120 号文件还强调了银行在上市公司债务担保行为中的责任，它要求银行详细调查上市公司的担保能力和担保程序的合法性。

尽管关于上市公司债务担保行为的监管法规不少，但是近些年上市公司的巨额违规担保事件仍层出不穷，这些监管法规的有效性值得商榷。事实上，为了规避这些监管法规，一些上市公司开始改变债务担保的形式。例如，2000 年中国证监会颁布的 61 号文件禁止为股东提供债务担保，但一些上市公司便开始改为为股东的关联方提供担保；再如，一些上市公司开始采用互相担保的方式来规避这些监管法规。因此，在当前的监管水平下，不合理的债务担保行为并没有得到很好的监管，上市公司债务担保行为的风险依然很大。

四、对外担保的内部控制制度

财政部发布的《内部会计控制规范》（2001）第 17 条规定"单位应当加强对外担保业务的会计，严格控制担保行为，建立担保决策程序和责任制度，明确担保原则、担保标准和条件、担保责任等相关内容，加强对担保合同订立的管理，及时了解和掌握被担保人的经营和财务状况，防范潜在风险，避免或减少可能发生的损失"。这是对企业担保业务内部控制的指导性规范。

依据此规范条例，大多数企业均设立了对外担保的内部控制制度，明确担保原则、担保标准和条件、担保责任等相关内容，防范担保带来的潜在风险。（附录 6 列示了企业对外担保的内部控制制度的体例）

第四节 诉讼的相关法律法规及政策规定

一、诉讼的定义

诉讼是指人民法院根据纠纷当事人的请求，运用审判权确认争议各方权利义务关系，解决经济纠纷的活动。

诉，是指告诉、申诉、控告意思和行为。

讼，是法律行为，是指要由人民法院裁决的法律行为。如：民事诉讼、刑事诉讼、行政诉讼。就是"打官司"。

诉讼程序是在诉讼和司法过程中必须遵循的法定顺序、方式和步骤。

诉讼的功能不仅限于对过去发生之历史事实的发现，而更要通过诉讼的过程建立起过错与责任、犯罪与刑罚之间的联系，从而向公民传递一种应当如何行为的信息，追究责任。

1. 起诉方的权利与义务

公民因婚姻家庭纠纷，或者公民、法人、其他组织因其合法权益受到侵害，或者与他人发生财产权益争议，均可以依照法律规定向人民法院提起民事诉讼。

公民、法人或者其他组织对下列具体行政行为不服可以依照法律规定向人民法院提起行政诉讼：

（1）对拘留、罚款、吊销许可证和执照、责令停产停业、没收财物等行政处罚不服的；

（2）对限制人身自由或者对财产的查封、扣押、冻结等行政强制措施不服的；

（3）认为行政机关侵犯法律规定的经营自主权的；

（4）认为符合法定条件申请行政机关颁发许可证和执照，行政机关拒绝颁发或者不予答复的；

（5）申请行政机关履行保护人身权、财产权的法定职责，行政机关拒绝履行或者不予答复的；

（6）认为行政机关没有依法发给抚恤金的；

（7）认为行政机关违法要求履行义务的；

（8）认为行政机关侵犯其他人身权、财产权的。但对国防、外交等国家行为；行政法规、规章或者行政机关制订、发布的具有普遍约束力的决定、命令；行政机关对行政机关工作人员的奖惩、任免等决定；法律规定由行政机关最终裁决的具体行政行为，不得提起行政诉讼。

公民对下列三类案件可以依照法律规定向人民法院提起刑事自诉：

（1）告诉才处理的案件；

（2）被害人有证据证明的轻微刑事案件；

（3）被害人有证据证明被告人侵犯自己人身、财产权利的行为应当依法追究刑事责任，而公安机关或者人民检察院不予追究被告人刑事责任的案件。

公民、法人或者其他组织向人民法院起诉，应当递交起诉状。起诉状应当记明以下事项：

（1）当事人的姓名、年龄、民族、职业、工作单位和住所，法人或者其他组织的名称、住所和法定代表人的姓名、职务；

（2）诉讼请求和所依据的事实和理由；

（3）证据和证据来源，证人的姓名和住所。起诉状除应写明上述内容外，还应写明起诉状所递交的人民法院名称、起诉的年、月、日，并由原告签名和盖章。此外，还应提供与被告人数相同的副本。

起诉，应当向有管辖权的人民法院提出。民事案件，一般由被告住所地人民法院管辖，侵权案件由侵权行为地或者被告住所地人民法院管辖，不动产案件由不动产所在地人民法院管辖，合同纠纷案件由被告住所地或者合同履行地人民法院管辖。行政案件，一般由最初做出具体行政行为的行政机关所在地人民法院管辖，对经过复议的案件，如复议机关改变了原具体行政行为的，也可以由复议机关所在地人民法院管辖。刑事自诉案件，由犯罪地所在的人民法院管辖。

起诉，应当在诉讼时效期间内向人民法院提出。一般民事案件的诉讼时效期间为 2 年；对身体受到伤害要求赔偿、出售质量不合格的商品未声明、延付或者拒付租金及寄存财物被丢失或者损毁案件的诉讼时效期间为 1 年。提起行政诉讼的，应当在知道做出具体行政行为之日起 3 个月内提出；对于经过复议程序的，应当在接到复议决定书之日起 15 日内提出。

向人民法院提起民事诉讼或者行政诉讼，依照法律规定应当交纳案件受理费和其他诉讼费用。

2. 应诉方的权利与义务

当个人或组织被起诉后，为了维护自身的合法权益，应当依法应诉。首先，应在收到起诉状后 15 日内向人民法院提交答辩状及副本。如需要提出反诉的，可在答辩状中写明。其次，应做好出庭参加诉讼的各种准备，并依照人民法院的传唤，按时参加庭审。

民事案件和行政案件中的当事人有权委托代理人，提出回避申请，收集、提供证据，进行辩论，请求调解，提起上诉和申请执行。当事人可以查阅本案有关材料，并可以复制本案有关材料和法律文书。双方当事人可以自行和解。原告可以放弃或者变更诉讼请求，被告可以承认或者反驳诉讼请求，有权提起反诉。

民事诉讼的当事人必须依法行使诉讼权利、遵守诉讼秩序、履行发生法律效力的法律文书，按规定交纳诉讼费用。

刑事案件的被告人可以自行辩护或者委托辩护人进行辩护，可以提出回避申请，经许可，可对证人、鉴定人员发问，进行最后陈述，提起上诉。刑事自诉案件的自诉人有权委托诉讼代理人，提出回避申请，进行和解，接受调解，撤回自诉，提起上诉。

刑事案件的被害人有权对人民检察院做出的不起诉决定提出申诉或直接起诉，对被告人的行为造成被害人物质损失的，有权提起附带民事诉讼，经许可，可对被告人发问，对一审判决不服，可以向人民检察院申请抗诉。对发生法律效力的判决或者裁定不服，可以提出申诉。

刑事诉讼的当事人必须依法行使诉讼权利、遵守诉讼秩序。

二、未决诉讼的定义及其会计处理

诉讼是指当事人不能通过协商解决争议，因而在人民法院起诉、应诉，请求人民法院通过审判程序解决纠纷的活动，如因产品质量、担保、专利权被侵犯等原因引起的诉讼。如果该诉讼在起诉当年经过法院进行了终审裁决，原告和被告应根据裁决结果进行相应的会计处理；如果至起诉当年年底法院尚未裁决，则该事项属于未决诉讼。按照《企业会计准则》规定其属于或有事项。如果企业胜诉，将不负有任何责任；如果企业败诉，则负有支付原告提出的赔偿要求的责任。即一旦有对方提出的待决的索赔事项时，企业即应视为一项或有负债。

概言之，未决诉讼是指企业涉及尚未判决的诉讼案件、原告提出有赔偿要求的待决事项。未决诉讼是比较常见的或有事项之一，可能形成预计负债、或有资产、或有负债。因未决诉讼产生的或有事项符合以下条件时，应确认为一项负债，作为预计负债进行确认和计量：（1）该义务是企业承担的现时义务；（2）履行该义务很可能导致经济利益流出企业；（3）该义务的金额能够可靠地计量。

对于未决诉讼产生的预计负债，与企业当期实际发生的诉讼损失金额之间的差额，应分别以下三种情况处理：

第一，企业在前期资产负债表日，依据当时实际情况和所掌握的证据合理预计了预计负债，应当将当期实际发生的诉讼损失金额与已计提的相关预计负债之间的差额，直接计入或冲减当期营业外支出。

第二，企业在前期资产负债表日，依据当时实际情况和所掌握的证据，原本应当能够合理估计诉讼损失，但企业所做的估计却与当时的事实严重不符（如未合理预计损失或不恰当地多计或少计损失），应当按照重大会计差错更正的方法进行处理。

第三，资产负债表日后至财务报告批准报出日之间发生的需要调整或说明的未决诉讼，按照资产负债表日后事项的有关规定进行会计处理。

未决诉讼在以后期间的会计处理也大致分为以下四种情况：

第一，企业在前期资产负债表日，若企业依据当时实际情况和所掌握的信息合理确认了预计负债，但法院的判决结果很可能和估计的金额不相等，这时应当将本期实际发生的诉讼损失与已确认的预计负债之间的差额，直接计入或冲减"营业外支出"科目。

第二，企业在前期资产负债日，依据当时实际情况和所掌握的证据，确实无法合理预计诉讼损失，未确认预计负债；在本期取得裁决结果时将其作为当期的损失，直接计入"营业外支出"科目。

第三，若企业在资产负债表日至财务报告批准报出日期间取得了裁决结果，则作为资产负债表日后调整事项处理。

第四，企业在前期资产负债表日，依据当时的实际情况和所掌握的信息应当能够合理估计诉讼损失，但企业所做的估计却与当时的事实严重不符的，在以后期资产负债日发现时应当按照前期重大会计差错进行处理。

三、诉讼仲裁的披露要求

根据《深圳证券交易所股票上市规则（2014年修订）》的规定，上市公司及其控股子公司发生重大诉讼和仲裁，应当履行信息披露义务。

1. 重大诉讼和仲裁的范围

（1）涉案金额超过1 000万元，并且占公司最近一期经审计净资产绝对值10%以上的诉讼、仲裁事项。

（2）未达到前款标准或者没有具体涉案金额的诉讼、仲裁事项，董事会基于案件特殊性认为可能对公司股票及其衍生品种交易价格产生较大影响，或者本所认为有必要的，以及涉及公司股东大会、董事会决议被申请撤销或者宣告无效的诉讼。

（3）单个诉讼、仲裁涉案金额虽未达到披露要求，但连续12个月累计发生额达到前述金额的，应当按照累计发生额及时予以披露，但是已经披露的诉讼、仲裁不再纳入累计计算范围。

2. 重大诉讼、仲裁事项信息披露公告的内容和格式

（1）案件受理情况和基本案情；

（2）案件对公司本期利润或者期后利润的影响；

（3）公司及控股子公司是否还存在尚未披露的其他诉讼、仲裁事项；

（4）本所要求的其他内容。

3. 重大诉讼、仲裁事项信息披露公告的披露要素

结合中国证监会的反馈意见及沪深交易所关于重大诉讼、仲裁事项的信息披露要求，对于需披露的重大诉讼或仲裁案件，一般应当完整披露：诉讼或仲裁主体、案由、诉讼或仲裁请求及依据、标的金额、诉讼进展、裁决的日期、判决或裁决的

结果、执行情况等。

四、上市公司重大资产重组中关于诉讼、仲裁的规定

1. 《公开发行证券的公司信息披露内容与格式准则第 26 号——上市公司重大资产重组（2014 年修订）》（以下简称《26 号准则》）关于诉讼、仲裁的规定

第 15 条：交易对方及其主要管理人员最近 5 年内受过行政处罚（与证券市场明显无关的除外）、刑事处罚，或者涉及与经济纠纷有关的重大民事诉讼或者仲裁的，应当披露处罚机关或者受理机构的名称、处罚种类、诉讼或者仲裁结果，以及日期、原因和执行情况。

第 16 条：交易标的为完整经营性资产（包括股权或其他构成可独立核算会计主体的经营性资产）的，应当披露：该经营性资产及其对应的主要资产的权属状况、对外担保情况及主要负债、或有负债情况，说明产权是否清晰，是否存在抵押、质押等权利限制，是否涉及诉讼、仲裁、司法强制执行等重大争议或者存在妨碍权属转移的其他情况。

第 17 条：交易标的不构成完整经营性资产的，应当披露：相关资产的权属状况，包括产权是否清晰，是否存在抵押、质押等权利限制，是否涉及诉讼、仲裁、司法强制执行等重大争议或者存在妨碍权属转移的其他情况。

第 40 条：上市公司应披露的风险包括但不限于以下内容：交易标的权属风险。如抵押、质押等权利限制，诉讼、仲裁或司法强制执行等重大争议或者妨碍权属转移的其他情形，可能导致本次重组存在潜在不利影响和风险等。

另外，沪深交易所关于上市公司重大资产重组的业务指引或业务指南，也有关于诉讼、仲裁事项信息披露的规范要求，例如：上海证券交易所《上市公司重大资产重组信息披露及停复牌业务指引》第 25 条规定：上市公司披露重组预案后，重组标的资产涉及重大诉讼或仲裁的，上市公司应当及时披露，并提示相关风险。

从中国证监会、沪深交易所的监管规范来看，上市公司重大资产重组项目需要关注两类诉讼、仲裁事项：一是涉及交易对方及其主要管理人员的诉讼、仲裁事项；二是涉及标的资产（标的股权还需关注其对应的主要资产，下同）的诉讼、仲裁事项。

2. 对重组交易的影响分析

（1）是否计提预计负债及对交易评估值的影响。对于尚在一审程序、无证据表明需要计提预计负债或者一审判决胜诉的诉讼、仲裁案件，公司的财务报告对该类未决诉讼、仲裁一般可以不计提预计负债。对于未预先计提负债的，我们认为，重组交易协议应明确约定由交易对方承担诉讼或仲裁事项的潜在损失。

对于一审被判决败诉的未决诉讼、仲裁案件，一般认为属于"很有可能"导致公司产生负债或承担经济利益流失的情况，通常应计提预计负债。对于已预先计提

负债的,该等诉讼、仲裁案件可能带来的不利影响已反映在该等重组交易的评估价值中。同时,重组交易协议应对超出预计负债范围之外的潜在损失做出补偿安排。

(2)是否涉及司法查封及对重组实施的影响。《26号准则》要求律师就"交易标的是否存在抵押、担保或其他权利受到限制的情况,如有,应说明对本次交易的影响"发表核查意见。如果标的资产因诉讼、仲裁事项被采取司法查封措施,则需要结合"司法查封措施对标的资产生产经营的影响、可选的替代措施、重组项目预计进度"等因素,做出合理安排,确保不对重组的审核及实施造成实质性障碍。

第五节 本章小结

本章详细介绍了或有事项的会计准则、相关法律法规。首先,通过比较不同国家或机构对或有事项的定义,界定或有事项的概念;然后,分别从性质和类别出发,对或有事项进行分类;而后进一步详细地介绍了或有事项的确认、计量和披露的相关规定;最后,针对对外担保和未决诉讼这两类最典型的或有事项,详细介绍了相关的法律法规。

第三章

或有事项研究综述

第一节 或有事项披露的研究综述

一、或有事项的供给效应和需求效应

会计信息的披露是保证证券资本市场有效运行的保障,而或有事项又是会计信息披露中最容易受到管理层操纵、主观性很大的一部分,对决策者的判断和选择有很大影响。同时,从宏观角度看,由于信息的不对称性,供求双方都在利益最大化的驱动下利用或有事项披露这一资源,这就是供求关系产生的机理,分析或有事项的供给效应和需求效应对本研究有很大意义。

为了进一步研究供求关系,我们首先需要了解或有事项信息的供给者和需求者群体。一般而言,在资本市场上,或有事项的披露者主要的也是最典型的就是上市公司,而需求者根据各自目的的不同可以划分为不同类别,包括直接利益相关者和间接利益相关者。

1. 信息披露的供给效应

那么上市公司为什么愿意披露或有事项?首先,从供给者与需求者的关系来看,股东、潜在投资者、管理层、银行、政府、供应商、顾客等等,他们都以某种方式参与到企业中来,并希望从中获得一定的利益,达成一定的目标,为此,主动披露或有事项信息能使得信息使用者更快地掌握企业信息,从而促进利益和目标的实现。其次,如果企业推迟披露或者不披露或有事项信息,当股票市场公司股票出现大幅度的跌价,有可能引起投资者对公司提出诉讼，因此，提早披露信息，一方面有利于保护原告的利益，另一方面也能降低或避免由于披露不力所造成的法律证据，从而引起企业更大的损失。与此同时，管理层自身也需要对诉讼负责，否则就会使得公司其他的事务不得不有所耽搁。第三，推迟披露或者不披露可能给公司及管理层带来名誉上的损失。若从股票投资者和股票分析师的角度来看，由于管理层的不诚实，投资者会尽量避开这些披露不及时、不充分的公司，同时，股票分析师也会绕道这些公司，使得投资者可用的信息更少。第四，有研究表明，适当的操纵信息披露时间和披露内容，能调节公司的股价，这时，持有股票期权的管理层便能从中获得收益。

2. 信息披露的需求效应

从信息披露的需求角度来说，原因也是多方面的：其一，由于上市公司所有权和经营权的分离，根据受托责任观，管理层有责任将股东托付的资源妥善经营，以求达到股东利益最大化。其二，利益相关者为了更好地做出决策，要求上市公司能提供有关其各方面经营成果的全面信息。其中，或有事项是对公司经营及未来发展有很大影响的信息，也是分析师研究的重点，因而利益相关者会要求上市公司进行披露。其三，投资者在选择投资目标时，综合其他考虑之外，通常会选择在披露方面表现得更好的上市公司，从而降低自己投资的不确定性。其四，监管部门也要求企业按规定披露相关信息，从而规范市场，保证市场的有效运行，同时引导社会资源流向效率更高的行业或公司。

所以不论从供给还是需求角度来说，都为我们探究或有事项披露提供了可能存在的动因。

二、或有事项披露的成本效益分析

对于信息使用者而言，或有事项披露的价值在于它能减少决策过程中所存在的不确定性，并愿意为此支付一定的价格。因此，上市公司往往在做出信息披露决策时首先要对信息披露可能取得的收益以及因信息披露带来的成本进行权衡，在收益大于成本时，就具有信息披露的动机。

1. 信息披露的成本

信息披露的成本可以分为有形成本与无形成本两类。有形成本具体是指可以用货币计量的成本，应用到或有事项部分，主要有两类，一类是指处理和提供或有事项信息带来的成本，例如上市公司在收集、判断、决策等过程中，需要花费一定的人力物力。第二类是指诉讼成本。即不披露或少披露、推迟披露的行为可能使投资者对企业信息披露不合要求，甚至提供误导性信息提出法律指控。上市公司降低这类诉讼最好的办法就是提高信息披露水平和质量。企业有时为了眼前利益，选择了错误的披露方式，最后却要花费巨大的诉讼费用，得不偿失。另一方面，企业在披露了自身信息的同时，也暴露了一些关键信息，竞争对手可能根据企业披露的信息调整自己的决策，同时，供应商也会综合各方面考虑，这可能使得公司在竞争或谈判中处于不利地位，例如，企业向银行贷款时，需要了解其资产负债率，而巨额的担保费用可能会对银行的决策带来影响。

2. 信息披露的效益

从本研究的或有事项披露动机出发，加之成本效益原则，在讨论信息披露的效益时，我们主要考虑企业自身由于披露所带来的收益。首先，能降低企业的融资成本和交易成本。企业的资本成本通常受多方面因素的影响，信息透明度就是影响因素之一，及时的信息披露能减少由于信息风险所带来的资本对价，投资者要求的回报率相应降低。此外，由于或有事项的产生，相应的担保成本、监督成本也体现出来，为了减少这些费用，公司也会选择及时披露信息，降低公司的资金成本。其次，企业通过充分的信息披露，能取信于外部投资者，并让他们更全面地了解企业，从而抓住机会，获得外部资源，不断为企业创造价值。再者，通过信息披露，可以降低企业会计信息的透明度，减少了信息利用者搜寻信息的成本，使投资者更关注公司股票，促进了股票市场的流动性，甚至股票价格得以提高，在资本市场获得收益。最后，通过树立良好的社会责任形象，会计信息的披露有助于提高企业在公众中的形象，声誉的提升对企业来说也起到了很好的宣传作用，是一种无形的收益，提高了企业的竞争力。

3. 相关的文献概述

在或有事项信息披露方面，会计准则赋予了管理层较大的自由裁量权，他们通常会权衡利弊以选择是否披露或者披露多少。研究表明，很多公司有隐瞒与诉讼相关的或有事项的倾向（Fesler 和 Hagler，1989）。Hennes（2008）发现仅有不到10%的公司披露与诉讼相关的潜在损失金额。他认为出现这种状况的原因主要是因为很多公司考虑到与诉讼相关的或有事项可能会带来潜在的重大损失，一旦这些信息披露出来，势必会引起投资者对公司发展状况的担忧，动摇他们的投资信心，影响公司在资本市场上的表现。但是，这些信息本身对投资者的决策有着很重要的影响，越来越多的投资者意识到获取这些信息的重要性，并呼吁政府在这方面给予制度支持。鉴于许多委托人对一些因诉讼产生的或有损失的信息质量有较高要求（Desir 等，2010），FASB（财务会计准则委员会）决定重新修改有关信息披露的准则以满足使用者的要求。Desir 等（2010）还发现公司一般不会提供对预期损失估计的信息，转而相对频繁地披露 FASB 倡议的但非强制性的事项，从而降低投资者获取信息的有用性。

中国目前或有事项披露有临时披露和定期报告两种形式。在定期披露中，或有事项一般在定期报告（年报、中报）中的附注位置，然而罗庆渝（2007）发现在"关联方交易""其他重要事项""承诺事项"以及定期报告正文"重要事项"中的"重要诉讼"或"其他重大合同"等处也存在或有事项的披露。在或有事项披露的内容方面，以对外担保、诉讼及仲裁为主。

上市公司虽然进行了或有事项披露，但其效果究竟如何，值得研究。很多学者认为上市公司存在选择性披露或有事项的特点，即消极披露或有负债，积极披露或有资产（曹秉彦，2010；赵丽萍，2008；马亚军和冯根福，2005；黎来芳，2005；罗庆渝，2007；等）。对于那些涉及商业秘密、会计成本过大、可能会传递不良信号的会计信息，上市公司倾向于不披露（王雄元和严艳，2003）。马亚军和冯根福（2005）发现在我国上市公司担保行为中，道德风险和逆向选择在我国上市公司和银行间同时存在。Hennes（2014）发现公司或有法律责任的披露行为在预测损失额度方面只提供了非常有限的信息，但在预测损失可能性上却提供了有效的定量性指标。具体来说，那些着重于阐述损失难以估量的天然特质和公司试图解决问题意愿的声明往往意味着更高的损失可能性和更大的损失额度；那些有关已确认的损失和对其重要性进行预告的声明则在很大程度上表明了一笔不小的损失。研究表明了公司对或有事项的定量披露仍存在较强的抵制性，但现有的 SFAS 5 披露内容确实为评估或有事项损失带来了有用的定性信息。

此外，黎来芳（2005）通过对鸿仪系案例的分析，发现金字塔式的间接持股以及较长的控制链条使上市公司倾向于蓄意隐瞒担保事项。罗庆渝（2007）得到了相似的结论，而且还发现上市公司很少确认预计负债。杨有红和张丽丽（2012）通过对一桩未决诉讼案件进行分析和对相关的理论和准则问题进行探讨，提出了完善《或有事项》等准则的建议。Kunz（2015）对律师和审计师在评估或有负债的可能性和金额大小上的差异进行了研究。不同于以往试图缓和两者在评估上的冲突的研究，此文通过分析从两个领域的专业人士处收集的一手资料，并将以往研究、现有监管屏障和专业人士意见结合，提出了新的既能解决审计师和律师的矛盾又能提高或有负债披露的准确度、容易度的建议。

综合以上分析发现：一方面公司主动披露或有事项的情况还较少；另一方面，仍然能够发现管理者出于一定动机会对或有事项信息进行自愿披露。对于国内而言，虽然政府出台了或有事项披露的规定，但具体执行效果并非很好，很多公司仍然怠于披露，这就很可能会对投资者的利益造成伤害。因此，加强证券市场或有事项信息披露的监管、完善民事赔偿机制以加强投资者保护已成为中国资本市场亟须解决的问题。

第二节　或有事项披露动机研究综述

虽然管理层有义务向股东和债权人披露信息，以降低交易成本，但会计准则还是赋予了管理层很大的自由裁量权去选择披露或不披露或有事项。为什么很多公司选择不披露？这是否是因为披露或有事项会增加公司经营风险，不利于公司发展？但为什么仍然有很多公司愿意主动披露或有事项？这是由于信息披露的供给效应和需求效应在起作用。从信息披露的供给效应来看，或有事项的披露能够使投资者及时掌握公司信息，便于他们合理安排资源以应对公司的不确定性，进而保护投资者利益并将其损失降至最低，从而降低公司的诉讼成本；从信息披露的需求效应来看，管理层披露的选择取决于其私人信息、对公司盈利和披露情况的评价以及披露所带来的法律后果。Lev（1992）的研究证实了披露的供给效应，其研究结果表明管理层可以通过在规定的披露日期之前，自愿披露不利的盈余信息以降低管理层的诉讼成本。而Skinner（1994，1997）的系列研究，Rogers和Buskirk（2009）及Lowry（2009）等的研究则证实了披露的需求效应。

究其动机，管理层自愿披露坏消息，一方面是因为披露坏消息会使受到损失的原告更难以主张管理层有意拖延披露信息；另一方面也因为较早的披露能够缩短未披露信息的时间跨度，这会降低原告主张的损失（Skinner，1994）。并且，如果管理层没有及时披露坏消息，还会对其声誉造成不利的影响，因此管理层出于对自身声誉的考虑也会提早披露负面的盈余消息。那么，与一次性发布坏消息相比，管理层为什么会倾向于选择渐进式地发布坏消息？这是因为通过渐进式地发布坏消息，可以逐步降低投资者的预期，使得股票价格能够缓慢降低而不是骤降（Skinner，1997）。

同时，或有事项的披露可能会被管理层操控，进而成为机会主义行为的一项工具（Barth、McNichols和Wilson，1997；Cohen等，2010；Kasznik和Lev，1995）。Skinner（1994）、Barth和McNichols（1994）均证实了管理层可能在公司披露或有事项前后进行异常交易行为和行使股票期权。可见，或有事项的披露为管理者的机会主义行为提供了条件，不可避免地在一定程度上对投资者利益造成损害。不论是从供求平衡角度，或者是成本收益分析，除了经济因素、技术进步等环境因素以外，影响会计信息披露的原因是多方面的：如降低诉讼成本、维护企业声誉、降低资本成本、吸引投资者、获得投机收益、降低交易成本等。我们认为，以下四个是研究或有事项披露必须考虑的理论基础。

一、投机理论

投机者根据对市场预期的判断，通过买卖行为利用市场中出现的价格变化获得差额收益，这种行为就是投机行为。投机往往伴随着高于平均水平的风险和超常回报，受到许多风险偏好者青睐，因此风险管理是投机行为中的重要组成部分。操纵会计信息的披露能影响市场，从中获取收益。

从公司角度来看，或有事项的确认、计量和披露过程中存在诸多的主观判断因素，需要具有职业判断能力的从业人员给予判断。然而，管理层能抓住这点，将利润操纵行为合法化，选择对己更有利的会计处理方法，促成了盈余管理的动机。有证据表明有动机操纵盈利的公司公布了更低的异常担保额。这个证据也支持了经理层在估计担保事项时运用自由裁量权来完成财务报告目标。同时，迎合理论指出，因为对公司的投机性需求，投资者会在一段时间内倾向于具有某种特征的股利支付政策的公司。因而在这种需求下，公司也会迎合这种需求，制定相应的股利支付政策。笔者认为，不只是股利政策，在或有事项的披露上，管理层也会迎合投资者的偏好。

管理层是最为熟知内部消息的群体，而且能控制信息披露的时间和内容，利用这两者，管理层能从股票市场获得巨大收益。已有研究指出，拥有期权激励的管理层会提早披露坏消息，从而从股票市场中获取价差收入，进行个人投机行为。根据国外研究者的代理人模型，通过设定管理者的薪酬与股价，与公司长期价值挂钩，在管理者的目标是优先薪酬最大化的条件下，有研究发现股票市场会诱使管理者追逐"增大股票市场中投机因素的行为"。

二、声誉理论

随着市场竞争的加剧，企业声誉逐渐被认为是一种重要的无形资产而备受关注。不仅如此，有关声誉的研究也逐步进入各个学科领域。国外学者 Fombrun 从不同的角度分析了声誉的含义。他还提出"声誉创造财富"的理念，声誉资本所体现的独特优势在于四个方面，简要的总结如下：第一，吸引消费者和投资者，制定较高的价格；第二，吸引求职者，能挑选具有更高职业素养的员工；第三，对供应商有较强的影响力，能以较低价格购入原材料；第四，能降低风险成本。既然声誉如此重要，如何维护和创造声誉是企业的重要问题。

信息披露是影响企业信誉的重要因素，及时披露企业的信息，不隐瞒信息使用者，是管理层维护主体自身声誉的重要手段。由于或有事项一般都是负债，是抵减公司净值的，当公司推迟披露甚至隐瞒或有事项信息时，投资者便缺少足够的信息进行决策，盲目的投资容易造成严重损失，令投资者对企业丧失信心，正是由于管理层的操纵或者不诚实，投资者会尽量避开投资这样的企业或由这些管理层管理的企业。反过来说，及时披露信息，除了能突显企业的社会责任感，树立企业良好的社会形象外，笔者认为还有可能显示企业对长远发展的自信，有利于稳定投资者的信心，获得投资者青睐，例如产品保修担保，在一定程度上暗示企业对自己的产品质量有信心。

三、监管理论

我国目前正处于市场经济发展的初级阶段，各方面都还不够成熟，企业对风险的认识也相对较弱，加之随着经济的快速发展，企业经营业务中所涉及的金额也越来越大，由此，或有事项的发生频率越来越高。为了保护投资者利益，促使资源分配效率提高，监管部门需要依照有关法律对企业的会计资料进行检查。或有事项作为财务报告的重要组成部分，越来越受到关注，故为了避免受到有关部门的惩罚，上市公司会主动披露或有事项信息。

此外，联系国外文献，以及国内针对信息披露时间对股价变动影响的研究，管理层自愿披露或有事项信息也是为了降低诉讼成本。主动及时地披露信息，原告方便不能将推迟披露信息或未披露信息作为有力的证据；同时，及时的信息披露不仅能减少因不得不公布信息所造成的股票市场巨大的反应，还能缩短投资者不知情的时间，降低盲目投资的可能性，从而降低了投资者的损失，减少了诉讼中可能涉及的索赔金额。

四、融资理论

企业的发展，是一个融资、发展、再融资、再发展的过程。资金是企业进行一切活动的必要条件，可见在上市公司生产经营的过程中，资金的融通十分重要。

信息披露与融资的关系主要体现在融资成本上。西方发达国家已经有大量研究表明，信息披露水平与权益资本成本之间的负相关关系，这是由几个因素导致的：其一，信息披露水平的提升，使得投资者为了搜寻信息所花费的成本降低，吸引了投资者，使股票的流动性增强，增加了需求；不仅如此，当企业信息披露较少时，由于信息不对称，投资者将要承受预测未来效用的风险，所以此类信息风险也随着披露水平的升高而降低，风险的降低使投资者的要求回报也降低。但这些理论对于处于发展中国家阶段的我国国情是否也适用？有文献指出，一方面，我国证券市场上的会计信息披露水平与发达国家相比更低，那么投资者持有的股票证券总的信息透明度更低，说明预测风险就更高。因此，通过提高或有事项信息披露透明度，从而降低权益资本成本，上市公司所能获取的边际收益也更大。但另一方面，由于大量的信息操纵的存在，投资者对公司所发布信息的真实性和及时性都有所怀疑，从而降低了信息的价值，也削弱了信息披露降低资本成本的作用。

总而言之，或有事项披露不仅具有供给和需求效应，在其披露方式的选择上也具有深层次的动因，且由于或有事项本身具有的不确定性和主观臆断性，为管理层的操纵行为提供了可能。

第三节 或有事项披露经济后果研究综述

或有事项是管理层对未来经济事项的一项估计，表明未来可能存在不确定性，因而或有事项的披露一直为投资者、债权人以及监管部门所关注。既然或有事项是财务报表使用者获取信息的重要来源，那么它的披露会给公司带来什么样的经济后果？国内外已有一些文献对此问题进行了研究。

财务报告附注中披露一项新的或有损失就是降低盈余质量的一个证据，因为这表明报告的盈余与相关预期的现金流量有向上的估计（Banks 和 Kinney，1982）。由此可见，或有损失的披露会被认为是一种低盈余质量的表现，并由此影响着投资者的决策行为。Frost（1991）复制并延伸了 Banks 和 Kinney（1982）对或有损失报告和股票价格的调查，他检验了审计师关于新的或有损失严重性的一些影响因素，包括客户规模、一般宏观环境以及未预期盈余，发现具有或有损失的公司与同类别的公司相比有较低的累计异常回报（CAR）。Hennes（2008）发现有关或有事项预计状况的原文表述、损失的潜在程度以及公司接受裁决的意愿可用来帮助投资者预测既定诉讼带来损失的概率。Darabi 和 Faghani（2012）通过调查研究法考察了或有事项信息的披露对于财报信息使用者决策行为是否有影响。其中问卷调查的受访对象包括了投资专家、股票市场经纪人和大学教授。结果表明或有负债披露对投资者行为是有影响的。而不同类型的或有负债对决策的影响程度也不一样，法律诉讼和税负相比担保行为的影响效果更大。而 Rezende 等（2013）研究了或有负债披露与巴西上市公司股票价格和市场期望回报率之间的联系。结果表明同股票期权类似，或有负债披露会被财报使用者视为一项费用而影响投资者对公司的价值凭据，因此与股票价格之间存在负相关关系。

或有损失披露对公司生产经营的影响，不可避免地影响了公司对或有事项披露态度的积极性。Clarkson 等（2008）通过对美国最具污染性的 5 个行业的 191 个样本公司进行分析，发现公司环境方面的表现和自行斟酌的环境披露水平呈正相关关系，亦即当公司在环境方面表现较好时，公司自行披露环境水平的态度就会变得积极主动。

或有事项披露的意义并不仅限于此，Cho 和 Patten（2007）提供了证据来证实公司将披露作为合法化工具的观点。Bewley（2005）的实证研究表明，证券市场规则的制定者和会计专家发布的财务报告条例与报告的环境负债和市场价值之间关系的变化有关。Milne 和 Patten（2002）通过对化学产业样本公司的研究，发现环境披露负向影响投资，而在一定条件下，正面的披露可以恢复组织的合法性。这些发现极大地鼓舞了相关的研究人员，掀起了对环境信息披露研究的热潮。Murray 等（2006）以英国公司为样本的研究发现环境信息披露水平和股票回报没有直接的关系，不过持续的股票高回报和信息披露的优先权之间的确存在关系。Barth 和 McNichols（1994）发现披露预计的环境负债会显著地降低市场价值。Hawkins、Manning 和 Bryan（2009）认为公司一般不愿披露与环境义务相关的或有负债。Malcolm 和 Smith（2007）对马来西亚的资本市场进行了实证研究，发现环境信息披露水平和公司财务绩效呈负相关关系。这表明投资者能够意识到企业的社会责任，较高的环境负债不利于企业的长远发展。这些研究都从一定程度上促进了对或有事项披露的深度研究,有助于推动对或有事项披露的改善。

或有事项披露还会影响分析师行为和审计质量等。董小红等(2015)以我国2003—2012年上市公司附注中的或有事项披露信息为对象,研究了或有事项披露与分析师跟踪数量、分析师盈余预测分歧度和精准度之间的关系。结果发现上市公司或有事项信息披露的详细程度和分析师跟踪数量、分析师盈余预测分歧度、明星分析师盈余预测精准度呈显著正相关关系,但与非明星分析师的预测精准度却没有显著的相关性。而董小红等(2016)则从两个层面分析了或有事项披露对审计费用和审计质量的影响。在公司层面,或有事项披露导致公司外部投资者等对公司未来不确定性的判断成本增加,管理层出于缓解外部信息使用者由于信息不对称导致的逆向选择问题,愿意在一定程度上提高审计费用。而在会计师事务所看来,或有事项披露不仅扩大了会计师审计的范围和时间,也增加了审计本身所承担的潜在赔偿风险。故伴随着或有事项信息披露,审计费用势必是增加的。但是,审计费用的增加并没有带来审计质量的提升,研究发现或有事项信息的披露事实上降低了审计质量。

或有事项涵盖了一系列的子分类,包含未决诉讼、票据贴现或背书、债务担保、产品质量保证、重组义务、环境污染治理、亏损合同和企业承诺等。Koprowski、Arsenault 和 Cipriano(2010)认为未决诉讼会影响到审计意见类型,他们建议审计师要谨慎考虑是否要将未决诉讼纳入审计范围。Cohen 等(2011)检验了与担保事项有关的信息披露的作用,发现股票市场能够识别反担保涵盖的有关公司未来业绩的信息。他们还发现由于应计担保需要对未来条款进行估计,因此管理层可以将担保作为盈余管理的一种工具,以达到盈余目标。而 Barbu 等(2014)研究了采用同一 IFRS 系列会计准则的法国、德国和英国在环境信息披露上的差异。结果表明环境信息披露随着公司规模增大而增加,而那些所在国家环境披露监管严格(法国和英国)的公司比起所在国家(德国)监管较弱的公司会披露更多环境方面的信息。后续小节将对或有事项的主要子类分别进行详细理论研究。

第四节 债务担保的相关理论分析

一、债务担保的概念鉴定

担保是发生在平等主体的自然人、法人之间的民事法律关系,往往涉及双方或者三方当事人的权利义务。按照《担保法》第二条规定,"在借贷、买卖、货物运输、加工承揽等经济活动中,债权人需要以担保方式保障其债权实现的,可以依照本法规定设定担保",从而要求债务人向债权人提供担保的合同。因此,担保可以分为贷款担保、租赁担保、发行债券担保、票据担保、工程担保、备用信用证、商业信用证、纳税担保等很多种类。担保具有提高债务人履行债务可能性的作用,以债务人或担保人的信用或者特定财产来确保债权人能够实现债权。它是对担保人和债务人行为的一种约束,对债权人实现合法权益的一种承诺。

在我国相对薄弱的债权人保护法律环境和利率管制的背景下,债权人会更加依赖债务担保事项,债务担保事项广泛地存在于债务合同中是债权人进行自我保护的重要机制。债务担保可以缓解由于信息不对称引起的债务债权人的逆向选择和道德风险问题,有利于债权人进行自我保护(Bester,1985;Chan 和 Kanatas,1985;Boot 1991)。企业在向银行贷款时被要求提供担保的现象非常普遍,我国上市公司担保贷款比例高达 74%(陈德球和肖泽忠,2013)。而债权人与债务人关心的中心问题就是担保,担保的需求是由融资关系中的代理问题而产生的,尤其在债务融资市场上更突出。曾海舰和苏冬蔚(2010)研究表明信贷政策会对企业的资本结构产生影响,而信贷资金变动主要会导致担保能力弱的企业受到影响。综上,债务担保事项非常具有研究价值。

二、债务担保特征分析

会计信息的特征是影响债务合同的重要因素,但以前文献针对债务担保与会计信息特征的研究主要集中于债务担保和会计稳健性。Chen、Lobo、Wang 和 Yu(2013)运用中国样本针对债务担保与会计稳健性进行研究,研究结论表明在保护债权人利益防范违约风险过程中两者存在替代关系,同时这种替代关系会受到公司的历史信用质量和公司有形资产比例的影响。

此外,上市公司对外担保行为随着监管制度的不断出台而呈现出阶段性的特征。王忠波(2001)将上市公司的担保行为划分为两个阶段:2000 年 7 月以前,上市公司担保主要是为大股东及关联企业提供担保;2000 年 7 月以后,上市公司担保以互保和连环担保主。马亚军、冯根福(2005)又将 2003 年 8 月之后划分为第三阶段,以为子公司担保和互保为主。

三、债务担保的影响因素

债务担保事项是重要的治理机制,是事前的利益一致性和事后的控制权转移安排(Aghion 和 Bolton,1992)。大量学者对债务担保的影响因素进行研究。债务担保作为信贷契约结构中最重要的因素,与贷款的利率、规模、期限等组成要素相互影响、相互制约。

Barro(1976)研究分析了担保对利率的影响。贷款的担保程度高低直接影响着风险的大小,风险的大小又影响了利率的高低,借款的利率随着担保均值的增加而增加。其模型表明,贷款规模区间由担保、担保的交易成本和利率决定,与担保的均值呈正比，与担保交易成本及贷款利率呈反比。另外 Chan 和 Kanatas（1985）则认为由于担保换来了低利率，担保和利率之间存在交换关系，即利率将随着借款人提供担保水平的提高而降低。

Jackson 和 Kronman（1979）进一步讨论了担保与贷款规模之间的相互影响。一方面，贷款规模越大，单位贷款的监督和管理费用就越低，从而会增加贷款人的期望收益。另一方面，贷款规模越大，借款人的负债水平也越高，增加了借款人破产的可能，因此，贷款规模增加将伴随要求增加对担保的使用。同时其研究又提出贷款期限越短，借款人难于短期内进行资产替代。相反，贷款期限越长，借款人的行为越难以防范，贷款人就越可能选择使用担保。而 Stulz 和 Johnson（1985）的研究却得出相反的理论，即贷款的担保价值与期限呈负相关，提出企业更应该为短期债务进行担保。

Leeth 和 Scott（1989）研究的实证结果表明，贷款规模与担保的使用存在显著正相关关系。但 Boot、Thakor 和 Udell（1991）的模型却显示担保要求与贷款规模负相关。他们认为，若其他情况不变，贷款规模越大，借款人努力的边际收益更大，这将会降低其道德风险，使得贷款人反而降低对担保的要求。

四、债务担保与贷款成本之间的关系

一方面，研究表明担保可降低交易成本。Barro（1976）提出了交易成本担保理论。在融资担保理论模型中，将担保直接与利率联系起来，认为引入担保后，贷款人增加了在借款人违约时变卖担保资产、产权转移和担保诉讼等方面的成本，因此，担保资产对于贷款人的价值将要大大低于借款人。与 Barro 模型相反，Chan 和 Kanatas（1985）假定担保的交易成本由借款人承担，担保的交易成本将迫使借款人传递其真实信息，并导致拥有优质项目的借款人提供更多的担保。

Katz（1999），认为债权人存在资金成本、资金流动性成本、信息收集成本、对债务人的监督成本、违约风险成本等交易成本。贷款人和担保人分别在获取资金和对借款人的信息收集、监督成本上具有优势，两种优势的互补可以降低各自的交易成本，从而使得有担保的交易总成本低于直接贷款的交易成本。

另一方面，许多学者提出担保可降低代理成本。Siebrasse（1997）认为债务契约不会引起公司控制权的稀释，而股东与债权人目标的差异会诱使股东选择风险更大的项目进行投资，结果造成债务贬值而股权升值，形成了"资产替代效应"。担保可以看作是债务融资所引发的股东或经理人与债权人之间利益冲突的一种反应机制。

Stulz 和 Johnson（1985）认为可以通过担保将该项目资产的优先要求权赋予为这一项目融资的某一特定贷款人，并因此而获得较低的贷款利率，从而减弱了由股东和债权人之间的冲突引起的"投资不足"问题。Black（1976）认为在企业市场价值和现有营业收益不变的情况下，如果借款人通过发行与现有债权具有同等或更高优先权的债务，将使现有债权人的债权价值被稀释，债权人的财富向股东发生转移。但是，Leeth和Scott（1989）认为，由于担保条款使得贷款人在借款人违约时拥有剥夺其赎回担保品的权利，降低了贷款人债务契约的执行成本以及监督成本。同时，由于担保条款使贷款人在借款人违约时有权拥有担保资产，这就直接限制了部分债权价值被稀释。另外，担保作为一种或有负债，增大了企业的财务风险，从而增加了其举借新债的难度，也有利于限制现有债权的稀释。

五、债务担保与贷款风险之间的关系

当债务债权人双方在信息不对称的环境下，债务担保事项有助于债权人识别不同的债务人贷款风险。贷款人可以根据借款人提供的不同担保条件以及其对利率组合的选择偏好对借款人的风险偏好和风险程度进行区分和识别。进而债务担保可缓解逆向选择和道德风险。

逆向选择假设认为公司的违约风险越小，越倾向于提供债务担保，债务人将债务担保作为展示自身财务状况良好的信号。这是一种低风险高担保观，Bester（1994）研究提出，银行可以设计一套信贷合约，使得低风险客户提供较为严格的担保，高风险客户则提供相对较为宽松的担保，客户进行选择，并依据其选择行为对其进行分离和筛选。Bester（1985）、Chan和Kanatas（1985）研究表明如果债务人拥有债权人没有的信用质量的信息，从而债务人可以通过提供债务担保来降低贷款利率。Besanko和Thakor（1987）研究也认为高质量的债务人会更倾向于提供担保，因其知道失去担保资产的风险较小。

道德风险假设则认为公司的违约风险越大，越倾向于提供债务担保，因为债权人会针对高风险的债务人要求更为严厉借贷条件，属于高风险高担保观。Barro（1976）、Wette（1983）等认为被要求提供担保的正是那些品质低风险高的企业，担保条件越高，意味着借款人的风险程度越高。Boot、Thakor和Udell（1991）研究考察了在存在道德风险和私人信息的借贷市场中，无论风险高低的借款人都有可能提供更多的担保。

Stiglitz和Weiss（1981）提出逆向选择担保理论，研究认为风险偏好型企业提供担保会增加其逆向选择和道德风险，当信息不对称时，如果借款人违约，银行可以通过处理担保抵押品直接得到补偿，担保抵押就可以把部分损失的风险转嫁给借款人或担保人，从而降低了隐藏行动的道德风险。若借款者是风险厌恶者，则提高担保要求会导致逆向选择效应。继而Wette（1983）进一步证明了，当借款者是风险中性者同样也会发生逆向选择效应。Jimenez、Salas和Saurina（2006）研究表明债权人会对历史信用记录较低和事后违约可能性高的债务人提高担保要求。另外Harhoff和Korting（1998）研究表明处于财务困境的公司会被要求提供更多债务担保。Berger 和 Udell（1990）研究证明债务担保与债务的收益率成正向相关，即高风险的债务人更多提供担保。

六、债务担保的其他经济后果

一些研究表明债务担保可增加股东财富或公司价值。Scott（1977）首次从理论上解释了"担保为什么在债务合约中被广泛使用"，并论证了担保增加股东财富或公司价值的理论。其建立的多期价值模型证明，追求最优决策的公司将会更偏好担保负债融资从而增加公司价值。加以考虑交易成本后，公司的最优决策将需要权衡好担保引起的交易成本与公司破产可能性引起的担保债务价值。因此，破产可能性较高的公司中，担保在债务融资中所带来的收益更大；而对于破产可能性较低的公司，担保在债务融资中所带来的收益更小了。

国内也有大量文献研究了担保对公司业绩的影响。刘小年、郑仁满（2005）分析了上市公司对外担保与公司业绩和资本结构之间的关系，研究发现，上市公司业绩与对外担保显著负相关，资产负债率与对外担保显著负相关；发生互保或者关联担保的上市公司的业绩要优于混合担保的公司，互保公司与关联担保公司的业绩没有显著差异；发生混合担保的上市公司与发生互保或者关联担保的上市公司的资产负债率没有显著差异。这篇文章未分开互保和关联担保两类担保的交叉关系及未控制行业变量，可能会对结论产生影响。

龚凯颂、吴静（2005）选取 2001—2003 年的数据，对上市公司对外担保和财务困境的相关性进行了分析和检验。文章未选择 ST 公司为研究样本，而选择"F 记分模型"来衡量公司的业绩，并将对外担保分为是否不良担保、是否关联担保和反担保。研究发现，存在担保的公司更容易引起业绩下滑，上市公司对外担保与财务困境正相关；关联担保和不良担保与财务困境的相关程度高于非关联担保和非不良担保；反担保并不具有降低财务风险的显著效果。但这篇文章由于收集有关担保数据比较困难，无法检验之前的担保，如政府指定性担保，只能采用个别案例的方式，对反担保与财务困境的检验结果和解释无法令人信服。

第五节 未决诉讼的相关理论分析

一、未决诉讼的概念界定

未决诉讼或仲裁是指关于企业的尚未判决的诉讼案件或仲裁、原告提出有赔偿要求的待决事项，即尚未终结的诉讼或仲裁。因为未决诉讼或仲裁是由企业过去的交易或事项形成的，其结果需由某些未来事件的发生或不发生决定，所以属于公司的或有事项，未决诉讼或仲裁往往会给企业的经营活动和财务运作带来风险。《中华人民共和国会计法》（2017）第 19 条规定，单位提供的担保、未决诉讼等或有事项，应当按照国家统一的会计制度的规定，在财务会计报告中予以说明。未决诉讼作为企业的一项风险因素，给企业带来了许多方面的影响。

二、未决诉讼给企业带来的风险

涉及未决诉讼或仲裁的企业可能成为原告或被告。如果企业是未决诉讼或仲裁的被告方，则意味着企业在经济活动中侵犯了其他企业的经济利益，而被其他企业起诉，并且没有及时解决纠纷，企业作为被告方的未决诉讼会给企业带来潜在的经济利益流出，从而影响企业的持续经营能力，因此会给企业带来较大风险。如果企业是未决诉讼或仲裁的原告方，则是由于其经济利益受到其他企业的侵犯，从而起诉其他企业，并且纠纷还未解决，不过此时企业处于不确定事项的主动地位，因而不可控风险相对较低。然而，诉讼是解决冲突的一种高成本方式，一般被看作是解决冲突的次优方案（王彦超等，2008）。当公司涉及诉讼案件时，涉诉公司整体显示出财富流失（Engelmann K、Cornell B，1988）。未决诉讼的不确定性增加了企业的风险，较高的不确定性增加了企业的不可控风险，因此公司编制的财务报告的质量和公允性更易受到质疑（张继勋等，2005）。如今，我国上市公司的涉诉次数越来越多，涉案金额也越来越大，有部分案件的涉案金额甚至已经超过公司上一个会计年度的净利润甚至销售收入，可见诉讼事项已成为上市公司不可忽视的风险来源（毛新述和孟杰，2013）。

三、未决诉讼对企业审计的影响

由审计需求的保险理论可知，审计同时具有信息价值和保险价值（Dye，1993），由于未决诉讼所具有的不确定性，较大的涉诉金额会使公司的融资能力、企业形象均受到影响，审计师的审计风险也会随之增加，审计预期的保险赔偿概率将会增加，因此被审计公司需要向审计师支付更高的审计费用作为风险溢价。当企业涉及未决诉讼时，未决诉讼除了有可能使审计师增加审计程序、扩大审计范围之外，还可能需要提高高水平审计师的比例、增加审计时间等，因此被审计单位需要支付更高的审计费用作为成本补偿（冯延超和梁莱歆，2010）。由此可见，未决诉讼将会使得企业所需支付的审计费用增加。

审计师出具审计意见时一般会考虑两个方面，即需要付出的努力和未来面临的损失（Simmunic 等，1995）。根据委托代理理论，外部独立审计机构受托对被审计单位进行审计时，需要全面考察公司的经营和管理水平，谨慎鉴定公司财务报告的真实性，对其中的不确定信息需要进行审慎处理。然而未决诉讼的不确定性说明企业未来经营更有可能受到不可预测因素影响，这便使得审计师在审计时会面临着各种不确定的情况,很可能提高其发表不恰当审计意见的可能性,从而增大审计风险。而且目前对于未决诉讼事项的界定与评估缺乏公认的标准,审计师审计时需要更多地依赖其执业经验和专业判断,这必然会增加审计风险(张朝东,2010)。因此,审计师将会给予经营环境不确定性程度高的公司更高的风险评估水平,而当公司的风险评估水平较高时,审计师在出具审计意见时会表现得更加谨慎,出具非标准审计意见的可能性更大(Lennox,2000)。有研究认为,未决诉讼能够影响审计意见类型,审计师需要谨慎考虑是否要将未决诉讼纳入审计范围(Koprowski、Arsenault 和 Cipriano,2010)。可见,公司的未决诉讼使得审计师的审计风险提高,审计师为了减轻自身承担法律责任的风险,避免审计失败,出具非标准审计意见的可能性加大。

四、未决诉讼对企业价值的影响

诉讼对企业的声誉有极大的损害,具体表现在两个方面:(1)成为被告的公司败诉后,会导致公司的商业合作伙伴怀疑公司将来也会对其采用同样的非法或机会主义行为,从而降低其对公司的信心。(2)如果法院判决被告的公司赔偿,则会导致公司陷入现金短缺的困境,公司的商业合作伙伴会可能会担心公司降低付款速度或者降低产品质量等(Engelmann 和 Cornell,1988)。此外,公司诉讼还会分散管理层专注于经营管理的精力,继而给公司带来隐性损失。可以看出,公司诉讼作为解决利益冲突的终极机制,其成本是非常高的(王彦超等,2008)。而且,仅有不到10%的公司会披露与诉讼相关的潜在损失金额,因为与诉讼相关的或有事项可能会带来潜在的重大损失,一旦这些信息披露出来,将会引起投资者对公司发展状况的担忧,动摇投资信心,影响公司在资本市场上的表现(Hennes,2008)。发生诉讼的公司向股东传递了一种信号,使得股东预期公司未来的现金流发生损失的可能加大,公司的投资价值下降,可能会因此而抛售股票,使得公司在资本市场上的总体价值下降。以中国上市公司为样本的研究发现,诉讼公告能够降低涉诉公司的股票价格,从而降低公司的市场价值(Firth 等,2011)。可以看出,诉讼的成本最终将由公司的股东承担(Haslem,2005),未决诉讼的存在降低了企业的价值。

第六节　环境污染整治的相关研究综述

随着世界人口的不断增加,世界经济的高速发展,工业文明所引发的环境问题也日益凸显。企业通过各种生产经营活动,为社会创造了极大的生产力和经济利益,但同时也引发了严峻的资源过度消耗问题和环境污染问题,威胁着人类赖以生存的环境。因此,企业的环境污染整治越来越受到社会各界人士的关注。

会计是企业经营活动计量和考核的有效手段,也是影响经营决策及投资决策的重要信息之一，然而传统的财务报表所提供的更多的是货币信息，缺少企业潜在的环境受益或损失的计量，已经无法满足投资人、政府监管机构等利益相关者的信息需求。在企业财务报告中披露其环境污染整治的信息，不仅可以体现企业社会责任感，响应我国可持续发展的战略目标，更可以真实地反映其生产经营活动。因此，披露潜在的环境负债已经成为当前会计研究的热点问题之一。

一、环境污染整治的概念界定

环境污染整治作为或有事项的一个子类，主要体现在其形成的环境负债。国际会计准则理事会（International Accounting Standards Board，IASB）将环境负债定义为"企业发生的，符合负债的确认标准，并与环境成本相关的义务"，具有可追溯性、连带性和不确定性三个特征。由于环境成本的金额以及发生的时间都有很强的不确定性，其确认依赖于将来发生的事件，因此是一种潜在的义务，应归类于或有负债。

近年来，我国资本市场逐步发展，或有事项这一经济现象在企业的各种经营活动中所占比例越来越大，2000 年首次制定发布了《企业会计准则第 13 号——或有事项》。随着我国会计准则与国际会计准则的逐步趋同，2006 年 2 月将环境污染整治纳入《企业会计准则第 13 号——或有事项》中。目前，我国的会计准则并没有对环境负债的概念进行统一的界定，较为普遍的定义出自《环境会计和报告的立场公告》："企业发生的符合负债的确认标准，并与环境成本相关的义务。"也有部分学者将其定义为："某项生产或交易行为给生态环境造成潜在的、破坏性的后果，体现了环境责任和环境成本的量化。"总体来说，环境负债就是在传统的负债基础上，强调企业在生产经营活动中对自然环境及资源的破坏和影响而产生的一种现时义务。

二、环境污染整治的信息披露内容

自 20 世纪 90 年代起，人们的环境保护意识逐步加强，企业在环境保护这一方面的社会责任也逐步被投资者和消费者等利益相关人重视起来。1995 年，Fielder 和 Lehman 提出企业应该树立可持续发展观念，注重长期利益，及时、完整地提供企业相关环境会计信息，并且根据投资者、政府监管机构等对其披露的环境会计信息的反应来进行相应的改进。

1996 年，Kreuze 和 Newell 对福布斯 500 强企业在年报中是否披露环境污染整治的相关信息进行调查，发现大部分的企业年报没有提供有关环境保护政策的相关信息。73% 的企业不论在年报中还是在利益相关者公告中都没有提及环境问题。尽管当时环境污染整治并不是被强制性要求披露的信息，但是为了满足利益相关者日益增强的信息需求，Kreuze 和 Newell 建议在年报中增加以下信息：对与企业生产经营活动相关的环境法规进行简单介绍；明确企业现在和未来可能负担的环境责任与环境义务；与环境事故有关的详细信息；企业在环境污染整治方面的政策及规划；环境负债对企业可能带来的财务状况影响。同年，Fekrat、Inclan 和 Petroni 从环境污染整治对企业财务状况的影响、资源消耗的负面效应、潜在的环境诉讼费用、污染相关方的理赔费用等方面阐述了环境会计信息所应包含的内容。Patten 和 Cho（2007）首先根据披露内容表述形式的不同将环境会计信息分为货币性和非货币性两类，然后采用评分法，分别对环境敏感型和非环境敏感型行业对于两类环境不同会计信息披露的情况进行了统计分析，并指出企业将环境信息披露作为合法化的工具。

陈薇（2010）在总结以往相关研究成果的基础上，针对我国上市公司环境会计信息披露的现有内容，把环境会计信息分为定性环境会计信息以及定量环境会计信息两类，并进一步明确了这两类分别所需披露的具体项目。刘磊、周星梅（2011）从政府监管的视角出发，对企业环境会计信息披露进行研究，研究建议依据总量比重法和万元产值平均法，将企业的污染划分为重度污染、一般污染、轻度污染三个层次，来分别披露。宋子义（2012）则提出将环境保护设施建设投资信息、环境保护成本相关信息、非经常性及非正常性环保支出、环境负债、环境收入、会计政策等加入环境会计信息披露的内容。张洪英（2012）从低碳经济的视角出发，揭示了环境污染整治信息披露的重要性，认为企业环境会计信息披露的内容应分为环境财务信息和环境绩效信息两部分，其中环境财务信息应包括环境资产、环境负债、环境成本、环境收益等，而环境绩效信息则应包括环境法规执行状况、环境质量状况、环境治理和污染物利用状况等。

三、影响企业披露环境污染相关信息的因素

随着保护生态环境的意识不断增强，企业环境信息披露的数量持续上升，其主要原因为提高企业声誉、规避企业政治成本和履行企业社会责任等。现有研究多将披露环境信息影响因素归纳为以下几点：行业类型、公司规模、财务状况、股票市场表现、公共压力、社会声誉和内部治理等。

现有研究表明，企业进行环境污染整治信息的披露的公共压力不仅仅来源于政府、环境保护组织等通过法律法规对其进行的直接强制性规定，企业的公众形象、市场压力、媒体舆论等都是环境信息披露的主要动因（Peattie，1992；Gray、Kouhy 和 Laver，1995；Macve 和 Garey，1992；Moir，2001）。

另外，许多学者验证了行业差异与企业年报中环境会计信息披露程度存在显著的相关性，并指出重度污染的行业（如化工、建材等）及 IT 行业更倾向于披露更详细的环境信息（Bigoness 和 Perreallt，1981；Patten，1992；Meed 和 Gray，1995）。

在财务状况方面，Ferguson、Lam 和 Lee（2002）认为，企业负债越多，财务风险越高，为了增强债权人和股东的信心，企业会自愿向公众披露更多的环境会计信息来及时反映公司的财务状况，这与Leftwich和Watts（1981）的结论相一致。而Bowman（1978）和Forker（1992）通过实证研究验证了公司盈利能力与环境信息披露水平的正相关关系。

程隆云、李志敏、马丽（2011）将上海证券交易所上市的A股368家制造业企业作为样本，以其年报及其附带的独立环境报告（包括社会责任报告和可持续发展报告）为研究对象，在分析了上市公司环境信息披露的动因后，对公司特征和所有权结构与环境信息披露水平的关系进行了实证检验。研究结果显示，就公司特征而言，公司规模越大、公司盈利能力越强、资产利用效率越高，则环境信息披露水平越高；就公司所有权结构而言，股权集中度越高、流通股比例越大，则环境信息披露水平越高。

四、环境污染整治信息披露与环境绩效

Ingram和Frazier（1980）用内容分析法对企业年度报告进行分析，从而得出环境信息披露变量，用CEP（经济优先权委员会）发布的环境绩效排名作为环境绩效变量，其研究结果表明环境信息披露与环境绩效之间没有显著的相关关系存在。

Wiseman（1982）以26家美国大型公司的年报为样本，设计了涵盖4大类18个项目的环境信息披露指标，并以CEP发布的环境绩效排名作为环境绩效变量，采用斯皮尔曼相关性研究发现CEP环境绩效排名与Wiseman环境信息披露指数排名没有显著的相关关系。

Freedman和Wasley（1990）选用钢铁、石油、造纸、电力4大行业50家美国公司为样本，运用内容分析法分析了年报中出现的环境信息来评价企业环境信息披露的水平，同样使用CEP环境绩效排名为环境绩效变量，同样发现环境绩效与环境信息披露没有显著的相关关系。

Bewley和Li（2000）研究了影响环境信息披露的因素，选用加拿大制造业188家公司，使用Wiseman指标来衡量环境信息披露程度，研究发现政府以及媒体关注度高、有较高排污倾向的公司更愿意披露环境信息，即环境信息披露与环境绩效之间存在负相关关系。

Hughes、Anderson和Golden（2001）选择1992—1993年美国51家制造业企业为样本，采用经修正的Wiseman指数来作为环境信息披露衡量指标，发现环境信息披露与CEP环境绩效排名无显著相关关系存在。

Patten（2002）总结了现有研究中的三点不足：（1）没能控制住其他影响环境信息披露的因素；（2）样本量不够；（3）对环境绩效与环境信息披露的衡量指标不恰当。CEP只选取了4大行业中的一小部分公司作为关注对象并对其进行排名，对于不同行业，CEP排名没有选用相同的标准和一致的方法来衡量环境绩效，因此依赖于CEP环境绩效排名的样本选取是有问题的。为了克服以上缺点，Patten以1990

年 131 家美国公司的年报为样本,选用 TRI(有毒物质排放量)作为环境绩效的代理变量,以修正的 Wiseman 指标以及年报中包含的关于环境信息的句子数来衡量环境信息披露程度,发现 TRI/Sales 与环境信息披露程度的衡量指标呈显著正相关,表明环境绩效与环境信息披露存在负相关关系。

Al – Tuwaijri、Christensen 和 Hughes(2004)对环境信息披露、环境绩效与经济绩效这三者之间的相关关系进行了研究。基于管理层的整体战略对影响不同企业的社会责任这一观点(Ullmann,1985),三位学者认为以往研究中出现的不一致的结论是由于研究人员并没有把这三者放在一起考虑。他们以 TRI 数据为基础衡量环境绩效,采用内容分析法衡量非自愿性环境信息披露程度,结果表明,良好的环境绩效会带来好的经济绩效,并且与将环境污染信息量化的广泛程度呈正相关关系。

在现有研究中,环境信息披露与环境绩效两者之间的关系尚未得出一致的结论,原因之一是通过非自愿性信息披露渠道来分析环境信息披露以及采用了 Wiseman 指标作为环境信息披露指标,由于监管部门对年报这样的非自愿性信息披露渠道要求披露的信息越来越多,已有研究都是从非自愿性信息披露渠道获取研究所需的信息披露指标,因此出现了环境信息披露与环境及绩效呈负相关关系的结论。

五、环境污染整治信息披露水平的经济后果

Freedman 和 Jaggi(1982)用了 6 种财务指标来衡量企业的业绩表现,证实了在高污染行业中,企业环境污染整治信息披露水平与其之间的正相关关系。然而,Shane 和 Spicer(1983)利用事件研究法来观测环境报告公布前两天的市场反映情况,结果证实持负向市场反应。同样的,Stevens(1984)证实了相较于披露较少环境负债的公司,披露较高金额环境负债的公司月回报率持续偏低。

Botosan(1997)检验了 1990 年 122 家制造业公司的信息披露水平,发现其与企业权益资本成本的关系与分析师关注程度有关。对于分析师关注度低的企业,企业权益资本成本与披露程度负相关;分析师关注度高的企业,企业权益资本成本与披露程度尚未有相关性存在。

Richardson 和 Welker(2001)以 1990 年至 1992 年的加拿大上市公司为样本,检验了财务信息披露与企业社会责任信息披露(包含环境污染整治信息)与企业资本成本的关系。注意到在相关性分析中,环境污染整治信息披露与传统的财务信息披露有很大的差异。研究结果表明,一方面,财务信息披露与企业资本成本有很强的负相关关系,这与之前 Botosan(1997)的结果相一致,这种负相关关系主要是又缺乏详细的环境相关信息所导致的。另一方面,Richardson 和 Welker(2001)验证了企业社会责任信息披露对资本市场的三个正向作用:第一,股票流动速度加快;第二,促进企业现金流入;第三,增强利益相关人对企业的信心。

Hughes、Anderson 和 Golden(2001)对 1992—1993 年美国 51 家制造业公司的

环境披露方式分析为样本，采用经修正的 Wiseman 指数来作为环境信息披露衡量指标，发现环境信息披露与 CEP 环境绩效排名不存在显著的相关关系。Lanoie 和 Laplante（2005）选用了 1982—1991 年加拿大存在诉讼的企业为样本，分析了它们的环境会计信息披露情况。结论证明了环境会计信息披露与企业价值存在显著的正相关关系。Marlene（2008）选取环境敏感型企业为研究对象，发现自愿性信息披露的质量与资本成本价值要素呈负相关关系，与现金流量价值要素呈正相关关系。Plumlee、Marshall 和 Brown（2009）证明了企业自愿性环境信息披露质量与企业价值（包括资本成本与预期未来现金流量）之间的正相关关系，并指出这种关系会受到行业以及披露方式等因素的影响。

第七节　产品质量保证的相关研究综述

一、产品质量保证的概念界定

产品质量保证，通常是指由产品的销售商或者生产者在销售产品或提供劳务后，对客户提供服务的一种承诺。在产品售出的约定期内，如果产品在正常使用过程中出现非意外性产品质量问题或与之相关的其他属于正常范围的问题，销售商负有更换产品、赔偿、免费或仅收成本价进行维修等责任。这意味着在未来的约定期内，有可能发生一定的费用支出，但其具体数额是多少在销售当期无法确定。所以产品质量保证是伴随着销售而来的一种未来的、隐含的产品延伸成本，具有一定的不确定性。为此，企业应当在符合确认条件的情况下，于销售成立时确认预计负债。

值得一提的是，产品质量保证一直被视为保证保险和维修合同。但最近出现了第三种理论——投资理论。根据这一理论，如果一个产品或服务的产品质量保证期限越长，则购买者越有意愿推断其更可靠从而实施购买，所以销售商将产品质量保证作为一个有效的广告工具。在开拓新市场或者创造新产品时这一点尤为重要，因为此举可能会吸引一大批潜在的消费者。另外，既然产品质量保证已经成为一种类似于产品性能和价格的工具，它被销售商更多地用于与在市场上其他制造商竞赛中。

二、产品质量保证的角色定位

Ives 和 Vitale（1988）指出产品质量保证已经是一些公司竞争战略的一个越来越重要的组成部分，在未来将对更多的公司起作用。他们提出了一个理解的概念框架，并以一系列的例子说明，信息技术的角色可以在售后维护过程中发挥作用。

McGuire（1980）指出售后服务正成为任何产品销售的一个重要特征，而产品质量保证（和扩展的产品质量保证）是售后服务的一个重要单元。任何类型的产品质量保证都是一个产品的额外服务，这将导致产品除了与设计、制造和销售有关的成本外还存在潜在的成本。而这些成本，其实都是不可预测的未来成本，成本的范围通常是净销售额的2%—15%。因此，产品质量保证对生产商的利润总额有重大影响。

Blischke（1990）首次将各种类型的产品质量保证的成本模型进行了总结，包括对基本消费者的产品质量保证，以及对政府采购和商业交易的产品质量保证。产品质量保证的成本取决于销售的物品在保修期内的寿命分布以及保修条款，如免费更换、按比例赔偿、提高可靠性（RIW）等。

三、消费者策略与产品质量保证

Yeh 和 Peggo（2001）探讨延长产品质量保证期限政策对消费者行为选择的影响，一个扩展的保修模型包括免费的维修期和延长保修期，消费者在免费维修期结束时可以选择更换或不更换，消费者不同的选择会对制造商产生不同的成本影响。他们推导出消费者和制造商总期望折现成本的精确表达式，以及单位时间内的长期平均成本。由此，可以得到消费者的最优策略，在消费者的最优策略下，可以再分析确定制造商的最优策略。

Hussain（1997）认为目前所有的产品都是以某种形式的质量保证为附件出售的，因而产品质量保证的作用和重要性在过去的20年中发生了显著变化。产品质量保证对制造商和消费者都很重要，从消费者的角度来看，产品质量保证提供了产品质量可靠性的信息，并作为产品出现故障情况下的保险。从制造商的角度来看，它保护制造商免于遭受消费者不合理的索赔，并被运用于一种向客户展示产品可靠性的有效营销信号。

Kar 和 Nachlas（1997）研究产品质量保证下净利润最优选择的模型，老化和应力变量是使预期净利润降低的两个因素。在产品质量保证下，保修和老化尽管都依赖于产品生命周期中早期故障的事实，但策略通常是单独选择的。他们将保修和老化策略组合在一起，检查这个协调战略对产品可能带来的收益。由于这些策略只对降低风险率有意义，所以假定每个系统组件属于威布尔寿命分布。由此构建的一个净利润模型，包括产品价格的增加作为保修期间功能的函数，该模型显示了如何协调保修和老化的双向战略选择。

Agrawal 和 Richardson 认为消费者在对品牌的可靠性做出判断时往往会使用保修信息，他们通过研究以家用电器和电子产品作为样本的保修条款和可靠性之间关系的性质。实验结果总体表明，样本品牌的保修条款的市场性预测可靠性较差。不过结果同时表明，保修条款和品牌的可靠性之间的关系往往会随着产品的年龄、市场渗透和品牌的可靠性变化量的改善而改善。

Menezes 和 Currim 发现产品质量保证期限的长度往往是产品质量保证元素中最

明显和最市场化的,它作为一个竞争性的营销变量被使用的频率大幅增加。他们将产品质量保证作为一个营销变量,并重点决定提供多长的产品质量保证期限。通过已知的外源性因素如保修、价格弹性、成本以及产品的故障率,将产品质量保证期限长度划分为三种类型,并推导出以价格和保修的弹性为因素的最优价格和保修功能的函数表达式。

Murthy、Djamaludin 和 Wilson(1995)认为,由于制造业产品质量的不确定性,生产出的部分产品可能不合格。当产品销售并附有产品质量保证,不合格产品的保修服务费用可能很高。生命周期测试可以被用来清除这些不合格产品,从而降低保修成本。这样的测试需要耗费大量的时间和金钱,对企业利润有影响。但是没有经过测试就销售产品又可能出现残次品的质量问题,引起消费者的不满,并导致客户流失,从而影响未来的利润。他们提出了一个新的没有涉及产品测试的激励机制,以减少消费者的不满,将产品质量保证对利润的不利影响最小化。

四、制造商成本及定价与产品质量保证

Mesak(1996)通过提出一个包括价格和产品质量保证的扩散模型,以期在计划范围内获得最佳的定价和产品质量保证期限策略。研究假设低贴现率和重要的经验对生产成本有影响,分析了四个高价耐用消费品的渗透、价格和保证数据是可用的。实证研究结果表明,在产品研究中,价格和产品质量保证期限在扩散模型中发挥重要作用。这一发现意味着以前的垄断定价结果在扩散模型中一般包含额外的营销变量,产品质量保证期限依赖于定价策略并且很大程度上影响定价响应函数的形状。

Hadel 和 Lakey(1993)对几种产品质量保证风险分析方法进行了研究,开发出一个用于飞机和设备项目的优化的风险分析软件工具,并详细介绍了该产品质量保证分析软件使用中的不同特点和模块。除了给用户提供一个产品质量保证发展的起点,软件还提供了产品质量保证的描述和成本风险评估的指导,以便用户可以比较竞争性产品质量保证的所有相对优点。

Lin 和 Zuo(2000)针对日益恶化的成分混合串并联系统,提供了一个成本最小化模型的优化设计。该模型系统配置的设计结合了产品质量保证、定期预防性维护和最小的维修,考虑免费和按比例保修政策,采用不完全修复模型预防性维护的影响效果,并给出了一个数值例子证明了该模型的应用。

Applebaum(1992)探讨了将资本结构作为一种工具,在实际市场和金融市场之间的风险转移的作用。研究一个企业涉及消费者和债权人的契约性协议,显示如果消费者都是风险厌恶的,而股票和债券持有人都是风险中性的,公司会利用其资本结构的转移风险远离消费者。在实际市场和金融市场的风险最佳分配,导致公司完全股权融资。

Chen 和 Ross（1994）讨论了在竞争激烈的市场中延长产品质量保证会增加成本的原因。他们认为在制造商所涵盖的基本产品质量保证期限方面，激烈市场中的用户会比其他市场中的用户有更高的需求。一个具有价格超过预期成本的扩展产品质量保证能够让企业从服务于更激烈的用户中产生的额外成本恢复。

五、产品质量保证与市场策略及营销

Padmanabhan（1995）强调了产品质量保证在消费者耐用产品这一细分市场中的作用。该研究证明了消费者的道德风险和产品使用的异质性是不同细分市场上产品质量保证价值发生变化的原因。在此背景下，制造商通过提供一个基本产品质量保证和扩展产品质量保证的自我选择菜单，满足了消费者对各个细分领域的产品质量保证要求。并且经由一个对新购车者的调查，验证了消费者选择行为预测的理论与扩展产品质量保证方面的经验数据。

Dybvig 和 Lutz（1993）提出了在一个连续的时间模型与双面道德风险下的最佳产品质量保证模型。最优产品质量保证必须平衡生产者的耐久性激励和消费者的质量保证激励。太少的产品质量保证将使得生产者更大程度产生低耐久性，而太多的产品质量保证将使得消费者更大程度地忽视维护产品。衍生的最佳产品质量保证是一个"块保修"，这是指一个高的初始块时间和零的后续时间。所以，除非消费者存在为获得产品保修的激励而滥用产品的情况，制造商最佳的选择将是在一个很短的时间间隔内的一个非常高的产品质量保证。

Bigelow、Cooper 和 Ross（1988）考虑制造商公司提供产品质量保证后，由于退出市场而停止产品质量保证义务的情况。此类情况可能是公司比较了备用市场结构和政府作用的影响之后，为避免其保修义务选择破产或选择退出市场而造成的。提供产品保证的出口企业可能存在没有完整的承诺总承包服务合同，当公司预测到不能参与未来市场，他们可以不获利退出，从而避免未履行保修义务。市场参与的激励来自于未来的利润，取决于未来的销售。由此产生的跨世代的消费者之间的联动，可以创建多个帕累托下令平衡。多重均衡的可能性被研究证明是政府的作用下替代市场结构影响的选择平衡。

Al-Najjar（1995）研究了公司在隐性和显性的合同之间的选择，以确保产品质量的替代方法。通过使用动态模型不完全监测团队的道德风险、企业和消费者采取不影响产品性能的行为，对这两种契约形式之间的关系进行了研究，发现公司总会选择预期利润最大化的契约安排。确定的交易条件和公司环境，可以帮助解释为什么企业可能会决定使用明确的承包、隐性承包，或两者的组合。有条件的引入声誉导致显性契约更均衡，对隐含的交易细节更不敏感。

Shieh（1996）研究了信息的作用和在质量的不确定性和风险中性买家情况的信号模型中常见具有退款保证的业务的最优性。结合退款保证和价格将完全揭示垄断公司产品质量的私密信息，而且私密信息的显示将完全没有信号成本。此外，在规定的货币补偿的水平，定价是产品故障下的利润最大化水平的货币回报。涉及全退款保证（按比例保修与全额退款）的研究，退款保证和价格共同揭示了垄断厂商产品质量的信息。

Heese（2012）研究了两个竞争的制造商通过相同的零售商销售他们的产品的情况。如果零售商从延长产品质量保证销售中获得利润，制造商面临着一个如何设置基本产品质量保证的困境。虽然制造商有动力去提高保证，使他们的产品对消费者更具吸引力，但零售商可能更倾向于出售低保修产品来提升扩展的产品质量保证销量。他提出了一个程式化的模型，用来确定和分析最佳的制造商和零售商的策略。通过独立的零售商销售的产品符合保证的持续下降，这些交互作用对制造商产品质量保证施加下行压力。销售商由延长的产品质量保证获利不是在客户选择某种产品结账时向他展示延长的保修期，而是诱导消费者主动考虑产品的延长保修期特点，比如在产品的货架上张贴延长的保修信息。

第八节 承诺事项的相关研究综述

一、承诺事项的概念界定

承诺作为或有事项的子项目，区别于普通意义上的承诺事项，特别指企业或政府做出的由未来不确定性事项所触发的财务性承诺。具体分析时，涉及公司的承诺中包含了或有事项中其他诸如产品质量保证、债务担保、环境承诺等子项目，由于这部分内容有单独的文献综述，因此，这部分内容中我们主要对由银行与政府做出的承诺以及由这些承诺引发的或有负债相关的研究文献进行整理分析。

二、银行或有负债与承诺事项

1. 中央银行与商业银行或有负债构成

Blejer 和 Schumacher（2000）指出或有负债是由不确定事项的实现所触发的财务性质的承诺，这种负债包括金融资产估值的变化、银行的破产以及自然灾害等。总体来说，中央银行的或有负债与财政账户背景下的政府或有负债的概念标准是一致的。

通常，中央银行的或有负债根据负债是否来源于合法契约可以被分为显性和隐性两类。显性的中央银行或有负债既有可能来源于政策规定中正式的条款，也有可能来源于中央银行与其他业务主体签订的合约。具体来讲，中央银行的显性或有负债可以分为三类：第一类是中央银行为维持银行业的稳定（比如其扮演的最后借款人角色）而做出的承诺；第二类是中央银行在经营活动中使用金融衍生品作为政策性工具来干预金融市场和外汇市场，而这种经营活动中包括的外汇合约互换和回购条款会引发或有负债；第三类是指中央银行做出的其他出口与投资的承诺。对于隐性性质的央行或有负债，则可能包含保证银行领域的偿债能力以及汇率主权的稳定等承诺事项。

Thakor（1995）在文章中将银行的或有承诺行为称为商业银行或有权利（Commercial Bank Contingent Claims，CBCC）。他总结到，商业银行的或有事项包括备用信用证[①]、利率与货币互换金融工具、票据发行便利[②]、期权、固定和浮动利率的贷款承诺、期货和远期合约以及外汇交易等。

韦伯斯特词典中将承诺定义为在未来做某件事的允诺。作者在文章中将词典中的定义做了扩充，具体是指银行向承诺持有方做出的以事先约定的条款来购买或出售金融权利的允诺。因此，资产负债表外的承诺对银行来说是一种或有负债，而对于承诺持有者来说则是一种期权。目前，出售这种或有权利已经成为银行费用收入的重要来源。文章通过分析两种类型的商业银行或有权利：贷款承诺[③]与利率互换[④]，最后指出这些权利的出售不可避免地会给商业银行带来风险，因此监管者应该通过制定相应政策来进行合理干预，从而保证银行业的稳定发展。

Goodhart（2008）在文章中分析了银行在金融风暴中扮演的角色。他指出，随着金融业的创新与发展，商业银行逐渐将贷款资产证券化并将这些证券分配给各种类型的非银行金融机构。银行的这种行为会导致表外金融资产的非中介化。例如，银行与 SIV（Structured Investment Vehicles）建立了紧密的合作关系，承诺在这些机构发生困境时给予资助。因此，作者指出，商业银行由于在资本市场中扮演最终借款人的角色而承担了或有负债，这些或有负债在与银行相关联的机构发生困境时被触发，从而导致银行的经营风险增加。

2. 商业银行或有负债的相关研究

Kareken（1987）在文章中提到，银行业发展过程中的一个很重要的变化就是银行在开展业务时会做出或有承诺。然而，从理论上认识到这种变化是容易的，但是

[①] 备用信用证简称 SBLC（Stand by Letters of Credit），又称担保信用证，是指不以清偿商品交易的价款为目的，而以贷款融资，或担保债务偿还为目的所开立的信用证。开证行保证在开证申请人未能履行其应履行的义务时，受益人只要凭备用信用证的规定向开证行开具汇票，并随附开证申请人未履行义务的声明或证明文件，即可得到开证行的偿付。

[②] 票据发行便利简称 NIFS（Note Issuance Facilities），又称票据发行融资安排，是指银行同客户签订一项具有法律约束力的承诺，期限一般为 5—7 年，银行保证客户以自己的名义发行短期票据，银行则负责包销或提供没有销售出部分的等额贷款。

[③] 贷款承诺是指银行承诺在一定时期内或者某一时间按照约定条件提供贷款给借款人的协议，属于银行的表外业务。对于在规定的借款额度内银行已经做出承诺但尚未贷出的款项，客户必须支付一定的承诺费。

[④] 利率互换是指两笔货币相同、债务额相同（本金相同）、期限相同的资金，但交易双方分别以固定利率和浮动利率借款，为了降低资金成本和利率风险，双方做固定利率与浮动利率的调换。

如何使用会计方法计量却比较很困难。此外，如果银行的这种承诺行为变化是持续的，那么监管机构就必须制定出合理的政策来约束银行的这种高风险行为，以保证金融业稳定有序运行。

Thakor 等（1981）指出，在利率波动的时期，银行的贷款承诺是银行资本利得和损失的来源，但是这部分损益并没有在资产负债表中确认，而是模糊地出现在财务报表表外或脚注内容中。文章认为贷款承诺没有在表内确认的原因是缺乏可靠有效的方式去估计这些承诺的价值，因而提出将银行贷款承诺看作期权来对其进行定价。

Esty（1998）研究发现，从 1863 年至 1935 年，监管机构通过联邦立案银行法对银行股东实行或有负债政策来抑制银行高风险的经营行为。具体来讲，法案中规定，银行的股东承担双重负债，即如果银行破产，股东可能既损失了他们股票的市场价值，又需要去承担银行债务的偿还义务。文章通过使用 1900—1915 年的数据，研究发现被或有负债政策限制的银行有更低的权益与资产波动率，风险资产的持有份额更低，因此验证了这项政策的有效性。

Kapstein（1989）在文章中讲到，从 20 世纪 70 年代开始，银行家们就开发了一系列新的金融工具与金融活动。这些创新已经在很大程度上改变了银行业的本质，也促使银行业的监管变得更加复杂。国家内部对全球性银行安全稳定运营的监管已经失去效用，因此，1987 年，在美国与英国的主导下，关于银行资本标准的规定应运而生。作者在文章中描述了促使银行业达成一致的这次多边谈判，并指出这项协议的产生是在市场因素、共识与领导力等因素的交互作用下形成的国际政策层面的合作，是国际银行业监管发展历史中的里程碑。

Chaudhry 等（2000）使用美国以市场为基础来衡量风险的商业银行样本，研究了这类银行的或有事项活动。研究发现，期权的使用会增加这类银行的风险，因此市场参与者与银行监管者应该监督银行是否过度使用这类金融工具。

总而言之，关于银行或有负债研究的规范类文献主要分析了银行或有负债产生的原因、风险以及应对方法，实证类型的文章则主要使用经验证据去验证银行或有负债风险的存在性，以及如何使用模型或其他定价方法来科学合理地评估或有负债的风险。但是针对银行或有负债计量与评估的方法方面的研究文献并不是很多，银行业缺乏统一认可并行之有效的或有负债评估与计量方法。

三、政府或有负债风险的研究

1. 政府或有负债概念界定及形成原因

Currie（2002）在世界银行报告中提到，由于或有负债是表外项目而忽视其代表的主要风险，将会给政府运营带来严重损失。在现实中，不同种类的或有负债最终都是由基础的金融与经济变量决定，或有负债的触发会导致政府财政流出与政府债务的大幅度增加。

很多文献都分析了政府或有负债产生的原因，通常情况下，如果某些机构发生诸如债务违约、无力偿还债务，或者收入下降到一定水平之下等事件时，政府会对此类机构提供财务支持，这时就会产生或有负债。此外，政府还会对公共商品（如自制居所、教育和基础设施发展）的推广提供担保，以刺激市场投资于这些领域，这是因为对于那些具有特殊风险的项目来说，政府的支持是至关重要的。例如，对于那些本来由政府承担，后期转由私人承担的需要长期融资的项目便需要政府的支持。然而，在较弱的会计与预算制度背景下，或有负债经常被排除在预算与资产负债表之外，直至事件触发之后才被识别出来。

通常来讲，政府没有隐性的非合约性或有负债。但是对于那些有固定汇率或固定外汇汇率的主权国家，政府将会承担国家汇率风险，需要为外汇储备价值下降来提供担保。此外，政府还有可能由于政治压力，需要救援处于财务困境的地方自治政府。对于那些新兴市场国家，它们的金融监管程度较低，财政制度规范能力较弱，政府可能会通过或有负债来干预风险，因此这些类型的政府会面临更高的或有负债风险。

2. 国外政府或有负债的相关研究

Burnside（2004）研究发现政府担保会增加与货币风险相关的财政成本，当国家遭受基础经济的负面冲击时，这部分担保成本越大，货币贬值程度就越大。Irwin 和 Vines（2003）也在文章中提到经济危机的主要特征之一就是国家存在大量显性与隐性的政府担保，并且伴随较弱的财务监管体系。因此，作者认为政府应该缩减提供担保的范围或者降低担保的程度，并且加强对财务领域的监管。

目前，许多政府已经意识到了或有负债的风险，这些国家的政府债务管理局在管理或有负债风险中已经扮演重要角色，完全具备了针对或有负债风险敞口的金融技术与风险管理的工具。具体来讲，政府债务管理局（DMO）可以通过将或有负债的数据集中化，通过多种方法来评估政府担保的违约风险，建立风险共享机制等方式来与预算部门合作建立政府或有负债的管理办法，从而有效控制政府的或有负债风险（Currie，2002）。

Irwin 等（1999）认为政府在提供担保时，应该采用科学的方法去评估担保的成本，做出合理的预算。他强调评估和预算是做出担保条款的重要前提，是政府免于承受由不确定性的承诺带来的对未来预算损失的有力保障。针对具体评估方法的研究中，Brandao（2008）提出了最低交通保障的实物期权模型，该模型可以用来评估政府担保的价值，允许政府对担保进行成本—效益分析，并且在保证私人投资者利益的前提下为政府提供了减小风险敞口的替代性措施。

3. 国内政府或有负债的相关研究

目前，我国或有负债主要包括政府对金融机构发行债券、对企业融资等提供的担保，地方政府债务，社保基金缺口，以及银行不良信贷等内容。

李扬等（2012）研究发现中国过去赶超体制下的经济发展方式主要引发了两类或有风险：近期风险与中长期风险。其中，近期风险主要体现在房地产信贷与地方债务上，中长期风险主要体现在企业债务与社保基金缺口。作者建议政府应该减少对经济活动的干预，将隐性的或有负债逐步转变为直接负债，在保证经济的可持续增长前提下，降低政府的债务风险。

贾兰兰和蒲松（2001）分析了我国政府或有负债的成因，其中包括政府部门所发行的财政担保的债券、地方政府的借款或担保、社会保障基金的缺口以及银行经营风险和国企财务风险。作者提出为应对或有负债带来的财政风险，我国首先应该建立一个处理或有负债的预算框架，归集整理所有包含或有负债风险的数据，建立关于财务状况和财务风险的比较完整的账户；其次我们还应该着手建立处理或有负债的法律框架，有效规范地方政府的财务行为。

针对政府或有负债的会计计量方法的研究，邢俊英（2006）指出，相比于收付实现制，权责发生制下政府对负债信息的报告具有完整性、及时性、相关性、审慎性等优势，可以更好地实现对政府债务风险的控制与报告。此外，王银梅和潘珊（2014）探究了我国地方政府或有负债的会计计量方法，指出地方政府或有负债应该采用权责发生制作为计量基础，以往年或有负债支出为基础来估计当年或有负债的现金流量，并且需要充分考虑风险和不确定性，加强或有负债在报表附注中的披露，争取将或有负债纳入政府预算体系之中，编制合理的政府预算，最终有效降低政府的或有负债风险。

总体来看，关于政府或有负债的国内外研究主要从理论上识别并分析了政府可能存在的或有负债风险，但是缺乏科学具体的评估定价方法与会计计量方法，对于构成或有负债的不同类型的子项目缺乏具有针对性的研究。特别对于以后我国政府或有负债的研究，可以尝试针对我国各种类型的政府或有负债项目进行分析，设计并提出具体、可行的风险控制与监管体系。

第九节 票据贴现、背书的相关研究综述

一、票据贴现、背书的概念界定

票据贴现，就是指未到期的票据的合法持有人，为了特定的目的，将所持有的票据权利转让给第三方，从而获得现金的行为（谢怀栻，2006年）。票据背书，是指持票人以转让票据权利为目的，在票据背面或者粘单上记载有关事项并签章的行为。《中华人民共和国票据法》规定，持票人可通过背书的方式将票据权利转让或

授予他人行使。票据贴现必须以票据背书的方式实现。从我国目前的票据金融法规规定来看，票据贴现是指未到期票据的持票人与相关金融机构之间基于特殊票据买卖行为而产生的融资法律关系，以及基于此种融资法律关系而衍生出的金融机构之间、贴现银行与中央银行之间的票据融资关系体系（徐晓磊，2014）。

二、票据贴现背书的相关研究

相比于银行贷款等融资方式，票据贴现的成本较低、效率高，对于急需短期融资的企业来说是一种非常简便快捷的融资途径。而银行经营票据贴现业务不仅能够取得利息收入，同时票据贴现业务的资金周转率高、收息时效短、风险小、成本低等特点也完全符合银行经营流动性、营利性、效益性、安全性的要求，还能够优化银行信贷资产的结构。但是对于我国票据市场的研究发现，票据贴现业务在实际操作中出现了许多问题，如交易工具单一、信用风险集中、虚构交易背景、票据掮客违法违规、民间票据融资市场不断扩大等，这些问题不仅给银行业务经营带来了较大的风险，也使得监管部门对票据贴现业务难以监督管理（王蓉，2015）。

通过系统地回顾票据贴现或背书的相关内容，发现目前的研究主要集中于票据贴现或背书的法律相关问题研究，如票据贴现的连续性认定、票据伪造等，而又由于每个国家的法律体系都不尽相同，因而针对中国票据市场的票据贴现与背书的研究几乎没有国外的文献，对于将票据贴现或背书作为或有事项来研究的文献几乎没有。可见，票据贴现或背书作为或有事项对企业的影响与关系等方面的研究还需努力探索。

第十节　本章小结

本章介绍了或有事项的相关研究。首先介绍了或有事项披露情况的相关研究，从或有事项的供给方和需求方两个角度进行阐述，并对或有事项披露的成本效益进行了分析；然后对或有事项披露的动机进行了分析和相关的研究综述；第三节通过整理现有的研究分析了或有事项披露可能产生的经济后果；后面六节，分别介绍了对外担保、未决诉讼、环境污染整治、产品质量保证、承诺事项、票据贴现和背书这六类典型的或有事项的相关研究。通过本章的内容介绍，读者可以初步全面地了解或有事项的相关概念和研究内容。

第四章

或有事项信息披露的理论与实证研究

第一节 或有事项披露动机研究

一、或有事项披露背景分析

随着企业经营活动的多样化、复杂化以及金融市场的发展，作为企业财务报表重要组成部分的或有事项信息已经开始受到人们的关注。或有事项的确认与信息披露，不但影响到企业自身的财务状况，同时也影响到了利益相关者对企业未来经济效益的判断，从而影响到他们的经营和投资决策。

与其他财务报表事项不同的是，作为一种不确定性事项的或有事项，其未来的发生或不发生对企业的经营和发展会带来不确定性的影响，而且这些影响往往是潜在不利的。为了规范相关问题，我国于 2006 年颁布了《企业会计准则第 13 号——或有事项》。但由于对或有事项的研究起步较晚，在企业实际经营活动中，会计准则在制定中的漏洞和执行中的问题也逐渐显现出来，与此同时，企业的会计从业人员和管理者对或有事项的认识和理解也不足。近年来，由于担保、诉讼事项给企业带来巨大损失的事例已不罕见，在众多或有事项中，担保事项是最常发生也是最为普遍的，上市公司存在对外担保事项的日益普遍，其中更有担保额接近其净资产近半的公司，这无疑给企业带来巨大的风险，对企业经营业绩可能产生不可忽视的影响。更有甚者，不少上市公司因此而退市，甚至倒闭。有研究表明，上市公司存在着互为担保的现象，从而达到规避证监会监管的目的，其中，由于随意选择担保对象,许多上市公司承受的风险相当巨大。例如,由于 S*ST 兰光长期、多次不按规定披露大股东及关联方占款与担保事项,涉及金额巨大,性质恶劣,后果严重,S*ST 兰光及相关当事人受到了中国证监会《行政处罚决定书》和《市场禁入决定书》。类似的还有 ST 贤成,由于隐瞒了 5 亿多元的担保事项,遭到了证监会严厉的处罚,这样的案例还有很多。

企业之所以能操纵或有事项,推迟披露、少披露或者不披露重要的或有负债,主要是利用了或有事项中存在的主观判断,即会计处理上的弹性,会计政策赋予了管理层一定的选择权,但如果少了这层选择权,实务中的会计处理就缺失了灵活性,有时不能真正体现经济业务的实质。

在此环境背景下,研究如何保护利益相关者的利益就显得尤为重要,通常来说有两条途径,一是保护他们的利益不受侵害,二是通过信息披露提高信息透明度,从而帮助他们做出正确的决策。或有事项作为一个重要的信息披露项目,在如今新兴业务不断涌现、经济活动越来越复杂的经济背景下具有重要的意义。本章旨在研究企业主动披露或有事项的动机,从动机角度来揭示企业管理层对或有事项发生以及披露的态度。通过研究上市公司或有事项披露的主要动机,一方面帮助上市公司利益相关者更好地理解管理层行为的深层次原因,从而做出有利的决策;另一方面希望能丰富或有事项披露动机的理论,推动或有事项研究的发展。

二、自愿性信息披露动机的相关理论

已有研究多集中于自愿性信息披露以及坏消息披露方面,这对研究或有事项的动机造成了一些困难。但或有事项作为一项重要的会计信息,而且又由于其特有的会计处理弹性,往往能给企业带来难以估量的影响,掌握自愿性信息披露动机的相关理论对于本章的研究具有很强的借鉴意义。

在动机研究方面,国外学者要早于国内,从 20 世纪 80 年代起就开始有了相关的研究,尤其是在信息披露方面的研究比较成熟。Skinner(1994)提出诉讼风险会促使管理层尽快发布坏消息。因为这样能减少企业因未及时披露坏消息而带来的法律责任的可能性,从而降低企业的损失。另外,管理层提前发布坏消息也是为了避免由于推迟披露或者不披露而造成的声誉损失。Kasznik Ron 和 Lev Baruch(1995)研究了有意外盈利公司和业绩较差公司的管理层对于信息披露的差异。他们发现有意外盈利公司的管理层倾向于不披露或者少披露量化的盈利信息以及预测信息,而对于业绩不好公司的管理层则更有可能披露信息,尤其是对业绩长期不好的公司来说更为明显。此外,研究还发现上市公司的信息披露相关决策与公司的管理层有关,这间接指出了管理层存在动机的可能。Frankel、McNichols 和 Wilson(1995)的研究发现经理层会为了公司融资的目的而发布好消息。Christine A. Botosan(1997)用线性回归方法分析发现了披露水平和权益资本成本的负相关关系。然而,对于有众多分析师分析的企业却未发现类似关系,这可能是由于其他原因造成的。Mary E. Barth、Maureen F. McNichols 和 G. Peter Wilson(1997)针对影响公司披露环境负债信息的因素做了分析与试验。结果发现这些影响因素有:包括民间组织在内的监督机构、管理层信息、避免诉讼、资本市场的需要和其他规范性的需要。Christopher F. Noe(1999)研究了经理层发布信息的时间。他发现经理层不会在信息发布以前进行内部交易从公司内部获得利益,但是他们在内部交易时会利用别的策略追寻信息,在信息发布以后,内部交易变得多了起来,证明管理层具有增加自身收益的动机。David Aboody 和 Ron Kasznik(2000)研究了披露好消息与坏消息的时间和公司授予期权的关系。样本包括 572 家上市公司,结果证实了许多公司存在固定的期权授予时间,管理层通过提前披露坏消息、延迟披露好消息来获取投机收益。这说明 CEO 们确实存在利用信息披露决策来最大化股票期权报酬的动机。Kun Wang、Sewon O 和 M. Cathy Claiborne(2008)探寻了自愿性披露的影响因素。他们对中国发行国内或国外股份的上市公司年报进行分析,发现国有股份的比例、外资股份比例、公司的业绩、审计师的声誉都与自愿性披露呈正相关关系。Daniel Cohen、Masako Darrough、Rong Huang 和 Tzachi Zach(2009)研究了担保事项的会计披露。他们揭示出担保金不仅可以作为一项负债,影响公司净值,也能作为一种暗示产品质量可靠和未来良好效益的信号,发挥积极的作用。不但如此,担保金和担保事项还可以被管理层用来进行盈余管理,达成机会主义行为,例如完成给定的盈利目标等。而且分析师一般认为,公司所披露的担保事项数额要低于实际数额,这对投资者也产生了影响。

  我们发现在西方发达国家比较完善的市场经济体制下,信息披露的原因主要体现在以下几方面:降低诉讼风险和成本、扩大融资机会降低融资成本、市场规范的需要、管理层收益的增加、公司资本结构、盈余管理等。出于不同理由,上市公司会权衡信息披露的利弊,做出选择。结合或有事项的特征,或有事项是不确定性事项,由未来事件的发生或不发生决定其影响程度,或有事项以负债为主,从负债性质上看是降低公司价值的,但同时,或有事项也可能具有其他的正面影响,例如产品担保给企业塑造了良好的产品质量形象。结合这些性质,可以发现管理层披露或有事项的潜在原因。

  我国学者对或有事项的研究,主要集中在对会计准则的比较、应用、存在问题以及与或有事项相关的不确定性等方面。李爱荣(2004)阐述了或有事项的不确定性并指出,或有事项的不确定性主要体现在:其现存或未来的结果具有不确定性,履行现时义务的时间和金额具有不确定性,披露形式也具有不确定性。徐玉霞和刘金星(2006)指出了或有事项的特殊性,尤其是根据会计准则要求,或有负债的确认需要经过多次主观性的职业判断,因此正确理解不确定性对会计信息披露的质量有重要的现实意义。陈红(2007)在《公司表外负债研究》中解释了或有事项对公司长久发展的意义和影响，指出目前的财务信息越来越多地游离于财务报表之外，这些信息中隐藏着不确定性较大的公司表外负债，使得企业风险程度增高，但从公司报表上却无从体现。付希贤（2009）提出了或有事项对企业经营的多重负面影响。管理层通过对或有事项的不同确认方法进行有意操纵，达到特定目的，这种行为不仅影响了企业的财务报告质量和当期利润，也给企业的风险防范和评估带来了困难。牛鹏辉（2010）研究了会计政策选择与盈余管理关系。他认为企业进行盈余管理的诸多影响因素中，最主要的是会计政策的选择，而或有事项在实务中充满了估计和判断，其确认、计量和披露三个环节都为盈余管理带来了空间。

  李明辉（2001）讨论了自愿性信息披露行为的意义，认为企业自愿性披露有关信息的行为可以提高企业价值，增强筹资能力，降低企业资本成本，改善公共关系。同时，人力市场上的竞争性和企业兼并市场也是促使管理层披露信息的动因之一。周宏（2004）对上海证券市场年报进行了市场效应研究。该文根据样本公司2002年年报披露的是否为好消息，将沪市A股上市公司进行了分类，研究结果验证了盈利公告效应。但同时发现我国与国外不同的是，在坏消息披露前后，股票组合的异常收益率持续上升，总体好于好消息披露的公司股价表现。导致这种现象的原因有可能是管理层通过操纵股票价格来提升公司市值。张宗新、张晓荣和廖士光（2005）调查了上市公司自愿性信息披露行为的有效性。通过结合经济主体行为最优化理论，他们概括出上市公司自愿性信息披露的动因主要有这些方面——显示企业成长与核心竞争能力从而揭示公司价值的需要、通过增加融资机会与降低融资价格两方面努力达成再融资最大化的需要和公司经理层对控制权收益的需要。王雄元（2005）研究了信息租金问题。他认为企业对间接信息租金的追逐会促使其主动披露信息。另外，披露行为本身就能减少公司价值被低估的可能性。吴翔宇（2006）结合上市公司信息披露现状，指出我国上市公司自愿性信息披露的动机主要有资本市场交易、控制权、揭示公司价值、股票报酬和避免诉讼等。范小雯（2006）研究了信息披露的影响因素，通过实证分析手法验证了公司规模、经理层持股比例、公司盈利、有无外资股、审计费用都是信息披露行为的影响因素。马忠、吴翔宇（2007）从金字塔结构角度分析其对信息披露带来的影响。站在企业终极控制人的立场，他们分析了信息披露的成本收益。研究结果表明家族控股的企业将信息披露作为一种提升公司声誉价值的手段。除此之外，终极控制人的控制权和现金流权也明显影响信息披露行为。张俊瑞、郭慧婷、贾宗武和刘东霖（2008）研究了公司治理因素对自愿性环境会计信息披露的影响。通过运用实证研究方法，研究表明，企业规模、盈利能力对信息披露有较大影响，但企业总体的自愿性并不高。王雄元、陈文娜和顾俊（2008）针对年报及时性效应进行了讨论。他们发现年报披露时点与会计信息透明度和盈余管理水平有关，不同公司出于不同的考虑选择披露时机。赵丽（2009）总结了会计信息失真的五个主要动机，分别是股票上市发行、获得配股资格、避免退市和逃避处罚、改善上市公司形象、减少纳税等。

我国学者将信息披露动机主要归结为：提升公司形象需要、揭示公司价值及核心竞争力需要、降低公司资本成本吸引投资需要、争夺控制权需要。还有大批文献研究了公司治理或者公司业绩与信息披露间的关系。但我国在投机性动机方面的研究还不全面，缺少实证研究成果。本章将结合或有事项和信息披露的影响因素，从理论角度提出上市公司披露或有事项可能存在的原因。

三、或有事项披露情况的统计分析

依托我们前期建立的"或有事项数据库"，在此选取 2009—2011 年或有事项分类披露状况进行统计，详见表 4-1—表 4-3。

表 4-1　　　　　　　　2009 年或有事项信息披露状况

	农、林、牧、渔	采掘	制造	电力煤气水	装饰装修	交通运输仓储	信息技术	批发零售	房地产	社会服务	传播文化	综合	合计	%
样本数	26	34	810	60	30	52	79	99	114	44	14	43	1405	100
担保事项	15	16	376	37	15	19	36	61	83	19	6	30	713	51
未决诉讼	3	4	46	2	3	3	4	12	9	6	0	3	95	7
票据贴现或背书转让	3	4	162	14	3	2	10	10	8	4	2	10	232	17
预计负债	1	6	62	9	3	1	6	14	17	7	0	9	135	10
产品质量保证	0	0	7	1	0	0	0	1	2	0	0	0	11	1
其他	3	3	52	2	5	5	5	7	14	4	0	3	103	7
或有事项披露	19	23	463	44	20	27	43	74	93	26	6	36	874	62
或有事项披露比例%	73	68	57	73	67	52	54	75	82	59	43	84	62	

表 4-2　　　　　　　　2010 年或有事项信息披露状况

	农、林、牧、渔	采掘	制造	电力煤气水	装饰装修	交通运输仓储	信息技术	批发零售	房地产	社会服务	传播文化	综合	合计	%
样本数	29	36	872	60	30	51	89	102	118	44	16	44	1491	100
担保事项	13	18	372	41	16	24	30	65	81	16	4	32	712	48
未决诉讼	1	4	42	2	4	1	7	8	13	5	1	2	90	6
票据贴现或背书转让	0	6	152	11	4	3	9	9	9	1	2	5	211	14

续表

	农、林、牧、渔	采掘	制造	电力、煤气水	装饰装修	交通运输仓储	信息技术	批发零售	房地产	社会服务	传播文化	综合	合计	%
预计负债	1	8	79	10	2	3	6	18	19	4	1	6	157	11
产品质量保证	0	0	6	1	0	0	0	0	2	0	0	0	9	1
其他	2	2	53	1	0	6	4	5	6	12	3	0	3	97	7
或有事项披露	14	25	457	44	19	28	40	73	92	21	6	35	854	57
或有事项披露比例%	48	69	52	73	63	55	45	72	78	48	38	80	57	

表4-3　　2011年或有事项信息披露状况

	农、林、牧、渔	采掘	制造	电力、煤气水	装饰装修	交通运输仓储	信息技术	批发零售	房地产	社会服务	传播文化	综合	合计	%
样本数	32	38	1028	62	37	54	106	112	116	48	15	45	1693	100
担保事项	14	20	368	42	16	27	30	60	83	16	4	32	712	42
未决诉讼	3	1	45	4	3	2	11	8	10	4	1	3	95	6
票据贴现或背书转让	1	9	160	12	6	4	11	7	12	1	1	7	231	14
预计负债	3	6	74	9	3	2	4	16	20	5	0	6	148	9
产品质量保证	0	0	8	1	0	0	0	0	0	0	0	0	9	1
其他	3	2	48	3	4	7	5	7	9	3	0	2	93	5
或有事项披露	15	24	456	44	18	33	39	70	90	22	5	36	852	50
或有事项披露比例%	47	63	44	71	49	61	37	63	78	45	33	80	50	

从2009年至2011年，样本数量在逐年递增，而样本公司中披露或有事项的比例已经超过50%，三年分别为62%、57%和51%，说明或有事项的发生和披露十分普遍。与此同时，在所选样本中，综合类的或有事项披露比例最高，分别为84%、80%和81%，其次是房地产类，这与行业间的经营背景不同有关。

或有事项中发生比例最高的是担保事项。担保事项在样本公司中普遍存在，作为担保方的公司在被担保方无法履行契约合同的情况下要承担连带责任。这种类型的事项随着发生被担保方无法履约的可能性和金额的变化，给企业带来的风险也随之可大可小。从上表中可见，样本公司中有披露担保事项的比例每年都在40%—50%之间。

其次是票据贴现和背书转让事项。商业承兑汇票贴现或者转让后，背书人并不因此而转让了所有权利及义务，反而会因为承兑人无法履行契约而承担连带责任，样本公司中有披露票据贴现和背书转让的比例在15%左右。

未决诉讼和仲裁是当事人在不能通过协商解决问题的情况下，通过法律途径请求法院解决纠纷的事项。因此，能否解决官司对于被告来说是潜在的或者显示的义务，官司可大可小，给公司带来的影响也体现在各个方面。样本公司年报中有披露未决诉讼和仲裁的比例在6%左右。

产品质量保证，是公司在销售产品提供劳务后，给顾客的一种承诺，若产品未达到承诺的质量要求，公司将有义务对产品进行更换、回收修理等服务。这样的承诺一方面形成了一项潜在的负债，另外一方面向消费者显示了公司良好的市场形象，样本公司年报中有披露产品质量保证的比例只有不到1%。

其他类别包含了除担保事项，票据贴现和背书转让、未决诉讼和仲裁、产品质量保证，以及发生比例非常低的债务重组、环境污染整治、亏损合同和或有资产以外的其他或有事项。样本公司年报中有披露其他类别或有负债的比例在6%—7%。

预计负债的确认，除了满足负债的基本确认条件之外，还需要具有以下三个特征：第一，该项义务是企业承担的现时义务，而非潜在义务；第二，该项义务的履行导致经济利益很可能流出企业；第三，该义务的金额能够可靠计量。样本公司中达到确认为预计负债条件的事项在10%左右。

四、或有事项披露动机的实证研究

影响上市公司或有事项信息披露的因素有很多，受到来自企业自身、政策法规和社会环境各方面的影响。本章将根据国内外已有的研究成果，并结合或有事项自身的特征，提出主要的或有事项披露动机的可能原因并予以实证检验。

企业管理层为了主体利益最大化，常常会在遵循会计准则的基础上，采用合法的手段调整会计信息，进行盈余管理。现有理论指出，公司会为了盈余管理目的对信息披露进行操纵，将利润合法化。会计信息的信号作用为盈余管理提供了新的途径。而或有事项正是具有信号作用的重要事项，因此是盈余管理的重要内容。不仅如此，管理层为了牟取个人利益，也有可能会利用自由裁量权控制信息发布时间进行个人投机行为。例如，上市公司管理层除了日常的薪资报酬以外，常常拥有公司各种各样的股票激励计划带来的利益，他们可以提前披露信息，这样做不仅符合禁止内部交易的法规规定，同时也能增加公司股票的流动性，进一步影响股价，利用价格变化获得额外财富。由此可见，投机目的是管理层在信息披露环节不可忽视的动机之一，联系或有事项的特征和性质，我们认为：上市公司出于投机目的，会主动披露或有事项信息。

资本市场信息是投资者判断企业价值的重要依据，信息是否及时、是否可靠都是投资者所关心的问题。隐瞒和推迟披露消息会使得公司的诚信度受到投资者的怀疑，从而避开这样的企业进行投资，这无形中给企业带来了声誉上的负面影响，甚至管理层不诚实的态度会影响消费者信心，对企业产品质量产生怀疑，给企业业绩带来严重影响。因而公司管理当局为了吸引投资者和消费者的注意，会主动地披露有关公司经营状况的全部信息，建立良好的社会关系。同时，信息披露理论提出，业绩良好的公司为了区别于其他公司，也会主动披露公司信息，从而消除投资者预期与公司预期的差别，降低信息不对称程度，提升投资者的信息质量，使得市场价值能真实、准确地反映上市公司的内在价值，显示企业未来发展潜力，最终吸引广大投资者。此外，与其他众多负债类会计科目不同的是或有负债所具有的信息信号作用，产品质量保证信息披露从一定程度上能显示企业对自身的产品信心。由此，我们猜想上市公司为了维护自身形象，也会主动披露或有事项信息。

在现代社会，随着经济政治的发展，为了规范市场的经营秩序，企业受到各方面的监督压力，包括政府部门的监督和来自大众无形的监督。市场监管针对或有事项信息披露的形式、内容和时间都有相关法规规定，企业为了避免在这样的监督过程中由于披露不及时而蒙受不必要的损失，甚至是带来惩罚，会根据会计准则和相关信息披露法规规定及时披露信息。对信息披露要求严格的是"坏消息"的披露，而或有事项绝大多数都属于或有负债，预示着抵减公司净资产的信息。受到由于未及时和未全面披露信息可能带来的法律责任的"鼓励"，上市公司管理层更愿意按照规定披露这样的信息，一方面减少投资者在不知情的情况下的股票交易，提醒投资者理性投资，减少甚至避免投资者由于公司信息披露失误引起的投资失败而提起的有关诉讼；另一方面即使"坏消息"的披露引发股价下跌，投资者也难以主张上市公司隐瞒信息，节约诉讼成本。因此，上市公司为了避免受到监管惩罚，也可能会主动披露或有事项信息。

随着公司发展能力的提升，公司的融资需求也逐渐加剧，公司谋求上市的主要目的也是为了募集资金。从拥有大量资金的投资者角度而言，在一定的期望报酬率下，他们更偏向选择具有更低风险的投资目标，这是因为投资者只能针对公司公开披露的信息进行投资风险评估，加强公司与投资者间有效的信息交流和沟通能降低由于不确定性带来的风险。现有大量的研究表明了信息披露水平与资本成本之间的关系，信息披露水平的提升改善了投资者与公司间的信息不对称程度，降低了信息风险，从而降低了投资者期望报酬和资金成本。如果上市公司隐瞒了或有事项信息，导致投资者缺乏对公司足够的信任感，对公司股票的购买愿望不够强烈，会削弱公司股票的流动性，使得公司难以在证券市场上筹集资金。同时，信息披露水平的提升也降低了投资者搜寻信息的成本，资料收集过程中需要消耗大量的时间和精力，企业若能通过全面的信息披露帮助投资者更好地搜集信息，便更能博得投资者的关注，提高了潜在投资可能。所以上市公司为了满足融资需求，可能会主动披露或有事项信息。

上市公司主要的资金来源除了权益融资以外，还包括债务融资。随着经济的发展，如今的借贷方式越来越多，站在上市公司债权人角度，公司资产负债率越低越好，当还款能力得到保障，债权人才更愿意继续提供资金。由于信息披露不及时甚至不披露，造成上市公司信用降低，债权人为了保住已提供的资金，可能会采取措施要求公司全面披露信息，此时公司除了需要满足股东的信息需求外，还需要满足债权人特定的信息需求。与此同时，对于高资产负债率的公司，公司投资者也会由于高借款带来的风险而要求信息披露水平提高。因此，出于长远利益考虑，长期借款越多，上市公司满足长期债权人和投资者的信息需求就更强烈，或有事项信息披露就要更及时更全面。因此，我们还认为上市公司为了满足债权人和投资者的信息需求，会主动披露或有事项信息。

为了验证我们提出的上市公司披露或有事项的几点潜在动机是否存在，我们以 2009—2011 年度我国主板 A 股的上市公司为研究样本，进行了实证检验。

1. 变量设定

首先要设置研究变量并选择样本，我们将上市公司是否披露或有事项信息作为被解释变量。具体为二分变量，即年报中只要有或有事项信息，则认为主动披露了或有事项。主要包括以下几类事项：（1）担保；（2）未决诉讼或仲裁；（3）票据贴现或背书转让；（4）预计负债；（5）产品质量保证；（6）其他。赋值方法为：只要披露了或有事项信息则赋值为 1，否则赋值为 0。或有事项分布如表 4-4 所示。

表 4-4　　　　　　　　　或有事项分布情况表

	担保事项	未决诉讼	票据贴现或背书转让	预计负债	产品质量保证	其他
2009 年	713	95	232	135	11	103
2010 年	712	90	211	157	9	97
2011 年	712	95	231	148	9	93
合计	2137	280	674	440	29	293

从表 4-4 中可以发现，在所选样本中，从 2009 年至 2011 年间各项或有负债从绝对值角度看变化比较小，其中最突出的是担保事项。一方面，每年的上市公司数量都有所增加，因此每年的样本数量都呈增长趋势；另一方面，由于对有效数据的筛选，部分信息缺失的公司在数据汇总过程中被剔除，因而此表并不能反映每年或有事项的变化情况。

而后我们要选择研究所用的解释变量，根据前文提出的推测，依次选取了 5 个解释变量。具体为：（1）两职合一情况；（2）公司规模；（3）审计机构类型；（4）公司发展能力；（5）公司资产负债率。针对每个变量的替代关系和解释如下：

（1）投机目的动机——两职合一情况。管理层会为了盈余管理目的，或者获取自身利益而进行投机行为，信息披露的操纵是获取投机利益的重要途径之一，例如通过披露坏消息影响股票价格，等到后期股票价格回升从中获取价差收益。本研究选取两职合一情况代表管理层的投机动机。在较好的公司治理结构中，总经理与董事长是由不同的人担任的，因为作为代理人的总经理不一定总是从股东的利益出发，往往需要董事会的监督。当公司总经理与董事长合二为一时，又叫作管理层统治。这种情况可能会影响董事会的独立性，在公司治理结构受到威胁的情况下，更易于对信息披露进行操纵，影响小股东的利益，牺牲外部投资者的利益进行投机行为。其中，操纵或有事项信息的披露也是信息披露手段之一。所以本研究认为，当总经理兼任董事长时，更利于管理层采取投机行为。结果表现为增加或有事项信息披露。

（2）维护形象动机——公司规模。上市公司为了维护和提升自身声誉，会主动披露或有事项信息，本研究选取公司规模作为声誉动机的替代变量。有文献指出，公司规模的大小影响到其政治成本，例如大公司会受到相关法规的限制，或被要求履行更多的社会责任。这样的公司通常受到社会公众更多的关注，同时，由于隐瞒重要信息导致形象的破坏而受到巨额损失的例子也不在少数，大公司通过信息披露的方式让投资者更加全面地了解企业，是塑造诚信良好的社会形象的重要手段，给消费者带来良好信誉的同时也增强了投资者的信心，因此本研究认为规模越大的公司更加具有维护形象的追求。常用表示公司规模的方式有三种，即总资产、销售收入和市值，市值容易受到外部因素影响，变化波动较大，本研究选用公司总资产的自然对数作为提升形象动机的替代量，即公司总资产规模越大，或有事项信息披露越多。

（3）避免受到监管惩罚动机——审计机构类型。为了避免受到来自监督部门和公众的监督带来的不利影响，公司会尽量让审计过程中出现无保留意见。本研究选取审计机构类型作为避免受到监管惩罚动机的替代变量。一般而言，国际声誉好的会计师事务所其客户多，收入来源广，信誉高，这样的会计师事务所不会依赖为数不多的客户，他们为了维持自身的独立性和保住自身声誉会要求公司提高披露的程度和质量。不仅如此，知名度高的会计师事务所往往具有一批拥有较强的职业精神和专业素质的审计人员，他们在审计过程中会采取更为严厉的方式，给被审公司带来压力。因此，国际声誉高的事务所所带来的公信力更强，这样的声誉一方面给年报信息披露带来保证，另一方面也给公司带来更大的监管压力，此时公司会主动披露或有事项信息来避免监管处罚。所以本研究选择用会计师事务所的知名度作为监管动机的替代变量，若审计单位为国际信誉度高的四大会计师事务所，则赋值为1，其他为0。

（4）满足融资需求动机——公司发展能力。我国上市公司数量不断增加，市场对资金的需求也与日俱增，为了获得更多的融资机会，上市公司需要加强与投资者之间的信息交流、给投资者满意的回报才能增加权益资金进入企业。公司主动的信息披露行为能降低公司的融资成本，减少投资者搜寻信息的成本，获取投资者的信任，吸引投资者。什么样的公司更加具有融资需求？成长中的企业往往需要更多的资金来购买原材料、机器设备、先进的技术、广告宣传等从而扩大规模，获取更高的利益。财务分析指标中的发展能力代表了企业扩大规模、壮大实力的潜在能力。随着公司自身发展能力的提升，公司对资本的需求更加强烈，因此，本研究选用公司发展能力作为满足融资需求动机的替代变量。发展能力的指标很多，如营业收入增长率、总资产增长率、资本保值增值率等，由于营业收入与盈利直接相关，使用比较广泛，因此，我们选择营业收入增长率来表示公司发展能力，即用营业收入增长率高的公司代表有更强融资动机的公司。

（5）满足债权人和投资者的信息需求动机——公司资产负债率。由于满足融资需求动机已经解释了一部分上市公司针对投资者的信息需求而主动披露或有事项的行为，所以此处强调债权人的信息需求，本研究选用资产负债率作为满足债权人和投资者的信息需求动机的替代变量。从上市公司债权人角度来看，长期负债少，公司资产负债率越低，表明还款能力得到保障，借款风险降低，债权人更愿意提供资金。同时，随着资本结构中债务比例的提高，作为公司债权人的资金提供方会更担心股东侵占债权人利益的行为，并采取一些措施来保护资金，例如要求公司为贷款提供一定的担保保障。为了降低这种保护行为的发生和影响，公司管理层愿意主动诚实地披露信息，表明其接受债权人监督的态度，获取他们的信任，这说明资产负债率高的公司更具有动机通过披露信息提高自身信用等级，满足债权人信息需求。因此，长期借款越多，公司的资产负债率越高，上市公司满足长期债权人的信息需求就越强烈，或有事项信息披露就更全面。

自变量定义如表4-5。

表4-5　　　　　　　　　　自变量定义表

自变量名称	自变量含义	计算方法	期望符号
两职合一情况	总经理与董事长是否合一	兼任=1，否则=0	-
公司规模	公司的大小	总资产的自然对数	+
审计机构类型	审计机构是否为国际四大	为四大会计师事务所，是=1，否则=0	+
公司发展能力	营业收入增长率	（本期营业收入-上期营业收入）/上期营业收入	+
公司资产负债率	负债与总资产之比	负债总额/资产总额	+

除了解释变量外，主要选取了以下5个控制变量：

（1）年份：剔除了无效数据后，本研究共选取了2009年、2010年、2011年三年沪深两市A股上市公司的或有事项数据。为了比较相同企业在不同年份间的披露情况，还加入年份控制变量。

（2）行业：由于行业间经营环境和经营状况的不同，不同行业间的或有事项披露情况无法直接比较，因此加入行业控制变量，并按照中国证监会《上市公司行业分类指引》为标准分类，涉及除金融保险行业之外的12个不同行业。

（3）净资产收益率增长率：乔旭东（2003）发现净资产收益率越高的公司越倾向于披露更多的信息。众多学者以净资产收益率代表企业业绩，与营业收入增长率不同的是，净资产收益率的增长传递了企业盈利性的提升和经营业绩越来越好的信号，此时对企业未来持续发展和壮大有足够信心的公司为了传递公司信息，会选择主动披露，获取消费者和投资者的关注，从而维持和促进公司盈利水平的提升。因此，净资产收益率增长的公司更会主动披露或有事项信息。

（4）前十大股东持股比例：外部股东的持股程度对信息需求有正向影响，因为外部投资者对企业内部信息的了解程度相对较低，需要通过信息披露掌握企业运营状况，反过来说，股权集中度越高，对信息需求的程度越少，本研究选取前十大股东持股比例作为股权集中度的替代量，股权集中度越高，或有事项披露程度越低。

（5）营业毛利率：营业毛利率越大，说明公司有稳定的收入来源，即使在非生产成本较大的情况下，公司仍然有可能获取净利润，此外，拥有较高营业毛利率的公司对产品的定价更为灵活，在企业竞争活动中通过价格战占据有利的位置，所以公司生产经营风险较低。这种经营风险得到保障的情况下，公司能减少由于披露或有事项带来的市场不利影响，尽可能地向外界披露信息，使外界了解公司情况，吸引投资者。

由于本研究解释变量和控制变量较多，为了避免变量间多重共线性对实验结果的影响，本研究在回归分析部分将引入变量间的相关性分析。

2. 样本选择

由于或有事项披露情况的信息主要集中在企业财务报告上，本节以上市公司年报为或有事项信息来源。实证研究中，本节选择沪深A股上市公司为研究对象，为了区分不同的年度，避免特殊年份的影响，我们将2009年、2010年、2011年年度报告的所有上市公司作为样本选取空间。同时，以中国证监会《上市公司行业分类指引》2001年版为标准，将所选公司分为12个行业。特别的，其中将不包含以下公司：

（1）被ST、PT的上市公司。由于被ST、PT的上市公司存在非正常的财务状况，而且证监会对于被ST、PT的上市公司披露内容有特殊的规定，与其他的公司不具可比性，本研究将其考虑在研究样本范围之外。

（2）金融、保险业上市公司。金融、保险行业的上市公司采用的是金融企业会计准则，或有事项信息披露与其他公司存在较大的差别，与其他的公司可比性较弱，因此本研究将其考虑在研究样本范围之外。

根据沪深 A 股上市公司三年的各个变量的有效数据,除去以上被剔除的公司后共得到 4589 个有效数据。数据分布情况如表 4-6。

表 4-6　　　　　　　　　样本公司分布情况表

	频率	百分比	有效百分比	累计百分比
农、林、牧、渔业	87	1.9	1.9	1.9
采掘业	108	2.4	2.4	4.2
制造业	2 710	59.1	59.1	63.3
电力、煤气及水生产和供应业	182	4.0	4.0	67.3
装饰装修业	97	2.1	2.1	69.4
交通运输、仓储业	157	3.4	3.4	72.8
信息技术业	274	6.0	6.0	78.8
批发和零售贸易	313	6.8	6.8	85.6
房地产业	348	7.6	7.6	93.2
社会服务业	136	3.0	3.0	96.1
传播与文化产业	45	1.0	1.0	97.1
综合类	132	2.9	2.9	100.0
合计	4 589	100.0	100.0	

3. 模型构建

结合前面的分析可知,本研究中被解释变量为二值变量,故不能采用一般的线性回归模型进行分析,需要进行 Logistic 回归。将或有事项的披露与否作为被解释变量,将总经理与董事长兼任情况、公司规模、审计机构类型、发展能力、资产负债率作为解释变量,将年份、行业、前十大股东持股比例、营业毛利率、净资产收益率增长率作为控制变量,建立 Logistic 回归模型。令因变量 Y 服从二项分布,其二项分布的取值为 0 或 1,$Y=1$ 的总体概率为 $P(Y=1)$,所以本研究中共 10 个自变量所对应的 Logistic 回归模型如下所示:

$$p(Y=1) = \frac{1}{1+e^{-(\beta_0+\beta_1 x_1+\beta_2 x_2+\beta_3 x_3+\beta_4 x_4+\beta_5 x_5+\beta_6 x_6+\beta_7 x_7+\beta_8 x_8+\beta_9 x_9+\beta_{10} x_{10})}} \quad (4-1)$$

或

$$Logit[p(Y=1)] = ln\left[\frac{P(Y=1)}{1-P(Y=1)}\right] = \beta_0+\beta_1 x_1+\beta_2 x_2+\beta_3 x_3+\beta_4 x_4+\beta_5 x_5+\beta_6 x_6+\beta_7 x_7+\beta_8 x_8+\beta_9 x_9+\beta_{10} x_{10} \quad (4-2)$$

式中:Y 表示或有事项披露与否,披露 = 1,不披露 = 0;X_1 表示年份,分别为 2009、2010 和 2011;X_2 表示行业,剔除金融业外,共 12 个行业;X_3 表示总经理与董事长兼任情况;X_4 表示公司规模,即总资产的自然对数;X_5 表示审计机构类型,若为国际四大会计师事务所 =1，否则 =0；X_6 表示发展能力，用营业收入增长率表示；X_7 表示资产负债率；X_8 表示前十大股东持股比例；X_9 表示营业毛利率；X_{10} 表示净资产收益率增长率。

4. 实证结果分析

（1）描述性统计分析。表4-7、表4-8、表4-9是对2009—2011年沪深上市公司共4589个有效样本的有关变量的描述性统计。

表4-7　　　　　　　　　　或有事项披露与否

	频率	百分比	有效百分比	累计百分比
0	2 010	43.8	43.8	43.8
1	2 579	56.2	56.2	100.0
总数	4 589	100.0	100.0	

表4-8　　　　　　　　　　两职合一情况

	频率	百分比	有效百分比	累计百分比
1	838	18.3	18.3	18.3
2	3 751	81.7	81.7	100.0
总数	4 589	100.0	100.0	

表4-9　　　　　　　　　　审计机构类型

	频率	百分比	有效百分比	累计百分比
0	4 349	94.8	94.8	94.8
1	240	5.2	5.2	100.0
总数	4 589	100.0	100.0	

样本中的分类变量有或有事项披露与否、总经理董事长兼任情况和审计机构类型。在全部4589个样本中，披露了或有事项的有2579个，比例为56.2%；董事长与总经理为同一人的有838个，占总样本的18.3%；审计机构为四大会计师事务所的有240个，占样本总数的5.2%。

数值型变量有公司规模，即总资产的自然对数，营业收入增长率和资产负债率。其中，总资产自然对数的均值为21.720，最大值为27.253，最小值为11.348，标准差为1.283，说明分布比较分散，峰度大于0，说明比正态分布陡峭。营业收入增长率的均值为4.131，标准差为220.416，说明公司间的营业收入变化差别很大。资产负债率均值为0.5542，标准差为2.199，峰度3400.459，说明正态分布高峰非常陡峭，偏度55.714，说明右偏。

（2）多元回归分析。回归分析旨在研究一个或多个变量的变动对另一个变量的影响，找出它们之间的关系。我们先检验 Logistic 回归分析的效果，再从回归结果上分析我国上市公司或有事项披露的主要动机。

第一步，对模型系数进行综合检验，结果列示于表 4-10。

表 4-10   模型系数的综合检验

	似然比卡方的观测值	自由度	显著性
步骤	1 462.852	21	.000
本块	1 462.852	21	.000
模型	1 462.852	21	.000

根据表 4-10，由于我们使用的 Logistic 回归方法是强制进入，没有设置解释变量块，所以三行结果都相同。表中，似然比卡方的观测值为 1462.852，相应的自由度为 21。在显著性水平为 0.1 的情况下，查得卡方临界值为 29.615，可得计算的卡方值远远大于临界值，并且 P 值小于 0.1，通过检验。回归方程显著性检验总体情况良好。

第二步，为了了解模型的预测效果，检验当前模型的错判情况，表 4-11 列示了预测分类情况。

表 4-11   预测分类表

观测值		预测值		
		或有事项披露与否		正确百分比
		0	1	
或有事项披露与否	0	1 315	662	66.5
	1	532	1 984	78.9
整体百分比				73.4

注：切割值为 0.500。

从表 4-11 可以看出，或有事项未披露的样本有 1 977 个，相应的预测值有 1 315 个正确，正确率为 66.5%。披露了或有事项的样本有 2 516 个，相应的预测值有 1 984 个正确，正确率为 78.9%。整体的预测正确率为 73.4%，模型预测效果良好。

第三步，Logistic 回归分析。

本节研究在于找出或有事项披露的动机，采用强制进入的方法进行分析。表 4-12 为解释变量及控制变量的回归检验结果。

从表 4-12 可见，在显著性水平为 10% 的情况下，各解释变量的 P 值均小于 0.1，肯定并说明了各解释变量的作用。其中，除了审计机构类型系数为负，与假设相反外，回归结果与前面提出的假设一致，即总经理与董事长的兼任会促进或有事

表4-12　　　　　　　　　　　多元回归检验表

	回归系数（B）	标准误	Wald	自由度	显著性	发生比 Exp（B）
年份			25.172	2	.000	
年份（1）	.439	.088	25.073	1	.000	1.552
年份（2）	.222	.086	6.672	1	.010	1.248
行业			71.520	11	.000	
行业（1）	-.472	.357	1.752	1	.186	.624
行业（2）	-.280	.351	.636	1	.425	.756
行业（3）	-.923	.262	12.432	1	.000	.397
行业（4）	-.681	.318	4.604	1	.032	.506
行业（5）	-1.541	.355	18.844	1	.000	.214
行业（6）	-.851	.319	7.127	1	.008	.427
行业（7）	-.746	.297	6.322	1	.012	.474
行业（8）	-.472	.293	2.591	1	.107	.624
行业（9）	.078	.302	.066	1	.797	1.081
行业（10）	-.660	.328	4.055	1	.044	.517
行业（11）	-1.335	.469	8.120	1	.004	.263
总经理董事长兼任情况（1）	-.635	.095	44.388	1	.000	.530
公司规模	.584	.038	241.130	1	.000	1.793
审计机构类型（1）	-.348	.185	3.540	1	.060	.706
营业收入增长率	.036	.019	3.485	1	.062	1.036
资产负债率	2.393	.211	128.253	1	.000	10.942
前十大股东比例	-.045	.002	331.876	1	.000	.956
营业毛利率	-.911	.240	14.385	1	.000	.402
净资产收益率增长率	-.004	.004	.915	1	.339	.996
Constant	-9.849	.878	125.931	1	.000	.000

注：变量进入步骤1：年份、行业、总经理董事长兼任情况、公司规模、审计机构类型、营业收入增长率、资产负债率、前十大股东比例、营业毛利率、净资产收益率增长率。

项信息的披露，公司资产越大，管理层越愿意披露或有事项信息，公司发展能力越高，融资需求越强，越主动披露或有事项信息，最后资产负债率高的公司越会主动披露或有事项信息，这些Logistic回归分析结果都验证了前面的推断。

（1）两职合一会促进或有事项信息的披露。在总经理与董事长合一的公司中，容易产生决策和管理权利集中在个人手中的现象，存在着个人控制的因素，这会影响董事会的独立性及作为管理层监督者的作用。Gigler.F（1994）指出两职合一所传递的信号是公司缺乏决策控制和决策管理的分离。考虑到或有事项信息披露决策的不同影响，管理层出于不同的目的对其进行操纵，及时披露坏消息，通过股价变动从而从中获取投机收益是可能存在的动机之一。同时，总经理与董事长的兼任也激励了管理层出于盈余管理的目的对信息进行调整，以达到主体利益最大化。

（2）资产规模对公司披露或有事项信息有正向影响关系，说明了声誉动机越强，公司越会主动披露或有事项信息。大公司往往会受到一些政治因素的干扰，要求其履行更多的社会责任，因而政治成本更高，规模大的公司更容易受到声誉的影响，通过诚实的信息披露会塑造大公司良好的社会形象。

（3）营业收入增长率越高，发展所需的资本需求越高，越能促进或有事项信息披露。这是由于或有事项信息披露能降低信息不对称所带来的融资成本，降低信息风险，降低投资者预期报酬。与此同时，或有事项信息披露也能降低投资者在寻求信息时所花费的成本，吸引投资者。因而信息披露越充分，越有利于公司融资。

（4）资产负债率高的公司越愿意披露或有事项信息。为了满足投资人对信息的需求，上市公司会主动披露或有事项信息，资产负债率高的公司具有重要的长期债权人，需要满足他们的特殊要求，获得稳定的资金。长期债权人往往希望从管理者处获得有关公司经营的重要信息确保资金安全和他们对契约的尽职履行。因此公司愿意主动披露或有事项信息，从而满足投资人的信息需求。

（5）没有通过假设检验的是审计机构类型，可能存在的问题值得我们进一步探讨。其一，聘请四大会计师事务所审计的公司只占到了样本比例的 5.2%，而具有或有事项信息披露的公司占到了 50%，相差很大，使得检验结果不够可靠。其二，随着国内政治经济各方面的快速发展，国内会计师事务所的权威性也越来越受到认可，与四大会计师事务所审计质量的差距越来越小，因而选择聘请四大会计师事务所的公司作为具有监管动机的公司的说服力降低。其三，在我国证券监管过程中，审计机构对上市公司监管力度仍旧不够，特殊的制度环境降低了审计机构在自愿性信息披露方面的激励作用。或有事项信息也是如此。最后，笔者认为，愿意聘请国际知名度高的四大会计师事务所的公司的经营状况相对较好，因而或有事项本身的发生率较低，这也解释了相关性为负的原因。

总之，实证结果显示：两职合一情况、公司资产规模、营业收入增长率和资产负债率都对公司披露或有事项信息有显著影响。说明我国上市公司或有事项披露的动机有：投机动机、维护自身形象动机、获得融资动机以及满足债权人和投资者的信息需求动机。而没有得以验证的推测是审计机构类型，可能存在多方面的原因，监管动机还需要深入分析原因，进一步验证。

第二节 或有事项披露对银行信贷决策的影响研究

或有事项是一种比较特殊的经济现象,其潜在的风险会使得企业的运营情况和财务状况发生不可预料的改变,尤其是当企业存在特别重大的或有事项时,其运营状况甚至会发生根本性的扭转。而银行在对企业进行信贷决策时,其中最重要的一项就是评估企业存在的风险,以预测其偿还贷款的能力。或有事项的存在一定程度上加大了企业的风险,对银行信贷决策带来潜在的影响。本节将从银行信贷决策视角探究或有事项信息披露的经济后果,即通过研究上市公司或有事项披露对银行信贷决策的影响,来检验或有事项会计信息的价值相关性。

一、或有事项信息披露以及银行信贷决策的研究回顾

关于或有事项对银行信贷决策的影响,黄惠玲(2002)强调了或有事项中或有负债的重要性,从"为他人负债担保""对关联企业的贷款担保""应收款项坏账准备""未决诉讼""或有事项的披露"几个方面,论述了或有负债中潜在的财务风险,分析了信贷人员在进行企业分析时应注意的事项。王艳平和张胜莲(2001)指出,《企业会计准则第13号——或有事项》中明确规定了或有负债相关的信息披露,会给商业银行信贷分析产生三种影响:一是会计准则中规定可披露的或有负债项目不全面;二是会计准则中对或有负债披露有例外要求;三是信贷人员对或有事项的估计。阎红玉和肖爱萍(1999)对或有负债的九类事项进行了一一说明,简述了应采取的披露方法和分析思路。

在或有事项披露等具体会计实务方面,牛鹏辉(2010)分析了或有事项对企业盈余管理的影响,认为按照概率大小划分或有事项发生的可能性仍然存在缺陷,且为管理层进行盈余管理留下了很大空间;或有事项较多、涉及金额较大的企业,可以利用或有事项的主观决定性和会计政策的可选择性来灵活处理,从而达到维护市场预期、提高自身价值等目的。赵丽萍(2008)认为或有事项最重要的是最佳估计数的确定和预期可获得补偿的处理。需要披露预计负债确认和计量的依据,应当有可靠的资料来验证,提高可信度,以保证或有事项信息的可靠性。

具体到担保事项,邓舸(2004)认为上市公司为大股东或关联人担保,实质上就是大股东或关联人资金占用及风险转嫁的一种形式,上市公司对外担保或互保,归根结底是为了融资。马亚军和冯根福(2005)在《上市公司担保行为分析》一文中指出,上市公司提供担保的行为使上市公司和银行之间同时存在严重的道德风险和逆向选择问题,相互担保行为使上市公司之间存在严重的逆向选择问题。上市公司通过担保部分承担了资本市场的融资功能,担保行为特征包括:涉及担保的金额

大、风险高,许多公司存在恶意担保行为,涉及担保的期限长,不规范担保行为更为隐蔽。另外,上市公司的收益水平越高,抵抗因担保产生的或有风险的能力越强。潘志梅(2006)明确提出了大量上市公司互相担保、形成错综复杂的担保圈。一些实证研究统计得出上市公司的关联担保、担保、不良担保与或有负债和资产负债率成正相关关系,上市公司的反担保与或有负债和资产负债率成正相关关系。陈宏(2006)发现,公司价值与对外担保负相关,股权结构、董事会特征对上市公司对外担保行为的影响十分明显。李峰(2011)就"应收账款作为担保物进行担保融资"做了相应分析,并对照英美法系国家的应收账款担保制度,提出了一些我国应收账款质押制度的完善对策。

在银行信贷决策方面,陈焕宇(2007)认为,针对会计信息自身的内在缺陷,可通过全面了解企业信息予以克服,引入 EVA 指标作为参考。张晓琦(2011)指出,我国商业风险管理中仍然存在较多问题,如信贷管理流程不完善、信用风险量化工具落后、缺少高素质的信用风险管理队伍等,应充分学习和借鉴国外先进的信用风险管理技术和模型,并通过对多元判别分析、Logit 回归分析、Probit 模型、SVM 模型、结构模型、强度模型、Portfolio Manager、Credit Metrics、CreditPortfolio View 及 Credit Risk + 等风险度量的分析比较,构建商业银行信用风险管理体系。刘大远(2007)强调了贷前管理的有关制度,贷前调查的内容包括:对申贷对象的调查、对贷款用途的调查、为申贷对象提供担保的第三方的调查、对贷款抵质押物(权利)的调查等,指出具体贷款的贷前调查还应包括:负债真实性的调查、生产经营管理能力调查、申请人的信用道德和信用品行的调查、对担保方的调查。文中还列出了"贷款方式风险系数表"。罗党论(2007)认为,由于上市公司中绝大部分为国有企业,国有企业的运行往往要体现政府的意志或利益倾向,同时由于债权方的银行也同为政府控制,银行等金融机构对担保资格的审查会明显受银企关系影响,但这种影响对民营上市公司是不显著的。王箭(2008)分析了商业银行的信贷风险,提出利用灰色关联度模型来建立风险指标体系。不过此系统计算采用的数据全部都是财务指标的数据,与或有事项直接关联不大。孔艳杰(2004)着重分析控制商业银行的信贷业务,尽量避免不良贷款,其中提到对商业银行的披露要求。巴塞尔委员会为了使信息披露更加具有针对性和取得实际效果,在信息披露的原则要求下,具体区分了核心披露和补充披露、定量披露和定性披露等,或有项目被分为定量披露下的补充披露。赵大玮(2009)站在商业银行的角度,对信贷决策进行了具体的阐述,在信息经济学、交易成本理论、信贷配给理论以及现代商业银行管理等理论的基础上,引入信息因素、交易成本因素等构建银行信贷决策行为模型,系统研究商业银行信贷决策行为。文中提到王志诚应用期权定价理论,通过抵押品的市场价值变化信息给出了抵押品所具有抵偿贷款信用风险的抵押率及其与贷款利率之间的关系。文章通过统计分析得出,商业银行短期贷款不存在抵押担保偏好,商业银行长期贷款存在抵押担保偏好行为,说明长期信用贷款和长期担保贷款的风险相同。

二、或有事项信息披露对银行信贷决策影响的理论分析

从对企业运营的影响来看，或有事项主要分为两类，一是日常经营会发生的常规事务，例如债务担保、产品质量保证、承诺（包括票据贴现或背书），另一类是在特殊情况下才会发生的事务，例如未决诉讼或仲裁、亏损合同、重组义务、环境污染整治。

债务担保、产品质量保证、承诺（包括票据贴现或背书），是企业在一般日常经营中基本都会发生的较普遍性的事项，风险相对较小，可评估的准确性也较大，所以不会对银行信贷决策产生较大影响。另外，由于这些事项是日常发生的事项，所以企业常常会以计提坏账准备金的形式，对其可能存在的风险做出反应，并将其反映在企业的财务报表中。

而未决诉讼或仲裁、亏损合同、重组义务、环境污染整治，是在特殊情况下才会发生的事务，所以在一定程度上反映了企业的运营状况。并且这类特殊事务的发生较具偶然性，金额不固定，风险评估存在一定困难，基本无法按照常规方法计提坏账准备，也就无法反映在财务报表中，需要银行在信贷决策时进行单独分析。需要注意的是，重大事项比如重大金额或重大影响的诉讼，可能会直接扭转企业的经营状况，这种情况下，或有事项的存在对于银行的信贷决策就显得尤为重要。

关于担保事项，按照与被担保公司的关系划分，可以分为对关联方担保与对非关联方担保。表面看来，非关联方应该比关联方风险更大，因为关联方在本公司控制之下，或者本公司对其有一定的影响，债务担保是企业内部决策，是最有利于企业自身发展的选择，造成损失的可能性很小；而非关联方的运营自己无法插手，对被担保方缺乏约束手段，因此，相对关联方来说，对非关联方担保的风险会更大。但正是因为给非关联方提供债务担保的风险可能更大，所以企业也会更加慎重，在确认给非关联方进行债务担保之前需要进行评估，以免遭遇风险，导致自身利益受损。另一方面，由于对关联方的债务担保是集团内部决策的结果，这可能是从集团整体利益角度考虑的，即使出现风险，一是具有可控性，二是集团整体的风险和收益可以相互抵消。担保的形式主要分为保证、抵押和质押。抵押和质押有财产或权益供债权人抵御一部分风险，但同时也增加了担保人承担损失的概率。并且，采用保证形式提供债务担保的企业，其本身也应该具有较高的信誉。担保期限因素也有可能影响银行的信贷决策。一般来说，担保期限越长，所需承受的风险就越大，担保期限越长，银行所授予的信贷金额就越小。

关于票据贴现和背书，首先我们知道商业汇票一般分为商业承兑汇票和银行承兑汇票。商业承兑汇票是出票人签发的，委托付款人在指定日期无条件支付确定的金额给收款人或者持票人的票据。商业承兑汇票按交易双方约定，可由销货企业或购货企业签发，但须由购货企业或付款方承兑。银行承兑汇票是由在承兑银行开立存款账户的存款人出票，向开户银行申请并经银行审查同意承兑的，保证在指定日期无条件支付确定的金额给收款人或持票人的票据。对出票人签发的商业汇票进行承兑是银行基于对出票人资信的认可而给予的信用支持。

理论上来说，银行承兑汇票的可靠程度要比商业承兑汇票更大。当然，商业承兑汇票的承兑企业可能也有很高的信誉，但总体而言，银行信誉是高于企业信誉的。对商业承兑汇票背书的承兑企业，可能与信贷决策有关，但难以获取数据，在研究中暂不考虑。同时，按承兑企业的规模或信誉分类可能会更好，但是考虑到银行在进行信贷决策时需要对每一家商业承兑汇票的承兑方进行风险评估，操作性也存在问题，根据成本效益原则，也不再区分商业承兑汇票的承兑方的承兑能力。

背书，是指持票人以转让汇票权利或授予他人一定的汇票权利为目的，在汇票背面或粘单上记载有关事项并签章的票据行为。商业承兑汇票贴现是指持票人将未到期的商业承兑汇票转让给银行，银行在按贴现率扣除贴现利息后将余额票款付给持票人的一种授信业务。银行承兑汇票的贴现，指申请人由于资金需要，将未到期的银行承兑汇票转让于银行，银行按票面金额扣除贴现利息后，将余额付给持票人的一种融资行为。对于票据贴现/背书的两种类型，我们认为对本研究影响不大，因而也未作严格区分。

对于未决诉讼，败诉的可能性这一因素十分重要，它直接决定了企业很有可能需要承担的责任和赔偿金额，败诉的可能性在一定程度上取决于公司对诉讼和仲裁事项所做的风险评估。败诉的可能性越大，企业在未来需要赔偿的金额越多，银行对企业发放的信贷额度就越小。

对于产品质量保证，一般企业都会为自己销售的产品计提一定比例的产品质量保证，这个比例是根据以往经验和数据进行统计计算得出的，相对比较可靠，所需承担的金额比较稳定，风险也较小。

对于亏损合同这一事项，主要涉及两种金额，一个是所牵涉的合同总额，另一个则是对方要求赔偿或者亏损的金额，我们的研究数据主要选择对方要求的赔偿金额，对于无法继续履行的合同，则使用所涉及的合同总额。

环境污染整治这一事项，除了金额以外，基本没有其他可以作为分类或者变量的详细信息及类别。

三、或有事项信息披露对银行信贷决策影响的实证检验

1. 变量设定

根据以上理论分析，以或有事项相关信息作为自变量，具体计算为或有事项涉及金额与公司总资产之比；以银行贷款相关信息作为因变量，具体计算为企业银行贷款总额与负债总额之比，并进行实证分析。在设定自变量和因变量的同时，还需要另外收集一些信息，控制一些因素，即设置控制变量，本研究控制的变量有三个：

一是企业所属行业；二是企业总资产规模；三是企业财务杠杆。

2. 数据分析

（1）债务担保与贷款比例。首先是在未对公司进行变量控制的情况下，用全部数据统计并分析，试图发现整体的趋势或规律。

根据前文的分析，债务担保在或有事项中的样本量最大，所以先对债务担保和企业银行贷款进行分析。图4－1是根据或有事项中债务担保事项制作出的散点图。

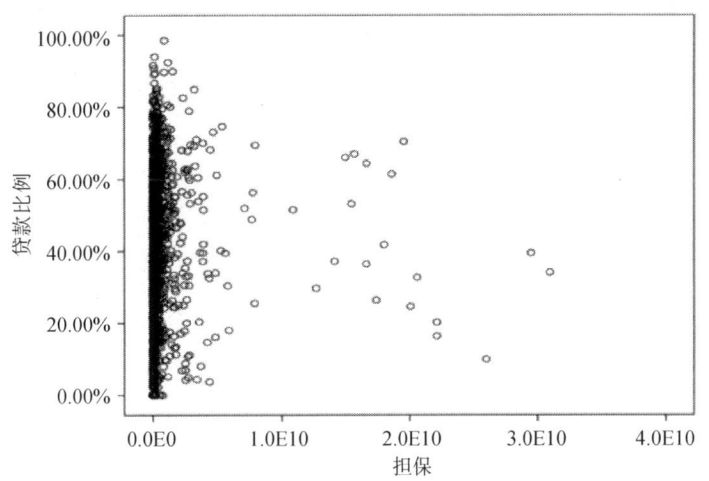

图4－1　担保与贷款比例散点图

由于个别担保项目存在极大数据，其他绝大部分数据在局部范围内过于集中，以至于无法从直观上看出数据的分布规律。为了能够更好地观测数据，剔除个别担保项目的奇异数值后重新制作的散点图如图4－2。

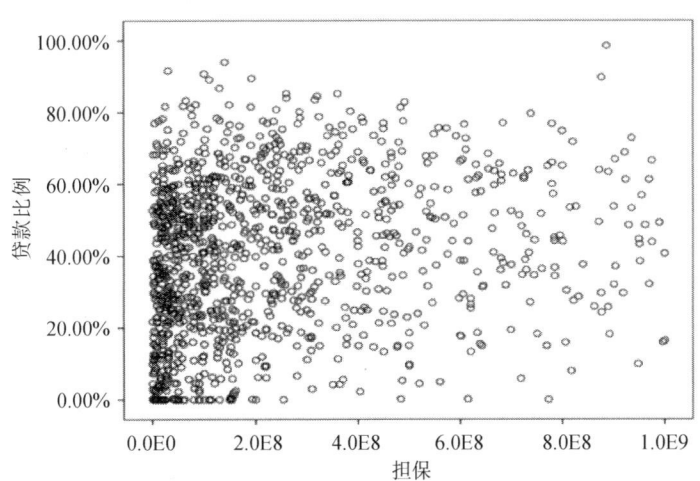

图4－2　剔除奇异值后的散点图

在剔除奇异值后的散点图里，虽然左侧仍然有密集区域出现，但是也可以较为清晰地观察到整体分布状况。从图 4-2 中可以看出，上市公司的借款负债与担保数据的分布并无显著的规律，分布较为均匀且分散，并未出现前文预测的那种相关性，即银行发放贷款会因为公司或有事项金额的增加而减少。

除了债务担保以外，未决诉讼或仲裁这类或有事项与相同企业对应年份的借款所占负债比例进行匹配后，绘出的散点图基本相同，整体数据分布没有规律，同样未如前文预测的那样，银行发放贷款会因为或有事项金额的增加而减少。

（2）票据贴现或背书与贷款比例。在上市公司或有事项中，样本量仅次于债务担保的就是票据贴现或背书。图 4-3 是根据票据贴现或背书与贷款比例的数据制作出的散点图。

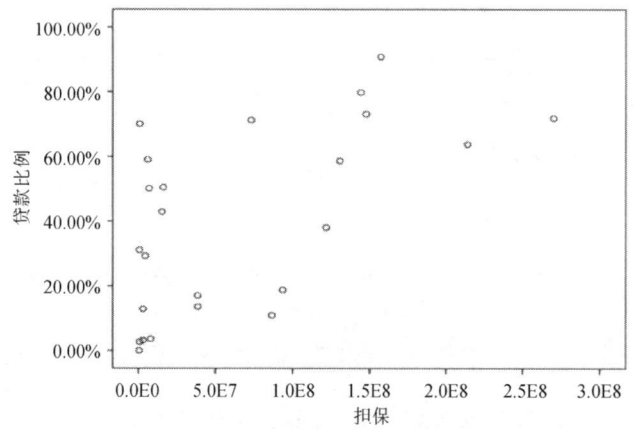

图 4-3　票据与贷款比例散点图

在图 4-3 中，能够看出票据贴现或背书与贷款之间存在一定程度的相关性。图中显示数据大多分布在从顶点出发的 45 度线上方，并且围绕在 45 度线和 90 度线的周围。但与前文的预测的相关性不同，并非或有事项金额越高贷款比例越小。问题的相关性检测如表 4-13。

表 4-13　票据贴现或背书与贷款比例相关性分析

		借款负债	票据
借款负债	Pearson 相关性	1	.588**
	显著性（双侧）		.003
	N	24	24
票据	Pearson 相关性	.588**	1
	显著性（双侧）	.003	
	N	24	24

注：** 表示在 0.01 水平（双侧）上显著相关。

在 SPSS 的相关性双侧检验中，这一组数据通过了显著性检验，说明这一组数据是相关的。但是这一组数据是正相关，同样与预测不符，银行发放贷款并未因为或有事项金额的增加而减少，而是相反。

（3）亏损合同与贷款比例。亏损合同这类或有事项样本量比较少，不适合进行数据统计，仅以表 4-14 直观列示如下。

表 4-14　　　　　　　　　　　亏损合同事项

证券代码	会计期间	借款/负债	比上年变化	资产总计（万元）	企业类型	亏损合同（万元）
600058	2011-12-31	39%	2%	4 897 038.59	商贸代理	2 554.72
600236	2007-12-31	77%	0%	1 348 135.26	水力发电	841.42
600236	2008-12-31	86%	9%	1 500 790.87	水力发电	985.08
600236	2009-12-31	88%	1%	1 505 859.19	水力发电	985.08
600236	2010-12-31	85%	-2%	1 820 829.23	水力发电	985.08
601299	2010-12-31	2%	-8%	7 716 220.20	运输设备	1 257.80
601299	2011-12-31	15%	12%	9 725 973.10	运输设备	22.40

因为证券代码为 600236 的企业（桂冠电力）有连续 4 年的数据，相对完整，故对该企业进行分析。

该企业从 2007 年到 2010 年都有亏损合同，而且金额相对稳定，只在第一年略有增长，之后便完全相同，而无论借款相对于负债，还是借款相对于资产的比例，都未出现明显的趋势变化。观察其他两家企业五矿发展和中国北车（已退市并入中国中车）也类似，并未发现由于或有负债的出现而使贷款比例有所减少。

（4）环境污染整治与贷款比例。关于环境污染整治的样本数据如表 4-15。

表 4-15　　　　　　　　　　　环境污染整治事项

证券代码	会计期间	借款/负债	比上年变化	资产总计（万元）	企业类型	环境污染整治（万元）
600028	2007-12-31	29%	-32%	71 857 200.00	石油加工	210 000.00
600028	2008-12-31	32%	3%	75 223 500.00	石油加工	230 000.00
600028	2009-12-31	19%	-13%	86 647 500.00	石油加工	320 000.00
600028	2010-12-31	17%	-2%	98 538 900.00	石油加工	390 000.00
600028	2011-12-31	15%	-2%	113 005 300.00	石油加工	420 000.00
600098	2009-12-31	71%	-7%	1 542 593.78	火力发电	610.40
600223	2007-12-31	85%	31%	393 233.12	区域地产	556.92
601898	2007-12-31	39%	0%	5 795 943.60	煤炭开采	65.21

续表

证券代码	会计期间	借款/负债	比上年变化	资产总计（万元）	企业类型	环境污染整治（万元）
601898	2008－12－31	39%	0%	9 467 898.00	煤炭开采	108.67
601898	2009－12－31	37%	－3%	10 968 086.30	煤炭开采	118.80
601898	2010－12－31	31%	－5%	12 081 507.90	煤炭开采	88.83
601898	2011－12－31	21%	－10%	15 852 251.00	煤炭开采	108.64

同理，因为证券代码为600028的企业（中国石化）有5个连续年份的数据，数据相对完整，也先对其进行分析。可以看出，随着环境污染整治发生金额逐年增加，企业贷款比例基本处于下降趋势，除了在2008年略有上升之外，企业贷款比例随或有事项金额发生而减少的趋势明显。证券代码为601898的企业（中煤能源）也有5个连续年份的数据，我们发现该企业的贷款比例随着环境污染整治的发生也在逐年减少，并且减少的速度越来越快，且有逐年翻倍的趋势。

其余几家无连续年份数据的公司，只有证券代码为600223的企业（鲁商置业），没有因为环境污染整治这一或有事项的发生，使贷款与负债的比例发生变化，但是其贷款与总资产之比却发生了相当大的变动，这可能是由于企业调整财务杠杆引起的。

通过这一组环境污染整治的数据，基本可以得出结论，银行给上市公司发放贷款的比例，会随着环境污染整治的发生而逐年减少。

另外，通过观察企业类型的信息，可以发现，这些企业大多数属于石油加工、火力发电、煤炭开采等涉及环境保护的行业。显然，石油加工、火力发电、煤炭开采等企业，会发生较为严重的环境污染问题，而在追求可持续发展的基本国策背景下，对环境的破坏或污染，很难逃脱受到处罚甚至关门停业的命运。因此，银行在发放贷款时，会非常关注企业在环境污染方面所出现的问题，并直接影响银行的信贷决策。

第三节　基于博弈论模型的或有事项披露治理策略

或有事项虽然是一种潜在的因素，但是它对企业持续经营和发展的影响不容忽视；企业因或有事项的存在而承担的风险应当通过财务报表反映出来，从而使投资者、债权人和其他利益相关者能够获得充分的企业财务信息，进而做出相应的决策。

本节通过构建完全信息静态博弈模型，以企业管理者对或有事项信息披露的策略为切入点，通过对各种结果的利弊情况对比分析，展示在监管者及投资者与企业管理者的博弈过程中各方的策略选择，尤其是如何更有效地督促企业管理者选择

"稳健、真实地评估或有事项并予以披露"的策略。本研究给出了或有事项信息的各类利益相关者应当如何努力，共同建立更加规范、合理的或有事项信息披露环境。

一、建立博弈论模型讨论或有事项披露的治理策略

现有的研究大多针对笼统的会计信息披露，对其利益相关者的行为建立博弈模型进行分析，鲜有研究针对某一类别的会计信息并结合其自身特点进行分析。或有事项是企业普遍存在的经济事项，或有事项信息也是会计信息的重要组成部分。在经济业务日益复杂、新兴业务不断涌现、经济纠纷频繁发生的背景下，规范或有事项的会计处理及其信息披露变得越来越重要，并日益成为保护投资者利益的前沿阵地。同时，有关或有事项的信息披露已经引起了证券监管部门和投资者的广泛重视。管理层未按照规定履行或有事项信息披露的义务，不仅会违反政府制定的一系列法律规定，而且事后一旦被发现，还将受到证券监管部门的行政处罚，严重的还需承担刑事责任。鉴于此，本节针对企业或有事项信息的披露，根据企业可能选择的行为及其可能出现的后果构建或有事项披露行为的博弈论模型，通过对各种结果的利弊情况进行对比分析。

1. 博弈模型的建立

（1）基本假设。

①博弈参与者。本研究中，假定有三个参与者：一是企业的管理者，他们是企业或有事项信息的提供方，与投资者之间是委托代理关系，并接受监管者的监督；二是监管方，在我国是中国证券监督管理委员会、各级证券管理部门、证券交易所以及进行外部审计的会计师事务所等；三是投资者，他们依据管理者披露的信息做出投资决策，从而影响到上市公司的市场价值及管理者的收入。同时假定所有博弈的参与者都会根据自身利益最大化的原则来行动，并具有充分的理性分析能力。

②参与者的行动。首先是企业管理者，即或有事项信息的提供方的行动。已假定管理者是充分理性的经济人，因此其有动机利用或有事项披露的会计操纵空间及监管空隙进行会计操纵，以追求个人利益最大化。在信息披露的过程中，管理者可以提供高质量的或有事项信息也可以操纵或有事项信息，提供低质量的或有事项信息，因此本研究根据管理者是否操纵企业或有事项信息的披露，将管理者的策略分为：一是稳健、真实地评估或有事项的发生可能并予以披露；二是操纵、粉饰或有事项信息后再披露。例如对于一项公司的未决诉讼事项，管理者了解公司在该诉讼案件处于被告位置并且原告证据确凿，公司"很有可能"（即或有事项发生的可能性超过50％）败诉。如果管理者稳健、真实地评估并披露该或有事项，那么其要对该项未决诉讼计提预计负债。但如若管理者为了自身利益，决定粉饰该项未决诉讼事项，那么其会选择用模棱两可的方式提及该事项，并隐藏该或有事项发生的可能性，所披露的相关信息也未计提预计负债。由此可见，管理者在对或有事项披露的

过程中,可以操纵或有事项发生可能性的判定,因此影响预计负债的计提与否,进而影响公司的盈余水平。假设 R 是企业的真实收益,L(L>0)是企业因或有事项而计提的预计负债。如果管理者选择稳健、真实地评估或有事项的发生可能并予以披露,那么披露的企业收益为 R;如果管理者选择操纵、粉饰或有事项信息后再披露,那么披露的企业收益就是 R + L。管理者作为理性的经济人,其策略选择取决于个人收益的最大化。本研究假定管理者的收入 I 由两部分构成:第一部分是固定收入 F,不受公司业绩情况的影响;第二部分是与公司收益 r 挂钩的部分,属于股东对管理者努力水平的激励部分。即:$I = F + \beta r$(β 是激励系数且 $0 < \beta < 1$)。

然后是外部监管者的行动。在本研究中,将监管者对企业或有事项信息披露行为的监管策略分为两种:一是对企业的或有事项信息披露行为实施管制与监督;二是忽略对企业的或有事项信息披露行为的管制与监督。总体来说,就是"监管"与"不监管"两种策略。假定证券监督管理委员会和各级证券管理部门及证券交易所制定或修订会计准则、规定或有事项信息披露的制度以及对企业披露的或有事项进行严格的审查及甄别等措施都需要投入一定的成本,将总的成本投入设为 C。即使有监管,管理者依然会有一定的或有事项信息操纵的空间,假设管理者粉饰、操纵或有事项信息披露需要付出的代价为 X,显然 X 与 C 是反向变动的关系,即监管者投入的监管成本越高,管理者操纵或有事项信息披露所要付出的代价就越大,假设 $X = \alpha C(\alpha > 0)$。同时,随着监管投入的加大,管理者操纵或有事项信息披露的行为被查出的概率 P 就会加大,假设 $P = \lambda C(\lambda > 0)$,并且管理者操纵或有事项信息披露这一违规行为一旦被查出,会被监管者进行处罚,假设管理者为处罚付出的代价为 A,同时监管者处罚所得收益为 B。

最后是投资者的行动。本研究中,投资者主要指市场上的中小投资者,他们并不具有十分专业的知识技能去识别企业披露的虚假信息,因此他们只能接受企业所披露的相关信息;同时中小投资者十分看重监管部门的行为,他们将监管部门对企业违规行为的处罚行为视作企业弄虚作假的信号。投资者一旦收到企业存在违规行为的信号,就会选择不合作的策略,对于上市公司来说,即中小投资者将抛售其股票。因此在本研究中,将投资者的行为划分为两种:投资与不投资。假设投资者选择"不投资"策略引起的市场负面反应会给公司带来损失,而这部分损失要归咎于管理者,假设管理者因此要付出的代价为 S。

(2) 参与者之间的博弈过程建立。各个参与者均有不同的策略选择,每种选择都会对自身以及其他参与者的收益产生不同的影响;在一次静态博弈模型中,管理者面对的是一个特定的会计准则和相对稳定的监管环境,也就是说监管者的监管策略是相对不变的,同时在相对较短的时期,投资者对于上市公司信息披露的反应以及对监管者公布的监管信息的反应是一定的。因此,建立博弈模型的第一步是以监管者的策略划分监管情景,而后在每种情景下分别讨论管理者各个策略及相应的收益。

情景一：监管者对企业或有事项信息披露采取"不监管"的措施，因此监管者不需付出监管成本。

在情景一下，管理者可以采取两种策略：一是稳健、真实地评估或有事项的发生可能并予以披露；二是操纵、粉饰或有事项信息后再披露。基于上文的假定，管理者在选择这两种策略的情况下获得的个人收益分别是：$I_1 = F + \beta R$；$I_2 = F + \beta(R + L)$。

情景二：监管者对企业或有事项信息披露采取"监管"的措施，同时监管者需付出监管成本 C。

在情景二下，管理者同样可以采取两种策略：一是稳健、真实地评估或有事项的发生可能并予以披露；二是粉饰、操纵或有事项信息后再披露。管理者选择第一种策略的收益依然是 $I_3 = F + \beta R$。但是在此情景下选择策略二可能有两种后果：后果一是粉饰、操纵或有事项信息披露的违规行为未被监管者发现；后果二是粉饰、操纵或有事项信息披露的违规行为被监管者发现。基于前文的假设，这两种后果发生的概率分别为 $P_1 = 1 - \lambda C$ 与 $P_2 = \lambda C(\lambda > 0)$，并且管理者在"监管"的情景下选择粉饰、操纵或有事项信息后再披露的策略需要付出的代价为 X，$X = \alpha C(\alpha > 0)$。如果发生了后果一，管理者的个人收益为：$I_3 = F + \beta(R + L) - X = F + \beta(R + L) - \alpha C$；如果发生了后果二，也就是粉饰、操纵或有事项信息披露的违规行为被监管者发现，那么管理者会被监管者处罚，并为处罚付出代价 A，此时监管者将获得处罚所得的收益 B。同时投资者会获取监管者公布的对该企业违规行为的处罚决定而选择"不投资"的策略，由此引起的市场负面反应会给公司带来损失，而这部分损失要归咎于管理者，管理者因此要付出的代价为 S。所以如果发生了后果二，管理者的个人收益为：$I_3 = F + \beta(R + L) - X - A - S = F + \beta(R + L) - \alpha C - A - S$。两种后果发生的概率分别为 P_1 与 P_2，因此管理者选择策略二的个人收益的期望值 $I_4 = P_1 \times [F + \beta(R + L) - X] + P_2 \times [F + \beta(R + L) - X - A - S] = (1 - \lambda C) \times [F + \beta(R + L) - \alpha C] + \lambda C \times [F + \beta(R + L) - \alpha C - A - S]$。

合并同类项整理后的到：$I_4 = F + \beta(R + L) - [\alpha + \lambda(A + S)] \times C$；监管者的收益 $T = P_1 \times (-C) + P_2 \times (B - C) = (1 - \lambda C) \times (-C) + \lambda C \times (B - C)$，合并同类项整理后得到：$T = (\lambda B - 1) \times C$。

综合情景一与情景二以及每种情景下管理者的策略选择，建立收益矩阵如表 4-16。

2. 博弈结果分析

以"管理者与监管者的收益矩阵"（见表 4-16）为基础，分析或有事项信息披露的参与者的博弈结果。

从收益矩阵可以看到，如果监管者选择"不监管"的策略，那么作为理性经济人的管理者一定会选择"操纵、粉饰或有事项后再予以披露"的策略，从而获得收

表 4–16　　　　　　　　　　管理者与监管者的收益矩阵

监管者＼管理者	稳健、真实地评估或有事项发生的可能并予以披露	操纵、粉饰或有事项后再予以披露
不监管	$F+\beta R, 0$	$F+\beta(R+L), 0$
监管	$F+\beta R, -C$	$F+\beta\times(R+L)-[\alpha+\lambda(A+S)]\times C, (\lambda B-1)\times C$

益 $F+\beta(R+L)$，这相当于放任管理层对或有事项确认、计量和披露进行操纵，隐瞒或者不按规定披露或有事项，最终影响到投资者等会计信息使用者决策的事件发生，损害投资者的利益，破坏市场秩序。因此在实际中，我国的监管部门必然不会无所作为，对企业的或有事项信息披露放任不管。

我们重点分析更符合实际的情况：监管者对企业的或有事项信息披露实施监管。本研究建立的模型中，监管者选择"监管"策略要付出成本为 C，如果在监管过程中查出企业有操纵、粉饰或有事项后再予以披露的违规行为，监管者将进行处罚并获得处罚收益 B。但是，不能简单地在收益矩阵中分析监管者的动机，而是要结合中国证券监督管理委员会、各级证券管理部门、证券交易所以及进行外部审计的会计师事务所等监管部门的实际目的，监管者的主要目的是监督管理企业的行为，进而规范他们的行为，维护市场稳定、保护投资者的利益，因此查出企业的违规行为并进行处罚仅仅是监管者的手段而并非目的。总之，监管者并不是以盈利为目的的，监管者并不会因为要付出监管成本就要选择"不监管"的策略。

因此，我们的分析主要是在监管者实施"监管"策略的情景下，分析企业管理者的策略选择。由收益矩阵可以得知，在监管者实施"监管"的情景下，如果管理者选择"稳健、真实地评估或有事项发生的可能并予以披露"的策略，管理者的个人收益为 $F+\beta R$；如果管理者选择"操纵、粉饰或有事项后再予以披露"的策略，管理者的个人收益为 $F+\beta\times(R+L)-[\alpha+\lambda(A+S)]\times C$。作为理性经济人的管理者，一定会选择最大化个人利益的策略，因此只有当 $F+\beta R>F+\beta\times(R+L)-[\alpha+\lambda(A+S)]\times C$ 时，管理者才会选择稳健、真实地评估或有事项发生的可能并予以披露。整理此式可得：$C>\dfrac{\beta L}{\alpha+\lambda(A+S)}$，其中 C 是监管者投入的监管成本，代表了监管者的监管力度；L 是管理者在粉饰、操纵或有事项信息披露后使企业虚增的收益；β 是管理者薪酬的激励系数，代表管理者薪酬与企业收益的关联程度，$0<\beta<1$；α 是管理者进行操纵或有事项信息披露所要付出的代价系数，监管者投入的监管成本越高，管理者操纵或有事项信息披露所要付出的代价就越大，即管理者付出的代价 $X=\alpha C(\alpha>0)$；λ 是管理者操纵或有事项信息披露的行为被监管者查出的概率系数，随着监管投入的加大，管理者操纵或有事项信息披露的行为被查出的概率 P 就会加大，即管理者或有事项信息违规披露被查出的概率 $P=\lambda C(\lambda>0)$；A 是管理者操纵或有事项信息披露这一违规行为被监管者查出而付出的代价，可以代表监管者的处罚力度；S 是管理者因其或有事项信息违规披露引起投资者选择"不投资"策略引起的市场负面反应而付出的代价。由此式可以清楚地看到，监管力度、因操纵或有事项信息披露虚增的企业收益给投资者带来的个人收益、管理者为操纵或有事项信息披露付出的代价、管理者操纵或有事项信息披露被监管者查出的概率、监管者对管理者违规行为的处罚力度以及投资者对管理者操纵或有事项信息披露的反应程度等因素，都能够影响管理者选择或有事项信息披露的策略。

对该式进行解读，可以从不同参与者的角度分析如何督促管理者稳健、真实地评估或有事项发生的可能并予以披露。首先，从监管者的角度来看，加大对企业或有事项信息披露的监管力度并且严惩查出的违规行为，可以对企业管理者披露或有事项信息的行为起到规范作用，尤其是在企业涉及的或有事项的标的金额较大时更要加强监督，反映在式中即加大监管成本 C 的投入、提高违规行为的处罚力度 A，并且要格外关注或有事项标的金额，判断管理者如果粉饰、操纵或有事项信息披露后可以使企业虚增的收益 L；其次，从上市公司的股东的角度来看，在制定管理人员的薪酬契约时要兼顾激励与约束，既要将管理人员的薪酬与公司收益挂钩，激励管理人员在获得个人收益的同时努力为公司创造财富，又要合理把握激励程度，过高的薪酬绩效敏感度很可能会成为管理者操纵企业盈余的动机之一，反而会损害公司利益，反映在式中即设置合理的管理者薪酬激励系数 β；最后，从中小投资者的角度来看，要加强维护自身合法权益的意识，企业管理者操纵或有事项信息的披露在侵犯了投资者知情权的同时影响了投资者对投资环境的正确认识，误导投资者的投资决策，最终损害了投资者利益，因此投资者要对企业的违规行为做出惩罚，使得市场对企业的违规信息披露产生合理的负面反应，使操纵或有事项信息披露的管理者付出代价，反映在式中即加大管理者因其或有事项信息违规披露引起投资者选择"不投资"策略引起的市场负面反应而付出的代价 S。

二、治理策略建议

或有事项是管理层对未来经济事项的一项估计，表明未来可能存在不确定性，因而或有事项的披露一直为投资者、债权人以及监管部门所关注。信息披露有助于解决上市公司与投资者之间的信息不对称问题。信息披露质量越高，融资成本越低、绩效越高。因此，应不断规范上市公司会计信息披露行为，促进资本市场健康有序地发展从而提升投资者保护水平。

或有事项信息披露作为一种信号传递，可能会被管理层用来进行盈余管理以达到盈利目标；同时，管理层还可以通过选择披露时间、披露方式、披露内容以影响投资者的理解及决策，进而影响市场反应来达到其获取私利的目的，故十分有必要重视这种潜在的盈余管理手段。本研究通过构建博弈模型，从不同角度分析或有事项信息披露的参与者之间的博弈关系，通过对各种结果的利弊情况进行对比分析，得出如何能更有效地督促企业管理者稳健、真实地评估或有事项发生的可能并予以披露，并提出以下相关建议：

（1）资本市场的监管者，在我国即中国证券监督管理委员会、各级证券管理部门、证券交易所以及进行外部审计的会计师事务所等组织，要加强对各个企业或有事项等信息披露的监管力度，同时也要加重对企业违规行为的处罚力度；采取"事前监督"结合"事后处罚"的措施，双管齐下方能体现出有效的监管效果。

（2）企业的所有者、上市公司的股东往往使用薪酬契约作为解决与管理者之间代理问题的手段，但有效的激励一定要适度，过犹不及——过高的薪酬绩效敏感度很可能会成为管理者操纵企业盈余的动机之一，反而会损害公司利益，加重委托代理问题。

（3）中小投资者要加强维护自身权益的意识，企业管理者操纵信息披露，进行盈余管理，会向市场传递错误的信息，影响投资者做出合理的投资决策，损害投资者的利益；如果投资者对企业管理者的违规行为多采取"宽容"或者"事不关己"的态度，会进一步放纵管理者操纵企业内部信息披露、进行盈余管理的行为，从而加重市场信息不对称的问题，最终损害的都是投资者的利益。

第四节　本章小结

本章首先通过理论分析结合实证检验，深入探究了或有事项的披露动机；然后实证检验了或有事项对银行信贷决策产生的影响；最后，通过建立博弈模型，探究了或有事项披露的治理策略。总之本章通过实证分析的方法研究了或有事项的披露动机、或有事项披露的经济后果以及对或有事项披露的治理策略，形成了较为完整的或有事项披露研究体系。

债务担保与持续经营不确定性审计意见关系研究

第一节 债务担保与持续经营不确定性审计意见关系理论分析

一、研究动机

依据《中国注册会计师审计准则第 1324 号——持续经营》的规定,当被审计单位财务、经营以及其他方面存在的某些事项或情况可能导致经营风险,这些事项或情况单独或连同其他事项或情况可能导致对持续经营假设产生重大疑虑时,审计师应该在审计报告中提及这些影响企业持续经营的事项,并提醒财务报告使用者的注意。这类意见即为持续经营不确定性审计意见(Going - Concern Opinion,以下简称 GCO)。

从 1997 年上市公司出现第一份 GCO 以来,我国上市公司年报被出具 GCO 的数量呈上升趋势(邵瑞庆和崔丽娟,2006;廖义刚,2007)。表 5-1 统计了 2003—2011 年我国上市公司年报被出具 GCO 的总体情况,可以看出,无论是 GCO 的数量还是其占非标审计意见的比例,均呈现明显的上升趋势,此类审计意见逐渐引起了各利益相关者的关注。上市公司披露的财务报告作为资本市场上减少信息不对称、保护投资者合法权益的重要工具,审计师对其出具的审计意见对于股东和债权人等利益相关者做出投资决策具有重要影响(李增泉,1999)。大量的国内外研究都证实了审计意见的决策有用性,包括:影响资本市场反应(Firth,1978;Chen 等,2000;张晓岚和宋敏,2007)、影响银行的信贷决策（高雷等，2010；江金锁，2011）、提高破产预测的准确性等（Hopwood 等，1989；Kennedy 和 Shaw，1991）。此外，还有学者发现在成熟资本市场上，外部独立审计师通过审计意见的发表而具有公司治理效应（Choi 和 Wong，2007），高质量审计是投资者保护机制的重要组成部分（Klapper 和 Love，2004）。审计师出具的 GCO 作为一种日趋常见的审计意见，其对利益相关者的决策具有十分重大的影响。

表 5-1　　　　　2003—2011 年我国上市公司年报被出具 GCO 情况①

年份	2003	2004	2005	2006	2007	2008	2009	2010	2011
GCO 数量	51	69	90	82	78	82	90	82	81
GCO 占当年非标审计意见比例（%）	47.66	45.70	52.63	54.67	62.90	72.57	76.27	70.86	70.43

为了促进企业经营活动的顺利进行，上市公司在一定范围内为其他企业合法提供担保属于一种正常的商业行为。但是，也有一些上市公司因大量对外担保而深陷债务泥潭，影响资本市场的稳定（罗党论和唐清泉，2007）。近年来，我国上市公司担保行为愈演愈烈。从 2007—2011 年中国主板 A 股上市公司数据来看，在仅考虑年末对外担保的情形下，存在对外担保的年度公司样本比例维持在 60% 左右，表明上市公司对外担保现象十分普遍。上市公司对外担保行为显著降低了企业价值，极大地损害了中小投资者的利益（刘小年和郑仁满，2005；高雷和宋顺林，2007）。不仅如此，违规的关联担保甚至可能沦为大股东掏空上市公司的重要手段，并因此影响企业的持续经营能力。如 2001 年 ST 猴王（000535）的控股股东猴王集团宣告破产，ST 猴王因对其提供了巨额担保而导致重大亏损，企业的持续经营能力严重受损。由此可见，对外担保可能潜伏着葬送企业未来发展的重大风险。那么，作为重要的外部监管力量，审计师是否关注到上市公司对外担保行为带来的潜在风险及其对企业持续经营能力的影响？

国内外已有文献研究了担保与非标审计意见的关系，但对于担保是否会影响到审计师出具 GCO 的问题却鲜有研究。在当前违规担保事件屡有发生的情况下，研究担保对企业持续经营能力造成的影响十分必要。基于以上思考，本研究试图厘清企业担保行为与审计师出具 GCO 二者的关系，并深入分析不同的担保类型对审计师出具 GCO 的影响。本研究试图为规范当前我国资本市场上企业的担保行为提供一定的指导和建议。

二、研究假设

上市公司对外担保使得企业财务风险增大，主要由于担保行为双方存在逆向选

---

① GCO 和非标审计意见数据分别来自中注协网站年审快报资料和国泰安 CSMAR 数据库并经整理获得。

择和道德风险问题。一方面，在上市公司对外提供担保行为中，被担保方存在逆向选择。要求提供担保的企业大多存在发展前景不乐观、效益差的特点；在获得银行贷款后，被担保方可能存在道德风险问题，将担保融资用于管理层在职消费等非预定项目，使得为其提供担保的上市公司面临的风险骤增（刘伟，2007）。另一方面，银行在进行贷款决策时由于上市公司提供了担保而降低对被担保方的资信审查，存在着严重的道德风险（冯根福等，2005）。

在当前我国资本市场融资方式比较单一的情况下，不少上市公司为达到融资的目的而互相担保，大大增加了企业的财务风险。企业的对外担保行为具有价值减损性，会降低上市公司的企业价值（刘小年和郑仁满，2005），给企业未来发展带来风险。上市公司之间互相担保形成巨大的担保链，一旦某个环节出现问题，链条内的其他担保方也会受到牵连，造成多米诺骨牌效应，容易引发巨大的财务风险。2003年，ST啤酒花（600090）由于存在近10亿元的对外担保未及时披露，导致公司股价连续十多个跌停，贷款银行也纷纷要求其归还借款，致使企业面临破产倒闭的风险，这一事件也给该担保链条中其他上市公司带来了严重后果（郑海英，2004）。上市公司对外担保一般具有金额大的特征（冯根福等，2005），一旦出现被担保方无法偿还到期借款的情况，上市公司很可能因承担连带偿还责任而陷入财务困境及诉讼纠纷，其形成的巨额亏损可能会对企业的持续经营能力产生重大影响（蔡利剑和张人骥，2005）。因此，我们有理由认为，与不存在对外担保的公司相比较，存在对外担保的上市公司产生财务困境的可能性更大，公司持续经营能力更易受到影响，因而审计师更有可能对其出具GCO。由此，本研究提出假设一：

H1：存在对外担保的上市公司更容易被审计师出具GCO。

在我国当前市场经济条件下，由于融资渠道受限，企业之间的担保行为成为获取银行信用的重要手段。适度的对外担保作为资本市场上正常的融资行为，并不一定会影响企业长远发展（罗党论和唐清泉，2007），但随着对外担保规模的提升，企业的持续经营能力势必受到越来越强的负面影响，因此审计师在出具审计报告时可能会更多地关注提供担保是否适度的问题。张继勋等（2005）的研究认为上市公司的对外担保规模越大，公司持续经营所面临的风险相应越大，审计师的审计风险也将会增加。因此，上市公司对外担保的规模很可能是影响审计师出具GCO的重要因素。当上市公司对外担保规模比较大时，审计师出于谨慎便有可能对其出具GCO。

担保的规模越大，给上市公司持续经营能力带来的影响也将越大，这一点并不会因为担保双方存在的控制关系而改变。对子公司或非子公司担保规模的增大都将使得审计师出具GCO的可能性变大，但为二者提供担保给上市公司带来的影响可能存在差异。这是由于当担保对象为非子公司时，上市公司对担保对象的控制能力较低，被担保方可能发生置上市公司利益而不顾的行为；但当担保对象为子公司时，由于受担保方控制，被担保方发生违背上市公司利益的经营和财务行为的可能性小。已有研究表明，审计师在出具审计意见时考虑到了这二者之间的差异，如刘成立（2010）的研究发现审计师在出具审计报告时并不太关注上市公司为子公司提供的担保，而对其为非子公司提供担保却反应敏感。张璐璐和徐飞（2008）的研究也认为对二者提供担保的风险存在差异，上市公司对子公司进行担保时，其风险并没有转移出公司的合并报表范围，担保风险相对较小。因此，在担保规模相同的情况下，相对于为子公司提供担保，上市公司为非子公司提供担保的风险更大，审计师更有可能对其出具GCO。由此，本研究提出假设二和假设三：

H2：对外担保规模对企业的持续经营能力具有显著的负向影响，即上市公司对外提供担保的规模越大，越容易被审计师出具GCO。

H3：对外担保规模对企业持续经营能力的负向影响程度因担保对象的不同而存在差异，即在担保规模相同的情况下，上市公司为非子公司提供担保比为子公司提供担保更容易被审计师出具GCO。

在上市公司提供的对外担保中，我们注意到一些高风险的担保行为可能会给企业的持续经营能力带来重大影响。本研究定义的高风险担保包含如下两类：（1）为资产负债率超过70%的企业提供担保；（2）为股东、实际控制人及其关联方提供担保。做出如此考虑主要基于两方面的原因：一方面，我国《公司法》规定有五类重要对外担保事项均需要经股东大会审议批准，这些担保事项对公司未来的生产经营可能带来十分重大的影响。其中，有两类因担保对象特殊而风险较高，其他三类因担保规模大而风险较高，而前文已对担保规模因素做了比较充分的考虑。另一方面，基于中国证监会发布的《公开发行证券的公司信息披露内容与格式准则第2号——年度报告的内容与格式》，上市公司披露的担保信息有限，我们无法准确获取诸如连环担保等其他高风险的担保信息。

一般认为，当企业的资产负债率超过70%时，其财务风险较高。刘成立（2010）认为当被担保企业的资产负债率较高时，出现债务违约和破产的可能性较大，上市公司为其担保所带来的风险也较高，因而审计师对上市公司为资产负债率超过70%的企业提供担保更为谨慎。其次，在我国股权高度集中的背景下，控股股东利用其对上市公司经营决策权的操控，迫使上市公司为其或其关联方提供巨额担保，使得担保成为控股股东"掏空"上市公司的重要手段（高雷和宋顺林，2007；吕先锫和王伟，2007）。因此，为控股股东及其关联方提供担保的风险较高，对上市公司持续经营能力带来的影响不容忽视。当上市公司为资产负债率超过70%的企业提供担保或者为股东、实际控制人及其关联方提供担保时，我们则认为上市公司提供了高风险担保。由此，本研究提出假设四：

H4：存在高风险担保的上市公司更容易被审计师出具GCO。

第二节 债务担保与持续经营不确定性
审计意见关系实证检验

一、研究设计

1. 样本选取与数据来源

本研究的样本范围是从 2007—2011 年所有主板 A 股上市公司。本研究的 GCO 数据来自于中国注册会计师协会网站中的审计快报资料,并经过手工整理获得。当审计报告中出现了"对公司持续经营能力存在疑虑""公司持续经营能力存在不确定性""持续经营能力存在风险"等字样时,则认为该上市公司被审计师出具了 GCO。本研究的担保数据和审计师任期数据通过手工查阅上市公司年报获得,其余数据来自国泰安 CSMAR 数据库并经整理获得。

在剔除金融保险行业、数据不全的样本后,本研究得到 2007—2011 年共 5 485 个观测值,其中被审计师出具 GCO 的样本量为 325。本研究使用的主要数据处理和统计分析软件为 Excel 2007 和 Stata11.0。

2. 变量定义

(1) 被解释变量。被解释变量为上市公司年度财务报告是否被审计师出具持续经营不确定性审计意见(GCO),当审计师出具持续经营不确定性审计意见时,该变量取值为 1,否则为 0。

(2) 解释变量。本研究的解释变量是担保类变量,主要包含对外担保(Gua)、担保总规模(Totalgua)、对非子公司担保规模(Nsubgua)、对子公司担保规模(Subgua)、高风险担保(Riskgua),具体变量说明见表 5-2。

(3) 控制变量。为了确保实证结果的准确性,本研究参考 Mutchler 等(1997)、DeFond 等(2002)、张晓岚等(2007)、Knechel 和 Vanstraelen(2007)、Li(2009)等人的研究成果,引入了以下对审计师出具 GCO 有重要影响的因素作为本研究的控制变量:公司规模(Size)、审计滞后(Arlag)、事务所规模(Big4)、资产负债率(Lev)、现金流量债务比(Cfodebt)、总资产报酬率(Roa)、上市年数(Age)、连续经营亏损(Recloss)、审计费用(Audfee)、审计师任期(Tenure)。此外,为控制行业和年度对 GCO 的影响,本研究还对行业和年度进行了控制。具体变量说明见表 5-2。

3. 回归模型

为研究上市公司对外担保对审计师出具 GCO 的影响,本研究依次使用以下 Logit 模型:

$$GCO = \beta_0 + \beta_1 Gua + \beta_2 Size + \beta_3 Arlag + \beta_4 Big4 + \beta_5 Lev + \beta_6 Cfodebt + \beta_7 Roa + \beta_8 Age + \beta_9 Recloss + \beta_{10} Audfee + \beta_{11} Tenure + \sum \beta_{12+i} Indu_i + \sum \beta_{32+j} Year_j + \varepsilon \quad (5-1)$$

$$GCO = \beta_0 + \beta_1 Totalgua + \beta_2 Size + \beta_3 Arlag + \beta_4 Big4 + \beta_5 Lev + \beta_6 Cfodebt + \beta_7 Roa + \beta_8 Age + \beta_9 Recloss + \beta_{10} Audfee + \beta_{11} Tenure + \sum \beta_{12+i} Indu_i + \sum \beta_{32+j} Year_j + \varepsilon \quad (5-2)$$

$$GCO = \beta_0 + \beta_1 Nsubgua + \beta_2 Subgua + \beta_3 Size + \beta_4 Arlag + \beta_5 Big4 + \beta_6 Lev + \beta_7 Cfodebt + \beta_8 Roa + \beta_9 Age + \beta_{10} Recloss + \beta_{11} Audfee + \beta_{12} Tenure + \sum \beta_{13+i} Indu_i + \sum \beta_{33+j} Year_j + \varepsilon \quad (5-3)$$

$$GCO = \beta_0 + \beta_1 Riskgua + \beta_2 Size + \beta_3 Arlag + \beta_4 Big4 + \beta_5 Lev + \beta_6 Cfodebt + \beta_7 Roa + \beta_8 Age + \beta_9 Recloss + \beta_{10} Audfee + \beta_{11} Tenure + \sum \beta_{12+i} Indu_i + \sum \beta_{32+j} Year_j + \varepsilon \quad (5-4)$$

表 5-2　　　　　　　　　　　变量说明表

变量类型	变量名称	变量简写	变量解释
被解释变量	持续经营不确定性审计意见	GCO	当年年报被出具持续经营不确定性审计意见时取值为1，否则为0
解释变量	对外担保	Gua	期末存在对外担保时取值为1，否则为0
	担保总规模	Totalgua	期末对外担保总额/期末总资产
	对非子公司担保规模	Nsubgua	期末对非子公司担保金额/期末总资产
	对子公司担保规模	Subgua	期末对子公司担保金额/期末总资产
	高风险担保	Riskgua	期末存在为资产负债率超过70%的单位提供担保或者为股东、实际控制人及其关联方提供担保时取值为1，否则为0
控制变量	公司规模	Size	期末总资产的自然对数
	审计滞后	Arlag	审计报告相对于财务报告截止日滞后的天数
	事务所规模	Big4	审计师是国际四大时取值为1，否则为0
	资产负债率	Lev	期末负债总额/期末总资产
	现金流量债务比	Cfodebt	本期经营活动现金流量净额/期末负债总额
	总资产报酬率	Roa	本期净利润/期末总资产
	上市年数	Age	公司股票在上海或深圳交易所上市交易的年数
	连续经营亏损	Recloss	上年和本年连续两年经营亏损时取值为1，否则为0
	审计费用①	Audfee	本期境内审计费用的自然对数
	审计师任期	Tenure	会计师事务所已经连续为其提供年报审计服务的年数
	行业变量②	Indu	当样本为某一特定行业时取值为1，否则为0
	年度变量	Year	当样本为某一特定年份时取值为1，否则为0

---

① 由于因变量 GCO 由境内审计师做出，因此本文采用的审计费用为境内审计费用。

② 本文按照 2001 年证监会公布的行业分类，除制造业按 2 级行业分类外，其余均按一级行业分类。

二、实证分析

1. 描述性统计分析

根据前文所述样本来源,我们对相关变量进行了描述性统计分析。相关变量的描述性统计结果如表5-3所示,从中可以发现GCO的样本均值为0.059,样本中被审计师出具GCO的数量占整个样本量的5.9%。而与此形成对比的是,存在对外担保(Gua=1)的样本数量占到全部样本的59.8%,说明上市公司对外担保的现象十分普遍。从担保规模变量(Totalgua、Nsubgua、Subgua)的数据来看,可知上市公司对外担保规模的差异巨大。此外,存在高风险担保(Riskgua=1)的样本量占到样本总数的23.3%,说明相当一部分公司提供了高风险的对外担保,给上市公司未来的正常经营带来了较大风险,这一点值得投资者和监管部门关注。

在整体的描述性统计之后,我们按是否被审计师出具GCO分组进行均值差异t检验,检验结果如表5-4。从Gua可以看出,未被出具GCO的样本组(GCO=0)中存在对外担保公司的比例显著高于被出具GCO的样本组(GCO=1),说明在未被出具GCO的样本组中存在担保的公司比例反而更高,这与预期不符,需要进行进一步的检验。而从其余四个担保类变量来看,未被出具GCO的样本组的均值在1%的水平下均显著低于被出具GCO的样本组,符合我们的预期。

表5-3 样本描述性统计①

变量	样本量	均值	标准差	最小值	中位数	最大值
GCO	5 485	0.059	0.236	0.000	0.000	1.000
Gua	5 485	0.598	0.490	0.000	1.000	1.000
Totalgua	5 325	0.056	0.094	0.000	0.014	0.569
Nsubgua	5 293	0.018	0.052	0.000	0.000	0.331
Subgua	5 293	0.036	0.065	0.000	0.000	0.347
Riskgua	5 325	0.233	0.423	0.000	0.000	1.000
Size	5 485	21.751	1.327	17.998	21.715	25.355
Arlag	5 485	87.617	22.809	24.000	88.000	118.000
Big4	5 485	0.068	0.251	0.000	0.000	1.000
Lev	5 485	0.581	0.410	0.078	0.540	3.520
Cfotdebt	5 485	0.124	0.253	-0.555	0.083	1.273
Roa	5 485	0.034	0.084	-0.371	0.033	0.368
Age	5 485	11.046	3.906	0.000	11.000	19.000
Recloss	5 485	0.035	0.183	0.000	0.000	1.000
Audfee	5 485	13.305	0.627	12.101	13.218	15.520
Tenure	5 485	7.913	4.886	1.000	8.000	19.000

---

① 为消除奇异值对研究结果的影响,本书对所有连续变量按1%的水平进行了Winsorize处理。

表 5-4　　　　　　　　　　　均值差异 t 检验

变量	分组	样本量	均值	均值差
Gua	GCO = 0	5 160	0.603	0.074 ***
	GCO = 1	325	0.529	(2.622)
Totalgua	GCO = 0	5 014	0.051	-0.086 ***
	GCO = 1	311	0.137	(-16.093)
Nsubgua	GCO = 0	4 984	0.015	-0.056 ***
	GCO = 1	309	0.071	(-19.175)
Subgua	GCO = 0	4 984	0.035	-0.018 ***
	GCO = 1	309	0.053	(-4.707)
Riskgua	GCO = 0	5 014	0.228	-0.074 ***
	GCO = 1	311	0.302	(-2.995)

注：( ) 表示均值差异检验的 t 值；t 值上方为未被出具 GCO 样本（GCO = 0）与被出具 GCO 样本（GCO = 1）的均值之差，*、**、*** 分别表示双尾检验在 10%、5%、1% 水平上显著。

2. 相关性分析

本研究对主要变量进行了相关性分析①，结果发现，Gua 与 GCO 负相关，与我们的预期相反，需要回归分析的进一步检验；其余担保类变量与 GCO 都在 1% 的水平下显著正相关，与我们的预期一致。控制变量与因变量 GCO 都存在显著相关关系，暗示本研究控制变量选取比较合理。在自变量之间，除了 Audfee 与 Size（0.693）之间的相关性较高外，其余变量之间的相关性均较低。此外，本研究还分模型进行了多重共线性检验，最大的 VIF 值仅为 2.48，因此本研究的模型不存在严重的多重共线性问题。

3. Logit 回归分析

本研究采用 Logit 模型，对不同的担保变量进行回归分析，具体回归结果见表 5-5。

在模型 1 中，对外担保（Gua）的系数符号为正，符合我们的预期，但 t 值仅为 1.470，统计上并不显著。因此，本研究的 H1 未得到验证，我们认为这可能是由于以下原因造成的：在目前我国资本市场不完善、融资渠道比较单一的情况下，企业间的担保行为是普遍存在的现象，担保是企业获取银行信用的一种重要方式，适度、合法的担保可能成为一种正常现象，未必一定会给企业的持续经营能力带来重大不利影响。因此，在对企业提供担保的规模、担保对象以及被担保对象风险进行充分评估之前，审计师可能缺乏对企业持续经营能力的实质性判断，那么，仅仅依据企业存在担保就出具 GCO 就缺乏一定的合理性。这也可能是本研究 H1 缺乏实证结果支持的一个重要原因。

---

① 限于篇幅，文中未列示相关系数矩阵。

在模型2中,我们发现,审计师对于上市公司对外担保的总规模非常关注,担保总规模(Totalgua)的系数在1%的水平下显著为正,说明上市公司对外担保规模越大,其年报越容易被审计师出具GCO,H2得到支持。

在模型3中,上市公司对非子公司担保规模(Nsubgua)和对子公司担保规模(Subgua)的系数均显著为正,说明对子公司和非子公司的担保规模越大越容易被出具GCO,这从另一个角度也验证了H2。在模型3回归之后,我们进行了Nsubgua与Subgua的系数差异F检验,检验结果的p值为0.013,可知Nsubgua的系数在5%的水平下显著大于Subgua的系数。这说明在担保规模相等的情况下,审计师更加关注上市公司对非子公司的担保,即对非子公司担保更容易被审计师出具GCO。由此可知,研究结果支持了H3。

在模型4中,高风险担保(Riskgua)的系数在1%的水平下仍然显著,说明存在高风险担保的上市公司更容易被审计师出具GCO,H4得到验证。可以看出,审计师虽然不会仅仅因为上市公司存在对外担保而出具GCO,但对于上市公司存在的高风险担保行为还是保持了足够高的警惕性。

在本研究的控制变量中,大部分控制变量的回归结果符合预期,验证了已有文献的准确性。

表5-5　　　　　　　　　担保与GCO回归分析

GCO	模型1	模型2	模型3	模型4
Gua	0.294			
	(1.470)			
Totalgua		3.854***		
		(4.875)		
Nsubgua			6.983***	
			(6.450)	
Subgua			2.563*	
			(1.731)	
Riskgua				0.875***
				(3.888)
Size	-1.566***	-1.605***	-1.629***	-1.629***
	(-13.575)	(-13.197)	(-13.102)	(-12.986)
Arlag	0.007*	0.007*	0.007*	0.007*
	(1.767)	(1.879)	(1.802)	(1.847)
Big4	-0.908	-0.948	-0.992	-0.903
	(-0.921)	(-0.895)	(-0.940)	(-0.835)

续表

GCO	模型 1	模型 2	模型 3	模型 4
Lev	2.909***	2.517***	2.520***	2.705***
	(7.050)	(5.663)	(5.596)	(6.374)
Cfodebt	-0.470	-0.420	-0.452	-0.436
	(-0.899)	(-0.830)	(-0.891)	(-0.853)
Roa	-2.776***	-3.049***	-2.926***	-2.978***
	(-2.740)	(-2.866)	(-2.753)	(-2.903)
Age	0.025	0.026	0.025	0.020
	(0.900)	(0.900)	(0.845)	(0.718)
Recloss	1.399***	1.377***	1.447***	1.371***
	(4.467)	(4.246)	(4.464)	(4.357)
Audfee	0.610**	0.553**	0.604**	0.630**
	(2.506)	(2.134)	(2.329)	(2.463)
Tenure	-0.038*	-0.038**	-0.039**	-0.038*
	(-1.939)	(-2.001)	(-2.050)	(-1.912)
Indu	已控制	已控制	已控制	已控制
Year	已控制	已控制	已控制	已控制
Constant	18.377***	20.049***	19.965***	19.584***
	(5.826)	(6.282)	(6.158)	(6.254)
N	5 367	5 096	5 065	5 096
Pseudo R^2	0.593	0.591	0.595	0.587
Wald chi^2	439.295	438.031	431.914	407.902

注：( ) 表示 t 值，该值是经 White (1980) 方差调整后的 t 值，*、**、*** 分别表示双尾检验在 10%、5%、1% 水平上显著。

4. 稳健性分析

为保证研究结论的可靠性，本研究进行了如下稳健性分析①：

（1）调整担保规模变量的度量方法，在 Totalgua、Nsubgua、Subgua 三个担保规模变量分母的度量上，采用期末净资产替换期末总资产，本研究删除了净资产为负数和零的样本。运用模型 2，担保总规模（Totalgua）与审计师出具 GCO 存在显著正相关关系，H2 的结论依然稳健；运用模型 3，对子公司担保规模（Subgua）仍显著正向影响审计师出具 GCO，对非子公司担保规模（Nsubgua）的系数依然为正，在 10% 的水平上接近显著，这与之前分析结果一致。在模型 3 回归之后，我们同样进行了系数差异 F 检验，但二者的系数差异在统计上并不显著，H3 在此并未得到验证。出现 H3 研究结论不稳定的原因可能是由于删除净资产为负数和零的样本导致

---

① 限于篇幅，稳健性分析的实证结果未予列示。

GCO 的样本大量减少，因为净资产非正的公司一般经营和财务状况较差，更容易被审计师出具 GCO。这一点在数据上表现也十分直观，在删除的 221 个样本中，被审计师出具 GCO 的样本数达到 175 个，而原数据中的 GCO 样本数也仅有 325 个。

（2）对于控制变量，本研究采用营业收入的自然对数替换 Size，用本年是否亏损替换 Recloss，研究结果基本保持一致。

（3）此外，本研究还运用了 Probit 回归方法对原模型进行了分析，研究结果并无变化，原结论依然稳健。

第三节　本章小结

本章的研究使用我国沪深主板市场 A 股 2007—2011 年的数据，发现审计师并不会仅仅因为上市公司存在对外担保而出具 GCO，但对上市公司提供高风险的担保行为却十分谨慎。审计师在出具审计意见时，对于对外担保的规模因素做了比较充分的考虑，担保规模与审计师出具 GCO 的可能性呈正相关关系。此外，我们还发现审计师在出具审计意见时针对上市公司提供担保的对象的不同而有所差别，相对于为子公司提供担保，上市公司对非子公司提供的担保更容易被审计师出具 GCO。

在我国上市公司对外担保较为普遍的环境下，由于担保具有的连带责任效应，天然成为企业的一个风险源，因而引发了诸多学者的研究兴趣，使得担保对企业风险以及企业价值影响的研究文献已比较丰富，但对企业对外担保与审计师出具持续经营不确定性审计意见（GCO）的关系的研究仍较少。而审计意见作为资本市场外部监管的一种手段，对于规范以上市公司为主体的资本市场参与者的行为、促进资本市场健康发展都是不可缺少的。本研究从是否存在担保、担保规模大小、担保对象不同以及高风险担保等层面所进行的实证研究，验证了担保与审计师出具 GCO 的关系，不仅在公司治理领域丰富了担保相关的文献，而且在外部审计领域发展了新的研究文献，对于开拓持续经营不确定性审计意见的研究范围具有重大的意义。

该研究结论为上市公司对外担保行为提供了一些可供参考的建议：

（1）担保是我国企业在融资渠道不畅的情况下所广泛使用的一种融资手段，适度的担保并不会显著影响企业的持续经营能力。

（2）在对非子公司进行担保时需要考虑其必要性，确需提供担保时要认真审查被担保方的经营财务状况，尽量避免给自身的正常经营带来负面影响。

（3）进行高风险担保行为需要慎重，此类担保行为将给本公司的未来发展带来较大风险。

本章的研究结论说明审计师作为企业重要的外部治理力量，通过出具审计意见实现对上市公司担保行为的有效监督，进而达到规范上市公司担保行为的目的。

第六章

基于担保方视角的债务担保、会计稳健性与债务成本关系研究

第一节 债务担保、会计稳健性与债务成本关系理论分析

一、研究动机

1. 愈演愈烈的债务担保行为

债务担保制度最基本的目标是促进企业的融资活动和资本市场的发展。为了促进经营活动的顺利进行，企业在合理范围内为其他企业提供债务担保属于一种正常的商业行为。可是一些上市公司因过度提供债务担保而深陷债务泥潭，不仅为担保企业带来巨大的财务风险，而且影响了资本市场的健康发展（罗党论和唐清泉，2007）。

近年来，企业的债务担保行为变得越来越普遍。在本章研究的 2007—2014 年的研究样本中，超过 60% 的样本公司在当年年末都存在对外担保行为，且担保企业的数量整体呈上升趋势。图 6-1 显示了 2007—2014 年我国 A 股主板上市公司中担保企业数量及担保企业占当年 A 股主板上市公司数量的比例。除提供担保的企业数量众多之外，债务担保的规模也十分巨大。在本研究的样本中，约有 10.93% 的样本公司的担保规模超过自身的一半净资产，还有大约 4.85% 的样本公司的担保规模超过了自身全部净资产。对于这 4.85% 的公司来说，一旦借款人违约，这些提供债

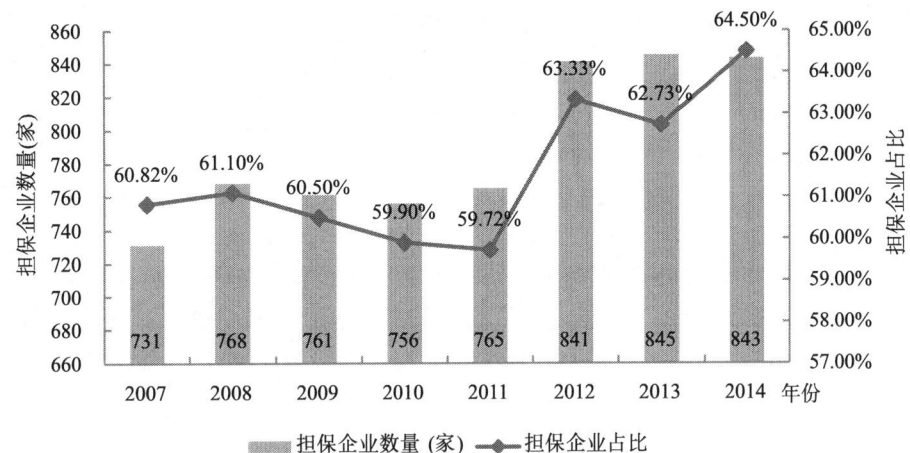

图6-1 担保企业数量和担保企业占比

务担保的企业将会资不抵债，面临巨大的破产风险。图6-2显示了2007—2014年我国A股主板上市公司中担保规模超过自身一半净资产和超过自身全部净资产的上市公司比例。此外，根据Jian和Xu（2012）的研究，以2004年中国上市公司为例，他们发现上市公司的债务担保规模超过了14.5万亿元，而当年所有上市公司的总市值只有大约3.71万亿元。因此，债务担保行为给担保方自身的正常经营带来了巨大风险。

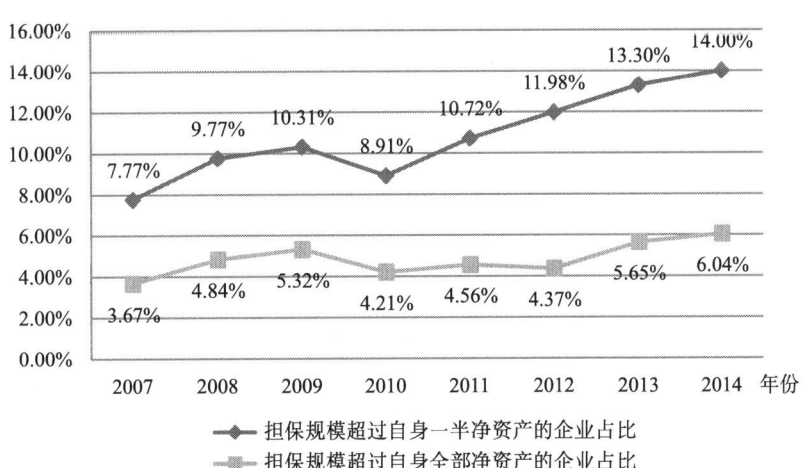

图6-2 存在大规模担保的企业占比

2. 债务担保行为的监管

由于上市公司的债务担保行为一再撼动资本市场，政府监管部门也出台了一系列政策法规对上市公司的担保行为加以监管。

政府监管部门出台的债务担保监管法规大致可以分为四个阶段。第一阶段主要是1995年6月颁布的《中华人民共和国担保法》，这部法律主要对担保相关概念进行了定义，仅仅给出了一些基本的担保概念和分类；第二阶段主要是2000年6月中国证监会出台的61号文件《关于上市公司为他人提供担保有关问题的通知》，这项法规禁止上市公司为股东及其附属企业提供债务担保，可是这项法规并没有要求追溯之前的不合规担保行为；第三阶段主要是2003年8月中国证监会出台的56号文件《关于规范上市公司与关联方资金往来及上市公司对外担保若干问题的通知》，这项法规要求严格禁止上市公司为控股股东及其附属企业提供债务担保，提出了更为明确的处罚措施，并要求对之前的不合规担保进行追溯处理；第四阶段主要是2005年10月新颁布的《中华人民共和国公司法》和2005年11月证监会出台的120号文件《关于规范上市公司对外担保行为的通知》，这些法律法规重新放开了之前被禁止的债务担保行为，如这些法律法规允许上市公司为控股股东提供债务担保，但需要经过股东大会的批准。此外，120号文件还强调了银行在上市公司债务担保行为中的责任，它要求银行详细调查上市公司的担保能力和担保程序的合法性。

尽管关于上市公司债务担保行为的监管法规不少，但是近些年上市公司的巨额违规担保事件层出不穷，这些监管法规的有效性值得商榷。事实上，为了规避这些监管法规，一些上市公司开始改变债务担保的形式。例如，2000年中国证监会颁布的61号文件禁止为股东提供债务担保，但一些上市公司便开始改为为股东的关联方提供担保；再如，一些上市公司开始采用互相担保的方式来规避这些监管法规。因此，在当前的监管水平下，不合理的债务担保行为并没有得到很好的监管，上市公司债务担保行为的风险依然很大。

3. 债务融资的重要性

随着中国经济自20世纪80年代以来的巨大发展，中国的资本市场也发展十分迅速。一般来说，资本市场主要包含权益资本市场和债务资本市场。在很长一段时间里，中国的私募股权市场相对发展缓慢，交易量非常低。与此相反，中国的公共权益市场发展非常快，从20世纪90年代初最开始的13家上市公司增长到2015年底的2 827家上市公司，2015年底股票市场的总市值也已经达到53.13万亿元人民币。尽管如此，对于绝大多数企业而言，获得公共权益融资依然是非常困难的。根据2015年《中国统计年鉴》的数据，截至2014年底，全国大约有1 062万家企业，这也意味着能够获得公共权益融资的企业比例非常之低。绝大多数企业由于不能获得权益融资，不得不依赖债务资本市场获得企业发展所需资金。根据2015年《中国统计年鉴》的数据，从2002年至2014年，债务融资规模占到社会融资规模的比例平均达到了94.36%；相反，权益融资规模就显得非常小了。图6-3显示了2002—2014年中国社会融资规模和债务融资规模数据。

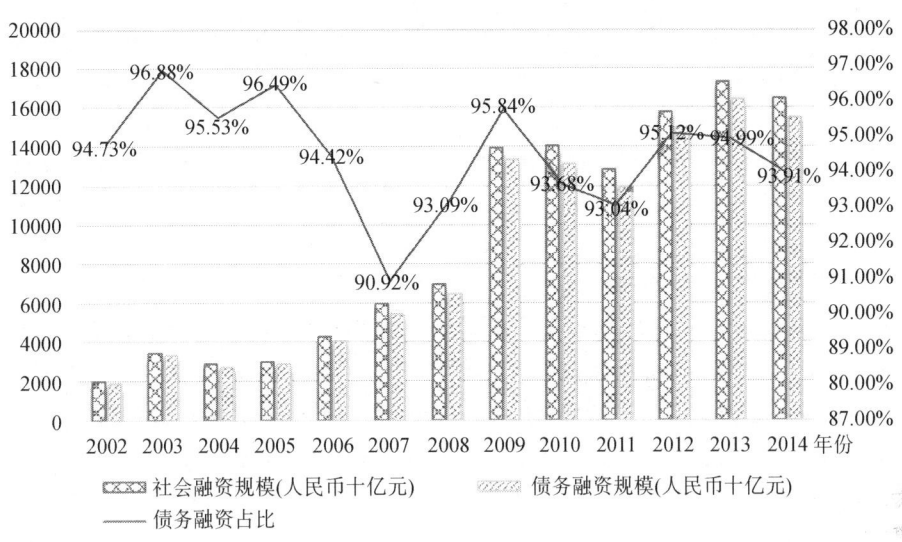

图6-3 中国社会融资规模和债务融资规模

总之，以上这些数据显示债务融资是中国企业非常重要的一个融资渠道，是中国资本市场不可或缺的一部分。因此，债权人对企业经营决策的影响不容忽视，债权人在企业中的治理作用也更加值得我们关注。正如前文所述，上市公司的债务担保行为十分普遍，债务担保规模也非常巨大，而政府监管的效果却不尽如人意。因此，上市公司的债务担保行为可能给担保企业带来巨大的风险。在这种情况下，担保方的债权人的利益可能受到严重损害，这些债权人是否会要求担保企业提供更加稳健的会计信息？此外，债权人是否会要求更高的投资回报率？换句话说，上市公司的债务担保行为是否会带来担保方会计稳健性的提高？是否会提高担保方的债务成本？对这些问题进行深入探讨具有十分重要的意义。

二、理论背景

近些年来，企业的债务担保行为吸引了众多学者的关注，许多学者已经做了一些相关研究。这些研究主要关注了企业债务担保行为的动机、影响因素、经济后果等。现有研究认为，提供债务担保行为的动机与担保方的身份特征有关。若是政府作为担保方，那么这类债务担保的动机一般是达到政府的公共政策目标；若是专业担保机构作为担保方，那么这类债务担保的动机一般是赚取担保费用；若是一般企业作为担保方，那么这类债务担保的动机可能是为了促进与商业伙伴的合作，或者为了缓解同一集团内部其他企业的融资约束。关于债务担保行为的影响因素，现有研究发现所有权性质与结构、银企关系、财务特征及宏观经济环境等因素均会对企业的债务担保行为产生影响。至于债务担保行为的经济后果，目前的研究主要分为两类观点：一类是担保有利论，这类研究认为债务担保制度有利于降低借款人与银行之间的信息不对称，缓解借款人的融资约束（Khanna 和 Palepu，2000；Riding 和 Haines，2001）；另一类是担保有害论，这类研究认为尽管债务担保制度降低了借款人之间的信息不对称程度，但也带来了新的信息不对称问题（冯根福等，2005；刘伟，2007），这类研究认为企业的债务担保行为使得担保方更可能陷入财务困境或诉讼之中（龚凯颂和吴静，2005；高雷和宋顺林，2007），可能给担保方带来巨大风险。

1. 公司治理对会计稳健性的影响

作为一项重要的会计原则，会计稳健性在相当长一段时间内都只是一个理论概念，直到 Basu（1997）提出了对会计稳健性的实证度量方法，相关的实证研究才开始涌现（Penman 和 Zhang，2002；LaFond 和 Roychowdhury，2008）。在这些研究中，许多研究关注了公司治理与会计稳健性的关系。Watts（2003）提出了会计稳健性的四大动机：契约动机、股东诉讼动机、税收动机和会计监管动机，这些动机实际上反映了公司治理对会计稳健性的影响。一般认为，高管薪酬契约动机反映了内部治理机制对会计稳健性的影响，而债务契约动机、股东诉讼动机、税收动机和会计监管动机反映了外部治理机制对会计稳健性的影响。

2. 债务担保对债务融资的影响

关于企业债务担保行为对债务融资的影响，大多数研究主要关注债务担保制度好的一面，这些研究发现债务担保制度降低了借款人的融资约束和融资成本（Chan 和 Kanatas，1985；Khanna 和 Palepu，2000；Riding 和 Haines，2001）。现有的相关研究主要关注了债务担保行为对借款人债务融资带来的有利影响。

3. 现有研究的局限性

近些年来，许多研究已经关注到了企业的债务担保行为，并做了一些有益的探索。尽管这些研究已经取得了比较丰硕的成果，但仍存在一些局限性。具体来说，现有文献存在以下局限性：

（1）关于债务担保行为的经济后果，现有研究主要关注了债务担保有利的一面，这些研究认为企业的债务担保行为能够降低借款人与银行之间的信息不对称程度，从而降低借款人的融资约束与融资成本。有少部分研究关注到了债务担保行为可能给担保人带来的风险，但这些研究也只是分析了债务担保行为对担保方的企业价值或者财务状况带来的不利影响，其他比如对担保方的债务融资成本的影响却很少有人进行探讨。

（2）尽管现有文献发现债权人对借款人的会计稳健性有着强烈需求，但很少有研究分析公司的某一具体行为通过债权人治理机制对会计稳健性产生影响。

（3）大多数现有的关于企业债务担保行为的研究都将债务担保视作一个整体，没有区分债务担保的不同类型，这种情况降低了不同研究之间的可比性。事实上，不同类型的债务担保行为给担保方带来的风险可能是不一样的。即使有少部分研究对担保类型进行了区分，但这些分类仍然比较粗糙，还有待进一步细化。

（4）关于债务担保与债务融资关系的文献中，很少有研究从担保方特征的角度分析债务担保行为可能给担保方带来的影响。例如，很少有研究关注担保方的所有权性质和外部审计对债务担保与担保方债务融资关系带来的影响。

总之，现有关于企业债务担保行为与债务融资关系的研究还相对比较少，即使有部分研究关注到了两者的关系，也是大多关注债务担保对借款人的积极影响，很少有研究分析债务担保行为对担保方债务融资带来的不利影响。此外，现有的关于债务担保的文献，研究深度依然有所欠缺：一方面，现有研究对债务担保行为的区分标准还比较单一；另一方面，关于债务担保与债务融资关系的研究很少考虑担保方特征的影响。因此，本章研究将尝试弥补现有研究的这些局限性。

三、理论分析

1. 信贷融资担保理论

自从 Barro（1976）第一次提出了较为系统的担保理论以来，信贷融资担保理论的发展十分迅速，已有众多学者基于不同的经济理论发展出了相应的担保理论。

（1）信贷融资担保的交易成本理论。基于信贷配给的相关研究，Barro（1976）认为抵押品的交易成本将会影响到债务契约的签订。当借款人违约时，由于抵押品变现成本的存在，抵押品对债权人的价值是远低于对借款人的价值的。因此，Barro（1976）发现抵押品的交易成本越高，债权人也会要求越高的利息率。Chan 和 Kanatas（1985）认为这一结论存在的前提是债权人需要承担这类交易成本，当他们假定借款人承担该项交易成本时，他们发现交易成本的增加使得借款人在投资项目时变得更加诚实，因而其获得的利息率也越低。

（2）信贷融资担保的逆向选择和道德风险理论。Stiglitz 和 Weiss（1981）提出了信贷融资担保的逆向选择理论。他们认为融资担保体系并没有消除信贷配给，当银行提高对抵押品的要求时，愿意提供抵押品的企业通常是高风险的借款人，而低风险借款人会逐渐退出信贷市场，这类逆向选择问题反而增加了银行的贷款风险。此外，Chan 和 Thakor（1987）发展了 Stiglitz 和 Weiss（1981）的理论模型，他们发现由于道德风险问题的存在，高质量的借款人可能会被要求提供更多的抵押品，因而可能导致这类借款人被排挤出信贷市场。

（3）信贷融资担保的信号理论。Chan 和 Kanatas（1985）基于信息不对称理论，研究了信贷融资担保的信号功能。他们认为抵押品能够作为借款人履约能力的积极信号，抵押品交易成本的存在使得借款人愿意向银行提供真实的信息。因此，借款人的质量与其愿意提供的抵押品数量是正相关的。

（4）信贷融资担保的关系借款理论。银行与借款人之间的信息不对称增加了贷款活动的代理成本。通常情形下，通过与银行建立良好的关系，借款人能够获得更为优惠的贷款条件。Hester（1979）认为银行将与借款人的关系是贷款决策中一项十分重要的非价格因素，良好的银企关系能够更好地控制贷款风险。Boot 和 Thakor（1994）也认为良好的银企关系对于银行与借款人都是有利的，一方面能够降低银行的贷款风险，另一方面也能降低借款人的融资成本。

2. 债务担保的动机研究

债务担保行为的动机与担保方的身份特征密切相关。根据担保方的身份特征对担保行为进行区分，债务担保行为可分为以下几类：一是政府提供的债务担保行为；二是专业担保机构提供的债务担保行为；三是一般企业提供的债务担保行为。政府提供此类债务担保的主要动机是为了达到政府的政策目标（Wang，2004；Uesugi 等，2010），专业担保机构提供此类债务担保的动机则是为了获取一笔可观的担保费用（Shim，2006），而一般企业提供债务担保的动机则可能是为了促进与商业伙伴的进一步合作或者为了缓解企业所在集团的融资约束（Chang 和 Hong，2000；Fisman 和 Wang，2010）。本书主要研究的是第三类债务担保行为，即一般企业提供的债务担保行为。

（1）债务担保的影响因素研究。许多学者已经对影响企业债务担保行为的因素做了一些探索，发现所有权性质与结构、银企关系和企业财务特征等因素均对企业的债务担保行为产生影响。

Jian 和 Xu（2012）发现国有企业更有可能为他人提供债务担保，因为国有企业有来自政府的隐性支持，担保行为获得债权人认可的可能性更大。除了所有权性质，一些研究人员也发现所有权结构对企业的债务担保行为也有重要影响。王立彦和林小驰（2007）认为控股股东持股比例越高，控股股东与企业的利益协同效应也越好，使得控股股东不太会通过债务担保实施掏空行为。可是，李治国（2010）认为控股股东持股比例与企业的债务担保行为是倒 U 型的：当控股股东持股比例较低时，控股股东的掏空动机占据主导效应，此时企业的债务担保行为与控股股东持股比例正相关；当控股股东持股比例较高时，利益协同效应起主要作用，此时两者的关系呈负相关。

罗党论和唐清泉（2007）发现一项良好的银企关系也会增加企业提供债务担保的可能性，因为这类企业的债务担保成本相对更低。除了良好的银企关系，担保人与借款人良好的关系也能增加担保决策的正确性，因为良好的私人关系使得担保方能够获取借款人更多的私人信息，导致信息不对称程度较低，借款人的违约风险能够得到较好的控制（贺勇等，2011）。

一些学者还关注了其他因素对企业债务担保行为的影响。李治国（2010）发现独立董事制度能够有效约束企业为控股股东提供债务担保。从宏观因素视角，陈凌云等（2011）发现在市场化水平高的地区，企业债务担保行为更少。

（2）债务担保的经济后果研究。关于债务担保行为的经济后果，现有文献主要分为两类：一类文献认为债务担保制度降低了资本市场上的信息不对称，促进了资本市场的发展；另一类文献认为提供债务担保增加了担保方的风险，可能导致资本市场不稳定。

以往的许多研究发现，由于资本市场是不完美的，因此资本市场上的信息不对称约束了许多企业的融资活动，特别是约束了中小企业的融资（Laeven，2003；Beck 和 Demirguc－Kunt，2006）。这种情况使得企业的债务担保行为变得非常普遍（Cowling 和 Mitchell，2003）。许多研究发现债务担保能够增强被担保方的融资能力，并降低其融资成本（Khanna 和 Palepu，2000）。Bartoli 等（2013）研究了互助担保组织在企业贷款中的作用，他们发现互助担保组织内部的企业更少面临融资约束的情况。

第二类文献关注了债务担保制度的风险问题。债务担保制度确实降低了银行和借款人之间的信息不对称问题，缓解了借款人的融资约束，但这也带来了担保方与银行、担保方与借款人之间新的信息不对称问题（冯根福等，2005；刘伟，2007）。企业提供债务担保的行为使得担保方更容易陷入财务困境和诉讼之中（龚凯颂和吴静，2005；高雷和宋顺林，2007）。一些研究还发现企业的债务担保行为显著降低了担保方的市场价值和成长性等（刘小年和郑仁满，2005）。此外，企业互相提供债务担保形成了许多巨大的"担保圈"，一旦"担保圈"内出现企业的债务违约事件，"担保圈"内的其他企业也十分容易被卷入这一违约事件（刘海明等，2016）。许多研究者也都认为这类"担保圈"的风险是非常大的，极易形成多米诺骨牌效应（蔡利剑和张人骥，2005）。

由此看来，债务担保行为可能缓解被担保企业的融资约束，但也可能给担保方带来巨大的财务风险。这类增加的财务风险可能因此提高担保方的外部融资成本。鉴于以往的许多研究主要关注债务担保行为给借款人融资环境带来的改善，本研究将主要分析债务担保行为给担保方融资环境带来的风险。

（3）中小企业债务担保计划。在中小企业融资难的问题十分普遍的情况下，许多国家实施了中小企业债务担保计划，以帮助中小企业进行债务融资。Kang 和 Heshmati（2008）关注了韩国的信用担保政策，他们发现更高的信用担保频率能够帮助借款人取得更好的企业绩效。Oh 等（2009）同样关注了韩国的这一政策，他们也认为政府的信用担保政策显著提升了被担保企业的生存概率。Cowling（2010）研究了英国政府 1981 年实施的债务担保计划的政策效果，他发现这一计划极大缓解了中小企业的融资约束问题。这些政府的债务担保计划不仅缓解了中小企业的融资难问题，有些研究还发现这类计划有利于降低失业率，增加政府的税收收入等（Bradshaw，2002）。

3. 会计稳健性文献综述

（1）会计稳健性的动机与影响因素研究。Watts（2003）认为会计稳健性的动机包括四类：契约动机、股东诉讼动机、税收动机和会计监管动机，其中契约动机又主要包含债务契约、高管薪酬契约等。自从 Basu（1997）的研究以来，许多实证研究发现了一系列影响会计稳健性的因素，而这些因素之所以能够影响会计稳健性，原因也主要来源于这四类动机中的一个或多个。

Ball 等（2008）研究发现债权人的需求是会计稳健性存在的一个重要因素，而 Ball 和 Shivakumar（2005）发现权益投资者对会计稳健性也有需求。一些研究者还关注了所有权性质和结构对会计稳健性的影响，如朱凯和陈信元（2006）发现国有企业一般具有比非国有企业更低程度的会计稳健性，LaFond（2005）研究发现所有权集中度较高的企业具有更低程度的会计稳健性。Lara 等（2009）则分析了公司治理对会计稳健性的影响，他们发现公司治理较好的企业一般具有较高程度的会计稳健性。Jenkins 和 Velury（2008）则研究了外部治理机制与会计稳健性的关系，他们发现审计师任期越长，企业的会计稳健性也越高。还有研究者关注了一些其他因素对会计稳健性的影响，例如，Kanagaretnam 等（2014）则发现具有个人主义文化的国家，其企业具有较低程度的会计稳健性。

（2）会计稳健性的经济后果研究。许多研究认为会计稳健性能够缓解信息不对称问题，降低代理成本（LaFond 和 Watts，2008；Khan 和 Watts，2009）。那么，会计稳健性究竟能给企业带来什么实实在在的经济后果呢？许多学者对此展开了探讨，这些文献主要包括两类：一类是会计稳健性对企业融资活动的影响，另一类是会计稳健性对企业投资活动的影响。

Ahmed 等（2002）和 Zhang（2008）研究认为更加稳健的会计信息能够缓解债权人和股东的代理问题，从而降低企业的债务融资成本。陶晓慧和柳建华（2010）的研究发现，更高程度的会计稳健性能够帮助企业得到更多的长期借款。还有一些文献关注了会计稳健性对权益融资的影响，如 Lara 等（2006）认为更高的会计稳健性也能够降低权益融资成本。

关于会计稳健性对企业投资活动的影响，Francis 和 Martin（2010）发现更高程度的会计稳健性有利于管理层做出更有价值的并购决策，从而改善投资效率；Lara 等（2010）则认为具有更高会计稳健性的企业较少会出现过度投资和投资不足的问题。

4. 债务成本研究献综述

近些年来，债务成本的相关研究已经吸引了众多学者的关注。基于本书的研究目的，本书仅对债务成本的影响因素进行回顾。

先前的研究中，已有学者关注了债务担保对借款人债务成本的影响。Riding 和 Haines（2001）发现债务担保制度使得中小企业能够以更低的融资成本获得银行贷款，Samujh 等（2012）则发现债务担保能够帮助初创企业获得成本更低的债务融资。也有学者关注了所有权性质对债务成本的影响，如 Sapienza（2004）和 Boubakri 等（2008）发现国有企业向银行借款时能够得到更优惠的利率。还有研究发现公司治理对债务成本的影响，如 Anderson 等（2004）发现债务成本与董事会独立性和规模负相关，Gul 等（2013）则发现审计师等级越高，企业的债务融资成本越低。此外，信息披露质量越高、信用评级越好的企业也具有更低的债务成本（Sengupta，1998；Yeh 等，2013）。

四、研究假设

1. 债务担保与会计稳健性

作为缓解企业融资约束的一种重要方式，债务担保制度使得有融资需求的企业更容易获得债务融资，促进了资本市场的发展。与此同时，债务担保制度也给资本市场带来了新的风险，特别是对那些提供债务担保的企业。首先，债务担保行为使得担保方面临来自借款人的逆向选择风险。大多数需要债务担保的借款人正处于财务困境或是没有足够抵押品，而大多数低风险的借款人很少需要他人提供债务担保（刘伟，2007）。其次，债务担保行为也使得担保方面临来自借款人的道德风险。在获得银行贷款后，借款人可能将获得的贷款资金滥用在一些非预定项目上，如在职消费等（刘伟，2007）。再次，担保方还面临来自银行的道德风险问题。在担保方为贷款提供债务担保后，银行在发放贷款前可能放松对借款人的资信审查，在发放贷款后还可能疏于监管贷款资金的使用（冯根福等，2005）。这些逆向选择和道德风险问题大大增加了担保方的财务风险。一旦借款人债务违约，担保方将不得不代为偿还这些债务，这种情形增加了担保方自身债务违约的可能性。因此，担保方的债权人可能要求担保方提供更加稳健的财务报告，以便及时意识到债务担保行为可能带来的风险。

企业的债务担保行为增加了债权人对会计稳健性的需求，可为什么这些企业愿意提供更加稳健的会计信息呢？首先，稳健的会计信息能够使得企业从债务市场获益，如获得更优惠的债务融资条件（Ahmed 等，2002；Zhang，2008）；其次，更加稳健的会计信息能够使得管理层和外部审计师面临相对更小的股东诉讼风险（Watts，2003；Huijgen，2005）。因此，本研究提出假设 1：

H1：企业的会计稳健性程度与债务担保行为正相关。

企业为不同对象提供债务担保带来的风险可能是不一样的。当为非子公司提供债务担保时，企业不能控制被担保企业的经营活动，信息不对称程度相对比较高，被担保企业可能做出违背担保企业利益的举动，如滥用担保所得贷款等。当为子公司提供债务担保时，担保企业与被担保企业的信息不对称程度较低，违背担保企业利益的可能性也比较低。因此，相对于为子公司提供担保，为非子公司提供债务担保将给担保方带来更大的风险，担保方的债权人也因此要求更高的会计稳健性。

H2：相对于为子公司提供债务担保，为非子公司提供债务担保使得会计稳健性的提升程度更为明显。

企业为非子公司提供的债务担保可以进一步区分为为控股股东担保和为非控股股东担保，而为这两类对象提供债务担保所带来的风险也是有差异的。许多研究表明债务担保是控股股东掏空企业的一种重要手段（Johnson 等，2000；Berkman 等，2009；Jiang 等，2010），因而当企业为控股股东担保时，债权人可能担心这类债务担保是控股股东在实施利益掏空行为。郑建明等（2007）也发现为控股股东提供债务担保是最为危险的一类债务担保。因此，当企业为控股股东提供债务担保时，担保方的债权人可能会要求被担保方提供更加稳健的会计信息。

H3：相对于为非控股股东提供债务担保，为控股股东提供债务担保使得会计稳健性的提升程度更为明显。

债务担保的期限越长，担保方承担的风险也将会越大，孙艳等（2010）也认为更长的担保期限增加了条件负债转化为非条件负债的可能性。因此，担保方的债权人可能要求更为稳健的会计信息。

H4：企业的会计稳健性程度与债务担保期限正相关。

2. 债务担保与债务成本

企业为他人的银行借款提供债务担保，一旦债务人不能及时归还借款（即债务违约），担保方将不得不承担债务偿还责任。如果发生了这类债务违约，担保方将需要筹集额外的资金归还这些借款。这类情况显著增加了担保方自身的债务违约风险，因而增加了担保方自身的融资约束（Valta，2012）。债务担保本质上是担保企业的或有负债，银行等债权人在借款给担保企业时可能会考虑这类或有负债所带来的违约风险。许多研究发现，企业债务成本的高低主要由借款人的违约风险决定，违约风险越高，债务成本也将会越高（Fisher，1959；Bhojraj 和 Sengupta，2003；Valta，2012）。企业的债务担保行为增加了担保方自身的财务风险，因而担保方的债权人可能要求更高的利息回报（即担保企业的债务成本）来弥补企业因债务担保行为所增加的违约风险。

H5：企业的债务成本与债务担保行为正相关。

相对于为非子公司提供债务担保，企业为子公司提供债务担保会带来更低的财务风险。通常情况下，母公司能够实质上控制子公司的经营决策，十分了解子公司（即被担保方）的经营状况，这一情形降低了担保方与被担保方的信息不对称程度（Merton 和 Bodie，1992）。此外，母公司也能在子公司建立严格的内部控制机制，从而控制债务担保行为给母公司带来的风险。与此不同，当企业为非子公司提供债务担保时，被担保方与担保方之间存在较高的信息不对称，被担保方的道德风险问题及其他委托代理问题可能更为严重。这种情形下，被担保方更可能做出违背担保方利益的行为（如将担保所得借款用于在职消费或是其他非预定项目）。因此，相对于为子公司提供担保，企业为非子公司提供债务担保带来的风险更大，担保方的债权人也将会因此而要求更高的利息回报（即担保企业的债务成本）。

H6：相对于为子公司提供债务担保，为非子公司提供债务担保使得债务成本的提升程度更为明显。

由于控股股东和中小股东存在利益冲突，因此控股股东具有攫取中小股东利益的强烈动机。与此同时，由于控股股东对企业的经营决策具有控制权，因而控股股东也具有相应的能力来攫取中小股东的财富。控股股东通常会采用让该企业为自己或自己的全资控股机构提供债务担保的方式对企业实施掏空行为（Johnson 等，2000；Jiang 等，2010），这样的掏空行为损害了中小股东的利益。除此之外，这类掏空行为将担保企业的信用资源转移到了控股股东，增加了担保方自身的债务违约风险，也损害了担保企业债权人的利益。当企业为控股股东提供债务担保时，担保方的债权人具有强烈的理由怀疑这可能是控股股东正在实施掏空行为。因此，相对于为非控股股东提供担保，企业为控股股东提供担保带来的风险更大，因而导致担保企业的债权人将会要求更高的利息回报（即担保企业的债务成本）。

H7：相对于为非控股股东提供债务担保，为控股股东提供债务担保使得债务成本的提升程度更为明显。

由于长期贷款的期限较长，债权人的投资不确定性较高，因而通常情形下债权人对长期贷款会要求更高的利息回报率。与此类似，企业提供债务担保的期限越长，自身经营受到债务担保行为影响的不确定性也越高。孙艳等（2010）的研究也发现，债务担保的期限越长，担保方所承担的风险也越大，其债权人的资金安全风险也将越高。因此，担保方的债权人可能因此要求更高的利息回报（即担保企业的债务成本）。

H8：企业的债务成本与债务担保期限正相关。

3. 债务担保、会计稳健性与债务成本

根据前文的分析，企业的债务担保行为将增加其会计稳健性程度，而会计稳健性程度的增加又将降低企业的债务融资成本（Ahmed 等，2002）。因此，企业的债务担保行为能够通过增加会计稳健性而降低企业的债务融资成本。与此同时，企业的债务担保行为增加了自身债务违约的可能性，从而导致其债务融资成本的提升。因此，债务担保行为对债务成本的影响可能存在两条路径：一条是债务担保行为对债务成本的直接正向影响，另一条是债务担保通过会计稳健性对债务成本的间接负向影响。由于两条路径具有相反方向，本研究预期会计稳健性对债务担保与债务成本之间的正向关系具有遮掩效应。

H9：会计稳健性对债务担保与债务成本的正向关系具有遮掩效应。

4. 债务担保、国有股权与债务成本

由于国有企业有来自政府的支持，它们通常能够更容易地获得银行贷款以及更低的贷款利率（Sapienza，2004；Boubakri 等，2008）。与此同时，即使这类企业陷入财务困境，它们也更有可能获得政府补助。此外，许多国有企业仍然控制着一些与国家安全和人民生存相关的行业，如能源、公用事业等行业，政府不太可能让这类国有企业破产（Borisova 和 Megginson，2011）。这些情形都降低了国有企业债务违约的可能性。因此，当国有企业提供债务担保时，担保方的债权人可能认为这类企业的债务担保行为的风险相对较低，进而可能降低对投资回报率的要求。

H10：相对于非国有企业，国有企业的债务担保行为对自身债务成本的正向影响更弱。

在很长一段时间里，地方经济的发展（通常采用 GDP 衡量）是地方政府官员政绩考核一项十分重要的标准（赵兴楣和王华，2011）。为了获得政治升迁，地方政府官员通常会努力提升本地的 GDP 水平。他们通常采用的手段就是通过扩大投资来拉升 GDP，可是债务成本的上升将不利于扩大投资。因此，当地方政府控制的国有企业由于提供债务担保而导致债务成本上升时，地方政府可能会向银行施压，要求降低债务担保行为的风险溢价水平。对于中央政府控制的国有企业，政府的介入可能会更少一些，因为中央政府更多地考虑是维护政府的声誉（夏立军和方轶强，2005）。因此，相对于中央政府控制的国企，地方政府控制的国企的债务担保行为对债务成本的正向影响可能更弱。

H11：相对于中央政府控制的国有企业，地方政府控制的国有企业的债务担保行为对自身债务成本的正向影响更弱。

第二节 债务担保、会计稳健性与债务成本关系实证检验

一、研究设计

1. 会计稳健性模型

为了研究债务担保行为对担保方会计稳健性的影响，本研究在 Basu 模型的基础上添加了债务担保变量及相关控制变量，从而得到了本研究的会计稳健性模型。用来验证 H1 的模型（6-1）如下：

$$X_{it} = \beta_0 + \beta_1 DR_{it} + \beta_2 R_{it} + \beta_3 DR_{it} \times R_{it} + \beta_4 GUA_{it} + \beta_5 DR_{it} \times GUA_{it} + \beta_6 R_{it} \times GUA_{it} + \beta_7 DR_{it} \times R_{it} \times GUA_{it} + \beta_8 MTB_{it} + \beta_9 DR_{it} \times MTB_{it} + \beta_{10} R_{it} \times MTB_{it} + \beta_{11} DR_{it} \times R_{it} \times MTB_{it} + \beta_{12} LEV_{it} + \beta_{13} DR_{it} \times LEV_{it} + \beta_{14} R_{it} \times LEV_{it} + \beta_{15} DR_{it} \times R_{it} \times LEV_{it} + \beta_{16} SIZE_{it} + \beta_{17} DR_{it} \times SIZE_{it} + \beta_{18} R_{it} \times SIZE_{it} + \beta_{19} DR_{it} \times R_{it} * SIZE_{it} + \varepsilon \qquad (6-1)$$

为了研究为非子公司提供债务担保和为子公司提供债务担保对会计稳健性影响的差异，本研究在模型（6-1）的基础上将 GUA_{it} 替换为 $NSUB_{it}$ 和 SUB_{it}，从而得到了检验 H2 的模型（6-2）：

$$X_{it} = \beta_0 + \beta_1 DR_{it} + \beta_2 R_{it} + \beta_3 DR_{it} \times R_{it} + \beta_4 NSUB_{it} + \beta_5 DR_{it} \times NSUB_{it} + \beta_6 R_{it} \times NSUB_{it} + \beta_7 DR_{it} \times R_{it} \times NSUB_{it} + \beta_8 SUB_{it} + \beta_9 DR_{it} \times SUB_{it} + \beta_{10} R_{it} \times SUB_{it} + \beta_{11} DR_{it} \times R_{it} \times SUB_{it} + \beta_{12} MTB_{it} + \beta_{13} DR_{it} \times MTB_{it} + \beta_{14} R_{it} \times MTB_{it} + \beta_{15} DR_{it} \times R_{it} \times MTB_{it} + \beta_{16} LEV_{it} + \beta_{17} DR_{it} \times LEV_{it} + \beta_{18} R_{it} \times LEV_{it} + \beta_{19} DR_{it} \times R_{it} \times LEV_{it} + \beta_{20} SIZE_{it} + \beta_{21} DR_{it} \times SIZE_{it} + \beta_{22} R_{it} \times SIZE_{it} + \beta_{23} DR_{it} \times R_{it} \times SIZE_{it} + \varepsilon \qquad (6-2)$$

为了检验为控股股东提供债务担保和为非控股股东提供债务担保对会计稳健性影响的差异,本研究在模型(6-2)的基础上将 $NSUB_{it}$ 替换为 $CTROL_{it}$ 和 $NCTROL_{it}$,得到了检验 H3 的模型(6-3):

$$X_{it} = \beta_0 + \beta_1 DR_{it} + \beta_2 R_{it} + \beta_3 DR_{it} \times R_{it} + \beta_4 SUB_{it} + \beta_5 DR_{it} \times SUB_{it} + \beta_6 R_{it} \times SUB_{it} + \beta_7 DR_{it} \times R_{it} \times SUB_{it} + \beta_8 CTROL_{it} + \beta_9 DR_{it} \times CTROL_{it} + \beta_{10} R_{it} \times CTROL_{it} + \beta_{11} DR_{it} \times R_{it} \times CTROL_{it} + \beta_{12} NCTROL_{it} + \beta_{13} DR_{it} \times NCTROL_{it} + \beta_{14} R_{it} \times NCTROL_{it} + \beta_{15} DR_{it} \times R_{it} \times NCTROL_{it} + \beta_{16} MTB_{it} + \beta_{17} DR_{it} \times MTB_{it} + \beta_{18} R_{it} \times MTB_{it} + \beta_{19} DR_{it} \times R_{it} \times MTB_{it} + \beta_{20} LEV_{it} + \beta_{21} DR_{it} \times LEV_{it} + \beta_{22} R_{it} \times LEV_{it} + \beta_{23} DR_{it} \times R_{it} \times LEV_{it} + \beta_{24} SIZE_{it} + \beta_{25} DR_{it} \times SIZE_{it} + \beta_{26} R_{it} \times SIZE_{it} + \beta_{27} DR_{it} \times R_{it} \times SIZE_{it} + \varepsilon \qquad (6-3)$$

基于模型(6-1),本研究将 GUA_{it} 替换为 $GUATERM_{it}$,用以检验担保期限对会计稳健性的影响。具体来说,检验 H4 的模型(6-4)如下:

$$X_{it} = \beta_0 + \beta_1 DR_{it} + \beta_2 R_{it} + \beta_3 DR_{it} \times R_{it} + \beta_4 GUATERM_{it} + \beta_5 DR_{it} \times GUATERM_{it} + \beta_6 R_{it} \times GUATERM_{it} + \beta_7 DR_{it} \times R_{it} \times GUATERM_{it} + \beta_8 MTB_{it} + \beta_9 DR_{it} \times MTB_{it} + \beta_{10} R_{it} \times MTB_{it} + \beta_{11} DR_{it} \times R_{it} \times MTB_{it} + \beta_{12} LEV_{it} + \beta_{13} DR_{it} \times LEV_{it} + \beta_{14} R_{it} \times LEV_{it} + \beta_{15} DR_{it} \times R_{it} \times LEV_{it} + \beta_{16} SIZE_{it} + \beta_{17} DR_{it} \times SIZE_{it} + \beta_{18} R_{it} \times SIZE_{it} + \beta_{19} DR_{it} \times R_{it} \times SIZE_{it} + \varepsilon \qquad (6-4)$$

2. 债务成本模型

(1)债务担保与债务成本。为了研究债务担保对债务成本的影响,本研究构建了模型(6-5)来验证 H5:

$$COSTDEBT_{it} = \beta_0 + \beta_1 GUA_{it} + \beta_2 SIZE_{it} + \beta_3 LEV_{it} + \beta_4 ROA_{it} + \beta_5 CFO_{it} + \beta_6 GROWTH_{it} + \beta_7 BIG4_{it} + \beta_8 TANGIBLE_{it} + \beta_9 AGE_{it} + \beta_{10} S1_{it} + \sum \beta_i INDUSTRY + \sum \beta_j YEAR + \varepsilon \qquad (6-5)$$

为了检验为非子公司提供债务担保和为子公司提供债务担保对债务成本影响的差异,本研究基于模型(6-5)构建了如下模型来验证 H6:

$$COSTDEBT_{it} = \beta_0 + \beta_1 NSUB_{it} + \beta_2 SUB_{it} + \beta_3 SIZE_{it} + \beta_4 LEV_{it} + \beta_5 ROA_{it} + \beta_6 CFO_{it} + \beta_7 GROWTH_{it} + \beta_8 BIG4_{it} + \beta_9 TANGIBLE_{it} + \beta_{10} AGE_{it} + \beta_{11} S1_{it} + \sum \beta_i INDUSTRY + \sum \beta_j YEAR + \varepsilon \qquad (6-6)$$

为了检验为控股股东提供债务担保和为非控股股东提供债务担保对债务成本影响的差异,本研究基于模型(6-6)构建了如下模型来验证 H7:

$$COSTDEBT_{it} = \beta_0 + \beta_1 SUB_{it} + \beta_2 CTROL_{it} + \beta_3 NCTROL_{it} + \beta_4 SIZE_{it} + \beta_5 LEV_{it} +$$

$$+ \beta_6 ROA_{it} + \beta_7 CFO_{it} + \beta_8 GROWTH_{it} + \beta_9 BIG4_{it} + \beta_{10} TANGIBLE_{it} + \beta_{11} AGE_{it} + \beta_{12} S1_{it}$$
$$+ \sum \beta_i INDUSTRY + \sum \beta_j YEAR + \varepsilon \qquad (6-7)$$

为了检验担保期限对担保方债务成本的影响，本研究构建了如下模型来验证 H8：

$$COSTDEBT_{it} = \beta_0 + \beta_1 GUATERM_{it} + \beta_2 SIZE_{it} + \beta_3 LEV_{it} + \beta_4 ROA_{it} + \beta_5 CFO_{it}$$
$$+ \beta_6 GROWTH_{it} + \beta_7 BIG4_{it} + \beta_8 TANGIBLE_{it} + \beta_9 AGE_{it} + \beta_{10} S1_{it} + \sum \beta_i INDUSTRY$$
$$+ \sum \beta_j YEAR + \varepsilon \qquad (6-8)$$

(2) 债务担保、会计稳健性与债务成本。为了检验会计稳健性对债务担保与债务成本关系的遮掩效应，根据温忠麟等 (2004) 及温忠麟和叶宝娟 (2014) 的研究，本研究采用 Baron 和 Kenny (1986) 提出的逐步法对 H9 展开研究。具体地，本研究采用以下三个回归模型来进行检验：

$$COSTDEBT_{it} = \beta_0 + \beta_1 GUA_{it} + \beta_2 SIZE_{it} + \beta_3 LEV_{it} + \beta_4 ROA_{it} + \beta_5 CFO_{it} + \beta_6 GROWTH_{it}$$
$$+ \beta_7 BIG4_{it} + \beta_8 TANGIBLE_{it} + \beta_9 AGE_{it} + \beta_{10} S1_{it} + \varepsilon \qquad (6-9)$$

$$C\_SCORE_{it} = \beta_0 + \beta_1 GUA_{it} + \beta_2 SIZE_{it} + \beta_3 LEV_{it} + \beta_4 ROA_{it} + \beta_5 CFO_{it} + \beta_6 GROWTH_{it}$$
$$+ \beta_7 BIG4_{it} + \beta_8 TANGIBLE_{it} + \beta_9 AGE_{it} + \beta_{10} S1_{it} + \varepsilon \qquad (6-10)$$

$$COSTDEBT_{it} = \beta_0 + \beta_1 GUA_{it} + \beta_2 C\_SCORE_{it} + \beta_3 SIZE_{it} + \beta_4 LEV_{it} + \beta_5 ROA_{it} + \beta_6 CFO_{it}$$
$$+ \beta_7 GROWTH_{it} + \beta_8 BIG4_{it} + \beta_9 TANGIBLE_{it} + \beta_{10} AGE_{it} + \beta_{11} S1_{it} + \varepsilon \qquad (6-11)$$

(3) 债务担保、国有股权与债务成本。为了检验国有股权对债务担保与债务成本关系的调节效应，本研究构建了模型 (6-12) 对 H10 进行验证：

$$COSTDEBT_{it} = \beta_0 + \beta_1 GUA_{it} + \beta_2 SOE_{it} + \beta_3 GUA_{it} \times SOE_{it} + \beta_4 SIZE_{it} + \beta_5 LEV_{it}$$
$$+ \beta_6 ROA_{it} + \beta_7 CFO_{it} + \beta_8 GROWTH_{it} + \beta_9 BIG4_{it} + \beta_{10} TANGIBLE_{it} + \beta_{11} AGE_{it} + \beta_{12} S1_{it}$$
$$+ \sum \beta_i INDUSTRY + \sum \beta_j YEAR + \varepsilon \qquad (6-12)$$

为了检验中央政府所有权和地方政府所有权对债务担保与债务成本关系调节效应的差异，本研究构建了模型 (6-13) 对 H11 进行验证：

$$COSTDEBT_{it} = \beta_0 + \beta_1 GUA_{it} + \beta_2 CENTRAL_{it} + \beta_3 LOCAL_{it} + \beta_4 GUA_{it} \times CENTRAL_{it}$$
$$+ \beta_5 GUA_{it} \times LOCAL_{it} + \beta_6 SIZE_{it} + \beta_7 LEV_{it} + \beta_8 ROA_{it} + \beta_9 CFO_{it} + \beta_{10} GROWTH_{it} + \beta_{11} BIG4_{it}$$
$$+ \beta_{12} TANGIBLE_{it} + \beta_{13} AGE_{it} + \beta_{14} S1_{it} + \sum \beta_i INDUSTRY + \sum \beta_j YEAR + \varepsilon \qquad (6-13)$$

基于上一小节所提的研究假设，本节详细阐述了本研究的研究设计，包括数据来源、样本选择、变量度量和模型设定。表 6-1 汇总了本研究所涉及的变量及其定义。

表 6-1   变量定义

变量	变量解释
$COSTDEBT_{it}$	债务成本，即利息费用/平均负债总额×100
X_{it}	每股盈余/年初每股股价

续表

变量	变量解释
R_{it}	经市场调整的公告期回报率，即从当年 5 月份至下年 4 月份的个股累计回报率减去相应期间市场价值加权的市场回报率
DR_{it}	当 R_{it} 为负值时取值为 1，否则为 0
GUA_{it}	当企业在当年年末存在债务担保余额时取值为 1，否则为 0
SUB_{it}	为子公司提供债务担保的金额/期末总资产
$NSUB_{it}$	为非子公司提供债务担保的金额/期末总资产
$CTROL_{it}$	为控股股东提供债务担保的金额/期末总资产
$NCTROL_{it}$	在为非子公司提供债务担保中，为非控股股东提供债务担保的金额/期末总资产，即 $NCTROL_{it} = NSUB_{it} - CTROL_{it}$
$GUATERM_{it}$	债务担保期限，即 ln（1 + 担保规模加权的剩余担保天数）
C_SCORE_{it}	稳健性得分，根据 Khan 和 Watts（2009）的研究计算得出的会计稳健性度量指标
SOE_{it}	当企业的所有权性质为国有时取值为 1，否则为 0
$CENTRAL_{it}$	当企业为中央政府控制的国有企业时取值为 1，否则为 0
$LOCAL_{it}$	当企业为地方政府控制的国有企业时取值为 1，否则为 0
MAO_{it}	财务报告被出具非标准审计意见时取值为 1，否则为 0
MTB_{it}	市账比，即每股市价/每股净资产
LEV_{it}	财务杠杆率，即期末负债总额/期末权益市值
$SIZE_{it}$	企业规模，即期末权益市值的自然对数
ROA_{it}	总资产报酬率，即（利润总额 + 利息支出）/平均资产总额
CFO_{it}	经营活动现金净流量，即本期经营活动现金流量净额/期末总资产
$GROWTH_{it}$	销售增长率，即（本期营业收入 - 上期营业收入）/上期营业收入
$BIG4_{it}$	审计师是国际四大时取值为 1，否则为 0
$TANGIBLE_{it}$	有形资产率，即（期末非流动资产 - 期末无形资产净额）/期末总资产
AGE_{it}	上市年数，即公司股票在上海或深圳交易所上市交易的年数
$S1_{it}$	股权集中度，即第一大股东持股比例
INDUSTRY	当样本为某一特定行业时取值为 1，否则为 0
YEAR	当样本为某一特定年份时取值为 1，否则为 0

二、实证分析

1. 会计稳健性模型实证结果

（1）描述性统计分析。表 6 - 2 展示了会计稳健性模型中变量的描述性统计指标，主要报告了变量的均值、中位数、标准差、最小值和最大值等。

(2) 多元回归分析。为了降低可能存在的多重共线性问题的影响，本研究将所有交互项进行了中心化处理。表 6-3 展示了模型 (6-6) 至模型 (6-9) 的回归

表 6-2　会计稳健性模型的描述性统计

Varable	N	Mean	Std. Dev	Min	P25	Median	P75	Max
X_{it}	10239	0.028	0.056	-0.220	0.007	0.024	0.050	0.203
DR_{it}	10239	0.500	0.500	0.000	0.000	1.000	1.000	1.000
R_{it}	10239	0.084	0.419	-0.773	-0.168	0.000	0.242	1.830
GUA_{it}	10239	0.616	0.486	0.000	0.000	1.000	1.000	1.000
$NSUB_{it}$	10041	0.015	0.043	0.000	0.000	0.000	0.002	0.272
SUB_{it}	10042	0.040	0.069	0.000	0.000	0.003	0.054	0.351
$CTROL_{it}$	8228	0.005	0.025	0.000	0.000	0.000	0.000	0.188
$NCTROL_{it}$	8212	0.009	0.028	0.000	0.000	0.000	0.000	0.173
$GUATERM_{it}$	6144	2.678	3.120	0.000	0.000	0.000	5.809	8.191
MTB_{it}	10239	3.960	5.017	-8.941	1.682	2.728	4.594	35.194
LEV_{it}	10239	0.672	0.781	0.017	0.179	0.387	0.843	4.200
$SIZE_{it}$	10239	22.325	1.058	20.279	21.584	22.172	22.917	25.472

结果。研究结果表明，企业的债务担保行为提高了担保企业自身的会计稳健性；相对于为子公司提供担保，为非子公司提供担保导致会计稳健性提高得更多；相对于为非控股股东提供担保，为控股股东提供债务担保导致会计稳健性提高得更多；企业债务担保行为的期限越长，会计稳健性也越高。研究结果显示本研究的 H1—H4 均得到了验证。

表 6-3　债务担保与会计稳健性关系 (H1—H4)

X_{it}	(1)	(2)	(3)	(4)
Intercept	-0.373***	-0.373***	-0.380***	-0.355***
	(-16.977)	(-16.616)	(-15.647)	(-14.265)
DR_{it}	0.002	0.002	0.001	-0.001
	(0.887)	(1.084)	(0.685)	(-0.693)
R_{it}	0.025***	0.026***	0.023***	0.018***
	(9.130)	(9.308)	(7.650)	(5.753)
$DR_{it} \times R_{it}$	0.036***	0.036***	0.031***	0.025***
	(6.271)	(6.203)	(4.930)	(3.855)
GUA_{it}	0.005***			
	(2.841)			

续表

X_{it}	(1)	(2)	(3)	(4)
$DR_{it} \times GUA_{it}$	0.005			
	(1.495)			
$R_{it} \times GUA_{it}$	0.012***			
	(2.625)			
$DR_{it} \times R_{it} \times GUA_{it}$	0.020**			
	(2.218)			
$NSUB_{it}$		0.012		
		(0.539)		
$DR_{it} \times NSUB_{it}$		0.086**		
		(2.017)		
$R_{it} \times NSUB_{it}$		0.144**		
		(1.996)		
$DR_{it} \times R_{it} \times NSUB_{it}{}^{a}$		0.406***		
		(2.859)		
SUB_{it}		-0.008	-0.014	
		(-0.460)	(-0.689)	
$DR_{it} \times SUB_{it}$		0.056**	0.046	
		(2.004)	(1.401)	
$R_{it} \times SUB_{it}$		0.068*	0.056	
		(1.740)	(1.211)	
$DR_{it} \times R_{it} \times SUB_{it}{}^{b}$		0.085	0.062	
		(1.124)	(0.676)	
$CTROL_{it}$			0.020	
			(0.518)	
$DR_{it} \times CTROL_{it}$			-0.019	
			(-0.236)	
$R_{it} \times CTROL_{it}$			-0.101	
			(-0.920)	
$DR_{it} \times R_{it} \times CTROL_{it}{}^{c}$			0.604***	
			(2.741)	
$NCTROL_{it}$			0.003	
			(0.074)	

续表

X_{it}	(1)	(2)	(3)	(4)
$DR_{it} \times NCTROL_{it}$			0.114	
			(1.580)	
$R_{it} \times NCTROL_{it}$			0.199*	
			(1.795)	
$DR_{it} \times R_{it} \times NCTROL_{it}^{d}$			0.053	
			(0.236)	
$GUATERM_{it}$				0.001**
				(2.293)
$DR_{it} \times GUATERM_{it}$				0.001
				(1.308)
$R_{it} \times GUATERM_{it}$				0.002**
				(2.182)
$DR_{it} \times R_{it} \times GUATERM_{it}$				0.003*
				(1.769)
MTB_{it}	-0.001***	-0.001***	-0.001***	-0.001***
	(-3.336)	(-3.427)	(-2.913)	(-2.908)
$DR_{it} \times MTB_{it}$	-0.000	-0.000	-0.000	-0.000
	(-0.747)	(-0.659)	(-0.738)	(-0.154)
$R_{it} \times MTB_{it}$	-0.000	-0.000	-0.001	0.000
	(-0.727)	(-0.798)	(-1.027)	(0.049)
$DR_{it} \times R_{it} \times MTB_{it}$	0.001	0.001	0.001	0.002*
	(0.712)	(0.630)	(0.750)	(1.737)
LEV_{it}	0.000	0.001	-0.001	0.000
	(0.263)	(0.680)	(-0.240)	(0.083)
$DR_{it} \times LEV_{it}$	-0.001	-0.001	-0.002	-0.002
	(-0.229)	(-0.331)	(-0.382)	(-0.391)
$R_{it} \times LEV_{it}$	0.015***	0.015***	0.012**	0.011*
	(2.832)	(2.816)	(2.087)	(1.752)
$DR_{it} \times R_{it} \times LEV_{it}$	0.024**	0.024**	0.017	0.012
	(2.292)	(2.276)	(1.432)	(0.982)
$SIZE_{it}$	0.018***	0.018***	0.019***	0.017***
	(18.314)	(18.073)	(17.086)	(15.385)

续表

X_{it}	(1)	(2)	(3)	(4)
$DR_{it} \times SIZE_{it}$	-0.003*	-0.003	-0.003	-0.003
	(-1.887)	(-1.582)	(-1.612)	(-1.575)
$R_{it} \times SIZE_{it}$	-0.003	-0.003	-0.003	-0.005*
	(-1.417)	(-1.097)	(-1.160)	(-1.718)
$DR_{it} \times R_{it} \times SIZE_{it}$	-0.006	-0.003	-0.005	-0.008
	(-1.324)	(-0.760)	(-0.995)	(-1.506)
Observations	10239	10041	8212	6144
Adjusted R^2	0.156	0.159	0.163	0.166
The difference between a and b		0.321**		
		[4.17]		
The difference between c and d			0.551*	
			[3.30]	

注：变量定义见表4-1，( ) 中的数值为经公司维度 Cluster 调整后的 t 统计量，[ ] 中的数值为 F 统计量。*、**、*** 分别表示在10%、5%、1%的水平上统计显著（双尾检验）。

H1 分析了债务担保行为对会计稳健性的影响，实证结果表明当企业为他人提供债务担保时，担保企业会报告更加稳健的会计信息。这一结果说明企业的债务担保行为给自身带来了财务风险，债权人可能要求担保企业提供更高程度的会计稳健性以降低担保企业的违约风险，这也进一步验证了 Guay 和 Verrecchia（2007）等人的观点。此外，从会计稳健性的供给角度来说，研究结果也说明在提供债务担保后，担保企业也愿意提供更加稳健的会计信息，原因可能是更加稳健的会计信息能够为自身带来利益或者降低风险，这与 Ahmed 等（2002）和 Zhang（2008）的研究观点是一致的。H1 得到验证说明大多数企业意识到了债务担保行为的风险，并且采取了相应行动来控制担保行为的风险，比如通过提高会计稳健性的程度。

H2 检测了为子公司和非子公司提供债务担保对会计稳健性影响的差异，结果表明为非子公司提供担保对会计稳健性的正向影响更强。这说明由于非子公司存在更严重的道德风险，因此为其担保带来的风险也更大。这个结论与刘成立（2010）的观点一致，他认为当被担保方是非子公司时，担保方与被担保方的信息不对称相对比较高。H2 得到验证说明被担保对象不同时，担保行为带来的财务风险也是有差异的。相对于为子公司提供债务担保，投资者应该更加关注为非子公司提供债务担保行为带来的风险。

H3 调查了为控股股东和非控股股东提供担保对会计稳健性影响的差异，结果表明为控股股东提供担保对会计稳健性的正向影响更强。这个结果说明相对于为非控股股东提供担保，为控股股东提供担保是一种风险更高的担保行为，因为这类担保可能是控股股东掏空企业的一种手段，这一点与 Johnson 等（2000）、Berkman 等（2009）等人的研究一致。H3 得到验证表明投资者需要更加关注企业为控股股东提供债务担保所带来的风险，从而做出更加正确的投资决定。

H4 检验了担保期限对会计稳健性的影响，结果表明更长的担保期限使得担保企业的会计稳健性也越高。这一结论与孙艳等（2010）的观点一致，他们认为更长的担保期限增加了条件负债转化为非条件负债的概率，因而担保企业的债权人可能要求更高的会计稳健性。这项结论说明，当企业存在债务担保行为时，投资者除了需要关注担保的类型之外，还需要关注担保期限的长短。担保期限越长，投资风险也越高。

2. 债务成本模型实证结果

（1）描述性统计分析。表 6-4 展示了债务成本模型中变量的描述性统计指标，主要报告了变量的均值、中位数、标准差、最小值和最大值等。

表 6-4　　　　　　　　债务成本模型的描述性统计

Varable	N	Mean	Std. Dev	Min	P25	Median	P75	Max
$COSTDEBT_{it}$	9938	2.259	1.805	0.000	0.500	2.159	3.599	6.934
GUA_{it}	9938	0.619	0.486	0.000	0.000	1.000	1.000	1.000
$NSUB_{it}$	9746	0.015	0.042	0.000	0.000	0.000	0.002	0.261
SUB_{it}	9747	0.041	0.069	0.000	0.000	0.003	0.054	0.348
$CTROL_{it}$	7972	0.005	0.025	0.000	0.000	0.000	0.000	0.188
$NCTROL_{it}$	7956	0.008	0.027	0.000	0.000	0.000	0.000	0.167
$GUATERM_{it}$	5978	2.703	3.123	0.000	0.000	0.000	5.818	8.190
C_SCORE_{it}	9779	0.253	0.545	-0.974	-0.229	0.461	0.607	1.012
SOE_{it}	9813	0.665	0.472	0.000	0.000	1.000	1.000	1.000
$CENTRAL_{it}$	9813	0.211	0.408	0.000	0.000	0.000	0.000	1.000
$LOCAL_{it}$	9813	0.454	0.498	0.000	0.000	0.000	1.000	1.000
MAO_{it}	9938	0.054	0.226	0.000	0.000	0.000	0.000	1.000
$SIZE_{it}$	9938	22.326	1.053	20.300	21.588	22.173	22.917	25.467
LEV_{it}	9938	0.672	0.782	0.018	0.180	0.388	0.846	4.262
ROA_{it}	9938	0.031	0.063	-0.265	0.010	0.029	0.057	0.209
CFO_{it}	9938	0.043	0.082	-0.214	0.000	0.043	0.090	0.272
$GROWTH_{it}$	9938	0.231	0.771	-0.708	-0.041	0.104	0.272	5.948
$BIG4_{it}$	9938	0.082	0.274	0.000	0.000	0.000	0.000	1.000
$TANGIBLE_{it}$	9938	0.424	0.219	0.025	0.252	0.406	0.587	0.905
AGE_{it}	9938	12.167	4.508	1.000	9.000	12.000	15.000	24.000
$S1_{it}$	9938	0.362	0.159	0.085	0.233	0.340	0.481	0.768

（2）多元回归分析。在这部分，本研究将报告债务成本模型的回归结果。为了

降低可能存在的多重共线性问题的影响,本研究依据陈晓萍等(2008)的方法将所有交互项进行了中心化处理。

①债务担保与债务成本的关系。表6-5展示了H5—H8的回归结果,实证结果表明:企业的债务担保行为提高了担保企业自身的债务融资成本;企业债务担保行为的期限越长,债务成本也越高。本研究没有发现对子公司担保与对非子公司担保带来的债务成本的增加有显著差异,也没有发现对控股股东担保与对非控股股东担保带来的债务成本的增加有显著差异。总之,本研究的实证结果表明H5和H8得到验证,而H6和H7并没有得到验证。

表6-5　　　　　　　　债务担保与债务成本关系(H5—H8)

$COSTDEBT_{it}$	(1)	(2)	(3)	(4)
Intercept	2.899***	2.691***	2.532***	2.851***
	(3.736)	(3.370)	(2.910)	(3.065)
GUA_{it}	0.569***			
	(9.850)			
$NSUB_{it}^{a}$		2.271***		
		(3.157)		
SUB_{it}^{b}		3.544***	3.920***	
		(8.430)	(8.267)	
$CTROL_{it}^{c}$			2.934**	
			(2.478)	
$NCTROL_{it}^{d}$			2.473**	
			(2.230)	
$GUATERM_{it}$				0.097***
				(8.882)
$SIZE_{it}$	-0.053	-0.036	-0.031	-0.061
	(-1.550)	(-1.023)	(-0.825)	(-1.428)
LEV_{it}	0.272***	0.285***	0.295***	0.298***
	(6.732)	(7.027)	(6.697)	(6.240)
ROA_{it}	-3.031***	-2.873***	-2.965***	-3.197***
	(-7.013)	(-6.502)	(-6.052)	(-5.463)
CFO_{it}	0.347	0.259	0.270	0.106
	(1.259)	(0.915)	(0.880)	(0.310)
$GROWTH_{it}$	0.127***	0.118***	0.120***	0.154***
	(4.783)	(4.403)	(4.127)	(4.520)

续表

COSTDEBT$_{it}$	(1)	(2)	(3)	(4)
BIG4$_{it}$	0.108	0.149	0.106	-0.047
	(0.949)	(1.282)	(0.834)	(-0.331)
TANGIBLE$_{it}$	1.775***	1.816***	1.776***	1.752***
	(9.893)	(10.036)	(9.033)	(8.207)
AGE$_{it}$	0.006	0.007	0.010	0.002
	(0.877)	(0.994)	(1.259)	(0.293)
S1$_{it}$	-0.700***	-0.715***	-0.594***	-0.420*
	(-3.447)	(-3.517)	(-2.703)	(-1.774)
INDUSTRY	Yes	Yes	Yes	Yes
YEAR	Yes	Yes	Yes	Yes
Observations	9938	9746	7956	5978
Adjusted R^2	0.238	0.238	0.245	0.262
The difference between a and b		-1.273		
		[2.32]		
The difference between c and d				0.461
				[0.08]

注：变量定义见表 4-1，( ) 中的数值为经公司维度 Cluster 调整后的 t 统计量，[ ] 中的数值为 F 统计量。*、**、*** 分别表示在 10%、5%、1% 的水平上统计显著（双尾检验）。

H5 分析了企业债务担保行为对担保企业自身债务成本的影响，结果显示企业的债务担保行为增加了自身的债务融资成本。这项结果表明企业的债务担保行为可能增加自身债务的违约风险，因而债权人要求更高的投资回报率（即担保企业的债务成本）。Bhojraj 和 Sengupta (2003) 及 Valta (2012) 的研究认为债务成本与自身违约概率是正相关的，本研究的研究结论进一步支持了这一观点。这项结论表明企业的债务担保行为不仅影响了自身的会计政策（如会计稳健性），而且也改变了自身的外部融资环境（如债务成本）。它说明债权人也意识到了担保行为带来的巨大风险，因而提高了投资回报率的要求。这一研究结论还给企业的担保决策提供了有价值的信息，即企业需要仔细权衡债务担保行为的利弊，从而做出更利于企业发展的决定。

H6 比较了为子公司和非子公司提供债务担保对担保企业债务成本影响的差异，实证结果发现虽然为这两类公司担保都增加了债务成本，但二者的差异在统计上并不显著。这一结果说明尽管债权人对企业的债务担保行为十分谨慎，但债权人并没有对两者（即为子公司担保和为非子公司担保）做出区分，尤其是在担保企业已经提高了自身会计稳健性的前提下。

H7 比较了为控股股东和非控股股东担保对担保企业债务成本影响的差异，实证结果表明尽管这两类担保行为都导致了债务成本的增加，但二者对债务成本的影响却没有实质性的差异。与 H6 相似，这一结果表明债权人也没有对这两类担保行为（即为控股股东担保和为非控股股东担保）进行区别对待。

H8 研究了债务担保的期限对债务成本影响，结果表明担保的期限越长，担保企业自身的债务融资成本也越高。这一结果说明担保期限越长，担保企业所需承担的财务风险也越高，因而担保企业的债权人要求更高的投资回报率。H8 得到验证表明债权人已经意识到担保期限长短带来的风险差异，也说明企业在进行担保决策时需要考虑担保期限这一因素的影响。

②会计稳健性的遮掩效应。通过模型（6-9）至模型（6-11），本研究检测了会计稳健性对债务担保与债务成本关系的遮掩效应。基于三个模型的回归结果，本研究发现了会计稳健性确实对于债务担保与债务成本之间的正向关系具有负向遮掩的效应，即 H9 得到验证，见表 6-6。

表 6-6　会计稳健性对债务担保与债务成本关系的遮掩效应（H9）

	(1) $COSTDEBT_{it}$	(2) C_SCORE_{it}	(3) $COSTDEBT_{it}$
Intercept	2.115***	0.548***	2.192***
	(3.156)	(7.800)	(3.276)
GUA_{it}	0.601***	0.042***	0.607***
	(9.937)	(5.794)	(10.043)
C_SCORE_{it}			-0.141***
			(-7.015)
$SIZE_{it}$	-0.059*	-0.005	-0.060*
	(-1.882)	(-1.418)	(-1.906)
LEV_{it}	0.319***	-0.049***	0.312***
	(8.680)	(-11.934)	(8.489)
ROA_{it}	-2.951***	-0.679***	-3.047***
	(-6.628)	(-7.887)	(-6.824)
CFO_{it}	0.139	0.575***	0.220
	(0.472)	(8.811)	(0.744)
$GROWTH_{it}$	0.121***	-0.009	0.120***
	(4.313)	(-1.102)	(4.290)
$BIG4_{it}$	0.046	0.004	0.047
	(0.381)	(0.284)	(0.385)

续表

	(1) $COSTDEBT_{it}$	(2) C_SCORE_{it}	(3) $COSTDEBT_{it}$
$TANGIBLE_{it}$	2.469***	0.004	2.469***
	(16.914)	(0.246)	(16.940)
AGE_{it}	0.011*	-0.015***	0.009
	(1.697)	(-22.931)	(1.349)
$S1_{it}$	-0.675***	0.006	-0.674***
	(-3.304)	(0.291)	(-3.301)
Observations	9 779	9 779	9 779
Adjusted R^2	0.168	0.031	0.170

注：变量定义见表4-1，( ) 中的数值为经公司维度Cluster调整后的t统计量，[ ] 中的数值为F统计量。*、**、*** 分别表示在10%、5%、1%的水平上统计显著（双尾检验）。

H9检验了会计稳健性对债务担保与债务成本关系的遮掩效应，实证结果表明会计稳健性的遮掩效应的确存在。本研究发现债务担保通过两条路径对债务成本产生影响：一是债务担保对债务成本的直接正向影响，二是债务担保通过会计稳健性对债务成本的间接负向影响。总体来说，债务担保对债务成本的正向影响占主导作用。这一结论说明尽管担保企业在提供债务担保后增加了自身的会计稳健性，这一做法也确实能够在一定程度上降低债务融资成本，但这一影响并不足以抵消债务担保对债务成本的正向影响。因此，企业对于为他人提供债务担保的行为要更加谨慎，提高会计稳健性并不足以消除担保行为给自身带来的负面影响。

（3）国有股权的调节效应。通过模型（4-12）至模型（4-13），本研究检测了国有股权和审计意见对债务担保与债务成本关系的调节效应，表6-7展示了回归分析结果。结果表明，国有股权对于债务担保与债务成本之间的正向关系确实具有负向调节效应，即当企业所有权性质属于国有时，企业的债务担保行为对债务成本的正向影响变得更弱了；相对于中央政府所有权，地方政府所有权具有更强的负向调节效应，即地方政府所有权对债务担保与债务成本正向关系的削弱作用比中央政府所有权的削弱作用更强。

表6-7 国有股权对债务担保与债务成本关系的调节效应（H10—H11）

$COSTDEBT_{it}$	(1)	(2)
Intercept	2.875***	2.701***
	(3.627)	(3.409)
GUA_{it}	0.574***	0.569***
	(9.759)	(9.724)

续表

COSTDEBT$_{it}$	(1)	(2)
SOE$_{it}$	-0.182** (-2.513)	
GUA$_{it}$ * SOE$_{it}$	-0.281** (-2.218)	
CENTRAL$_{it}$		-0.297*** (-3.307)
LOCAL$_{it}$		-0.134* (-1.762)
GUA$_{it}$ * CENTRAL$_{it}$[a]		-0.105 (-0.687)
GUA$_{it}$ * LOCAL$_{it}$[b]		-0.365*** (-2.713)
MAO$_{it}$		
GUA$_{it}$ * MAO$_{it}$		
SIZE$_{it}$	-0.049 (-1.379)	-0.040 (-1.140)
LEV$_{it}$	0.296*** (7.134)	0.296*** (7.186)
ROA$_{it}$	-2.980*** (-6.684)	-3.023*** (-6.798)
CFO$_{it}$	0.0312 (1.114)	0.279 (0.997)
GROWTH$_{it}$	0.115*** (4.421)	0.115*** (4.440)
BIG4$_{it}$	0.089 (0.766)	0.109 (0.946)
TANGIBLE$_{it}$	1.803*** (9.909)	1.792*** (9.939)
AGE$_{it}$	0.010 (1.297)	0.009 (1.238)

续表

COSTDEBT$_{it}$	(1)	(2)
S1$_{it}$	−0.610***	−0.616***
	(−2.950)	(−2.988)
INDUSTRY	Yes	Yes
YEAR	Yes	Yes
Observations	9 654	9 654
Adjusted R^2	0.241	0.243
The difference between a and b		0.260**
		[3.88]

注：变量定义见表 4-1，（ ）中的数值为经公司维度 Cluster 调整后的 t 统计量，[ ] 中的数值为 F 统计量。*、**、*** 分别表示在 10%、5%、1% 的水平上统计显著（双尾检验）。

H10 检验了国有股权对债务担保与债务成本关系的调节效应，结果显示国有股权对这两者的关系具有负向调节作用。这一结果意味着国有股权能够抑制债务担保行为对债务成本的不利影响，这在本质上与 Boubakri 等（2008）和 Faccio 等（2006）的研究是一致的，他们认为国有企业由于存在政府的支持而导致自身的违约风险较低。H10 得到验证说明国有股权确实能够缓解债权人对企业债务担保行为的担心，这一结论暗示当非国有企业提供债务担保时，其需要承担比国有企业更大的代价。

H11 比较了不同层级的国有股权对债务担保与债务成本关系调节效应的差异，结果显示地方政府所有权比中央政府所有权具有更强的负向调节效应。这项结果进一步验证了 Jiang 等（2010）的观点，他们认为地方政府有更强烈的动机介入企业的经营活动，因为地方政府官员的政治前途与地方经济的发展密切相关。

第三节 本章小结

首先，通过汇总前两节的实证检验结果来整体了解本章得到的研究结论，结果汇总如表 6-8 所示。

表 6-8　　　　　　　　研究假设检验结果

序号	假设	实证结果
H1	企业的会计稳健性程度与债务担保行为正相关。	支持
H2	相对于为子公司提供债务担保，为非子公司提供债务担保使得会计稳健性的提升程度更为明显。	支持

续表

序号	假设	实证结果
H3	相对于为非控股股东提供债务担保，为控股股东提供债务担保使得会计稳健性的提升程度更为明显。	支持
H4	企业的会计稳健性程度与债务担保期限正相关。	支持
H5	企业的债务成本与债务担保行为正相关。	支持
H6	相对于为子公司提供债务担保，为非子公司提供债务担保使得债务成本的提升程度更为明显。	不支持
H7	相对于为非控股股东提供债务担保，为控股股东提供债务担保使得债务成本的提升程度更为明显。	不支持
H8	企业的债务成本与债务担保期限正相关。	支持
H9	会计稳健性对债务担保与债务成本的正向关系具有遮掩效应。	支持
H10	相对于非国有企业，国有企业的债务担保行为对自身债务成本的正向影响更弱。	支持
H11	相对于中央政府控制的国有企业，地方政府控制的国有企业的债务担保行为对自身债务成本的正向影响更弱。	支持

随着中国资本市场的快速发展，企业的债务担保行为也变得越来越普遍。先前的许多相关研究已经关注了债务担保行为的动机、影响因素和经济后果。关于债务担保行为所带来的经济后果，一些研究认为债务担保制度能够缓解借款人的融资约束，降低借款人的融资成本。债务担保行为的确有一定的积极意义，但担保行为给担保方带来的风险却较少被关注。因此，本章研究分析了企业的债务担保行为对自身会计稳健性和债务成本带来的影响，得到了以下几个结论：

（1）债务担保行为对担保企业的会计稳健性具有显著的影响。当企业为他人提供债务担保时，担保企业将会报告更加稳健的会计信息。为不同类型的企业提供债务担保对会计稳健性的影响是有差异的，为非子公司提供担保比为子公司提供担保导致会计稳健性增加得更多，为控股股东提供担保比为非控股股东提供担保导致会计稳健性增加得更多。此外，本研究还发现担保期限越长，会计稳健性也越高。

（2）债务担保行为对担保企业的债务成本也有重要影响。当企业为他人提供债务担保时，担保企业的债务成本将会更高。此外，担保期限与债务成本的正向关系也得到验证。可是，本研究并没有发现为非子公司担保和为子公司担保对债务成本影响的显著差异，也没有发现为控股股东担保和为非控股股东担保对债务成本影响的显著差异。

（3）会计稳健性对债务担保与债务成本之间的正向关系具有显著的遮掩效应。本研究发现债务担保通过两条路径影响债务成本：一条是债务担保对债务成本的直接正向影响，另一条是债务担保通过会计稳健性对债务成本的间接负向影响。

（4）国有股权和审计意见对债务担保与债务成本之间的关系具有显著的调节效

应。相对于非国有企业，国有企业债务担保行为对债务成本的正向影响更小。更进一步，相对于中央政府所有权，地方政府所有权对债务担保与债务成本关系的负向调节效应更为突出。

本研究对债务担保、会计稳健性、国有股权、审计意见和债务成本的相关研究提出了一个综合的研究框架，探索了这几个因素之间的相互关系，弥补了现有研究的不足。与现有研究比较，本研究的创新之处主要体现在以下几个方面：

第一，本研究开创性地从担保方视角研究了债务担保对担保方会计稳健性和债务成本的影响。现有研究大多聚焦于债务担保对借款人债务融资带来的影响，如增加了借款人获得债务融资的机会，降低了借款人的融资成本等。本研究基于担保方的视角分析了企业债务担保行为对担保方的会计稳健性和债务成本带来的影响，不仅丰富了有关债务担保行为的研究，而且对上市公司的债务担保决策以及相关法律法规的制定具有重要指导意义。

第二，本研究首次系统地探索了债务担保、会计稳健性与债务成本三者之间的相互关系，并开创性地提出债务担保至少通过两条途径影响担保方的债务成本。现有研究认为债务担保具有降低借款人债务融资成本的作用，也有研究认为更高程度的会计稳健性有利于降低债务融资成本，但几乎没有研究将这三者纳入统一的分析框架，更没有研究从担保方视角研究这三者之间的相互关系。本研究的研究表明，债务担保至少通过两条路径影响担保方的债务成本：一是债务担保对债务成本的直接正向影响，二是债务担保通过会计稳健性对债务成本的间接负向影响，其中直接正向影响占据主导作用。这一结论对企业的担保决策具有重要指导意义，企业提高会计稳健性并不能完全消除债务担保行为给自身债务融资带来的负面影响，因而企业需要仔细权衡债务担保行为的利弊。本研究为债务担保、会计稳健性与债务成本相互关系的研究提供了一个更为全面和独特的视角。

第三，本研究创新性地从所有权性质和外部审计的视角研究了国有股权和非标准审计意见对债务担保与债务成本关系的影响，分别发现了国有股权和非标准审计意见对二者关系的削弱效应和增强效应。此外，本研究还进一步比较了中央政府所有权和地方政府所有权这一负向调节效应的差异。这些结论表明，企业进行债务担保决策时需要考虑自身的所有权性质和外部审计状况。本研究丰富和拓展了债务担保与债务成本关系的研究。

第四，本研究从担保类型和担保期限的视角分析了债务担保行为产生影响的差异，加深了债务担保研究的深度。现有研究大多将债务担保视作一个整体，而本研究按照不同的分类标准对债务担保进行了较为细致的区分，研究了为子公司担保和为非子公司担保、为控股股东担保和为非控股股东担保、担保期限长短对会计稳健性和债务成本影响的差异，弥补了现有研究的不足。

债务担保、审计意见与债务成本关系研究

第一节 债务担保、审计意见与债务成本关系理论分析

一、研究动机

近年来,中国经济保持了快速发展的态势,中国资本市场亦取得了长足的进步。然而,由于在中国发行股票有诸多的限制条件且审批环节严格,更多的企业只能选择银行信贷等债务融资方式。根据 2012 年《中国统计年鉴》的社会融资规模资料,2002—2011 年(除 2007 年外)我国非金融企业境内股票融资额占社会融资规模的比例均不足 5%,股权融资所占比例非常低。相比之下,债务融资规模则占有更大的比重,其对企业的经营发展有着不可替代的作用,因而债务融资成本也与企业的经营绩效密切相关。

在经济快速发展的背景下,资金是更加稀缺的资源。作为资本市场重要的资金提供者,银行为了降低贷款风险,在发放贷款时通常需要借款企业提供担保。在自身资源不足以提供担保的情形下,不少企业为了获取银行贷款而不得不寻求关联企业或其他企业为其提供债务担保,这种现象在我国资本市场上尤为普遍。一方面,从担保企业数量上看,在仅考虑年末未决担保的情形下,2007—2011 年我国主板 A 股上市公司中有近 60%存在对外担保,数量非常之多;另一方面,从担保规模上看,Jian 等(2012)发现有近 5%的上市公司对外担保的规模超过了自身的权益,这意味着一旦这些上市公司需要承担担保责任,其自身的权益将变为负,成为资不抵债的企业。我国 A 股中也不乏因为对外担保而导致自身遭受重创的实例,如 2001 年 ST 猴王（000535）的控股股东猴王集团宣告破产,ST 猴王因对其提供了巨额担保而导致重大亏损。

因此,当企业提供对外担保时,其自身债务不能偿付的风险也将增加,银行等债权人是否会相应提高其资本回报率（即企业的债务成本）的预期呢?

审计师作为企业外部监管的重要力量,其对企业财务报告出具的审计意见对于投资者的投资决策具有重要的指导意义。审计意见类型反映了财务报告的质量,财务报告质量的高低在某种程度上可能会影响债权人对投资风险的判断并进而影响到企业的债务成本。许多研究发现,审计意见类型对企业融资成本有着重要影响,较差的审计意见往往会导致企业后续融资成本的上升（张勇,2013;章琳一和张洪辉,2013）。企业存在对外担保行为本身就使得其债权人承受更大的贷款风险,如果企业财务报告又被出具了非标准审计意见,意味着其会计信息的可信度大打折扣,银行等债权人对企业财务报告中披露的对外担保行为是否将变得更为敏感?会不会进一步要求提高资本回报率呢?这些都需要我们进行更为深入的探究。

以往研究中,虽然已有部分文献关注债务担保对企业融资的影响,但主要关注的是担保行为对被担保方融资的影响,关于担保行为对担保企业自身债务成本的研究还非常缺乏。本研究试图结合中国的制度背景,研究企业的对外担保行为对自身债务融资成本的影响,并探索不同审计意见类型对二者关系的影响。

二、理论分析与研究假设

在相当长的时期里,投资是支撑我国经济快速发展的"三驾马车"之一。对于企业来说,扩大投资意味着需要投入资金,在我国融资渠道比较狭窄的情况下,银行贷款融资已经成为企业的主要融资渠道（Bailey 等,2011）。作为企业资金的重要提供者,银行等金融机构在企业借款时具有更大的话语权,为了降低自身的风险和成本,银行在提供贷款时通常会要求借款企业提供担保物或是由第三方提供债务担保。我国企业大都面临着自身担保物不足的窘境,这使得企业间的担保行为变得非常普遍（Dybvig 等,2011）。

根据信息不对称理论,拥有信息优势的一方在交易中往往处于优势地位,而信息劣势的一方可能需要面临较大的交易风险。在上市公司提供对外担保的行为中,不管是与银行还是被担保企业相比,上市公司始终是处于信息劣势的一方,这使得上市公司面临着来自被担保企业和银行的逆向选择和道德风险问题（冯根福等,2005）。一方面,需要他人提供债务担保的企业大多处于财务困境或是没有足够担保物,这类逆向选择问题将加大上市公司为其提供债务担保的风险。另一方面,当上市公司提供债务担保后,银行可能会因此而放松对被担保企业的资信审查,并对被担保企业的贷款资金使用疏于监管；与此同时，被担保企业可能将取得的资金用于在职消费等非预定项目。因此，银行和被担保企业存在的这类道德风险也将增加上市公司担保行为的风险。一旦被担保企业不能按时偿还银行借款，提供担保的企业将不得不承担偿付责任，而这将使自身债务违约的可能性增大（Valta，2012）。Fisher（1959）认为，企业的债务成本在很大程度上由借款人不能偿付的风险决定，企业的违约风险越大，其债务成本也将越高。此外，在我国股权高度集中的背景下，控股股东经常通过上市公司的对外担保行为实施隧道挖掘（Jiang 等，2010），这一行为也将加大上市公司债权人的投资风险。因此，当上市公司为其他企业提供债务担保时，其债权人将依据"高风险高收益"的原则要求较高的回报率，使得上市公司面临较高的债务成本。由此，我们提出本研究的假设一：

H1：上市公司提供对外担保将增加自身的债务成本。

财务报告作为投资者了解企业的重要信息来源，对于投资者进行投资决策有十分重要的影响。财务报告由企业管理层负责编制，朱凯和陈信元（2009）认为由于企业的管理层在某些情况下具有粉饰财务报告的动机，报告的可信度值得商榷。为了保证财务报告的可靠性，企业通常需要聘请审计师对财务报告质量进行鉴证，审计师作为独立第三方对财务报告是否在所有重大方面实现公允反映发表审计意见，因而审计意见的不同类型反映了财务报告的不同质量。王少飞等（2009）的研究表明，当企业的财务报告被审计师出具非标准审计意见时，说明财务报告的内容与企业的真实状况存在差异，企业隐瞒了一些重要信息，管理层可能存在掩盖资产流失和虚增利润等问题。此时，企业与投资者的信息不对称程度较高，投资者需要承担的投资风险会比较大，因而企业的融资将变得更加困难，融资成本也会更高（Bushman 等，2004）。Karjalainen（2011）发现审计意见是银行在发放信贷时关注的重要信息，非标准审计意见使得企业从银行获取贷款的利率更高，甚至有可能导致贷款申请失败。因此，当上市公司的财务报告被审计师出具非标准审计意见时，其面临的债务融资成本也将越高。由此，我们提出本研究的假设二：

H2：被审计师出具非标准审计意见的上市公司债务成本更高。

审计师出具的审计意见是财务报告质量的一个重要衡量指标，通常情况下标准审计意见意味着财务报告的可信度较高，非标准审计意见则意味着财务报告在某些方面存在瑕疵，可信度较低。Lin 等（2003）研究发现，在企业被审计师出具了非标准审计意见后，银行等债权人对财务报告的信任程度将会受到负面冲击。因此，在不同审计意见类型下，上市公司提供对外担保对债务成本带来的影响可能是有差异的。上市公司对外担保行为中存在的信息不对称问题使得上市公司自身的正常经营受到威胁，从而使得上市公司债权人提高对资本回报率的要求。与此同时，当上市公司的财务报告被审计师出具了非标准审计意见时，意味着管理层违背会计契约的可能性上升（王少飞等，2009），上市公司与债权人的信息不对称程度比较高。

在非标准审计意见带来的严重信息不对称情况下，银行等债权人将对上市公司的对外担保变得十分敏感，因此有可能进一步增加担保企业的债务融资成本。相反，如果上市公司的财务报告被审计师出具的是标准审计意见，意味着审计师对财务报表信息质量的肯定（章琳一和张洪辉，2013），上市公司与其债权人之间的信息不对称程度较低，这可能使得债权人在某种程度上认为企业的对外担保行为给企业的经营风险带来的影响相对较小。因此，审计师出具的非标准审计意见会加大债权人的疑虑，使得企业的对外担保行为对债务成本的正向影响会更加凸显。由此，我们提出本研究的假设三：

H3：相对于被出具标准审计意见的上市公司，对外担保对自身债务成本的正向影响在被出具非标审计意见的上市公司中表现得更为明显。

第二节 债务担保、审计意见与债务成本关系实证检验

一、研究设计

1. 样本选取与数据来源

本研究以2007—2011年中国沪深主板A股上市公司为研究对象。文中的担保数据通过手工查阅上市公司年度财务报告获得，债务成本数据来自Wind数据库中财务费用的明细科目并经整理获得，其余数据则来自国泰安CSMAR数据库。

本研究在初始样本的基础上进行了如下样本筛选过程：（1）剔除金融保险行业的样本；（2）计算债务成本需要使用两年的负债总额数据，因此剔除无法计算平均负债总额的样本；（3）由于企业债务成本一般不可能为负数，因此剔除债务成本小于零的样本；（4）剔除其他数据不全的样本。在进行样本筛选之后，本研究得到2007—2011年1284家上市公司共6088个样本。为控制异常值对研究结果的影响，本研究对所有连续变量在1%和99%的水平上进行了缩尾处理（Winsorize）。本研究使用的主要数据处理和统计分析软件为Excel 2007和Stata11.0。

2. 变量解释

（1）被解释变量。被解释变量为上市公司年度债务成本，借鉴Gray等（2009）和魏志华等（2012）的研究，本研究对企业债务成本的衡量采用两种方法：第一种采用财务费用明细科目中利息支出除以企业平均总负债，即Costdebt_1；由于企业债务融资过程中发生的手续费和一些其他费用也是属于债务融资的成本，因此本研究中债务成本的第二种衡量方式是采用财务费用明细科目中利息费用、手续费和其他财务费用三者之和除以企业平均总负债，即Costdebt_2。

（2）解释变量。本研究的解释变量包括两类：一类是期末企业是否存在对外担

保（Gua），当期末企业存在对外提供担保的情形时取值为1，否则为0；另一类是企业年度财务报告被审计师出具的审计意见类型（Mao），当企业年度财务报告被审计师出具非标准审计意见（包括带强调事项段的无保留意见、保留意见、无法表示意见和否定意见）时取值为1，否则为0。

(3) 控制变量。为了控制其他因素对债务成本的影响，保证研究结果的准确性，本研究参考 Anderson 等（2003）、Pittman 和 Fortin（2004）、Qi 等（2010）、Kim 等（2011）和 Gul 等（2013）的研究成果，引入对企业债务成本有重要影响的以下因素作为控制变量：企业规模（Size）、资产负债率（Lev）、总资产报酬率（Roa）、经营活动现金净流量（Cfo）、企业成长性（Growth）、事务所规模（Big4）、有形资产率（Tangible）、股权集中度（S1）和上市年数（Age）。此外，为了控制行业和年度对债务成本的不同影响，本研究对行业和年度效应采用虚拟变量进行了控制。本研究中所指行业按照2001年证监会公布的行业进行分类，除制造业按二级行业分类外，其余均按一级行业分类。

所有变量定义如表7-1所示。

表7-1 变量定义

变量类型	变量名称	变量简写	变量解释
被解释变量	债务成本1	Costdebt_1	利息支出/平均负债总额×100
	债务成本2	Costdebt_2	（利息支出+手续费+其他财务费用）/平均负债总额×100
解释变量	对外担保	Gua	期末存在对外担保时取值为1，否则为0
	审计意见	Mao	财务报告被出具非标准审计意见取值为1，否则为0
控制变量	企业规模	Size	期末总资产的自然对数
	资产负债率	Lev	期末负债总额/期末总资产
	总资产报酬率	Roa	（利润总额+利息支出）/平均资产总额
	经营现金流量	Cfo	本期经营活动现金流量净额/期末总资产
	企业成长性	Growth	（本年营业收入-上年营业收入）/上年营业收入
	事务所规模	Big4	审计师是国际四大时取值为1，否则为0
	有形资产率	Tangible	（期末非流动资产-期末无形资产净额）/期末总资产
	股权集中度	S1	第一大股东持股比例
	上市年数	Age	公司股票在上海或深圳交易所上市交易的年数
	行业变量	Indu	当样本为某一特定行业时取值为1，否则为0
	年度变量	Year	当样本为某一特定年份时取值为1，否则为0

3. 回归模型

为了检验本研究的研究假设，本研究分别采用了如下三个回归模型，采用OLS回归的方法进行回归分析。

为检验 H1，构建回归模型（7-1）分析企业的对外担保行为对自身债务成本的影响，即：

$$Costdebt\_1 \text{ or } Costdebt\_2 = \beta_0 + \beta_1 Gua + \beta_2 Size + \beta_3 Lev + \beta_4 Roa + \beta_5 Cfo + \beta_6 Growth + \beta_7 Big4 + \beta_8 Tangible + \beta_9 S1 + \beta_{10} Age + \sum Indu_i + \sum Year_j + \varepsilon \quad (7-1)$$

其中，β_0 为截距项，$\beta_1 - \beta_{10}$ 为各变量的估计系数，ε 为残差项。

为检验 H2，本研究在模型（7-1）的基础上加入审计意见变量，分析企业获取的审计意见类型对其自身的债务成本产生的影响，即：

$$Costdebt\_1 \text{ or } Costdebt\_2 = \beta_0 + \beta_1 Gua + \beta_2 Mao + \beta_3 Size + \beta_4 Lev + \beta_5 Roa + \beta_6 Cfo + \beta_7 Growth + \beta_8 Big4 + \beta_9 Tangible + \beta_{10} S1 + \beta_{11} Age + \sum Indu_i + \sum Year_j + \varepsilon \quad (7-2)$$

其中，β_0 为截距项，$\beta_1 - \beta_{11}$ 为各变量的估计系数，ε 为残差项。

为检验 H3，本研究在模型（7-2）基础上引入了对外担保与审计意见的交互项，分析审计意见类型对企业的对外担保行为与自身债务成本之间关系的影响，即：

$$Costdebt\_1 \text{ or } Costdebt\_2 = \beta_0 + \beta_1 Gua + \beta_2 Mao + \beta_3 Gua \times Mao + \beta_4 Size + \beta_5 Lev + \beta_6 Roa + \beta_7 Cfo + \beta_8 Growth + \beta_9 Big4 + \beta_{10} Tangible + \beta_{11} S1 + \beta_{12} Age + \sum Indu_i + \sum Year_j + \varepsilon \quad (7-3)$$

其中，β_0 为截距项，$\beta_1 - \beta_{12}$ 为各变量的估计系数，ε 为残差项。

二、实证分析

1. 描述性统计分析

根据样本筛选后得到的最终样本，我们对相关变量进行了描述性统计，结果如表 7-2 所示。

从表 7-2 中可以发现，债务成本 Costdebt_1 和 Costdebt_2 的均值分别为 2.166 和 2.795，中位数分别为 2.008 和 2.702。表中显示对外担保变量 Gua 的均值为 0.611，说明有 61.1% 的样本公司在期末存在对外担保行为，显示出我国企业间的债务担保行为十分普遍；另外，审计意见变量 Mao 的均值为 0.074，显示上市公司财务报告被审计师出具非标准审计意见的比例占 7.4%，表明我国上市公司的财务报告大部分被审计师出具了标准审计意见。从控制变量来看，上市公司资产负债率（Lev）的范围从 0.077 到 3.401，说明上市公司负债水平有着很大的差异；从 Roa、Cfo、Growth 这几个变量的最小值均处于零以下来看，此类上市公司的经营和财务状况可能正处于重大困境之中；事务所规模（Big4）变量 0.078 的均值显示出我国上市公司聘用国际四大会计师事务所进行审计的比例还比较低，平均只有 7.8% 的上市公司聘用国际四大进行审计，这也反映出我国审计市场集中程度比较低的现状；另外，从第一大股东持股比例（S1）看，我国上市公司第一大股东持股比例平均达到 35.6%，最高达到 75.9%，这显示出我国的股权结构相对集中。

表 7 – 2　　　　　　　　　　　描述性统计

变量	样本量	均值	标准差	最小值	中位数	最大值
Costdebt_1	6088	2.166	1.840	0.000	2.008	7.136
Costdebt_2	6088	2.795	1.767	0.000	2.702	7.732
Gua	6088	0.611	0.488	0.000	1.000	1.000
Mao	6088	0.074	0.262	0.000	0.000	1.000
Size	6088	21.802	1.350	18.099	21.724	25.735
Lev	6088	0.575	0.358	0.077	0.545	3.401
Roa	6088	0.032	0.081	-0.386	0.031	0.344
Cfo	6088	0.045	0.088	-0.249	0.045	0.303
Growth	6088	0.289	0.958	-0.847	0.141	7.567
Big4	6088	0.078	0.269	0.000	0.000	1.000
Tangible	6088	0.432	0.218	0.012	0.418	0.905
S1	6088	0.356	0.156	0.085	0.334	0.759
Age	6088	10.934	3.850	0.000	11.000	21.000

2. 单变量分析

（1）相关性分析。本研究对主要变量进行了相关性分析，结果显示 Gua 与 Costdebt_1、Costdebt_2 的相关系数分别为 0.142 和 0.159，且在 1% 的水平上显著，说明对外担保行为与企业的债务成本显著正相关，与本研究先前的预期是一致的。变量 Mao 与 Costdebt_1、Costdebt_2 的相关系数分别为 0.066 和 0.091，且显著性水平也达到 1%，说明非标审计意见与债务成本显著正相关，符合本研究的预期。大部分控制变量与债务成本变量也存在显著相关关系，暗示控制变量的选取较合理。在自变量之间，所有相关系数的绝对值均低于 0.5，说明自变量之间的相关性较低。此外，本研究还分模型进行了多重共线性检验，除行业和年度虚拟变量外最大的 VIF 值仅为 1.738，远低于 10 的标准，说明本研究所采用的模型不存在严重的多重共线性问题。由于篇幅所限，相关系数矩阵未予列示。

（2）单变量差异检验。我们根据上市公司是否存在对外担保进行分组，实施了分组样本的均值差异 T 检验和中位数差异 Wilcoxon 检验，结果如表 7 – 3 所示。从 Costdebt_1 来看，非担保组的均值和中位数分别为 1.838 和 1.440，而担保组的均值和中位数分别为 2.375 和 2.339，非担保组的均值和中位数都在 1% 的水平上显著低于担保组，说明担保组上市公司的债务成本普遍高于非担保组上市公司的债务成本。从 Costdebt_2 的数据来看，结论也是一致的。这两个变量分组比较的结果说明上市公司提供对外担保对其自身债务融资带来不利影响，将提升其债务融资成本，与我们之前的预期是一致的。从其余变量来看，担保组和非担保组的均值和中位数大多都有十分显著的差异，这说明担保组和非担保组上市公司债务成本的差异也可能是由这些因素造成的。当然，由于这些结论都只是基于单变量的分析，并没有考虑其他因素的综合影响，因此我们将在多元回归分析中对此展开进一步探讨。

表 7-3 单变量检验

变量	均值			中位数		
	非担保组 (N=2 369)	担保组 (N=3 719)	均值差异检验 t 值	非担保组 (N=2 369)	担保组 (N=3 719)	中位数差异检验 z 值
Costdebt_1	1.838	2.375	-11.216***	1.440	2.339	-11.626***
Costdebt_2	2.444	3.019	-12.530***	2.242	2.945	-13.344***
Mao	0.083	0.068	2.159**	0.000	0.000	2.158**
Size	21.496	21.997	-14.346***	21.421	21.884	-14.535***
Lev	0.524	0.607	-8.833***	0.470	0.582	-18.545***
Roa	0.037	0.029	3.787***	0.035	0.029	5.759***
Cfo	0.054	0.039	6.185***	0.052	0.040	6.353***
Growth	0.298	0.284	0.559	0.128	0.150	-2.972***
Big4	0.061	0.089	-3.977***	0.000	0.000	-3.973***
Tangible	0.446	0.424	3.821***	0.431	0.407	3.515***
S1	0.371	0.347	5.883***	0.348	0.328	5.334***
Age	10.770	11.038	-2.656***	11.000	11.000	-2.440**

注：*、**、*** 分别表示双尾检验在 10%、5%、1% 水平上显著，均值和中位数的最后一列分别是均值差异检验的 t 值和中位数差异 Wilcoxon 检验的 z 值。

3. 多元回归分析

本研究采用 OLS 回归方法，按照前述模型进行了回归分析，表 7-4 列示了具体回归结果。其中，第（1）、（4）列是模型 1 的检验结果；第（2）、（5）列是模型 2 的检验结果；第（3）、（6）列是模型 3 的检验结果。为了控制数据中可能存在的异方差性和组内相关性，表中的 t 值都经过 Robust 处理和按上市公司股票代码进行了 Cluster 处理。

为了验证 H1，我们将对外担保变量和其他控制变量纳入回归模型，结果如表 7-4 的第（1）、（4）列所示。两列结果中，我们发现对外担保变量（Gua）的系数分别为 0.461 和 0.567，且在 1% 的水平上统计显著，对外担保变量（Gua）与两个债务成本变量（Costdebt_1、Costdebt_2）均显著正相关，存在对外担保的上市公司债务成本平均要比不存在对外担保的上市公司分别高出 0.461% 和 0.567%，对于企业来说，这一比例在经济上也是十分显著的。这说明上市公司的对外担保行为显著增加了其自身的债务成本，验证了本研究的 H1。

表 7-4 的第（2）、（5）列结果显示了审计意见对债务成本的影响。从表中可以看出，Mao 的回归系数分别为 0.144、0.114，系数为正，符合我们的预期，但 t 值仅为 0.885 和 0.710，统计上并不显著。从我们的数据结果来看，上市公司财务报告被审计师出具了非标准审计意见并没有显著增加上市公司的债务成本，即本研究的 H2 并没有得到验证。出现这一结果的原因可能是由于审计意见对于企业融资的影响并不能简单而言，需要区分企业所处的金融环境及企业信息披露的透明度。朱凯和陈信元（2009）发现金融发展程度会显著地影响审计意见与企业融资的关系，只有在发达的金融市场体系下，审计意见对于企业融资才会产生显著的影响。此外，企业信息披露的透明度也会导致审计意见与企业债务融资关系不同，胡奕明和唐松莲（2007）认为只有当企业信息披露透明度较高时，企业的债务融资才会明显受到审计意见的影响，而在较低的信息透明度情形下，企业的债务融资本身与市场因素的关联很小，更多的是与企业的政治关联等因素相关。因此，这些因素可能是导致审计意见与企业债务成本关系不显著的主要原因。

为了考察对外担保行为和审计意见对企业债务成本的交互影响，本研究又将二者的交互项加入了回归模型，具体结果如表 7-4 的第（3）、（6）列。从表中可以看出，对外担保与审计意见的交互项（Gua × Mao）系数分别为 0.589、0.628，且在 5% 的水平上显著。正向显著的交互项系数表明：当上市公司年报被审计师出具了非标准审计意见时，对外担保行为对债务成本的正向影响显著增加了。即对外担保与债务成本的正向关系在被审计师出具了非标准审计意见的上市公司中更为凸显，验证了本研究的 H3。

在控制变量中，我们发现企业的债务成本与资产负债率（Lev）、企业成长性（Growth）正相关，而与总资产报酬率（Roa）负相关。这是由于较高的负债水平、成长性以及较低的盈利能力对债权人而言意味着高风险，因此导致债务成本的升高。企业的债务成本与有形资产率（Tangible）正相关，这与 Pittman 和 Fortin（2004）的研究结论一致，而与股权集中度（S1）负相关，意味着较高的股权集中度会降低企业的债务成本，这与 Anderson 等（2003）的研究结论一致，这可能是由于股权的分散将增加交易成本，不利于股东监督管理层。

表 7-4　　　　　　　　　　OLS 回归结果

	Costdebt_1			Costdebt_2		
	(1)	(2)	(3)	(4)	(5)	(6)
Gua	0.461 ***	0.463 ***	0.462 ***	0.567 ***	0.569 ***	0.567 ***
	(6.961)	(6.969)	(6.988)	(8.481)	(8.478)	(8.508)

续表

	Costdebt_1			Costdebt_2		
	(1)	(2)	(3)	(4)	(5)	(6)
Mao		0.144	0.161		0.114	0.133
		(0.885)	(1.008)		(0.710)	(0.851)
Gua×Mao			0.589**			0.628**
			(2.245)			(2.340)
Size	0.079**	0.087***	0.083***	-0.001	0.005	0.001
	(2.454)	(2.708)	(2.586)	(-0.039)	(0.154)	(0.027)
Lev	0.479***	0.437***	0.444***	0.367***	0.334**	0.341**
	(3.640)	(3.111)	(3.220)	(2.632)	(2.226)	(2.311)
Roa	-1.371***	-1.319***	-1.284***	-2.318***	-2.277***	-2.239***
	(-3.309)	(-3.222)	(-3.104)	(-5.630)	(-5.499)	(-5.368)
Cfo	0.359	0.367	0.346	0.341	0.347	0.325
	(1.119)	(1.138)	(1.071)	(1.080)	(1.096)	(1.025)
Growth	0.050*	0.051**	0.052**	0.082***	0.082***	0.084***
	(1.955)	(1.991)	(2.051)	(3.091)	(3.115)	(3.185)
Big4	0.184	0.175	0.186	-0.105	-0.112	-0.100
	(1.370)	(1.309)	(1.398)	(-0.813)	(-0.871)	(-0.780)
Tangible	1.616***	1.608***	1.604***	1.967***	1.960***	1.955***
	(7.967)	(7.959)	(8.002)	(9.380)	(9.395)	(9.441)
S1	-0.966***	-0.960***	-0.967***	-0.869***	-0.864***	-0.872***
	(-4.260)	(-4.241)	(-4.285)	(-3.805)	(-3.787)	(-3.834)
Age	0.008	0.007	0.007	-0.020**	-0.020**	-0.021**
	(0.779)	(0.752)	(0.714)	(-2.036)	(-2.060)	(-2.103)
Indu	Yes	Yes	Yes	Yes	Yes	Yes
Year	Yes	Yes	Yes	Yes	Yes	Yes
Constant	0.194	0.023	0.159	2.171***	2.035**	2.180***
	(0.228)	(0.027)	(0.185)	(2.617)	(2.438)	(2.617)
Adjusted R^2	0.177	0.177	0.178	0.258	0.259	0.261
F	33.918	33.161	32.026	43.574	42.457	41.212
N	6088	6088	6088	6088	6088	6088

注：( )内为 t 值，该值经过 Robust 和公司层面的 Cluster 调整；*、**、*** 分别表示双尾检验在 10%、5%、1%水平上显著。

4. 进一步分析

（1）内生性问题分析。本章主要关注企业的对外担保行为对于企业自身债务成本的影响，若企业的对外担保行为不是外生的，即企业的对外担保行为本身是由企业的财务和经营特征决定的，就产生了所谓的内生性问题。当内生性问题存在时，回归系数的估计结果将会产生偏误。为了保证研究结论的可靠性，我们采用处置效应模型（Treatment Effects Model）进行进一步的分析。根据王立彦和林小驰（2007）对债务担保决定因素的研究，我们将企业规模（Size）、资产负债率（Lev）、总资产报酬率（Roa）、股权集中度（S1）、所有权性质（Soe）放入第一阶段模型中，考虑其对公司的对外担保行为的影响；第一阶段的估计结果将用于计算逆米尔斯比（IMR），在第二阶段回归中将包含 IMR 作为模型自变量以控制内生性因素对债务成本的影响。两阶段模型具体如下：

第一阶段模型：

$$Gua = \alpha_0 + \alpha_1 Size + \alpha_2 Lev + \alpha_3 Roa + \alpha_4 S1 + \alpha_5 Soe + \mu \tag{7-4}$$

第二阶段模型：

$$Costdebt\_1 \text{ or } Costdebt\_2 = \beta_0 + \beta_1 Gua + \beta_2 Size + \beta_3 Lev + \beta_4 Roa + \beta_5 Cfo + \beta_6 Growth + \beta_7 Big4 + \beta_8 Tangible + \beta_9 S1 + \beta_{10} Age + \beta_{11} IMR + \sum Indu_i + \sum Year_j + \varepsilon \tag{7-5}$$

其中，当 $Gua = 1$ 时，$IMR = \phi(Gua^*)/\Phi(Gua^*)$，当 $Gua = 0$ 时，$IMR = -\phi(Gua^*)/[1-\Phi(Gua^*)]$，$\phi$ 为标准正态分布的概率密度函数，Φ 为标准正态分布的累计分布函数，Gua^* 为第一阶段的模型拟合值；Soe 为虚拟变量，当企业属于国有性质时为 1，否则为 0；其他变量定义见表 7-1。

处置效应模型的回归结果如表 7-5 所示。在第一阶段回归结果中，模型的自变量均在 1% 的水平上统计显著。在第二阶段回归结果中，我们发现 IMR 的系数分别在 5% 和 1% 的水平上统计显著，这表明我们所担心的内生性问题确实存在。在控制内生性问题的影响后，我们发现 Gua 的系数在 1% 的水平上均正向显著，说明企业的对外担保行为仍然会增加企业自身的债务融资成本。处置效应模型的分析结果表明：虽然有内生性问题的存在，但在我们控制内生性因素的影响之后，研究结论并没有受到影响，显示研究结论是可靠的。

表 7-5　　　　　　　　　　处置效应模型

	First Stage	Second Stage	
	Gua	Costdebt_1	Costdebt_2
Gua		2.063*** (2.886)	3.330*** (4.499)
Size	0.274*** (18.855)	-0.070 (-1.005)	-0.258*** (-3.575)

续表

	First Stage	Second Stage	
	Gua	Costdebt_1	Costdebt_2
Lev	0.443***	0.210	-0.098
	(9.141)	(1.509)	(-0.669)
Roa	-0.701***	-0.999***	-1.677***
	(-3.268)	(-2.783)	(-4.379)
S1	-1.244***	-0.213	0.429
	(-10.521)	(-0.569)	(1.097)
Soe	-0.155***		
	(-4.077)		
Cfo		0.356	0.336
		(1.339)	(1.393)
Growth		0.047**	0.078***
		(2.053)	(3.695)
Big4		0.198**	-0.081
		(2.259)	(-0.993)
Tangible		1.619***	1.970***
		(13.315)	(17.838)
Age		0.008	-0.020***
		(1.224)	(-3.357)
IMR		-0.982**	-1.694***
		(-2.247)	(-3.744)
Indu	No	Yes	Yes
Year	No	Yes	Yes
Constant	-5.360***	1.893*	5.532***
	(-17.715)	(1.782)	(5.018)
N	6088	6088	6088

注：( ) 内为 t 值；*、**、*** 分别表示双尾检验在 10%、5%、1%水平上显著。

（2）滞后效应分析。根据 Sengupta（1998）的研究，企业的债务成本可能与以前年度的企业状况相关。一方面，本年发生的债务成本所依据的债务协议中有一些很可能是以前年度签订的，这使得本年债务成本很可能与以前年度的状况相关；另一方面，即使是在本年签订的债务协议，债权人在考虑企业的资信状况时，其所能获取的企业信息也大多是上一年度的，比如债权人可能需要利用经审计的上一年度的财务报告。

为了检验可能存在的滞后效应,除行业和年度虚拟变量外,我们对前述模型中自变量取滞后一期再次进行回归分析,结果如表 7-6 所示。由于自变量采用滞后一期变量,导致样本量减少至 4730 个。从表中可以看出,对外担保 Gua 的系数仍然在 1% 的水平上显著为正,审计意见 Mao 的系数变为负,但统计上依旧不显著,Gua 与 Mao 的交互项系数在 1% 的水平上正向显著,显著性水平有所提高。另外,相比之前的模型,滞后效应模型的调整 R^2 均有所上升,说明模型的解释力度变得更强了。由此,我们发现企业的对外担保行为对债务成本的影响具有明显的滞后效应。

此外,王少飞等(2009)认为将解释变量进行滞后可以缓解本研究中存在的互为因果导致的内生性问题。具体而言,我们将债务担保等自变量变量滞后一期可以在一定程度上确保自变量不会受到债务成本因素的影响。从表 7-6 可以看出,滞后一期的回归结果无本质变化,这说明我们的研究结论十分稳健。

表 7-6　　　　　　　　　　滞后效应分析

	$Costdebt\_1_t$			$Costdebt\_2_t$		
	(1)	(2)	(3)	(4)	(5)	(6)
Gua_{t-1}	0.445***	0.444***	0.441***	0.534***	0.532***	0.530***
	(6.416)	(6.381)	(6.400)	(7.506)	(7.462)	(7.499)
Mao_{t-1}		0.129	-0.123		-0.164	-0.158
		(-0.710)	(-0.696)		(-0.864)	(-0.858)
$Gua \times Mao_{t-1}$			0.778***			0.808***
			(2.733)			(2.848)
$Size_{t-1}$	0.105***	0.098***	0.096***	0.033	0.025	0.022
	(3.078)	(2.893)	(2.829)	(0.939)	(0.708)	(0.635)
Lev_{t-1}	0.273**	0.311**	0.322**	0.143	0.191	0.203
	(2.166)	(2.198)	(2.298)	(1.036)	(1.232)	(1.315)
Roa_{t-1}	-2.027***	-2.083***	-2.031***	-2.681***	-2.752***	-2.698***
	(-4.924)	(-5.120)	(-4.954)	(-6.879)	(-7.089)	(-6.851)
Cfo_{t-1}	-1.346***	-1.353***	-1.367***	-1.439***	-1.448***	-1.462***
	(-4.136)	(-4.162)	(-4.229)	(-4.296)	(-4.330)	(-4.399)
$Growth_{t-1}$	0.034	0.033	0.032	0.062***	0.060***	0.060***
	(1.462)	(1.409)	(1.393)	(2.851)	(2.777)	(2.769)
$Big4_{t-1}$	0.151	0.157	0.170	-0.108	-0.100	-0.087
	(1.058)	(1.104)	(1.199)	(-0.771)	(-0.719)	(-0.634)

续表

	Costdebt_1_t			Costdebt_2_t		
	(1)	(2)	(3)	(4)	(5)	(6)
Tangible$_{t-1}$	1.615***	1.626***	1.620***	1.936***	1.950***	1.943***
	(8.027)	(8.114)	(8.169)	(8.979)	(9.111)	(9.179)
S1$_{t-1}$	-0.894***	-0.899***	-0.913***	-0.816***	-0.822***	-0.836***
	(-3.826)	(-3.848)	(-3.924)	(-3.337)	(-3.362)	(-3.437)
Age$_{t-1}$	0.001	0.001	0.000	-0.026**	-0.026**	-0.027**
	(0.049)	(0.079)	(0.023)	(-2.431)	(-2.400)	(-2.460)
Indu	Yes	Yes	Yes	Yes	Yes	Yes
Year	Yes	Yes	Yes	Yes	Yes	Yes
Constant	1.440	1.576	1.537	3.669***	3.841***	3.801***
	(1.503)	(1.642)	(1.587)	(3.696)	(3.870)	(3.770)
Adjusted R^2	0.198	0.198	0.201	0.262	0.263	0.266
F	36.597	35.899	34.930	44.135	43.473	41.776
N	4730	4730	4730	4730	4730	4730

注：（ ）内为 t 值，该值经过 Robust 和公司层面的 Cluster 调整；*、**、***分别表示双尾检验在 10%、5%、1%水平上显著。

（3）Tobit 回归分析。在本研究数据中，我们发现一部分样本的债务成本数据为零，债务成本在数据结构上显示出典型的"删失数据"，因变量在零处受到限制，借鉴魏志华等（2012）的研究，我们改用 Tobit 回归的方法重新进行了分析。数据结果显示，企业的对外担保变量（Gua）与其债务成本在 1%的水平上显著正相关，企业获得的非标准审计意见（Mao）对债务成本的影响为正，但仍然不显著，企业对外担保变量与审计意见变量的交互项在 5%的水平上正向显著。实证结果没有任何实质性变化，这说明本研究的研究结论十分稳健。由于篇幅所限，该部分检验结果不再列示。

第三节 本章小结

债务融资作为我国企业的主要融资方式，其成本高低对于企业的长远发展影响重大。以往研究主要关注企业对外担保行为给被担保企业带来融资环境的改善，本章的研究则从另一视角研究企业对外担保行为给自身融资带来的影响。

本章以信息不对称理论为基础，选取 2007—2011 年中国主板 A 股上市公司为样本，研究了企业提供的债务担保行为和企业获得审计意见类型给自身债务融资成本带来的影响，并关注非标准审计意见是否会加重担保行为对自身债务成本的影响。研究发现：

（1）企业的对外担保行为显著增加了其自身的债务成本，说明债权人对于企业对外担保行为持谨慎态度，认为对外担保行为给企业发展和债权人资金安全带来了风险。

（2）企业收到的审计意见类型对于这二者关系具有显著的调节效应，非标准审计意见将加重担保行为对债务成本的正向影响。

（3）研究并未发现审计意见本身对债务成本有任何显著的影响，这也进一步阐释了审计意见对企业融资的影响并不能一概而论，需区分企业所处的金融环境等因素。

（4）研究还发现前述结论具有明显的滞后效应，企业的对外担保行为不仅影响了本期的债务成本，而且对企业以后的债务融资依然会产生影响。

本章的研究结果对于充分理解企业债务成本的变化以及对企业的经营决策具有重要的借鉴意义。首先，以往的许多研究主要关注公司治理水平（Fields 等，2012）、信息披露质量（Andrade 等，2014）等因素对企业债务成本的影响，本研究结果表明企业进行的对外担保对自身的债务成本也有着重要影响，因此本研究有助于加深对债务成本影响因素的理解。其次，本研究对企业的经营决策特别是有关担保决策具有指导作用。具体而言，我们的研究结论说明企业在进行对外担保时需要关注其对自身债务成本带来的影响，权衡这一行为所带来的利弊，特别是当企业获得非标准审计意见时，企业更加需要慎重考虑对外担保的必要性，避免使企业自身承受过高的债务成本而影响企业的发展。

本章的研究结论可能会受到债务成本度量准确性的影响。依据中国企业会计准则第 17 号有关借款费用的规定，一部分利息费用可能被资本化而进入资产价值。限于资本化利息费用的数据无法取得以及由于利息资本化的条件严格而导致这部分利息费用所占比例较小两个原因，本研究在度量债务成本时仅考虑了利息费用化的部分。此外，本研究仅探讨了企业的对外担保这一行为对自身债务成本的影响，后续研究可以进一步考虑债务担保的类型、规模、对象等因素对企业债务成本的影响，以及对外担保对权益成本的影响。

担保市场风险传递与交易撮合研究

第一节 担保与风险传递

一、引言

公司对外担保是指公司以其财产或信用为第三方的债务提供保障的一种方式,当债务人到期不能清偿债务时,由公司按约定履行债务或承担相关责任的行为。截至 2011 年 12 月 30 日,我国上市公司提供担保余额超过 7 000 亿元人民币,2007 年至 2011 年 5 年间超过半数的上市公司提供或存在担保业务,揭示我国证券市场上市公司为其他公司提供担保行为十分普遍。担保作为上市公司的一项正常业务,一方面能够使公司在提供担保的同时得到一部分担保金的收入,但可能由于提供担保致使其财务状况受到影响,资金被冻结,面临诉讼甚至因此进入破产甚至债务重组程序。例如 2001 年 ST 猴王对母公司的超额担保案件,2012 年无锡尚德的反担保案件等。担保业务在公司财务中会形成或有负债,提供担保会以担保合约为准产生债权债务关系,转嫁债务人风险,对于提供担保方具有不确定性的风险。为使我国资本市场正常运行,保护投资者利益,证监会曾多次提出和修正上市公司担保业务的披露与规范要求。在 2005 年 11 月证监会与银监会联合发布了 120 号通知,要求上市公司董事会或股东大会审议批准的担保业务,必须在中国证监会指定的信息披露报刊上及时披露,强化上市公司担保的披露责任。

Berkman 等 (2009)、郑建明等 (2007)、王克敏等 (2007)

等研究认为提供担保是大股东对中小股东进行利益侵占的主要途径，会降低企业价值，对投资者产生危害。Johnson 等（2000）认为担保是"掏空"的重要手段。Busetta（2012）研究发现在存在自选择问题的情况下，当抵押担保品不足时，多方债务担保机制中仍然会存在非效率的信用配给情况。Dybvig 等（2012）研究发现，在债务抵押品很低且债务违约率高的债务合约中，风险的分散会导致抵押品流向担保人，且会高估债务人信用。Arslanalp 等（2013）通过构建理论模型发现政府提供信用担保会增加政府的违约风险，如果政府潜在负债在 GDP 中增加 1%，那么政府的信用互换差价会增加 24%，发展中国家更会增加 75%。

Merton（1977）、Merton 等（1992）认为担保能够类比于对于债务的保险，提供担保能够为担保和被担保双方产生价值。Leech 等（1989）研究发现抵押担保可以降低代理成本，解决"信息不对称"问题，促进资金融通。Dybvig 等（2011）利用中国第三方担保数据进行实证研究认为，在中国担保者主要是缓和了由于政策规制所带来的融资困境。Cowling 等（2003）、Cowling（2010）利用英国政府担保项目记录数据进行实证研究发现，在英国政府担保可以减轻信用配给，促进中小企业的融资。Cook 等（1996）利用美国 Federal Saving and Loan Insurance Corporation（FSLIC）的担保数据进行实证研究发现，担保人在借贷中吸收了被担保公司风险，所以贷款利率变化不仅仅由借款公司的风险变化所决定，更取决于担保人的风险变化。Armstrong 等（2014）利用美国的数据进行的实证研究发现，政府对中小企业的债务担保在金融欠发达地区能够显著地增加就业率。Dodson（2014）研究发现，政府担保能够显著减轻中小企业向大银行贷款困难的问题。Liu 等（2014）通过模型仿真认为，政府的债务担保能够十分有效地帮助陷于财务困境的银行。Kuo 等（2011）认为，政府担保的费用应当等同于担保成本。担保在债务中所占比重越大，其担保费用应当越高。曹敏等（2003）利用我国广东省外资企业银行融资数据实证发现股东或者第三方担保能够降低公司的融资成本。陈晓红等（2007）研究了债务展期对于担保定价的影响。孙艳等（2009）构建担保模型认为，优先求偿权会影响贷款担保产品的价值。

总览国内外对债务担保的研究发现，在西方发达国家虽然债券以及信用互换等金融及衍生品市场相当活跃，但是非金融类公司担保业务的情况有限，同时政府信用担保占据了极大份额，因此，极少有研究关注担保业务对于提供担保者的影响。其中，极为关键的是提供担保所产生的或有负债是否影响了提供担保公司的违约风险（Default Risk），而这方面的相关理论以及实证的研究都非常稀少。我国的研究主要集中在担保定价以及从公司价值方面探讨担保业务对提供担保方的影响，但忽视了担保业务是否为公司增加了不确定性，是否存在违约风险由被担保方向担保方过度转移等问题。

长期以来我国金融市场不完善使对上市公司的违约风险缺乏直观并即时、有效的度量以及观测方法，导致还没有研究涉及由担保业务引发的，被担保公司和提供担保公司间的风险转移，而这恰恰是担保影响企业价值的核心。由于担保形成公司的或有负债，其风险的转移以及对公司价值的侵占具有很强的隐蔽性和不确定性。例如，被担保方与担保方的关联关系不同是否会造成风险转移的程度以及方式不同？国有产权性质在公司担保业务中起到的作用和影响如何？这些问题，在已有的文献中都很少有所涉及。故此，本研究旨在解决提供对外担保业务是否会使公司承担被担保方的潜在债务从而增加公司自身的违约风险的问题。

二、研究假设

1. 担保与企业违约风险关系

（1）基于担保价值理论基础的担保业务与公司违约风险关系。Merton（1997）、Merton 等（1992）认为，提供担保可以被视为出售一份债务的卖空期权。担保的介入可以增加债务价值。担保的价值主要取决于担保部分债务的金额、担保期限以及被担保公司的价值及价值变动情况。由于假定投资人风险中性，担保人承担被担保方违约后的所有债务，在担保人违约概率为零的情况下，担保的价值体现可以简写为：

$$V(Risky\ Loan) + V(Loan\ Guarantee) \equiv V(Default\_free\ Loan)$$

或者

$$V(Loan\ Guarantee) \equiv V(Default\_free\ Loan) - V(Risky\ Loan)$$

上式表明当存在担保且担保人违约概率为零的情况下，担保价值是被担保人风险贷款和无风险贷款的差值。也就是说，在不存在利益输送和交易费用的基础上，当且仅当担保人在担保业务当中收取的担保费用足以弥补由于提供担保产生的潜在风险时公司才会提供担保。

H1a：上市公司提供担保并不会增加公司的违约风险。

（2）基于我国担保价值实证结果的担保与公司违约风险关系。Berkman 等（2009）认为关联担保是上市公司大股东对小股东利益侵占的一种途径。他们利用我国 1999 年关联担保的数据实证研究发现，存在关联担保的公司价值更低，财务绩效更差。刘小年等（2005）实证发现上市公司业绩越差发生对外担保的可能性就越高，同时资产负债率越高，发生对外担保的可能性就越高。王克敏等（2007）利用我国上市公司中 ST 公司的历史数据分析认为，担保增加了公司的融资困境。张璐璐等（2008）利用事件研究法分析了担保业务公告发布前后的累计异常收益率变化，实证发现市场对担保业务的反应显著为负。基于已有的实证经验，本研究认为担保是上市公司大股东掏空公司的一种形式，会损害公司利益和价值。即是说，上市公司过度承担了被担保公司的风险。

H1b：上市公司提供担保会增加公司的违约风险。

2. 基于不同担保方、被担保方关系下的担保与公司违约风险关系曹敏等（2003）研究认为，由于担保能够为被担保方增信，降低公司融资约束，使被担保公司享受到利率优惠。如果被担保方为担保方的子公司，那么会降低子公司融资约束与成本，进而增加子公司的收益，故此母公司除了担保金额的收入之外，还能通过信用互换从中获益。Stiglitz 等（1981）研究认为，由于担保所带来的风险相当一部分源自道德风险和信息不对称性。通常母公司比银行对其子公司的经营状况享有更多的信息；同时，如果子公司存在道德风险或逆向选择行为，母公司能够对子公司进行直接的干预以及控制。所以如果被担保方为子公司的情况下，担保业务中的信息不确定性以及道德风险更少。

H2：为子公司提供担保的风险小于为非子公司提供担保的风险。

3. 产权性质对提供担保的风险影响

中国的国有产权在资本市场中占有主导地位。由于国有控股或地方政府控股企业在一些情况下，企业不仅要实现作为一个经济体的生产运营，同时会承担着政府部门的一些责任，是我国宏观经济政策的最终执行者，例如，稳定就业、稳定金融市场等职责。所以在提供对外担保等业务上，动机与非国有企业会有所不同。存在资源效率高的企业为资源效率低下的部门"输血"的情况。赵尚梅等（2013）研究发现，当地方政府作为大股东，在城市商业银行中存在掏空行为，会影响商业银行信贷结构和经营绩效。罗党论等（2007）实证研究发现政府控制会影响国有或地方控股上市公司的担保行为。当地方政府存在财政赤字时，当地地方政府控股公司更容易发生对外担保行为。方红星等（2013）认为，由于国有企业有政府信用作为隐性担保，通常国有企业能够以更低的成本获得外部融资。所以，Stiglitz 等（1981）在不完全信息下的信用配给理论认为，国有企业有可能对担保业务的风险管理的动机以及程度更弱。最终控制人为国有上市公司的担保可能存在政策性福利因素的影响。同时，由于国家隐性担保的存在，上市公司提供担保时对被担保方风险管理的动机以及程度都有所降低。

H3：当公司最终控制人为国家或地方政府时，提供担保业务会增加公司的违约风险。

综上，本研究假设的关系图见图 8-1。

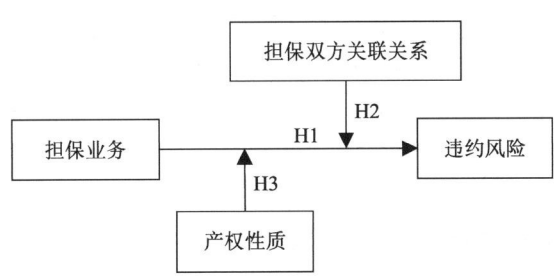

图 8-1 研究假设关系框架图

三、变量及模型

1. 变量选择

（1）被解释变量：违约风险（Default Risk）又称为信用风险，是指借款人在债务到期时无法还本付息的风险。企业违约风险是指企业在债务到期时无法还本付息的风险。企业的违约风险通常很难直接观测，对企业违约风险的度量需要整合一系列的因素或者借助金融产品计算得来。随着我国债券市场的发展，对我国公司违约风险可以借助债券市场上交易公司债利差的变化来衡量企业违约风险。

公司债利差（Yield Spread）又称为"信用差价"（Credit Spread，CS）指投资者要求公司债提供高于到期日相同的国债收益的额外收益部分。Black 等（1973）以及 Merton（1974）最早对公司债利差的形成提出了理论性的解释，认为对一企业拥有其债权可以类比为持有一个无风险利率的债权和出售给股票所有者相当于无风险收益的卖出期权，公司债利差由企业的违约风险程度、资产价格波动幅度以及债务期限来决定。在实证方面，Fama 等（1993）用美国债券市场的数据实证表明，违约风险和债券剩余期限解释了公司债利差的主要部分。Longstaff 等（2005）通过对美国公司债市场以及信用互换市场数据证明了违约风险解释了公司债利差的主要组成部分。冯宗宪等（2009）认为，信用价差完全是由企业可能发生违约而出现的，它反映了企业债的风险状况，投资者可通过观察信用价差的变化来推断企业债信用风险的大小。

本研究利用公司债利差来衡量公司违约风险。公司债利差计算方法是将公司债到期收益率减去同样剩余期限的国债到期收益率。

（2）解释变量：对外担保，本研究首先讨论担保规模（Gua）对公司违约风险产生的影响。由于相同担保金额的情况下，对于不同规模的企业，担保的影响也有巨大的差异，故此，本研究将担保所涉及的债务金额占公司总资产的比例视为担保规模的大小。同理，将对子公司担保所涉及的债务金额占公司总资产的比例视为对子公司担保规模（Gts），对非子公司担保所涉及的债务金额占公司总资产的比例视为对非子公司担保规模（Gtns）。

（3）控制变量：参考 Fama 等（1993）、Collin – Dufresne 等（2001）、Yu 等（2005）的实证研究方法，本研究利用公司的财务杠杆率（leverage）来控制（除担保之外的）影响公司的违约风险因素，用公司股票市场年度价格变动的标准差来控制公司价值波动率（std）。Leland 等（1994）研究证明，债券的期限会影响利差的大小，本研究用公司债交易日距离到期日的时间来控制债务期限（yeartomatu）。Chen 等（2007）实证研究发现，债券流动性会影响债券利差的大小，流动性越好的企业债券利差越小。本研究用公司债券的年交易总额与债券发行量的比值来衡量公司债券流动性（liquidity），进而控制公司流动性风险。Duffee（1998）研究证明，国债收益率水平会影响公司债利差的大小,其中国债收益率水平越高,利差水平越低。同时,Hackbarth 等(2006)以及 Chen(2010)研究认为,宏观环境的变化(包括经济增长以及通货膨胀等因素)会影响债券利差的变化。所以,本研究利用国债收益率变化(yield)衡量当期市场利率的情况,以控制宏观因素变化对于债券利差产生的影响。

我国上市公司的最终控制人为国家或者地方政府的情况非常普遍。同时,方红星等(2013)研究发现在我国产权性质是影响公司债利差的一个主要因素,国有产权的公司利差显著较低。本研究探究我国资本市场下的担保特性时,考虑不同产权性质下担保业务对提供担保公司违约风险可能产生的影响。引入产权性质控制变量(soe)。表 8-1 为本研究中变量的定义表。

表 8-1   变量定义表

变量名	符号	变量描述
被解释变量		
利差	Spread	公司债券到期收益率减去(同到期时间)的国债到期收益率
解释变量		
担保	Gua	上市公司对外提供担保业务年末余额/总资产
对子公司担保	Gts	上市公司为子公司担保业务年末余额/总资产
对非子公司担保	Gtns	上市公司为非子公司担保业务年末余额/总资产
控制变量		
无风险利率	yield	同样残存期限的国债的到期收益率
所有权结构	soe	若企业最终控制人为国家或地方政府 soe = 1,其他 soe = 0
风险水平	leverage	总负债/总资产
股价波动率	std	当年企业股价日收盘价格标准差
债券流动性	liquidity	年交易总额/发行量
债券剩余期限	year to matu	债券距离到期日的剩余时间

2. 模型构建

本研究基于 Merton(1977)的债券定价模型,构建担保业务对提供担保的公司债券利差影响的实证模型。

H1:担保对违约风险的影响。

$$Spread = \beta_{11} \times Gua + \beta_{12} leverage + \beta_{13} std + \beta_{14} yeartomatu + \beta_{15} yield + \beta_{16} liquidity + C \tag{8-1}$$

其中,被解释变量为公司债利差(Spread),解释变量为担保规模(Gua)、控制变量有企业财务杠杆率(leverage)、企业股价波动率(std)、债券剩余期限(yeartomatu)、国债收益率(yield)和债券流动性(liquidity)。

信息不对称性以及道德风险极大地影响担保风险及其传递。如果被担保方为提供担保方的子公司，那么提供担保方能够对子公司进行监视和控制，所以对子公司担保的道德风险和信息不对称程度较对非子公司的担保更小。因此本研究将担保划分：为子公司提供担保和为非子公司担保。比较为子公司提供担保的风险是否小于为非子公司提供担保。解释变量中 Gts 代表为子公司担保规模，Gtns 代表为非子公司担保规模。

H2：不同担保对象对违约风险的影响。

a. 为子公司担保给违约风险带来的影响：

$$Spread = \beta_{21} \times Gts + \beta_{22} leverage + \beta_{23} std + \beta_{24} yeartomatu + \beta_{25} yield + \beta_{26} liquidity + C \tag{8-2}$$

b. 为非子公司担保对违约风险带来的影响：

$$Spread = \beta_{31} \times Gtns + \beta_{32} leverage + \beta_{33} std + \beta_{34} yeartomatu + \beta_{35} yield + \beta_{36} liquidity + C \tag{8-3}$$

传统的利差定价模型并未考虑到我国特殊的制度环境所产生的效果，本研究在 Merton（1977）的基础上考查了产权性质对于债券利差以及担保行为后果的影响，并重新构建担保对企业违约风险影响的实证模型。

H1、H3：担保对违约风险的影响。

$$Spread = \beta_{41} \times Gua + \beta_{42} soe + \beta_{43} soe \times Gua + \beta_{44} leverage + \beta_{45} std + \beta_{46} yeartomatu + \beta_{47} yield + \beta_{48} liquidity + C \tag{8-4}$$

H2、H3：不同担保对象对违约风险的影响。

a. 为子公司担保给违约风险带来的影响：

$$Spread = \beta_{51} \times Gts + \beta_{52} soe + \beta_{53} soe \times Gts + \beta_{54} leverage + \beta_{55} std + \beta_{56} yeartomatu + \beta_{57} yield + \beta_{58} liquidity + C \tag{8-5}$$

b. 为非子公司担保对违约风险带来的影响：

$$Spread = \beta_{61} \times Gtns + \beta_{62} soe + \beta_{63} soe \times Gtns + \beta_{64} leverage + \beta_{65} std + \beta_{66} yeartomatu + \beta_{67} yield + \beta_{68} liquidity + C \tag{8-6}$$

其中 soe 代表国有产权性质，soe × Gua 为国有产权性质与担保规模的交叉变量，揭示国有产权性质在担保行为中的调节作用。soe × Gts 为国有产权性质与为子公司担保规模的交叉变量。soe × Gtns 为国有产权性质与为非子公司担保规模的交叉变量。

四、样本选择和数据来源

基于新会计准则，上市公司关于担保的披露要求自 2007 年开始正式实施。其中要求上市公司披露其担保的相关情况。本研究的担保相关数据来自各上市公司年报中对担保相关事项的信息披露，并手工收集了 2007 年至 2011 年上市公司提供对外担保的所有数据。由于我国债券市场中对公司财务披露的要求还尚未规范,所以通常发行公司债的公司并没有披露与担保等或有事项相关的信息。为了研究担保业务对公司违约风险的影响,本研究选取了发行公司债上市公司的担保数据以及债券交易数据。关于债券的交易数据以及公司财务数据来自国泰安(CSMAR)数据库。公司所有权结构来自色诺芬数据库。交易所固定收益国债的相关数据来自中债结算中心的相关网站。财务数据和债券交易数据均采取了当年的年末值。本研究剔除了2011年末已发行但还未开始交易的上市公司债券的样本以及收益率为负的债券样本,剔除了数据缺失的样本,最后得到5年116家上市公司139张债券共270个交易数据。

五、实证结果

1. 描述性统计分析

(1) 被解释变量。在270个观测样本中,公司债券利差的最小值为 -3.4%,最大值为7.008%,均值为2.49%。说明公司债的到期收益率要普遍高于国债的到期收益率,少数几张债券的到期收益率小于国债到期收益率。

(2) 解释变量。116家公司中,提供对外担保的企业为78家,说明过半的上市公司存在着担保业务。其中,给子公司担保的企业占到69家,给非子公司担保企业为46家。表明为子公司担保的情况较为非子公司担保的情况更为普遍。从担保规模上看,担保金额占到总资产最大的为33.35%,市场整体对外担保规模平均占到总资产的4.72%,说明担保在我国资本市场中占据重要地位。同时,为了公司担保金额占公司总资产比率的市场平均水平为3.54%,为非子公司担保金额占公司总资产比例的市场平均水平为1.11%,说明我国资本市场中,为子公司增信担保的金额总量较为非公司担保的金额更巨大。

(3) 控制变量。债券的剩余期限(term)最短为0年,最长为14年,均值为4.56年,说明我国债券的整体融资期限较长。债券流动性(liquidity)均值为0.49,最高为5.02,最低不足1%,揭示我国债券市场的流动性依然不强。产权结构(soe)的均值为0.77,说明发行债券的企业大部分为国有企业或者国有控股企业。表8-2是变量描述性统计表;表8-3是样本间的相关性系数矩阵。

表8-2 变量的描述性统计

变量名	均值	标准差	最小值	最大值	观测值
被解释变量					
spread	0.024896	0.013939	-0.034290	0.070089	270
解释变量					
Gua	0.047275	0.059011	0	0.333565	270

续表

变量名	均值	标准差	最小值	最大值	观测值
Gts	0.035400	0.050716	0	0.262819	270
Gtns	0.011159	0.029000	0	0.262544	270
控制变量					
leverage	0.603998	0.132904	0.276070	0.843215	270
std	2.824871	3.262377	0.289312	24.23878	270
yeartomature	4.566667	2.207035	0	14	270
yield	0.030918	0.005877	0.010664	0.047082	270
liquidity	0.491018	0.817577	0.000001	5.020856	270
soe	0.770370	0.421376	0	1	270

表8-3　　　　　　　　变量间的相关系数表

liquidiy	spread	Gua	Gts	Gtns	leverage	std	year to mature	yield
Gua	0.204***							
Gts	0.197***	0.869***						
Gtns	0.050	0.526***	0.049					
Leverage	-0.028	0.225***	0.211***	0.086				
std	0.079	-0.083	-0.019	-0.128**	-0.179***			
Yeart-omature	-0.215***	-0.140**	-0.089	-0.119*	0.092	0.113*		
yield	-0.159***	-0.083	-0.034	-0.090	-0.004	-0.132**	0.512***	
Liquidity	0.294***	0.085	0.085	0.012	-0.096	0.273***	-0.048	-0.217***
soe	-0.480***	-0.473***	-0.198***	-0.201***	-0.071	0.141**	-0.08	0.148**	0.073

注：表中 *、**、*** 分别表示在10％、5％和1％的水平上显著，双尾检验。

2. 多变量回归分析

（1）基于传统利差定价理论的模型分析。本研究采用最小二乘法对模型进行回归，分析提供担保对债券利差的影响，结果如表8-4所示。公式（8-1）中担保与利差（Gua）的相关系数为0.038，在1％水平显著，即提供担保会显著增加企业的债券利差，这说明提供担保会显著增加企业自身的违约风险。与H1a相反，支持了H1b。

本研究比较不同担保对象的担保对企业利差影响。对比公式（8-2）、公式（8-3）对子公司担保（Gts）与债券利差的相关系数为0.044，在1％水平显著。回归结果表明对子公司的担保会增大债券的利差，即增加企业违约风险。而对非子公司的担保（Gtns）与债券利差的回归结果不显著，表明对非子公司的担保并不会增加企业债利差，说明相比对非子公司的担保对子公司担保会加剧风险从被担保公司向提供担保的传递。这与从信息不对称理论和委托代理理论所推出的 H2 相反。

在其他影响公司债券利差的因素中，公司财务杠杆率（leverage）和公司股价波动率（std）都没有显著影响利差的大小。同时国债收益率（yield）的大小也不显著影响利差。这与西方国家的理论和经验研究的结果有较大的差异。同时债券剩余期限（year to mature）与债券利差相关系数为 -0.001，显著性水平为1% 说明在我国市场，债券期限越长，其收益率与国债收益率的差别越小。最后流动性（liquidity）与债券利差的相关系数为0.004，显著性水平为1%，这说明在我国市场中，投资者更倾向于交易风险较高的债券，而将风险水平较低的债券持有到期。模型整体回归的调整后可决系数均在0.13左右，F值检验结果在1%以上水平显著，说明模型具有一定的代表性。

表8-4　　　　　　　　担保对债券利差影响回归分析结果

	(1)	(2)	(3)
Gua	0.038 *** (2.738)		
Gts		0.044 *** (2.746)	
Gtns			0.012 (0.441)
leverage	-0.002 (-0.246)	-0.001 (-0.230)	0.002 (0.381)
std	0.000 (0.679)	0.000 (0.494)	0.000 (0.582)
yeartomature	-0.001 *** (-2.756)	-0.001 *** (-2.811)	-0.001 *** (-3.084)
yield	0.034 (0.210)	0.017 (0.100)	0.045 (0.271)
liquidity	0.004 *** (4.299)	0.004 *** (4.331)	0.005 *** (4.570)
C	0.026 *** (4.130)	0.027 *** (4.275)	0.025 *** (3.996)
Adjusted R^2	0.133	0.133	0.109
N	270.000	270.000	270.000
F	7.867	7.875	6.471

注：( ) 内为t值，*、**、*** 分别表示10%、5%、1%的水平显著，双尾检验。

(2) 考虑产权因素影响下的担保与公司债利差分析。考虑到我国特殊的制度背景,在传统的利差定价实证模型中加入了产权因素。用于控制产权因素对于利差的影响,以及考查产权因素对于提供担保的行为及后果可能产生的影响。采取最小二乘法进行统计回归分析,其结果如表8-5所示。对比表8-4发现,在考虑到产权性质对于利差和担保行为影响后的回归结果,有以下方面不同:

第一,从回归方程(4)中发现,在考虑了产权性质对担保动机以及行为可能产生的影响后,担保(Gua)的系数为-0.045,显著性水平为5%,说明担保并不会增加企业的违约风险,而恰恰相反,担保有可能是企业信誉良好的一种信号,降低了企业的信息不对称性,从而降低了企业的利差。故此,H1a得到了验证,拒绝了H1b。

第二,对比回归方程(5)、(6)发现,对子公司和非子公司担保对债券利差产生的影响中,对子公司担保回归系数为-0.058,在10%水平显著,而对非子公司担保的回归系数为-0.046,并不显著。对子公司担保对债券利差的影响的增加值小于对非子公司的担保,说明对子公司的担保风险控制以及道德风险的降低确实会降低担保带来的潜在风险,H2在此得到了验证。

第三,考虑国有产权性质对于担保行为及其后果的影响:国有企业产权性质与担保的调节作用(soe×Gua)系数为0.092,显著性水平为1%。这说明当提供担保人的产权性质为国有时,担保规模越大其利差会显著增加,意味着承担的违约风险越大。同时也说明了在国有企业中的对外担保确实存在着利益输送以及风险管理不足的情况。H3得到了验证。

企业的所有权(soe)的系数为-0.019,显著性水平在1%以上,这说明在我国债券市场,国有性质的隐性担保起到了至关重要的作用,国有企业能够以更低的成本在资本市场获得融资。

表8-5 担保对债券利差影响回归分析结果(考虑产权因素)

	(4)	(5)	(6)
Gua	-0.045** (-2.011)		
soe	-0.019*** (-7.906)	-0.018*** (-7.513)	-0.015*** (-7.855)
soe×Gua	0.092*** (3.446)		
Gts		-0.058* (-1.920)	
soe×Gts		0.103*** (2.990)	

续表

	(4)	(5)	(6)
Gtns			-0.046
			(-1.187)
soe × Gtns			0.076
			(1.493)
leverage	0.005	0.005	0.008
	(0.803)	(0.829)	(1.333)
std	-0.000	-0.000	0.000
	(-0.243)	(-0.269)	(0.186)
yeartomature	-0.001**	-0.001**	-0.001**
	(-2.193)	(-2.303)	(-2.313)
yield	-0.048	-0.018	-0.035
	(-0.325)	(-0.124)	(-0.234)
liquidity	0.004***	0.004***	0.004***
	(3.972)	(3.935)	(3.893)
C	0.040***	0.039***	0.035***
	(6.687)	(6.572)	(5.983)
Adjusted R^2	0.308	0.300	0.277
N	270.000	270.000	270.000
F	15.968	15.438	13.904

注：( ) 内为 t 值，*、**、*** 分别表示 10%、5%、1% 的水平显著，双尾检验。

其他的因素除了流动性之外，基本与利差定价理论所预测的情况与符号相符。模型的可决系数提升至 0.3 左右，F 值均在 13 以上，模型的整体显著性水平在 1%。这说明在考虑了产权性质及其作用后的模型的整体表现能力得到了显著的改善。

3. 稳健性检验

（1）基于企业负债能力衡量的担保规模。对于担保规模的衡量，除了利用担保金额占到企业总资产的百分比来衡量以外，由于担保业务形成一种隐性负债，在稳健性检验中，本研究以企业的负债能力来衡量担保规模的大小。得到担保金额与企业负债比（Gua'）、对子公司担保金额与企业负债比（Gts'）和对非子公司担保金额与企业负债比（Gtns'）以及相应的调节变量，与公司债券利差进行回归分析结果与主回归结果一致。回归结果如表 8-6 所示。

（2）其他稳健性检验。本研究进一步讨论了被担保方的风险程度对于提供担保业务风险的影响，将为资产负债率超过 70% 的公司提供担保规模与企业债券利差回归，回归结果不显著。说明即使被担保方的风险程度较高，在做好风险防控的情况下，提供担保业务并不会增加提供担保企业违约风险。

表 8-6　以公司债务规模衡量下的担保与债券利差关系

	(7)	(8)	(9)
Gua′	-0.025* (-1.771)		
soe	-0.019*** (-7.731)	-0.018*** (-7.407)	-0.015*** (-7.823)
soe × Gua′	0.055*** (3.351)		
Gts′		-0.031* (-1.747)	
soe × Gts′		0.060*** (2.904)	
Gtns′			-0.024 (-0.897)
soe × Gtns′			0.049 (1.530)
leverage	0.006 (1.009)	0.005 (0.918)	0.008 (1.377)
std	-0.000 (-0.208)	-0.000 (-0.267)	0.000 (0.252)
yeartomature	-0.001** (-2.142)	-0.001** (-2.281)	-0.001** (-2.264)
yield	-0.038 (-0.260)	-0.016 (-0.106)	-0.029 (-0.191)
liquidity	0.004*** (3.907)	0.004*** (3.849)	0.004*** (3.902)
C	0.038*** (6.494)	0.038*** (6.465)	0.035*** (5.884)
Adjusted R^2	0.310	0.300	0.279
N	270.000	270.000	270.000
F	16.079	15.394	13.983

注：（ ）内为 t 值，*、**、*** 分别表示 10%、5%、1% 的水平下显著，双尾检验。

4. 实证结果

（1）基于传统利差定价理论的实证模型，本研究的实证结果与 Berkman 等

(2009)、刘小年等（2005）以及张璐璐等（2008）的实证结果相类似。提供担保会增加企业的违约风险。Berkman 等认为在中国担保对公司价值的减损是由于担保是大股东对小股东进行利益侵占的一种主要形式。但是，这与传统的担保理论产生极大的冲突，也与我国长期普遍存在的担保现象存在一定程度上差异。

（2）构建含有产权因素影响的利差实证模型和担保影响机理模型，进一步分析了担保对于提供担保者风险的影响。本研究在控制了国有产权性质在担保中起到的作用后发现，在我国资本市场中公司提供担保业务行为是符合传统担保理论的，并不存在所谓普遍性的利用担保进行掏空的情况。提供担保依然被认为是企业信誉良好的证明。同时，在有效控制信息不对称性和道德风险的情况下，能够进一步降低担保为提供担保方带来的风险，揭示了担保对公司违约风险影响背后的制度原因以及担保理论与债券定价理论在中国的适用问题。

5. 结论

本研究基于研究假设关系并利用实际数据和模型测算检证了对外担保与上市公司债券利差的关系，诠释了担保在风险转移中的作用，并揭示了其背后的影响机理。研究发现：

（1）西方的利差定价模型由于没有考虑我国制度背景因素，在我国应用过程中并不足以诠释我国企业经济行为及其后果。

（2）在做好风险防范的基础上，担保业务并不会增加企业的违约风险。

（3）从市场整体的平均水平来看，上市公司对外提供担保确实增加了上市公司违约风险。一方面由于我国债券市场国有企业占到了绝大部分比例；另一方面国有企业的对外担保往往会由于政策因素以及风险方法的不足导致上市公司违约风险的增加。

（4）对子公司提供担保的风险程度小于对非子公司的担保，但在国有控股企业中存在对子公司担保的风险转嫁情况。稳健性检验中担保与债务规模的比例以及对资产负债率超过 70% 企业的担保均未对提供担保企业违约风险产生显著的影响。

本研究的研究价值体现在：

（1）通过对担保与公司违约风险的研究，拓展了担保理论。现有对中国资本市场担保行为的研究大多认为担保是大股东对于小股东掏空的一种形式，通过本研究发现，这种"掏空"更深层次的制度原因来自国有产权的隐性担保带来的风险控制不足和代位缺失问题。

（2）完善了利差的相关理论研究。本研究通过实证发现，担保作为企业的一种或有负债，企业的潜在风险会影响到企业债券的定价行为。同时我国产权性质在利差形成中起到了决定性作用。

（3）拓宽了委托代理理论在我国的应用。通过本研究实证研究发现，在国家主权代位缺失的情况下，风险管理不足以及投资者利益得不到保护的情况非常普遍并且渗透至企业的各个业务。

本节的实证结果对担保风险管理的启示有：在担保业务中的风险管理能够有效控制担保为担保人所带来的风险，从而降低或避免债务方对于担保方违约风险的影响。其中，①在对担保金定价时，应当注意在对债务方风险合理评估的基础上，对相应的担保金进行定价，避免由于提供担保时的担保金不足以补偿债务方风险造成的公司价值减损，致使信用水平下降；②加强公司治理水平和信息披露，避免管理者或大股东利用担保手段进行的掏空和利益输送，使担保人过度承担债务方所转嫁来的风险，导致担保人违约风险的增高；③提高对债务方的有效监控，可以降低道德风险以及信息不对称，以降低由债务人的道德风险和信息风险导致担保人的风险增加[1]。最终达到利用担保促进资本融通，解决资本市场不足问题的同时不至于损害担保方公司所有者和债权人利益的双重目的，促进资本市场的有效运行。

第二节　基于定价的财务特征对担保双方行为选择机理研究

公司对外担保是指公司以其财产或信用为第三方债务提供契约承诺的一种保证方式，当债务人到期不能清偿债务时，公司按约定履行债务或者承担相关责任的行为。在我国上市公司为第三方提供担保的情况非常普遍，截至2011年末，超过半数的沪深主板上市公司提供或存在担保业务，其涉及债务余额超过7000亿元人民币。由于我国资本市场尚未完善，担保往往承担着弥补市场不足的角色。

很多研究表明担保在促进金融市场方面发挥了显著作用。Bradshaw利用美国加利福尼亚州担保项目数据显示，在接受担保的企业中40%增加了就业，并且增加了税收收入，但担保违约率仅为2%。Cowling利用英国中小企业政府担保项目的相关数据显示，担保能够减轻中小企业的融资约束。Chen建立理论模型发现，第三方担保能够减缓抵押品非效率变卖的问题。陈斌研究认为，我国信用担保机构对于缓解中小企业融资难起到了积极作用。

提供担保同时存在风险传染和风险控制等很多问题。Brock建立理论模型并利用智利的数据说明，政府担保承担最终还款人角色时，对外资的吸引体量更大；但是由于政府担保会影响整个经济体的均衡，商业银行在评估风险时如若忽略这一点，就会对其面临的风险估计不足（Underestimate the cost of the closure）。Stiglitz和Weiss给出理论模型认为，增加对抵押担保或第三方担保的要求会增加企业的道德

---

[1] 从对子公司提供担保的风险程度小于对非子公司的担保风险这一实证结果来看，我们能够推断出以上结论。

风险。Baldwin、Lessard 和 Mason 认为，政府担保是"一颗定时炸弹"，担保所带来的或有负债应当计入政府的预算。Berkman、Cole 和 Fu 利用中国上市公司关联担保数据实证发现，存在关联担保的企业公司价值和公司绩效更低，他们认为担保是大股东对小股东利益侵占的一种形式。张建波研究认为，对我国中小企而言，信用担保市场效率低下的主要原因在于信息不对称产生的逆向选择和信用配给问题。

鉴于担保的不同优势及其存在的问题，担保定价以及风险管理一直是学术界关注的焦点。Merton 对担保定价研究认为担保能够类比为一个保险。担保的价值由被担保方的资产负债比率、债务期限、无风险利率和被担保方价值波动性决定。被担保方资产负债率越高，担保价值越高；被担保方价值波动性与债务时间乘积越高，担保价值越大。Sosin 基于期权方法构建了担保定价模型，指出债务期限越长，债务公司的资产波动率越高，债务公司资产负债率越高，担保的绝对价值和相对价值都会增加。Chang、Chung 和 Yu 建立单一担保人对多债务人和单一债务人对多担保人的理论模型，并通过数值仿真方法对债务人、担保人的债务情况以及担保价值进行分析，发现债务人违约风险越大，担保价值越高。Cook 和 Spellman 建立模型，认为担保的利率贴水由担保人和债务人的风险同时决定，并用美国 FSLIC（Federal Savings and Loan Insurance Corporation）数据证明 CDs（certificates of deposit）贴水（premiums）会由于担保人的风险增大而增大。Merton 和 Bodie 给出金融担保管理监督、资产控制以及风险与收益相匹配三维度相关建议。Mody 和 Patro 认为，政府在提供担保后，必须建立会计、价值和风险分散的机制。顾海峰认为，在识别中小企业金融担保风险时，应同时考虑财务风险和非财务风险。张慧颖、聂强通过构建委托代理模型指出，推行连带责任贷款的同时，探索有效的担保形式是发展小额信贷业务的有效途径。

对担保价值的理论研究并没有解释什么样的企业更倾向于提供担保。刘小年和郑仁满（2005）实证研究发现，上市公司业绩越差，发生对外担保的可能性就越高；同时资产负债率越高，发生对外担保的可能性就越高。Jian 和 Xu 利用中国数据实证发现，宏观因素和微观因素同时会影响企业担保行为：在经济欠发达的地区以及法律保护环境更差地区的企业更倾向于接受担保；国家控制的企业更倾向于提供担保；公司机构越复杂，成为担保人和被担保人的机会都会增大。实证研究揭示上市公司对外担保行为与公司特征相关，尚未从理论层面解释为什么公司财务特征会影响公司对外担保行为选择。

对于公司提供担保的动机，为什么资产负债率高的公司更倾向于担保？为什么业绩更差的公司更倾向于担保？本研究通过构建担保供需理论模型，从担保供给方论述担保定价选择，从债务方探索购买担保收益，以及担保供需撮合下的担保方财务特征，担保契约签订与公司财务特征间的联系。

一、财务特征与担保行为选择

1. 担保人提供担保的判定条件与担保定价

假定公司在某时刻 t 有债务金额为 g，利率为 r，债务期限为 1 期。如果有公司为该笔债务提供担保获取收益 $f(g)$。假定无风险利率为 R，提供担保公司的所有者权益为 E，债权人权益为 D。根据公司杠杆率的定义，本研究将公司的负债权益比 D/E 作为公司财务杠杆。

为了论述简便，本研究对公司、担保契约以及交易做如下限定并贯穿全文：（1）忽略因担保产生的其他费用，例如监管费用或契约费用；（2）不考虑由于担保所产生的道德风险。即购买担保后债务人的违约概率增加的问题；（3）假定公司所有的盈余都用于公司内部融资和再生产过程，即假定公司不分配股利和红利，即公司盈余留存在公司内部，不存在盈余向外流出情况；（4）本研究假定担保期限为 1；（5）债务人的违约服从二项分布，其违约概率为 P_f；（6）政策不考虑税负等因素。

2. 不存在产品市场超额收益情景下的担保定价

本书主要从定价视角论证公司是否愿意充当担保人的行为选择。在分析市场供求关系采时首先假定市场内每一家公司的超额利润都为 0，并且已处于其资本结构最优水平。根据担保合同公司在当期需要承担潜在债务的现值为：

$$D(g) = \frac{g \times (1+r) \times P_f}{1+R} \tag{8-7}$$

由于潜在负债会导致经济利益流出企业，基于传统的担保理论和理性人假设，作者认为公司愿意为第三方提供担保的条件是担保金的收益大于潜在经济利益流出的现值。即：

提供担保条件 1：净现值非负条件，公式表述为：

$$f(g) \geqslant D(g) \tag{8-8}$$

公司资本结构会对公司经营决策产生影响。Stiglitz（1969，1972）认为，在合理前提假设基础上，存在一个最优的债务——权益比率。Bruner（2004）指出，债权人经常会影响公司的日常经营决策，而增加债权人权益所占比率会增加债权人对于公司经营的干预程度。虽然担保业务没有体现在会计报表的资产负债项的加总额中，但是提供担保确实使潜在的债权人权益发生了变化，增大了债权人权益。担保人为了补偿这部分债权人权益的增加，公司会通过增加保费（或者其他形式收益）增加公司所有者权益，从而避免提供担保后公司所有者权益占公司整体权益比重下滑。本研究认为公司在决定是否提供担保业务并对其定价时，会考虑所有者权益在公司所占比重的变化。即：

提供担保条件 2：所有者权益非稀释条件：公司所有者权益与债权人权益的比值将变为 $\dfrac{D+D(g)}{E+f(g)}$。如果公司所有者不希望公司所有者权益占比重下降，即所有者权益非稀释条件满足（8-9）式：

$$\frac{Df(g) - ED(g)}{E[E + f(g)]} \geq 0 \tag{8-9}$$

公式（8-9）是担保后所有者权益非稀释条件的数学表达形式。下面基于公式（8-9）推导出满足所有者权益非稀释调价下的担保定价。

由于 $E[E + f(g)]$ 在公司没有破产时恒为正，公式（8-9）可以变为：

$$f(g) \geq \frac{E}{D}[D(g)] \tag{8-10}$$

公式（8-10）揭示担保方在对担保定价时，除了考虑担保所带来的或有负债项目以外，还要考虑公司自身的所有者和债权人权益比率变动。换句话讲，即使面对同一债务人，提供担保人的自身债权人权益所占比重越高，担保费用越低。

从净现值非负条件公式（8-8）和所有者权益非稀释条件公式（8-10）可知，当 $\frac{E}{D} > 1$ 时，公司需要担保金大于其产生的潜在债务，当 $\frac{E}{D} < 1$ 时，公司需要的担保金小于其产生的潜在债务。对公式（8-10）求导，对债务金额 g 求导得：

$$f'(g) = D'(g) \times \frac{E}{D} \tag{8-11}$$

假设债务违约符合二项分布，其违约概率为 P_f，且不存在道德风险。可得每增加一单位担保，担保金变化见公式（8-12）所示：

$$f'(g) = \frac{(1 + r) \times P_f}{1 + R} \times \frac{E}{D} \tag{8-12}$$

由于贷款利率 r、市场无风险利率 R、违约率 P_f、担保人的所有者权益和负债、E、D 都大于零，所以 $f'(g) > 0$。公式（8-12）说明在其他条件不变时，所有者权益所占比重越高，每增加一单位负债所增加的担保费用就更高；公司债权人权益所占比重越高，每增加一单位负债所增加的担保费用就更低；债务方违约风险 P_f 越低，担保定价越低。

3. 考虑业绩的提供担保判定条件与定价分析

在此前曾经分析市场供求关系时假设公司都处于边际利润为 0 的情况，并没有考虑提供担保公司的经营业绩差异——有些公司经营业绩好，而有些公司经营业绩差，本研究这里拓展假设认为市场中的企业有经营业绩好坏之分。令公司在经营 t + 1 期产生净现金流入 I，扣除经营成本和资本成本 C 获得超额收益 AR = I - C。则未来企业经营业绩的当期所有者权益价值为 $E + \frac{AR}{1 + R}$；未来现金流入的企业所有者权益和债权人权益比率为 $D/(E + \frac{AR}{1 + R})$。如果企业提供担保，此时签订担保契约的所有者权益和债权人权益比率将变为：

$$\frac{D+D(g)}{E+f(g)+\frac{AR}{1+R}}$$

如果公司处于其最优成长路径，采用提供担保条件2（所有者权益非稀释条件），企业所有者权益在提供担保后所占比重非减的条件（愿意提供担保）是：

$$\frac{D}{E+\frac{AR}{1+R}} \leqslant \frac{D+D(g)}{E+f(g)+\frac{AR}{1+R}} \tag{8-13}$$

简化式（8-13）推导给出公司担保定价范围：

$$f(g) \geqslant \frac{E+[AR/(1+R)]}{D}[D(g)] \tag{8-14}$$

由式（8-14）可知企业的超额收益越高，为保证公司在提供担保后依然位于其最优成长路径，担保方索取的担保收益越高；并且增加的或有负债部分越高，索取的担保收益越高。那么，对于每新增一单位担保所需费用通过对式（8-14）求导得：

$$f'(g) = D'(g) \times \frac{E+[AR/(1+R)]}{D} \tag{8-15}$$

不难发现，在其他因素一定的情况下，企业超额收益越高，每增加一单位的债务担保所要收取的保费也就越高。

二、债务方担保购买判定价

根据 Merton（1977）以及 Morton、Bodie（1992）在提供担保者不会违约的情况下，担保价值表示为：

$$V_{guarantee} = V_{risk-free} - V_{risk} \tag{8-16}$$

其中 $V_{guarantee}$ 为担保价值，$V_{risk-free}$ 是无风险债券价值，V_{risk} 是风险债券价值。本研究在这里拓展担保价值：假定提供担保者有一定概率违约。则担保价值重新解释为：

$$V_{guarantee} = V_{risk-free} - V_{risk} - V_{default} \tag{8-17}$$

其中 $V_{default}$ 是担保人违约的价值缩减值。

在分析债务时令到期价值为1的债券，无风险利率为 R，债务违约率为 P_f，在债务人违约后，担保人偿付概率为 $P_c|_f$；担保人债务也违约，债务残值为0。则债券利率 i 和担保人偿付概率、被担保人的违约概率以及无风险利率的关系表示为：

$$\frac{1}{1+i} = (1-P_f)\frac{1}{1+R} + P_f P_c|_f \frac{1}{1+R} \tag{8-18}$$

如果公司不购买担保，债券的利率为 r 且 $\frac{1}{1+r} = (1-P_f)\frac{1}{1+R}$，公司由于购买担保而得到的收益 π 为：

$$\pi = i - r = \frac{1+R}{1-P_f} - \frac{1+R}{1-P_f + P_f \times P_{clf}} \tag{8-19}$$

由公式（8-19）可知当其他条件不变，公司购买担保的收益与无风险利率正相关，与提供担保公司的偿付概率 P_{clf} 正相关。为了观察提供担保公司信用情况为购买担保公司所带来的收益影响，对公司收益函数 π 求关于担保人偿付率 P_{clf} 的一阶偏导和二阶偏导。发现 $\pi'_{P_{clf}} > 0$ 以及 $\pi''_{P_{clf}} < 0$。也就是说，担保公司的偿付概率越大，其担保值对被担保公司的收益越高，然而担保公司偿付概率增大对于购买担保公司收益的边际贡献是逐渐降低的。这同时也说明，资信程度越高的公司所提供的担保对于债务方而言，其提供的担保价值越高。

三、担保交易以及定价的情景分析

1. 当担保方定价满足所有者权益非稀释条件时的交易撮合分析

公司偿付率 P_{clf} 是关于公司财务杠杆率以及公司盈利能力的函数。本研究假定担保方偿付率 P_{clf} 与公司财务杠杆率和盈利能力为线性函数。在文中对担保方定价行为分析时得到，如果担保方的保费定价仅满足所有者权益非稀释条件（条件2），担保费用与财务杠杆率和业绩是线性函数，则担保方偿付概率与公司担保费用呈线性相关。即：对于违约概率一定的债务人而言存在使其收益最大化的担保人（见图8-2）。

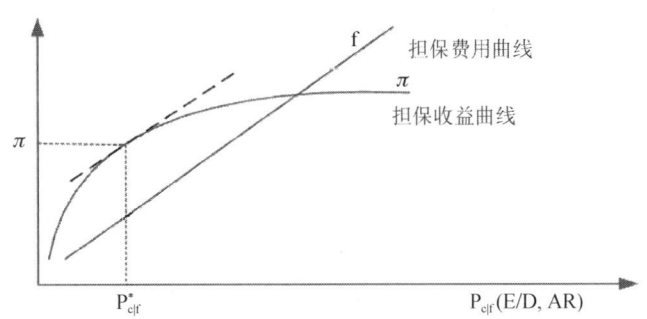

图8-2 债务方选择使其收益最大的担保公司的收益与偿付率关系

在图8-2中，购买在偿付率 P_{clf}^* 点所对应的担保人所提供的担保产品将会使债务人的收益达到最大。如果选择杠杆率以及业绩好于或者劣于 P_{clf}^* 点的公司所提供的担保都会降低担保对于债务公司所带来的收益，所以债务人仅会选择偿付风险等于 P_{clf}^* 的担保方。债务人会选择使其收益最大化的公司提供的担保产品。

2. 定价满足所有者权益非稀释条件和净现值非负条件时的交易撮合分析

当债权人权益和所有者权益比率大于1时，净现值非负条件下的担保金定价大于所有者权益非稀释条件下的担保定价。那么不同财务杠杆率下的担保定价如图8-3所示。

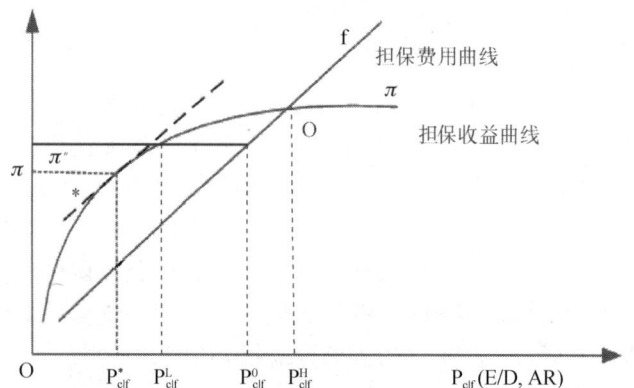

图 8-3 担保方偿付率、担保定价与债务方收益关系

图 8-3 中 O 点是杠杆率为 1 的点。如果债权人权益所占比重大于 O 点所代表的值，那么公司在对担保定价时服从净现值非负条件；所有者权益所占比重大于 O 点所代表的值，那么公司对担保定价服从所有者权益非稀释条件。由于债务方的收益曲线不变，在担保方定价同时满足符合净现值非负的条件下，仅有购买偿付率高于某一阈值的担保方所提供的担保，才能够为债务方带来收益。在图 8-3 中担保方的偿付率要高于 $P_{c|f}^L$ 时，债务方才会有正收益。那么对于偿付率小于 $P_{c|f}^L$ 公司，债务方不会选择其所提供的担保。相应的对于偿付率高于 $P_{c|f}^H$ 的公司，其所征收的担保金额大于债务公司购买担保的收益，所以债务方也不会向偿付率高于 $P_{c|f}^H$ 的公司购买担保。

通过模型推断分析，担保的供求关系如图 8-3 所示：如果市场上只有一种资金借贷人，则担保交易会主要集中在偿付率在 $P_{c|f}^L - P_{c|f}^H$ 区域所对应的公司周围。也就是说，偿付率更高，或者更低的公司提供的担保都会导致债务方的收益下降，而债务方出于利益最大化的考量，会尽可能选择使自己收益最大的担保公司，所以越远离偿付率 $P_{c|f}^L - P_{c|f}^H$ 区域的担保公司，签订的担保契约情况越少。本研究获得如下命题：

命题 1：提供担保的公司数量会先随公司所有者权益比重的增加而增加，但是当超过某一阈值后，提供担保的公司数量会随公司所有者权益比重的增加而减少。

命题 2：提供担保的公司数量会先随公司盈利能力增强而增加，但超过某一阈值后，提供担保的公司数量会随公司盈利能力增强而减少。

四、结论与政策建议

本节研究通过建模发现基于定价的财务特征对担保行为选择的作用机理为：

（1）对于不同财务特征公司提供担保，所有者权益债权人权益比率越高，其担保定价越高；业绩越好，其担保定价越高。本研究认为，由于担保作为一种信用产品，公司杠杆率越低，业绩越好，其公司本身信用风险就越低，其所提供信用产品的价值也会增高。

（2）如果担保人提供担保时仅根据净现金流为零的条件对其产品定价，杠杆率越高，业绩越差的企业，所有者权益比重增加的效果越明显。对于所有者权益、债权人权益比率超过1的公司而言，基于净现金流为零条件的提供担保将会降低其所有者权益在公司内部所占的比重。

（3）如果公司忽视净现金流为零条件仅考虑经营杠杆进行担保定价，那么担保前后经营杠杆不会发生变化甚至有可能增加了所有者权益所占比重，但结果会降低公司整体价值。由于担保金收入和债务到期时间存在一定差异，提供担保往往能使当期的公司账面情况得到改善。当不满足净现值非负时——即担保金不足以补偿其承担潜在负债时，公司价值将受到负面影响。

（4）对于购买担保方而言（债务方），由于担保所带来的收益是担保方信用的凹函数，即购买担保收益增加速度小于担保方信用增加，同时由于担保方担保金的定价同时服从净现金流为零以及所有者权益非稀释条件，那么随着担保方杠杆率的减少或经营业绩的增加，担保金增加会呈线性或者指数增加。那么债务公司在购买担保时会选择使自己利益最大化的担保公司，而并非偿付概率更高的公司。

结合上述研究，本研究提出如下政策建议：

第一，由我们的模型所示，担保提供方的定价策略导致资信水平相对较差的公司更有可能签订担保协议。而通常，需要借助担保融资的企业自身风险较大。由此构成的担保系统往往对于系统新金融风险的承受能力有限。所以对于担保借贷合约中系统性风险的控制能够有效地预防和缓解由于担保带来的连锁式违约。

第二，由于存在担保费用支付与担保偿付的时间错配问题，担保方能够通过提供担保提高公司短期收益，而债权人权益以及公司长期价值都将受到损害。提高公司担保信息披露水平以及公司治理水平会对减少公司内部的利益侵害，保护投资者权益，对维护金融市场稳定起到积极作用。

第三节 财务特征对担保方定价策略影响的实证研究

2007年证监会和银监会联合发布120号通知要求强制披露上市公司对外担保以来，详细查阅上市公司信息披露公告获知，2007—2014年超过40%的上市公司存在对外担保业务，揭示在我国上市公司为第三方提供担保的情况非常普遍。刘小年、Berkman等实证研究发现上市公司资产负债率越高，业绩越差，越倾向于提供担保的根本原因在于大股东对于中小股东的掏空行为。Leng等指出，提供担保的上市公司业绩差，资产负债率高并不是判断公司是否对中小投资者利益侵占的主要因素，而是判断公司对外担保是否损害了投资者的权益条件，即取决于公司在提供担保后是否增加了公司自身违约风险；通过担保对担保人风险影响的实证研究没有发现提供担保与担保人风险增加的相关关系，指出掏空动机并非是影响上市公司对外担保行为的主要因素，导致资产负债率更高、业绩更差的企业更倾向于提供对外担保的现象需要理论和实证的深度诠释。

研究担保主要集中在担保价值以及担保的风险转嫁和利益输送问题。Merton 最早将期权理论引入担保问题，在不存在违约风险的假设下将担保视作一种看跌期权，提出了担保价值的估计方法；Sosin 利用期权定价方法构建担保价值模型，指出债务期限越长，负债方公司资产债率越高，资产波动率越高，其担保价值越高。孙艳等通过构建担保博弈模型发现，担保项目风险越大，担保费用越高，清算价值越高，担保费用越低。Jones、Mason 和 Rosenfeld 在研究公司资本结构对于企业担保定价时指出担保债务的优先等级会对担保价值产生影响。Cook 和 Spellman 利用模型和实证研究发现，担保价值不仅受到债务方风险水平的影响，而且也受担保方风险水平影响；顾海峰、贾芳琳等将存款保险风险定价理念拓展到担保风险定价中，在单个担保合约的假设下考虑了担保方对贷款人的债务索取和展期问题，提出多阶段的信用担保费率模型。孙艳等根据我国担保物权未按比例分配的事实构建了担保价值模型，模拟发现担保物权未按照比例分配以及意外事件的发生将提高担保价值，且意外事件的发生频率比事件本身的影响力作用更显著。

Heal 首次指出担保属于或有负债，因为担保具有潜在增加公司债务的特征。Sellby 和 Franks、Roland 的案例研究证明了担保不仅会产生或有负债，致使担保企业承受大规模的财富损失，同时还会影响股东的投资决策。Jennings 和 Graham 指出担保是指不参与借贷的独立第三方向贷款人或是债权人承诺支付债务的行为，而这种行为的履行只发生在某一导致贷款人信用状况出现危机后，担保风险在于它本质上是一种潜在的负债。我国自从发生多起上市公司"担保圈"破裂以来，国内学者从案例视角给出了上市公司担保的债务特性。陈欣和邓潘指出新疆"担保圈"在发生"啤酒花事件"后大量相关企业受到重创，证明了"担保圈"存在多米诺骨牌效应。杜权和郑炳蔚分析浙江"担保圈"，指出中国互保、联保普遍存在及其复杂性、隐蔽性是担保危机存在的症结；万良勇和魏明海研究河北"担保圈"指出大股东利益输送和我国失衡的金融环境是危机发生的根本原因。

无论是从公司治理方面的"掏空"理论，还是以 Merton 为代表的担保价值理论都无法解释发生在我国资本市场中的资产负债率越高，收益率越差的公司越倾向于提供担保的现象。

一、担保方定价的影响机理及其假设的提出

本研究依据 Leng 构建担保方定价策略模型的条件：上市公司提供担保不仅取决于担保是否给公司带来正净现金流，而且取决于提供担保后所有者权益占公司比例的变化程度，提出模型推理基础上的研究假设。

假定担保方 t 时点有期间为 1 期、金额 g、利率 r 的债务，担保获得潜在以及显性经济收益总和为 $f(g)$，R 为无风险利率。假定债务方违约概率为 P_f 且服从二项分布，不存在购买担保后的道德风险问题。则公司愿意为债务方提供担保的条件是正净现金流：$f(g) \geqslant D(g)$，其中担保产生的潜在资源流出为：

$$D(g) = \frac{g \times (1+r) \times P_f}{(1+R)} \tag{8-20}$$

当（8-20）公式成立时，提供担保后所有者权益比例占含或有事项价值的公司总价值的比例保持不变。具体推导过程请见冷奥琳等（2016）：

$$f(g) \geqslant \frac{E + [AR/(1+R)]}{D} D(g) \tag{8-21}$$

其中 E 为担保人的所有者权益，D 为担保人债权人权益，AR 为担保人自身产品经营的超额利润，本研究将公司负债权益比 D/E 作为财务杠杆衡量指标。当债务违约不考虑债务残存价值情况下，债务方购买担保的收益为债务方偿付概率的凹函数，具体表现为：

$$\pi = (1+i) - (1+r) \frac{1+R}{1-P_f} - \frac{1+R}{1-P_f + P_f \times P_{c|f}} \tag{8-22}$$

其中 i 为债务方不购买担保时的借款利率，r 为购买担保后的借款利率，$P_{c|f}$ 为债务方违约后，担保方偿付债务的概率。$P_{c|f}$ 是关于担保方资本结构 E/D 和盈利能力 AR 的函数（见图 8-4）。

其中 E/D 越高，盈利能力越高，偿付率越高。根据理性人假设，当债务人所得到的利率优惠大于担保人要求的担保费用时，债务人会购头担保。

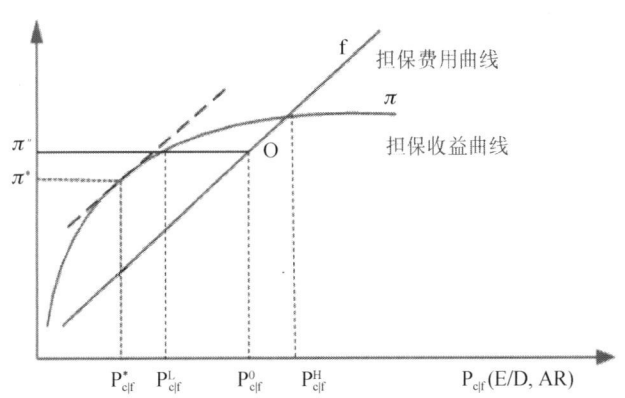

图 8-4 担保方偿付率、担保定价与债务方收益关系

从图 8-4 可知：f 表示担保方索取担保费用曲线，π 为债务人的收益曲线，O 点为担保方定价选择的拐点。在担保人偿付率大于 $P_{c|f}^0$ 时，优先考虑所有者权益非稀释条件下的担保定价策略；在担保人偿付率小于 $P_{c|f}^0$ 时，优先考虑净现值非负条

件下的担保定价策略。对于债务方当且仅当担保方偿付率在 $P_{clf}^L - P_{clf}^H$ 区间时，债务方购买担保的收益大于零；偿付率低于 P_{clf}^L 的担保公司或者偿付率高于 P_{clf}^H 的公司提供的担保都会使购买担保的债务方收益降低，所以债务方不会从偿付率低于 P_{clf}^L 与或者高于 P_{clf}^H 的公司购买担保。图中的结果可以理解为，偿付率很高的公司和偿付率很低的公司对外担保的契约数量都会很少。原因是偿付率很高的公司由于其担保定价高并且超过了其担保对债务方带来的价值，所以高于某一阈值后随着偿付率的增高担保契约减少。同时偿付率很低的公司，虽然所征收的担保费用（包括显性与隐性费用）较低，但由于其担保的价值更低，所以低于某一阈值后，资信水平的降低会减少担保契约的数量。由于公司的偿付率与所有者权益比重正相关，与公司盈利能力正相关，本研究提出研究假设：

H1：提供担保的公司数量先随公司所有者权益比重的增加而增加，但当超过某一阈值后随公司所有者权益比重的增加而减少。

H2：提供担保的公司数量先随公司盈利能力增强而增加，但超过某一阈值后随公司盈利能力增强而减少。

二、实证研究建模及其数据选择

1. 变量选择、测量标准及其实证建模

（1）被解释变量：对外担保行为主要考查公司是否对外担保（dgua），如果对外担保 dgua = 1，没有对外担保 dgua = 0。考虑到担保可作为大股东对小股东利益侵占和掏空的手段，不符合本研究担保公司自身利益不受损害的前提假设，这类担保业务不作为本研究考量的担保业务。本研究利用担保后市场反应判断担保业务是否为掏空手段，具体市场反应的计算参考了杨清香等（2012）对于市场反应的算法。考虑到中国市场是弱有效市场，本研究中市场反应的窗口期设为担保公告前后的30天时间。如果公司对外担保的市场反应非负，认为是正常的担保；反应为负认为担保损害了公司价值。对于自然年，如果公司提供对外担保，市场反应为正的案例大于负的，认为是本研究没有掏空手段的样本公司 dgua = 1。如果担保的市场反应为正的案例小于市场反应为负的，认为更多是通过担保进行利益侵占和掏空行为 dgua = 0，即不存在正常的担保业务。

（2）解释变量：公司资产负债率（leverage）是公司总负债和总资产的比值，衡量公司所有者权益比重。通常公司资产负债率越高，其所有者权益比重就越低，违约概率就越高。

总资产净利润率（roa）是公司当年净利润与年末总资产余额比值。总资产净利润率越高，公司盈利能力越强。

（3）控制变量：公司规模（size）。由于 Berkman 等（2009）以及 Jian 和 Xu（2012）等研究表明公司规模越大，越倾向于对外提供担保，本研究对总资产取对数用于衡量公司规模（size）。

所有权性质（soe）。由于国有企业通常存在国家隐性担保，导致其违约概率相对更低。同时，Leng 等（2014）通过实证研究发现，公司所有权的性质会影响对外担保的动机和经济后果，由此本研究引用公司最终控制人性质虚拟变量：如果公司的最终控制人为国家或地方政府 soe = 1，否则 soe = 0。

年度与行业变量。由于宏观经济形势与行业差别对于公司对外担保行为产生影响，本研究用年度（year）与行业（industry）虚拟变量来控制公司对外担保的影响。

（4）实证模型构建：为验证本研究假设 1、2，构建如下模型：

$$dgua = \beta_0 + \beta_1 leverage + \beta_2 roa + \beta_3 size + \beta_4 soe + \beta_i year + \beta_j industry$$

2. 数据来源及其模型测算实际数据特征提取

样本为 2007—2014 年中国 A 股主板非金融类上市公司。2007 年之前我国会计准则自愿披露担保业务，导致存在很多公司虽然有对外担保业务，但并未对其进行披露，数据完整性不足。2007 年证监会和银监会联合发布 120 号通知强制上市公司披露对外担保情况正式实施。由此本研究样本区间采用 2007 年至 2014 年。担保数据来自对巨潮资讯披露年报中相关的担保内容的手工搜集以及锐思数据库中的担保明细数据。上市公司最终控制人性质、上市公司财务数据以及股票交易数据来自 CSMAR 数据库。由于金融行业面临的行业规则和监管较其他行业不同，本研究剔除金融行业及其变量缺失的样本。连续变量均在 1% 和 99% 分位下进行 Winsorize 处理，共得到 2007 年至 2014 年 8 年间 17 811 个样本。

描述性统计特征提取：变量数据的描述性特征如下：dgua 均值为 0.1523，说明 15.23% 的公司存在对外担保行为且担保的市场反应整体为正。leverage 平均值为 0.4771，说明我国上市公司资产负债率的账面平均值为 0.4771；最大值为 1.7908，说明有部分企业出现资不抵债的情况。我国资产收益率的平均值为 0.039，说明我国上市公司主板市场的平均资产收益率为 3.90%；最小值为 - 0.2918 说明有公司存在严重亏损的情况。soe 的平均值为 0.4477 说明在我国沪深主板交易的上市公司有接近半数直接或者间接被国家或者政府控制的。

2007—2014 年期间，不同资产负债率下上市公司分布与对外担保分布格局见图 8 - 5 所示。其中实线为国有上市公司对外担保在本组中的比率，特别担保比率最低为资产负债率小于 10% 组中有 123 个观测值，仅有 6.5% 的公司为第三方提供了对外担保。在国有企业中最积极提供对外担保的资产负债率介于 80% 至 90% 组，其中共 429 个样本，有 23.1% 的公司提供了对外担保。排名第二的是资产负债率位于 50% 至 60% 组，有 18.69% 的公司提供了对外担保。

对于非国有公司，对外担保比率最低同样为资产负债率低于 10% 组，该组共有 780 个观测值，有 2.85% 的公司提供了对外担保。担保契约最频繁的组为资产负债率在 70%—80% 组，该组有 519 家公司，其中 25.7% 的公司提供了对外担保。尽管国有上市公司和非国有上市公司在上升和下降的程度和拐点不尽相同,但整体上资产负债率与对外担保呈现了先上升后下降的趋势。

不同资产收益率下的上市公司分布及对外担保格局图见图8-6所示。其中国有公司对外担保最小组为18%—19%,没有公司提供对外担保。最积极提供担保的公司位于12%—13%组,该组中有71个观测值,19.7%的公司提供了对外担保。在非国有公司中,最积极提供对外担保的11%—12%组,有831个观测值,21.18%存在对外担保。同时最不积极提供对外担保的组为资产收益率为16%—17%,有54个观测值,3%提供了对外担保。对于公司,资产收益率对公司对外担保行为的影响,同资产负债率对外担保行为影响比较,从描述性统计很难看出明显趋势。

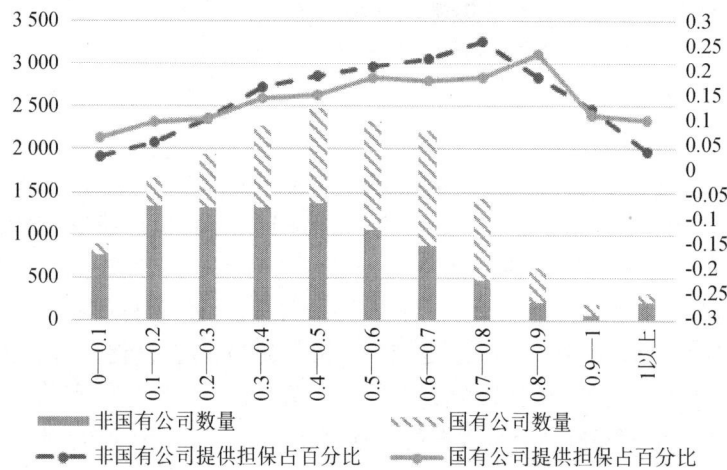

图8-5 公司资产负债率与对外担保行为趋势图

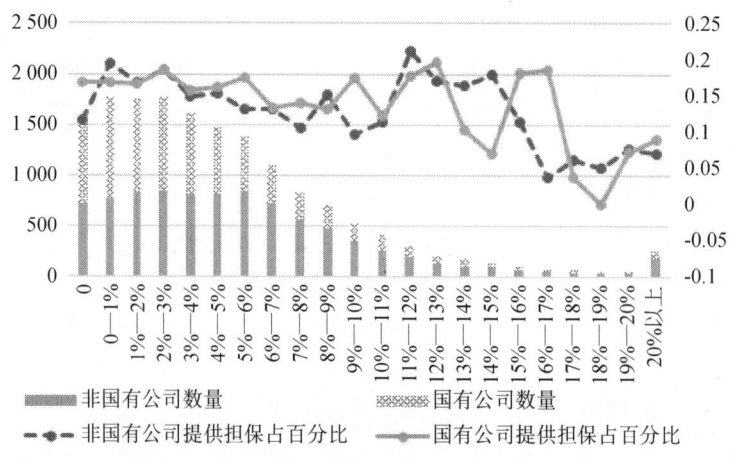

图8-6 公司资产收益率与对外担保行为趋势图

三、实证测算及其检验结论

通过对上市公司不同财务特征下提供对外担保统计数据变化趋势的观察，本研究将公司按照资产负债率大小分为资产负债率不足10%组、资产负债率为10%—30%组、30%—50%组、50%—70%组、70%以上组（包括资产负债率超过100%的公司）共计5组，观察每组财务杠杆与提供担保决策的相关性系数变化。如果提供担保的数量先随着资产负债率的增大而增大，超过某一阈值后随财务资产负债率的增大而减小就判定假设1成立。

本研究将样本公司按照资产收益率高低，分为收益率不足1%组（包括收益率为负的公司）、收益率为1%—5%组、5%—15%组、15%以上共4组。如果公司提供对外担保行为随公司盈利能力的增强先增加，超过某一阈值后随盈利能力的增加而减少就断定假设2成立。

所有权性质对于公司治理和经营决策可能带来影响，本研究特别将公司分为国有和非国有上市公司，检验不同所有权性质下公司资产负债率和盈利能力对于公司对外担保行为影响的异同，以及是否支持本研究假设。

1. 不考虑所有权性质的公司对外担保行为影响检验

不同资产负债率分组下的担保行为与公司财务特征的回归结果见表8-7左半部分所示。其中资产负债率与对外担保行为的相关系数在不同组中有较大差异。其中资产负债率小于10%组，财务资产负债率与公司对外担保行为的系数为13.667，未通过显著性检验。10%—50%组中财务资产负债率与是否提供担保的相关性系数为4.358和1.469，分别在99%水平以及95%水平显著，说明在10%至50%区间段内，随着公司资产负债率的增高，公司资信水平变差，公司更倾向于提供担保。在50%至70%区间内，财务资产负债率与是否提供担保的回归系数为0.380，未通过显著性检验，而公司资产利润率与是否提供担保的回归系数为1.658，在95%水平显著，这说明在资产负债率为50%至70%阶段的公司，公司财务资产负债率本身是决定担保公司资信水平外，公司的盈利能力也决定了公司的资信水平。在资产负债率超过70%组，资产负债率与公司对外担保行为的回归系数为-1.565，在99%水平显著，说明公司随着资产负债率的增加，资信水平进一步降低，其对外担保行为会有所减少；公司资产收益率对是否提供担保的回归系数为正，但并不显著，说明由于公司资产负债率过高，其资信水平受到质疑，即使公司有较好的盈利能力，公司对外担保行为依然随着资信水平的进一步降低而减少。总体来看，随着公司财务资产负债率的上升对于公司对外担保行为影响为先正后负，完全验证了本研究假设1。

不同盈利能力分组下的公司财务特征与公司对外担保行为的回归结果见表8-7右半部分所示。其中资产收益率小于1%的公司，资产收益率与公司对外担保行为的相关系数为 1.884，在 95% 水平显著，说明在公司盈利能力很差的情况下，公司盈利能力的提升会给公司的资信水平带来正向影响，所以这类公司随着盈利能力的上升，公司的资信能力提升使提供担保的价值提高，导致公司对外担保的契约增加。在资产收益率 1%—5%、5%—10% 水平的公司，经营业绩相对较好，资产收益率与是否提供担保的回归系数为 -0.873 和 -1.027，并未通过显著性检验。但是观察财务资产负债率与公司对外担保行为的影响，不难发现在资产收益率更高的组中，随着公司盈利能力的增加，资产负债率的相关系数减小，说明更高的资产收益率能够弥补资产负债率增加带来的公司资信水平的下降，使公司的资信维持在一个对于债务方有价值的担保水平。资产收益率高于 10% 组，资产收益率与担保行为的回归系数为 -7.209，在 99% 水平显著。这说明对于盈利能力很强的企业，盈利能力的增加使公司减少对外担保的行为，同假设 2 相符。故此，本研究认为假设 1 和假设 2 都得到了验证。

表 8-7 按照资产负债率、资产收益率由低至高分组检验提供担保行为的回归结果

变量 \ 组类	资产负债率					资产收益率			
	0—10%	10%—30%	30%—50%	50%—70%	70% 以上	1% 以下	1%—5%	5%—10%	10% 以上
leverage	13.667 (1.285)	4.358*** (3.743)	1.469** (2.095)	0.380 (0.568)	-1.565*** (-4.023)	0.201 (1.220)	1.093*** (6.541)	2.103*** (9.071)	0.755*** (2.896)
roa	-6.577* (-1.693)	-1.188 (-1.034)	0.378 (0.526)	1.658** (2.000)	-0.196 (-0.273)	1.884** (2.157)	-0.873 (-0.291)	-1.027 (-0.312)	-7.206*** (-3.359)
size	0.914*** (3.407)	0.390*** (5.519)	0.177*** (4.733)	0.040 (1.284)	0.140*** (3.679)	0.123*** (3.438)	0.146*** (5.292)	0.266*** (6.699)	0.435*** (7.566)
soe	0.404 (0.712)	-0.162 (-0.996)	-0.252*** (-2.771)	-0.187** (-2.260)	-0.194 (-1.627)	-0.085 (-0.783)	-0.143* (-1.850)	-0.182* (-1.652)	-0.508*** (-2.700)
c	-50.781 (-0.023)	-11.683*** (-7.740)	-6.089*** (-7.469)	-2.788*** (-3.569)	-3.074*** (-2.848)	-4.92*** (-6.104)	-5.59*** (-9.149)	-7.954*** (-8.564)	-10.171*** (-7.371)
Pseudo R^2	0.110	0.053	0.023	0.015	0.045	0.020	0.035	0.060	0.083
样本数	850	3 555	4 740	4 498	2 536	3 294	6 612	4 530	1 825
chi2	28.461	114.286	87.991	65.622	94.199	63.681	206.926	235.681	114.598

注：(1) 括号中为系数的 t 值，表中 *、**、*** 分别代表在 10%、5% 以及 1% 水平显著，双尾检验。(2) 表中用行业和年度虚拟变量控制了宏观经济因素和行业差别对公司提供对外担保的影响。由于篇幅原因表格中省略。

2. 所有权性质对公司对外担保行为的影响效应

(1) 国有上市公司。国有上市公司资产负债率以及盈利能力对提供担保行为影响的回归结果见表 8-8 所示。国有上市公司由于政府的隐性担保带来的资信福利，

导致国有上市公司在同等条件下，资信水平较非国有公司高估，导致担保契约增加拐点和担保契约减少拐点都比非国有公司财务状况要差。在更改分组百分比划分，将资信最优的国有公司从资产负债率10%调高至20%，结果显示国有公司资产负债率低于20%的都属于资信水平极优的公司，而这些公司很少对外提供担保业务。担保行为与资产负债率的系数并未通过显著性检验。对于资产负债率从20%至50%的国有公司，随着资产负债率的增高，对外担保契约增加。对于资产负债率在50%至80%国有公司，资产负债率与公司对外担保的回归系数没有通过显著性检验，同时，公司资产收益率与担保行为的回归系数为2.744，在99%水平显著，说明盈利能力正向地影响了公司对外担保水平，揭示这部分国有公司，资产负债率高导致公司资信水平下降，公司提供担保的价值主要取决于公司的盈利水平。在资产负债率最高组中，资产负债率对于提供担保行为的回归系数为-1.644，在90%水平显著。本研究假设1基本得到验证。

表8-8　　　　国有企业按资产负债率、资产收益率由低至高分组
检验提供担保行为影响的回归结果

变量 \ 组类	资产负债率				资产收益率				
	0—20%	20%—50%	50%—80%	80%以上	1%以下	1%—5%	5%—11%	11%—19%	19%以上
leverage	2.879	1.525**	0.578	-1.644*	0.349	0.968***	1.687***	1.359	-1.863
	(0.740)	(2.137)	(1.004)	(-1.814)	(1.242)	(3.509)	(3.905)	(1.479)	(-1.150)
roa	-2.222	-0.975	2.744***	-1.993	2.088*	-1.011	-2.187	-17.848**	32.620
	(-0.727)	(-0.945)	(2.873)	(-1.624)	(1.852)	(-0.239)	(-0.505)	(-2.281)	(0.820)
size	0.235	0.056	-0.023	0.010	-0.008	0.031	0.046	0.213	0.462
	(1.013)	(1.170)	(-0.666)	(0.127)	(-0.177)	(0.824)	(0.855)	(1.549)	(1.457)
c	-21.707	-6.116***	-1.333	-1.109	-2.128**	-3.645***	-4.497***	-17.475***	-17.078**
	(-0.025)	(-4.387)	(-1.595)	(-0.453)	(-2.040)	(-4.183)	(-2.907)	(-5.570)	(-2.211)
Pseudo R^2	0.062	0.027	0.019	0.053	0.015	0.027	0.038	0.103	0.115
样本数	380	2 672	3 563	602	1 798	3 285	1 727	362	56
chi2	16.171	44.713	56.525	28.736	24.166	76.546	45.352	303.468	10.862

注：(1) 括号中为系数的t值，表中*、**、***分别代表在10%、5%以及1%水平显著，双尾检验。(2) 表中用行业和年度虚拟变量控制了宏观经济因素和行业差别对公司提供对外担保的影响。由于篇幅原因，在表格中省略。

不同资产收益率组别，财务特征对于国有企业提供担保的影响中资产收益率不满1%组中，盈利能力与提供担保的相关系数为2.088，在90%水平显著，说明在盈利能力差的公司随着盈利能力的提高，公司对外担保契约也增多。在11%—19%组中，资产收益率与对外担保的相关关系数为-17.848，在95%水平显著，说明盈利能力很高的国有公司也不会对外提供担保。本研究假设2在国有企业的样本中得到

验证。

（2）非国有上市公司。非国有企业在不同资产负债组下财务特征对担保契约的影响总体样本类似，结果见表8-9所示。在0—30%、30%—50%组，资产负债率与对外担保的相关系数分别为5.947和2.042，分别在99%和95%水平显著，说明质优企业中随着资产负债率的增加，公司对外担保数量增加。在资产负债率超过70%的组中，杠杆率与对外担保的相关系数为-1.878，在99%水平显著，说明在资信水平差的公司中，随着资产负债率的增加，公司对外担保契约减少。假设1得到验证。

对于非国有企业在不同盈利能力分组情况下，回归结果见表8-9所示。研究发现，资产收益率小于3%组中，资产收益率与提供担保的相关系数为2.308，在99%水平显著，说明盈利能力很差的企业，随着资产收益率的增加，公司对外担保行为增加。在盈利能力7%—13%组，盈利能力与公司对外担保行为的回归系数为10.055，在99%水平显著，说明随着盈利能力的进一步增加，公司对外担保水平增加。而资产收益率在13%—18%的企业，资产收益率与提供担保情况的相关系数为-43.813，在99%水平显著，说明公司随着盈利能力的进一步增加，公司对外担保的数量急剧减小。假设2在非国有公司中得到了验证。

表8-9　非国有企业按资产负债率、资产收益率由低至高分组
检验提供担保行为影响的回归结果

变量	组类	资产负债率				资产收益率				
		0—30%	30%—50%	50%—70%	70%以上	3%以下	3%—7%	7%—13%	13%—18%	18%以上
leverage		5.947***	2.042**	0.067	-1.878***	0.578***	1.484***	1.736***	1.852***	-0.193
		(5.820)	(2.251)	(0.067)	(-2.738)	(3.378)	(5.614)	(6.179)	(3.101)	(-0.273)
roa		-1.921	1.137	0.397	-0.213	2.308*	3.061	10.055**	-43.813***	25.730
		(-1.261)	(1.230)	(0.356)	(-0.182)	(1.933)	(0.643)	(2.338)	(-3.012)	(1.315)
size		0.705***	0.380***	0.194***	0.242***	0.338***	0.442***	0.602***	0.583***	0.593**
		(6.876)	(6.422)	(3.851)	(3.769)	(7.892)	(7.374)	(8.860)	(3.584)	(2.260)
c		-18.996***	-10.140***	-6.479***	-5.451***	-9.415***	-11.785***	-16.058***	-8.475**	-53.129
		(-8.499)	(-8.016)	(-5.093)	(-2.827)	(-9.621)	(-8.761)	(-10.139)	(-2.143)	(-0.006)
Pseudo R^2		0.096	0.040	0.023	0.115	0.052	0.075	0.106	0.203	0.201
样本数		3 368	2 665	1 902	973	3 164	3 172	1 962	358	175
chi2		162.355	106.720	45.404	71.120	154.680	211.308	169.013	63.762	23.358

注：(1) 括号中为系数的t值，表中*、**、***分别代表在10%、5%以及1%水平显著，双尾检验。(2) 在表中用行业和年度虚拟变量控制了宏观经济因素和行业差别对公司提供对外担保的影响。由于篇幅原因表格中省略。

四、研究结论与贡献

很多研究认为资产负债率越高,盈利能力更差的企业更倾向于提供担保的根本原因,是上市公司利益输送或掏空手段。然而,Leng 等构建担保的供需模型指出,担保方基于财务特征的定价策略是导致上述现象的主要原因。本节基于 Leng 等的理论模型构建假设,实证研究发现:

(1)公司的对外担保行为随公司资信水平的降低而增加,达到阈值后担保行为随着资信水平的进一步降低而减少。具体表现为:公司对外担保行为随公司杠杆率的增加先增加,超过阈值后对外担保行为减少,资产负债率影响对外担保行为的阈值,国有上市公司在 80% 左右,非国有公司在 70% 左右。公司担保行为随公司盈利能力增加先增加,超过阈值后对外担保行为减少,公司盈利能力影响对外担保行为的阈值,国有上市公司在 11% 左右,非国有公司在 13% 左右。

(2)国有上市公司与非国有上市公司在对外担保行为选择上存在差异:提供对外担保的国有公司比非国有公司,资产负债率更高,盈利能力更低。本研究的研究结论支持了担保定价策略的理论模型,说明造成资产负债率高、盈利能力更差的企业更倾向于提供担保的主要原因是由市场的定价策略决定,而非单纯利用担保进行的掏空行为。

本研究在实证过程中,将数据从 2011 年延伸至 2014 年,在数据拓展过程中,公司资产负债率、资产收益率对担保行为影响的方向、趋势并未发生显著变化,进一步说明结论的稳健性。

本研究在理论方面,利用实际数据验证了 Leng 等基于提供担保公司财务特征的定价策略,丰富了公司对外担保动机理论研究,指出了国有上市公司由于政府的隐性担保带来的资信福利,导致国有上市公司在同等条件下,资信水平较非国有公司高估,导致担保契约增加拐点和担保契约减少拐点都比非国有公司财务状况要差。本研究首次运用担保掏空案例和公司正常对外担保业务区分市场反应甄别担保动机,有益于观察公司对外担保行为和定价规则的正能量。

第四节 或有事项风险传染监管策略

目前的研究更加关注担保对提供担保公司价值的影响,却往往忽视了违约风险在担保公司与被担保人间的风险转移是影响企业价值的根本原因。基于担保风险相关理论,课题组构建了担保风险传染理论模型,并在此基础上考查了担保双方的关联关系以及公司产权性质对于担保风险传染的影响。其理论模型如图 8-7 所示。

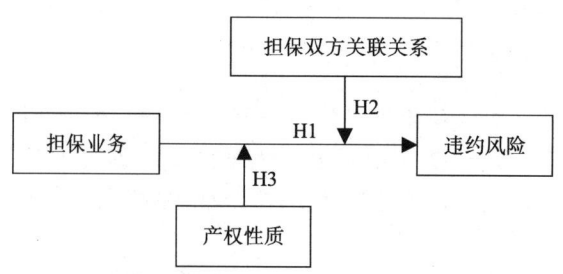

图8-7 担保风险传染概念模型

同时，我们基于我国发行债券上市公司2007—2011年的财务数据、对外担保情况以及公司债券交易数据，测算对外担保对上市公司债券利差（公司债券与国债间到期收益率的差异）的影响因素和作用效果，揭示了提供担保业务对公司违约风险的影响。结果表明，在风险防范措施完备的情境下，公司提供担保业务并不会增加公司的违约风险；当公司最终控制人为国家时，存在对外担保风险管理不足或者利益输送问题，从而增加了提供担保公司的违约风险。

实证结果对担保风险管理的启示有：在担保业务中的风险管理能够有效控制担保为担保人所带来的风险，从而降低或避免债务人对于担保方违约风险的影响。其中：（1）在对担保金定价时，应当注意在对债务人的风险合理评估的基础上，对相应的担保金进行定价，避免由于提供担保时担保金不足以补偿债务人风险造成的公司价值减损，信用水平下降；（2）提高公司治理水平和完善信息披露，避免管理者或大股东利用担保手段进行的掏空和利益输送，使担保人过度承担债务人转嫁来的风险，导致担保人违约风险的增高；提高对债务人的有效监控，降低道德风险以及信息不对称，并降低由债务人的道德风险和信息风险所导致的担保人风险增加。最终达到利用担保促进资本融通、解决资本市场现存缺陷的同时不至于损害担保方公司所有者和债权人利益的双重目的，促进资本市场的有效运行。

企业间联合和互相担保等形成的中小企业担保网络风险不断加剧，易造成系统性的区域性和行业性风险传染危机。课题组通过中小企业担保网络参数描述及其研究假设，提出了担保风险溢出额度判别条件和各节点是否爆发担保危机矩阵C'计算（LENG, Forth coming），剖析了中小企业担保网络一轮、多轮风险传染机理，揭示了仅从财务指标监管节点企业无法防范担保网络风险传染机理，如图8-8所示。

实例中担保网络的数据来源于浙江省杭州市XX银行与XX银行，通过整理这两家银行的风控档案和危机应急文案获得该中小企业担保网络案例。案例担保网络企业地处浙江北部，在东阳、杭州、宁波一带，共涉及13家中小民营企业，担保网络中企业有7家属于老牌小家电生产商，其余有5家属于家电行业的上下游企业，涉及五金、塑化、进出口等行业，1家企业属于食品配料行业。2011年现实案例担保网络区域性危机爆发后风险传染过程如图8-8所示。其中GXDQ有限公司（节

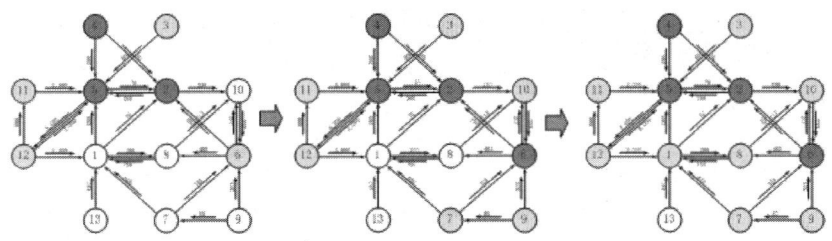

图 8 - 8 案例担保网络的风险传导过程

点 2)、JNS 有限公司（节点 4）、JHJCK 有限公司（节点 5）率先出现大量担保风险外溢，担保风险外溢给 JHBX 有限公司（节点 3）、MFDQ 有限公司（节点 6）、DNGM 有限公司（节点 11）和 BKDQ 有限公司（节点 12）造成了额外的负债。随后，MFDQ 有限公司的资产负债表继续恶化，成为第二阶段破产的节点企业，在其影响下 ZHCL 有限公司（节点 7）、XCSH 有限公司（节点 9）和 FDDQ 有限公司（节点 10）也受到了担保危机的牵连。由于这些企业贷款发生逾期，网络中的其余节点也慢慢受到担保风险的侵蚀。

2009—2011 年担保网络节点核度和接近度变化分别见表 8 - 10、表 8 - 11 所示。

表 8 - 10　　　　　2009—2011 年案例担保网络的节点核度

（节点代码）企业名称	2009 年	2010 年	2011 年
1. PXDQ 股份有限公司	—	0.45	1.23
2. GXDQ 有限公司	3.43	2.18	0.54
3. JHBX 有限公司	0.01	1.00	0.11
4. JNS 有限公司	0.10	0.23	0.09
5. JHJCK 有限公司	*8.41	*4.81	*9.99
6. MFDQ 有限公司	3.52	3.64	1.79
7. ZHCL 有限公司	0.00	0.14	0.35
8. XCYP 有限公司	0.26	0.05	0.98
9. XCSH 有限公司	0.18	0.50	0.12
10. FDDQ 有限公司	0.28	0.03	0.65
11. DNGM 有限公司	1.00	0.50	1.00
12. BKDQ 有限公司	3.05	1.48	4.57
13. BSPL 有限公司	0.00	0.00	0.11

表 8-11　　　　　　　2009—2011 年案例担保网络的节点接近度

企业名称	2009 年			2010 年			2011 年		
	出接近度	入接近度	综合接近度	出接近度	入接近度	综合接近度	入接近度	入接近度	综合接近度
PXDQ 股份公司	—	—	—	0.00	4.03	1.00	0.48	1.36	1.24
GXDQ 有限公司	0.59	4.60	1.94	*4.38	1.00	2.09	0.26	0.48	0.46
JHBX 有限公司	0.07	0.00	0.02	1.19	0.86	0.71	0.22	0.00	0.07
JNS 有限公司	0.82	0.00	0.20	0.00	0.94	0.23	0.29	0.00	0.09
JHJCK 有限公司	*8.93	*5.51	*4.38	3.75	*6.34	*3.14	*2.54	*5.73	*5.39
MFDQ 有限公司	5.82	1.14	1.90	0.92	5.65	1.79	1.01	1.65	1.64
ZHCL 有限公司	0.00	0.11	0.04	0.00	0.90	0.22	1.12	0.00	0.35
XCYP 有限公司	0.04	1.00	0.40	0.05	0.09	0.04	0.64	1.00	1.00
XCSH 有限公司	1.00	0.00	0.25	0.58	0.38	0.33	0.44	0.00	0.14
FDDQ 有限公司	0.33	0.58	0.31	0.00	0.27	0.07	0.17	0.98	0.84
DNGM 有限公司	3.52	0.31	1.00	0.00	0.53	0.55	1.00	0.11	0.39
BKDQ 有限公司	6.20	1.65	2.20	2.17	3.54	1.79	2.23	1.31	1.74
BSPL 有限公司	0.00	0.00	0.00	0.00	0.00	0.00	0.31	0.00	0.09

在现有财务监管框架之上，考虑节点企业在网络中的位置及担保规模，预测其在担保网络中的重要程度和危害程度以及风险传染路径等，设计测算了中小企业担保网络节点的核度、接近度指标，并根据实际案例验证了核度、接近度指标识别网络重要风险节点的能力以及刻画风险传染过程。揭示核度、接近度指标有助于识别节点企业在风险传染中的重要程度、集中趋势、危害程度，在风险的潜伏阶段就能识别出担保网络的重要节点，对财务指标为主的担保网络风险预警监管具有很好的补充作用。

建议地方政府监管机构在通过资产负债率、资产担保率等财务指标对企业进行监控和担保风险预警外，对企业间形成担保网络的核度、接近度指标进行测算，辨析担保网络节点企业在风险传染中的重要程度、风险传染能力、受到风险传染的集中趋势，识别担保网络的重要节点企业，对于危机传染程度大的企业实施重点监控，有效减少担保风险外溢和区域性担保危机爆发可能性，有助于促进区域经济可持续增长和维持金融的繁荣与稳定。

第五节 本章小结

本章通过四个部分的内容，较为全面地研究了担保市场风险传递与交易撮合。首先，利用实际数据和模型测算检证了对外担保与上市公司债券利差的关系，诠释了担保在风险转移中的作用，并揭示了其背后的影响机理；而后通过建模发现基于定价的财务特征对担保行为选择的作用机理；接下来基于所建立的模型深入分析了财务特征对担保方定价策略的影响；最后，基于担保风险相关理论，构建了担保风险传染理论模型，并在此基础上考查了担保双方的关联关系以及公司产权性质对于担保风险传染的影响。

第九章

未决诉讼的影响因素研究

自党的十八届三中全会明确提出了司法体制改革的具体方案之后，我国的国家治理进一步加快了法治的进程；在 2015 年"两会"期间，来自最高人民法院和最高人民检察院的"两高报告"也释放出落实司法体制改革的信号，中国特色社会主义法律体系成为国家治理体系的重要组成部分。随之而来的是，运用法治思维和法治方式、以法律法规为基础的司法干预机制在我国资本市场中也得到了普遍的认同和使用。上市公司作为资本市场的主要参与者活跃在各类经济往来之中，因此在各个有往来的上市公司之间不免发生各类纠纷；在愈来愈发达的法律环境的背景下，相较于私下调解，上市公司逐渐倾向于诉诸法律，使得上市公司诉讼事项的发生也日益增多。自企业发生诉讼案件至其终审判决这一时间段，形成了"未决诉讼"这一或有事项。未决诉讼作为或有事项的一个重要特征是不确定性，即未决诉讼事项是否实际给企业造成有利或不利影响的结果往往具有不确定性，它表现为因企业过去的行为而引起的一种潜在债务或损失。正是由于该不确定性不可完全掌控，企业由于未决诉讼而产生的或有负债很可能转换为真实负债，而或有资产则未必能转换为真实资产，因此无论是或有负债成为真实负债的潜在可能性，还是或有资产潜在流失的可能性，企业面临的诉讼风险都会给企业资金周转造成严重的困扰，悬而未决的诉讼事项会干扰企业资金的合理配置。因此公司的内外部治理制度是否能有效降低企业发生未决诉讼的可能性对企业的正常经营和可持续发展有着重要的意义。

在这一问题的探究中，选取"分析师跟进"这一典型的资本市场外部治理机制、"企业内部控制"这一重要的企业内部治理机制以及"企业社会责任"这一企业自愿披露的内部信息为研究对象，探究可能抑制企业未决诉讼发生的影响因素。

第一节 分析师跟进对企业未决诉讼的治理作用

上市公司之间产生诉讼纠纷往往是由于利益相关者之间的信息不对称，已有的研究表明，证券分析师的跟进有助于缓解上市公司信息不对称的程度，进而提升资本市场运行的效率（Yu，2008；朱红军等，2007），分析师被看作是资本市场的信息"润滑剂"，可以为资本市场提供更多的增量信息（Lys 和 Sohn，1990；Frankel 和 Li，2004）。随着中国资本市场的日益发展，证券分析师作为一种外部监督机制起到了越来越重要的作用，分析师关注度高的上市公司，其真实情况会被更加全面地解读给利益相关者（潘越等，2011），进而降低上市公司与其利益相关者之间的信息不对称程度。那么，证券分析师的跟进能够因此而降低上市公司的诉讼风险吗？如果分析师跟进对上市公司的诉讼风险有显著的降低作用，该作用对处于不同法律环境中的上市公司是否有所区分？

公司运作中的各种矛盾和利益冲突多是涉及债权人权益以及投资者利益，私下调解无效后只能诉诸法律，已有研究表明我国上市公司的诉讼纠纷因涉及的利益相关者众多、案情复杂、涉诉金额巨大并且案件数量呈逐年上升的趋势（林斌等，2013）。分析师通常拥有比一般投资者更为丰富和全面的财务专业知识，因此能够较好地解读上市公司披露的财务报表，向上市公司的利益相关者传递更为专业全面的信息；更重要的是分析师对其跟进行业的整体现状和未来的发展前景有较深的了解和长远的判断，有利于提高债权人和投资者对公司的认知和了解，进而缓解这些外部利益相关者与公司管理层之间的信息不对称（周冬华和赵玉洁，2015）。

虽然分析师跟进无法直接影响企业的经营活动，但由于分析师的专业财务知识背景，比外部的非财务独立董事更能有效地监督上市公司的经理层，因此，分析师跟进有利于降低上市公司的经营风险（Yu，2008），进而降低上市公司在经营过程中产生诉讼纠纷的可能性。此外，证券分析师可以通过多种渠道获得更为充分的信息，包括公开信息和部分私有信息，分析师对信息的挖掘与解读降低了上市公司财务报告等信息传递的不确定性（Haw 等，2013），分析师对上市公司信息的跟踪和深入分析能够加速信息传播效率，进而改善上市公司的信息环境（Marshall et al.，2013），进而能够降低因信息传递不准确造成的诉讼纠纷。

总之，分析师通过对宏观经济、公司所处行业以及公司本身的多层面、多角度综合分析，更为专业和全面地向外部利益相关者传递跟进上市公司的综合信息，犹如上市公司管理层行为的放大镜（Knyazewa，2007），能够对管理层的行为发挥一定的监督作用（Chan et al.，1993），甚至能够对上市公司的舞弊行为起到监管约束的作用（Dyck et al.，2010）。因此我们有理由相信，分析师跟进预期会从两方面降低上市公司的诉讼风险：（1）降低公司管理层和外部利益相关者之间的信息不对称程度，减少因信息偏误引起的纠纷；（2）加速上市公司信息传播的速度和广度，提高外部利益相关者对上市公司经营情况的了解与关注，进而提高外部利益相关者对上市公司管理层行为的监督力度，使得管理层的经营行为更加规范，降低其违规操作引发诉讼纠纷的可能性。此外，许多企业不止一个分析师跟进，一般而言，分析师跟进数量越多的公司，即分析师关注度越高的公司，其真实情况更可能被全面地揭示和解读（潘越，2011），公司管理层与外部利益相关者的信息不对称程度越可能被有效缓解，同时管理层的行为也会受到更多的关注和监督。因此我们认为，分析师跟进能够降低上市公司的未决诉讼；分析师跟进的数量越多，上市公司的发生未决诉讼的可能性越小。

考虑到我国各省市发展的差异，不同地区的市场化的进展程度相差较大，同时各个地区的法律建设进程也不一样。正如樊纲和王小鲁（2011）在《各地区市场化相对进程 2011 年报告》中的统计显示，我国各地区的法治水平很不平衡，法律环境和市场化进程的高低对于上市公司的行为会产生相应的影响（孙铮等，2005；夏立军等，2007），各地区不同的法律体系效率也会最终影响法律条款的执行（郑志刚和邓贺斐，2010）。余劲松（2007）的研究指出，一个国家或地区的法律体系越健全，对公司信息披露的要求就会越高，因此分析师在法治水平高的地区所面临的信息环境也会明显优于法治水平低的地区，更能发挥分析师搜集信息并做出综合分析的特长。同时，在法治水平高的地区，上市公司受到更为严格的监管，降低了分析师为了个人利益与上市公司合谋的可能性，使得分析师更能发挥外部监督作用。因此我们猜想：较之法治水平低的地区，分析师跟进而降低上市公司诉讼风险的作用在法治水平高的地区更为显著。

如何验证我们基于理论而推断出的结论是正确的？我们选取 2008—2013 年沪深两市非金融类上市公司作为初始样本，利用已经建立的"或有事项数据库"中的"未决诉讼"数据，并结合国泰安（CSMAR）中的财务数据、公司特征数据，进行实证研究来检验分析师跟进对上市公司未决诉讼的治理作用。

首先要建立多元回归方程：

$$Litigation = \alpha_0 + \alpha_1 Analyst + \alpha_2 EPS + \alpha_3 Size + \alpha_4 Cfo + \alpha_5 Lev + \alpha_6 Lost + \alpha_7 Fraud + \alpha_8 SOE + \alpha_9 Opn + \alpha_{10} Firmage + \sum Year + \sum Ind + \varepsilon \qquad (9-1)$$

$$Litigation = \alpha_0 + \alpha_1 Analyst\_num + \alpha_2 EPS + \alpha_3 Size + \alpha_4 Cfo + \alpha_5 Lev + \alpha_6 Lost + \alpha_7 Fraud + \alpha_8 SOE + \alpha_9 Opn + \alpha_{10} Firmage + \sum Year + \sum Ind + \varepsilon \qquad (9-2)$$

实证检验的被解释变量为"未决诉讼"（Litigation），具体采用了未决诉讼的三个维度：

涉及未决诉讼与否（PL）：本研究在考虑上市公司的诉讼风险时，只针对上市公司当个会计年度尚在进行中的诉讼事项，即"未决诉讼"事项；如果上市公司当个会计年度存在未决诉讼事项，该变量取值为1，否则为0。

未决诉讼涉诉频率（PLnum）：为了进一步量化企业诉讼风险的程度，本研究使用上市公司当个会计年度的涉诉次数作为其诉讼风险的代理变量，在实证分析中，该变量的取值为：ln（未决诉讼涉诉次数+1）。

未决诉讼的涉诉金额（PLamount）：此外，本研究还使用了上市公司当个会计年度总的涉诉金额作为其另一个诉讼风险的代理变量，在实证分析中，该变量的取值为：未决诉讼的涉诉金额/公司总资产。

实证检验的解释变量是分析师跟进的相关变量。第一个是代表有无分析师跟进的虚拟变量（Analyst），如果当个会计年度有分析师跟进该上市公司，则变量取值为1，否则为0；第二个是衡量分析师跟进规模的变量，取值为"当个会计年度跟进该上市公司的分析师数量加1取自然对数"。

同时，为了控制其他变量对被解释变量的影响，借鉴王彦超等（2008）、林斌等（2013）、毛新述等（2013）的研究，选取公司规模（Size）、公司的盈利能力（EPS）、公司的资产负债率（Lev）、公司的现金流情况（Cfo）、公司的亏损情况（Lost）、公司的违规情况（Fraud）、公司的产权性质（SOE）、公司的审计意见（Opn）、公司的成立时间（Firmage）、年度（Year）、行业（Ind）作为控制变量。具体的变量定义列示于表9-1。

表9-1　　　　　　　　　　　　变量定义表

变量类型	变量符号	变量定义
被解释变量	PL	公司当年是否存在未决诉讼事项，存在取值为1，否则为0
	PL_num	公司当年的未决诉讼涉诉频率，ln（涉诉次数+1）
	PL_amount	公司当年的未决诉讼涉诉金额，取值为：涉诉金额/总资产
解释变量	Analyst	如果公司当年有分析师跟进，则取值为1，否则为0
	Analyst_num	公司当年跟进的分析师数量，取值为ln（跟进的分析师数量+1）
控制变量	EPS	公司的盈利能力，以每股收益来表示，即：税后利润/股本总数
	Size	公司规模，以公司年末总资产的自然对数表示
	Cfo	公司的现金流动情况，年度经营活动现金净流量/期末资产总额
	Lev	公司的资产负债率，总负债/总资产
	Lost	公司当年发生亏损则取值为1，否则为0
	Fraud	公司或其高管当年受到监管部门的处罚则取值为1，否则为0
	SOE	公司的产权性质，国有企业取值为1，否则为0
	Opn	审计意见的虚拟变量，非标准审计意见取值为1，否则为0

续表

变量类型	变量符号	变量定义
控制变量	Firmage	公司成立年数
	Year	年度变量,当样本为某一特定年份时取值为1,否则为0
	Ind	行业变量,当样本为某一特定行业时取值为1,否则为0;行业划分标准参照了证监会行业分类标准(2012),其中制造业按二级目录细分

为了了解我国上市公司涉及未决诉讼的整体情况,首先对上市公司未决诉讼的涉诉情况进行统计分析。表9-2是对样本上市公司2008—2013年期间未决诉讼情况的统计。表中显示,样本公司在这6年间,共计有886家上市公司存在发生在某个会计年度并未在当个会计年度最终判决的诉讼事项,即未决诉讼事项。当个会计年度存在未决诉讼的样本公司,多数存在1—2次未决诉讼事项,但是也有近3%的涉诉公司在一年之内发生10次及以上的未决诉讼事项,相当频繁地卷入诉讼纠纷中并不能在当年顺利地解决,形成了上市公司的诉讼风险,这很可能会对公司的日常经营和财务状况造成不利的影响。

表9-2　　　　　　　　上市公司未决诉讼的涉诉频次

未决诉讼频次	1	2	3	4	5	5—10	10次及以上	合计
公司年	530	190	54	28	14	45	25	886
占比	59.82%	21.44%	6.10%	3.16%	1.58%	5.08%	2.82%	100%

在多元回归分析前,我们先进行单变量的均值差异检验,初步观测有分析师跟进的样本公司与无分析师跟进的样本公司之间各项指标的均值差异情况。如表9-3显示,有分析师跟进的样本公司发生未决诉讼事项的可能性以及未决诉讼的频率、未决诉讼的涉诉金额显著低于无分析师跟进的样本公司,初步验证了我们的假设,即分析师跟进可在一定程度上降低企业的诉讼风险。此外,有分析师跟进的样本公司的盈利能力、公司规模、现金流等显著高于无分析师跟进的样本公司;而其亏损的可能性、违规的可能性、被发表非标审计意见的可能性等显著低于无分析师跟进的样本公司。

表9-3　　　　　　　　单变量均值差异检验

	均值		均值差异	T值
	无分析师跟进的公司	有分析师跟进的公司		
PL	0.1742	0.0749	0.09925	13.5725***
PL_num	0.1905	0.0699	0.1206	14.5723***
PL_amount	0.0572	0.00255	0.05471	4.7714***

续表

	均值		均值差异	T值
	无分析师跟进的公司	有分析师跟进的公司		
EPS	0.01848	0.3935	−0.3740	−27.8507***
Size	21.1966	22.1783	−0.9817	−31.5517***
Cfo	0.02140	0.04004	−0.01863	−9.1160***
Lev	0.7468	0.4909	0.2559	8.1868***
Growth	0.6507	0.4153	0.2354	5.7287***
Lost	0.2174	0.0614	0.1560	21.6783***
Fraud	0.1449	0.0858	0.05919	7.9893***
Soe	0.4593	0.5187	−0.05942	−4.7955***
Opn	0.1332	0.0176	0.1156	23.1833***
Firmage	2.6864	2.4842	0.2022	17.9407***

注：*、**、***分别表示在10%、5%、1%水平上显著。

初步的均值差异检验后，我们进行更为精确的多元回归分析。表9-4列示了"分析师跟进对未决诉讼治理作用"的多元回归结果。回归模型（9-1）的被解释变量是"未决诉讼"，分别用有无未决诉讼（PL）、未决诉讼涉诉频率（PLn）、未决诉讼涉诉金额（PL_amount）作为具体的变量进行回归；有无未决诉讼（PL）是虚拟变量，在控制了其他变量的影响后，对模型（9-1）进行Logit回归，解释变量Analyst的回归系数显著为负，说明有分析师跟进的样本公司发生未决诉讼事项的可能性显著低于无分析师跟进的样本公司；未决诉讼的涉诉频率（PLn）以及未决诉讼的涉诉金额（PL_amount）都是大于等于0的连续变量，分别对模型（9-1）进行Tobit回归，结果显示解释变量Analyst的回归系数都显著为负，说明有分析师跟进的样本公司未决诉讼的涉诉频率和涉诉金额均显著低于无分析师跟进的样本公司。因此，分析师跟进对上市公司未决诉讼的抑制作用得以验证。

表9-4　　　　有无分析师跟进与上市公司诉讼风险的回归分析

变量	模型（9-1）logit回归	模型（9-1）Tobit回归	模型（9-1）Tobit回归
	PL	PLn	PL_amount
Analyst	−0.568***	−0.524***	−0.369***
	(−6.19)	(−6.53)	(−5.95)
eps	0.185**	0.0549	0.0198
	(2.43)	(0.95)	(0.46)
size	−0.0437	−0.00953	−0.0567**
	(−1.21)	(−0.32)	(−2.42)

续表

变量	模型（9-1）logit 回归 PL	模型（9-1）Tobit 回归 PLn	模型（9-1）Tobit 回归 PL_amount
cfo	-1.060**	-0.955**	-0.473
	(-2.39)	(-2.50)	(-1.59)
lev	0.352***	0.0422***	0.115***
	(4.13)	(2.78)	(9.79)
lost	0.266**	0.210*	0.0619
	(2.09)	(1.90)	(0.72)
fraud	0.563***	0.489***	0.376***
	(5.20)	(5.07)	(5.01)
soe	-0.0226	-0.0277	0.0253
	(-0.27)	(-0.39)	(0.46)
opn	1.087***	1.282***	0.841***
	(7.77)	(10.20)	(8.61)
age	0.495***	0.453***	0.280***
	(4.75)	(5.40)	(4.31)
year	控制	控制	控制
Industry	控制	控制	控制
Constant	-2.443***	-2.864***	-0.645
	(-2.85)	(-4.02)	(-1.16)
N	9 011	9 011	9 011
Pseudo R^2	0.0929	0.0752	0.0858

注：*、**、*** 分别表示在 10%、5%、1% 水平上显著。

表 9-5 列示了分析师跟进数量对未决诉讼影响的多元回归结果。类似的，有无未决诉讼（PL）是虚拟变量，在控制了其他变量的影响后，对模型（9-2）进行 Logit 回归，解释变量 Analyst_num 的回归系数显著为负，说明分析师跟进数量越多的样本公司发生未决诉讼事项的可能性越低；未决诉讼的涉诉频率（PLn）以及未决诉讼的涉诉金额（PL_amount）都是大于等于 0 的连续变量，分别对模型（9-2）进行 Tobit 回归，结果显示解释变量 Analyst_num 的回归系数都显著为负，说明分析师跟进数量越多的样本公司未决诉讼的涉诉频率和涉诉金额越低。以上结果显示：分析师跟进数量越多，上市公司的未决诉讼发生的可能性越低。

为了检验分析师跟进在不同地区的治理作用的区别，依据公司所在地的法律环境对样本公司进行分组；公司所在地的法治水平是依据樊纲等（2011）编制的中国市场化指数中的"市场中介组织的发育和法律制度环境"指数进行测度，而后按照

表 9–5　　　分析师跟进数量与上市公司诉讼风险的回归分析

	模型（9-2）Logit 回归	模型（9-2）Tobit 回归	模型（9-2）Tobit 回归
	PL	PLn	PL_amount
Analyst_num	-0.223***	-0.190***	-0.119***
	(-6.19)	(-6.19)	(-5.01)
eps	0.262***	0.108*	0.0437
	(3.51)	(1.73)	(0.98)
size	-0.00353	0.0254	-0.0409
	(-0.09)	(0.79)	(-1.61)
cfo	-0.907**	-0.833**	-0.404
	(-2.04)	(-2.17)	(-1.35)
lev	0.383***	0.0469***	0.118***
	(4.67)	(3.08)	(10.00)
lost	0.294**	0.234**	0.0783
	(2.36)	(2.13)	(0.91)
fraud	0.561***	0.488***	0.374***
	(5.18)	(5.05)	(4.98)
soe	-0.0495	-0.0535	0.00996
	(-0.60)	(-0.76)	(0.18)
opn	1.119***	1.335***	0.883***
	(8.11)	(10.68)	(9.10)
age	0.458***	0.426***	0.270***
	(4.35)	(5.03)	(4.10)
year	控制	控制	控制
Industry	控制	控制	控制
Constant	-3.313***	-3.633***	-1.028*
	(-3.68)	(-4.83)	(-1.76)
N	9 011	9 011	9 011
Pseudo R^2	0.0931	0.0747	0.0844

注：*、**、***分别表示在10%、5%、1%水平上显著。

该指数由大到小将样本分为三等份，即"高法治水平地区""中等法治水平地区"以及"低法治水平地区"。而后用其中处于"高法治水平地区""低法治水平地区"地区的样本分组回归并进行对比分析，结果列示于表 9–6。从回归结果的前两列可以得知，相对于处在低法治水平地区的公司，处在高法治水平地区的公司的分析师跟进对其诉讼风险的降低作用更大更显著（法治水平高的地区的样本 Analyst 回归系数为 -0.672，相应 t 值为 -3.73；而法治水平低的地区的样本 PL 回归系数为 -0.316，相应 t 值为 -1.99）。类似的，回归结果的中间两列显示，涉诉频率对不同法治水平地区的上市公司的债务融资成本的影响有显著的差异；回归结果的后两列显示，涉诉金额对不同法治水平地区的上市公司的债务融资成本的影响也有显著的差异。因此分组回归的结果显示，较之法治水平低的地区，分析师跟进降低上市公司诉讼风险的作用在法治水平高的地区更为显著。

表 9-6 处于不同法律环境中的上市公司分析师跟进对诉讼风险的影响对比分析

	高法治水平	低法治水平	高法治水平	低法治水平	高法治水平	低法治水平
	Pl	Pl	Pln	Pln	Pl_amount	Pl_amount
Analyst	-0.672***	-0.316**	-0.567***	-0.273**	-0.260***	-0.0380
	(-3.73)	(-1.99)	(-3.48)	(-2.14)	(-3.94)	(-1.50)
eps	0.0216	0.436***	-0.0502	0.292**	0.494***	0.0136
	(0.19)	(3.00)	(-0.56)	(2.53)	(5.08)	(0.22)
size	0.0717	-0.228***	0.0492	-0.137***	-0.000574	-0.0791***
	(1.09)	(-3.29)	(0.85)	(-2.58)	(-0.01)	(-2.82)
cfo	-1.155	-2.337***	-0.840	-2.023***	0.140	-0.553*
	(-1.23)	(-2.97)	(-1.02)	(-3.19)	(0.16)	(-1.76)
lev	0.120	0.556***	0.0555	0.351***	0.673***	0.306***
	(1.39)	(3.16)	(1.09)	(3.01)	(11.74)	(5.38)
lost	0.436	0.385*	0.320	0.313*	0.265	0.113
	(1.61)	(1.84)	(1.31)	(1.83)	(0.94)	(1.34)
fraud	0.635***	0.515***	0.586***	0.424***	0.623**	0.175**
	(2.64)	(2.78)	(2.67)	(2.79)	(2.54)	(2.32)
soe	0.0495	-0.206	0.0651	-0.162	0.0358	-0.0392
	(0.30)	(-1.41)	(0.45)	(-1.40)	(0.22)	(-0.69)
opn	0.780**	0.991***	0.845**	1.019***	1.041***	0.291***
	(2.17)	(4.53)	(2.50)	(5.47)	(2.73)	(3.18)
age	0.191	0.650***	0.173	0.495***	0.118	0.226***
	(1.11)	(3.07)	(1.17)	(3.10)	(0.68)	(2.84)
year	控制	控制	控制	控制	控制	控制
Industry	控制	控制	控制	控制	控制	控制
Constant	-4.162***	0.784	-3.673***	-0.395	-2.956*	0.0584
	(-2.59)	(0.47)	(-2.58)	(-0.31)	(-1.79)	(0.09)
N	2 775	2 910	2 775	2 910	2 775	2 910
Pseudo R^2	0.0733	0.1053	0.0677	0.0863	0.1190	0.0945

注：*、**、*** 分别表示在 10%、5%、1% 水平上显著。

证券分析师被看作是资本市场中重要的信息中介，分析师跟进上市公司的过程中，凭借其专业性及信息优势，通过多种渠道收集上市公司的公开信息以及部分私有信息，并且对上市公司的经营情况和发展能力进行深入的调研与评估，全面解读上市公司的真实面貌，向资本市场提供所跟进上市公司更加全面的信息，因此缓解了上市公司与外部利益相关者的信息不对称程度。同时，分析师跟进的行为对上市公司的管理层起到一定的监督作用，约束管理层可能存在的不当操作。总之，证券分析师对所跟进的上市公司起到了一定的外部治理作用。

本小节基于"或有事项数据库"中的"未决诉讼数据"，探究了分析师跟进与上市公司未决诉讼之间的关系。研究发现，分析师跟进能够减少上市公司未决诉讼的发生并降低未决诉讼的涉诉金额，并且分析师跟进数量越多，这种治理效果越好；若将上市公司所处的法律环境纳入考虑，发现较之法治水平低的地区，分析师跟进对上市公司未决诉讼的抑制作用在法治水平高的地区更为显著。本节的研究证实了分析师跟进治理上市公司未决诉讼的显著效果，体现了分析师跟进对上市公司外部治理的积极作用。

第二节　企业社会责任报告对企业未决诉讼的治理作用

企业社会责任报告（以下简称 CSR 报告）指的是企业将其履行社会责任的理念、战略、方式方法，以及其经营活动对经济、环境、社会等领域造成的直接和间接影响、取得的成绩及不足等信息，进行系统的梳理和总结，并向利益相关方进行披露的方式。企业社会责任报告是企业非财务信息披露的重要载体，是企业与利益相关方沟通的重要桥梁。2006 年国家电网公司发布的《国家电网公司 2005 年社会责任报告》正式拉开了中国企业发布 CSR 报告的序幕；深交所在同年发布了《深圳证券交易所上市公司社会责任指引》，正式引入了我国上市公司的社会责任制度。党的十八届三中全会明确提出，必须适应市场化、国际化新形势，以公平参与竞争、提高企业效率、增强企业活力、承担社会责任为重点，进一步深化改革。这是党的文件第一次将社会责任工作提到前所未有的高度，充分体现了党中央对企业履行社会责任的战略思考和高度重视；2014 年 6 月 17 日，《中国企业社会责任评价准则》正式发布，该准则在借鉴和改进国内外已有经验和实践的基础上，制定了"法律道德""质量安全""能源环境"等 10 个一级评价标准、63 个二级和三级评价标准，首次系统地量化了企业社会责任履行情况指标，进一步推进了我国 CSR 报告的发展。根据 2015 年 1 月 22 日在北京发布的《中国企业社会责任报告（2014）》披露的内容可知，中国企业社会责任报告数量持续增长，2014 年发布企业社会责任报告达 1 526 份，较 2013 年的 1 231 份增长 24%，可见在政府、资本市场、行业协会等多方力量的推动下，中国企业社会责任报告的编制和发布取得了飞跃式的发展。

评价任何一项政策优劣的关键是看它能否产生激励，也就是说是什么动机促使企业披露 CSR 报告？CSR 报告最重要的作用是向利益相关方披露和传递企业的非财务信息，让企业的股东、债权人、供应商、客户、职工等利益相关者更为充分地了解企业内部经营情况及社会责任的履行现状，进而降低信息不对称。这在一定程度上说明 CSR 报告可能是一种预警机制的建立，它促使企业发现管理过程中存在的风险和问题，有助于管理层防患于未然，在可能产生危害的事件成为负面突发事件之前就对其进行控制。企业陷入诉讼纠纷会带来巨大的诉讼成本，进而给企业的日常经营和财务运作带来负面的影响，如果企业通过披露 CSR 报告能够在一定程度上降低其诉讼风险，这必然会成为企业披露 CSR 报告的重要动机之一。鉴于这样的动机，本节欲探究企业的这种自愿承担社会责任的行为，是否能对其未决诉讼产生治理作用？这一项企业的内部治理制度是否切实有效地为企业带来积极的治理效果？我国政府正在提倡"和谐社会"，这正是企业承担社会责任的主要目的之一，同时，国资委正在敦促国有企业重视企业社会责任并通过法规强制实施，国际社会也在通过国际组织规范和准则向各相关方施加压力，外国客户和投资者提出的标准也包含了更多的责任内容，如质量、知识产权与环境等，一些股东也在通过其投资行为传递着责任信息。因此在这样的背景下，研究中国企业的社会责任报告实施情况及其可能的发布动机具有重要的现实意义，可为相关政策的后续完善提供理论和实证依据。

已有研究对 CSR 报告披露经济后果的分析主要从公司的资本成本、公司的价值、分析师盈利预测准确性等方面展开。西方国家有关企业自愿披露非财务信息、披露 CSR 报告的经济后果的研究开展较早，已形成一系列较为成熟的研究成果。Moskowitz（1972）、Parket 等（1975）以及 Sturdivant 等（1977）的研究都表明，企业承担社会责任的相关信息会产生正向的市场反应；Dhaliwal 等（2011）的研究发现 CSR 报告的披露能够降低信息不对称的程度，从而能够降低公司的资本成本；Ghoul 等（2011）的研究发现，CSR 评分高的企业可以获得更低的股本融资成本；Vanstraelen 等（2003）的研究首次探究了企业自愿披露非财务信息与分析师盈余预测准确性的关系，结果表明高质量的非财务信息披露能够显著提高分析师盈余预测的准确性；Dhaliwal（2012）则进一步将自愿信息披露具体到 CSR 报告的披露，结果显示披露 CSR 报告的上市公司的分析师盈余预测误差更低。国内也有越来越多的研究开始关注企业自愿信息披露、CSR 报告披露的经济后果。王霞等（2014）的研究表明，披露 CSR 报告的公司真实盈余管理程度更低、更少进行财务重述；汪炜和蒋高峰（2004）的研究发现，企业提高信息披露水平有助于权益资本成本的降低；李姝等（2013）的研究表明，公司披露社会责任报告有助于降低企业的权益资本成本。同时，已有的实证研究证实了披露 CSR 报告的公司的融资约束程度较低，并且

CSR报告的披露质量越高，融资约束程度越低，并且企业社会责任信息披露能够为上市公司带来融资便利，有助于其进行股权再融资（何贤杰等，2012）。

总之，已有的研究多从信息不对称角度出发，探究CSR报告的披露可能产生的经济后果或者是企业披露CSR报告的动机。在日趋复杂的经营环境中，以货币的方式对企业的历史经营活动进行计量的财务信息无法将企业面临的机会和风险充分反映出来，也不能将企业的价值充分体现出来。CSR报告所披露的非财务信息弥补了这一不足，两者的结合可以更好地反映企业未来的财务状况。Koh等（2013）的研究从公司风险管理的角度出发，认为企业社会责任信息是企业价值保障的一种机制，并且证实了在高诉讼风险的行业中，企业社会责任信息的保险作用更为显著。正如Richardson等（2001）的研究指出，企业社会责任信息的披露能够减少信息不对称的程度，从而降低预测风险和流动性风险。由此可见CSR报告的披露通过向利益相关者传递企业承担社会责任的相关信息或其他非财务信息，减轻了公司内外部的信息不对称程度，进而使得投资者、债权人等公司的外部利益相关者面临的不确定性和投资风险降低。公司运作中的各种矛盾和利益冲突多是涉及债权人权益以及投资者利益，私下调解无效后只能诉诸法律，已有研究表明我国上市公司的诉讼纠纷因涉及的利益相关者众多、案情复杂、涉诉金额巨大并且案件数量呈逐年上升的趋势（林斌等，2013）。如果上市公司通过CSR报告等非财务信息的披露向利益相关者传递更多企业的内部信息，增强债权人、投资者等利益相关者对企业经营状况的多方面了解，就可以在一定程度上降低信息不对称，从而减少一部分不可控风险。已有的研究中指出，良好的企业社会责任信息披露可以给银行等债权人以及资本市场的投资者提供更多的非财务信息，有助于他们对公司未来的收入、成本、风险和业绩等做出更好的判断，进而降低他们评估公司时的不确定性（何贤杰等，2012）。

基于以上分析，我们有理由相信企业披露CSR报告能够降低企业的信息不对称程度，进而降低企业发生未决诉讼的可能性。

2013年中国发布企业社会责任报告的数量已增至2000份，中国企业社会责任报告发布数量之多、增速之快均居世界前列。但是许多已发报告的企业，社会责任工作尚且停留在报告的编写和发布上，至于报告披露信息的完整性、系统性、实质性、平衡性、可比性甚至可信度等方面，尚有较大差距。根据中国社科院企业社会责任研究中心和《WTO经济导刊》等多家机构的统计分析，目前中国的CSR报告质量上乘的不足三四成。随着企业社会责任信息披露的快速推进，公众越来越重视企业发布的CSR报告的质量及其可信度，因此CSR报告的第三方鉴证应运而生。2006年由挪威船级社（DNV）和中国企业联合会全球契约推进办公室共同为中远集团《2005年度可持续发展报告》出具的鉴证报告是我国第一份企业CSR报告的第三方鉴证报告。企业社会责任报告鉴证是社会责任报告和审计领域一个新的研究课题，也是注册会计师行业一项新的业务（沈洪涛等，2010）。注册会计师行业将鉴证定义为"注册会计师对鉴证对象信息提出结论,以增强除责任方之外的预期使用者对鉴证对象信息信任程度的业务",CSR 报告的第三方鉴证凭借鉴证者的专业水平以及鉴证服务的标准和程序为 CSR 报告的可信度提供保证(沈洪涛等,2011)。因此,第三方鉴证能提高 CSR 报告披露信息的客观性与可靠性,从而提升 CSR 报告的影响力。一份专业的第三方鉴证意见不仅仅针对企业的社会责任报告做总结性描述,还会对社会责任报告所有有关优劣势的细节以及未来可能的发展机会进行概括,这有助于企业改善整体表现,促进利益相关者管理工作,真正提升企业承担社会责任的质量,更能够得到利益相关者的信任。已有研究表明,CSR 报告的鉴证意见具有正向的市场反应(李正等,2012),可见 CSR 报告第三方鉴证意见能够产生正面的经济效应。

基于以上分析,我们认为:较之无第三方鉴证的 CSR 报告,有第三方鉴证的 CSR 报告更能降低上市公司发生未决诉讼的可能性。

同上一节的研究一样,我们也要考虑到在我国不同地区,市场化的进展程度相差较大,各个地区的法律建设进程也不一样。周中胜等(2012)的研究指出,正处于市场化进程中的我国,法律环境的不完善与区域不平衡是重要特征之一。而法律环境和市场化进程的高低对于上市公司的行为会产生相应的影响(孙铮等,2005;夏立军等,2007),各地区不同的法律体系效率也会最终影响法律条款的执行(郑志刚和邓贺斐,2010)。而法律环境的不完善与不平衡也会影响到企业社会责任的履行。

企业履行社会责任,如保护劳动者的合法权益、确保安全生产等,实际上是基于法律法规的最低要求。但在法律环境不完善的地区,很可能出现有关企业社会责任的立法不健全,对企业社会责任相关的法律执行与司法不够规范,法律的监督能力不强,企业所需履行的社会责任的底线就较低,弱化了企业社会责任履行的外部压力。因而较之法律环境完善的地区,法律环境不完善的地区更可能出现企业社会责任履行较差的状况,企业 CSR 报告的经济效应也随之被削弱,信息传递功能也相应弱化。因此我们推断:较之法治水平低的地区,法治水平高的地区的企业 CSR 报告对其诉讼风险的降低作用更为显著。

为了检验企业社会责任报告是否真正起到了对未决诉讼的治理作用,还是需要利用档案数据实证检验。本节继续利用"或有事项数据库"中的未决诉讼数据,结合我国沪深两市 2008—2013 年度上市公司企业社会责任报告的相关数据,研究了企业社会责任报告对企业未决诉讼的治理作用。

首先是建立实证检验的多元回归模型:

$$PL = \alpha_0 + \alpha_1 CSR + \alpha_2 EPS + \alpha_3 Size + \alpha_4 Cfo + \alpha_5 Lev + \alpha_6 Lost + \alpha_7 Fraud + \alpha_8 SOE + \alpha_9 Opn + \alpha_{10} Firmage + \sum Year + \sum Ind + \varepsilon \qquad (9-3)$$

$$PLnum = \alpha_0 + \alpha_1 CSR + \alpha_2 EPS + \alpha_3 Size + \alpha_4 Cfo + \alpha_5 Lev + \alpha_6 Lost + \alpha_7 Fraud + \alpha_8 SOE + \alpha_9 Opn + \alpha_{10} Firmage + \sum Year + \sum Ind + \varepsilon \qquad (9-4)$$

$$PL = \alpha_0 + \alpha_1 CSRA + \alpha_2 EPS + \alpha_3 Size + \alpha_4 Cfo + \alpha_5 Lev + \alpha_6 Lost + \alpha_7 Fraud + \alpha_8 SOE$$
$$+ \alpha_9 Opn + \alpha_{10} Firmage + \sum Year + \sum Ind + \varepsilon \quad (9-5)$$

$$PLnum = \alpha_0 + \alpha_1 CSRA + \alpha_2 EPS + \alpha_3 Size + \alpha_4 Cfo + \alpha_5 Lev + \alpha_6 Lost + \alpha_7 Fraud +$$
$$\alpha_8 SOE + \alpha_9 Opn + \alpha_{10} Firmage + \sum Year + \sum Ind + \varepsilon \quad (9-6)$$

被解释变量依然是未决诉讼相关变量，本节从两个方面来衡量：有无未决诉讼、未决诉讼的涉诉频率，具体如下：

涉及未决诉讼与否（PL）：本研究在考虑上市公司的诉讼风险时，只针对上市公司当个会计年度尚在进行中的诉讼事项，即"未决诉讼"事项；如果上市公司当个会计年度存在未决诉讼事项，该变量取值为1，否则为0。

未决诉讼涉诉频率（PLnum）：为了进一步量化企业诉讼风险的程度，本研究使用上市公司当个会计年度的涉诉次数作为其诉讼风险的代理变量，在实证分析中，该变量的取值为：ln（未决诉讼涉诉次数+1）。

本节研究的解释变量是与上市公司发布CSR报告相关的变量。第一个是代表上市公司当个会计年度有无发布CSR报告的虚拟变量（CSR），如果上市公司于当个会计年度发布了CSR报告，则取值为1，否则为0；第二个是代表上市公司当个会计年度发布的CSR报告有无独立第三方出具的鉴证报告的虚拟变量（CSRA），如果上市公司当个会计年度发布的CSR报告有第三方鉴证，则取值为1，否则为0。

此外，借鉴王彦超等（2008）、林斌等（2013）、毛新述等（2013）的研究，本研究选取公司规模（Size）、公司的盈利能力（EPS）、公司的资产负债率（Lev）、公司的现金流情况（Cfo）、公司的亏损情况（Lost）、公司的违规情况（Fraud）、公司的产权性质（SOE）、公司的审计意见（Opn）、公司的成立时间（Firmage）、年度（Year）、行业（Ind）作为控制变量。此外还是依据樊纲（2011）市场化进程指数中的"市场中介组织的发育和法律制度环境指数"来测量公司所处地区的法治水平。具体的变量定义列示于表9－7。

表9－7　　　　　　　　　　　变量定义表

变量类型	变量符号	变量定义
被解释变量	PL	公司当年是否存在未决诉讼事项，存在取值为1，否则为0
	PLnum	公司当年的未决诉讼涉诉频率，ln（涉诉次数+1）
解释变量	CSR	如果公司当年披露了社会责任报告，则取值为1，否则为0
	CSRA	如果公司当年披露的社会责任报告有第三方鉴证，则取值为1，否则为0
控制变量	Law_index	公司所在地的法制水平，以樊纲（2011）市场化进程指数中"市场中介组织的发育和法律制度环境"指数测量
	EPS	公司的盈利能力，以每股收益来表示，即：税后利润/股本总数

续表

变量类型	变量符号	变量定义
控制变量	Size	公司规模,以公司年末总资产的自然对数表示
	Cfo	公司的现金流动情况,年度经营活动现金净流量/期末资产总额
	Lev	公司的资产负债率,总负债/总资产
	Lost	公司当年发生亏损则取值为1,否则为0
	Fraud	公司或其高管当年受到监管部门的处罚则取值为1,否则为0
	SOE	公司的产权性质,国有企业取值为1,否则为0
	Opn	审计意见的虚拟变量,非标准审计意见取值为1,否则为0
	Firmage	公司成立年数
	Year	年度变量,当样本为某一特定年份时取值为1,否则为0
	Ind	行业变量,当样本为某一特定行业时取值为1,否则为0;行业划分标准参照了证监会行业分类标准(2012),其中制造业按二级目录细分

为了解 2008—2013 年度我国沪深两市上市公司发布 CSR 报告的整体情况,我们首先对披露 CSR 报告的上市公司数量以及其中有独立第三方出具鉴证报告的 CSR 报告数量进行逐年统计,统计结果见表 9-8。由统计数量可知,我国发布 CSR 报告的上市公司逐年递增,发布 CSR 报告的上市公司占了样本总数的 1/5 以上;有独立第三方出具鉴证报告的 CSR 报告虽然也逐年递增,但是占比很低,只有不到 1%。

表 9-8　　　　　　　　企业社会责任报告(CSR)的数量统计

	2008 年	2009 年	2010 年	2011 年	2012 年	2013 年	合计	占总样本的比例
披露 CSR 的公司	174	184	495	587	612	678	2 730	21.50%
其中:CSR 有第三方鉴证的公司	4	4	19	23	33	26	109	0.86%
未披露 CSR 的公司	1 405	1 553	1 601	1 750	1 854	1 834	9 997	78.50%
合计	1 579	1 737	2 096	2 337	2 466	2 512	12 727	100%

在多元回归分析前,我们先进行单变量的均值差异检验,初步观测披露 CSR 报告的样本公司与未披露 CSR 报告的样本公司之间各项指标的均值差异情况。如表 9-9 显示,披露 CSR 报告的样本公司发生未决诉讼事项的可能性以及未决诉讼的频率显著低于未披露 CSR 报告的样本公司,初步验证了我们的假设,即披露 CSR 报告可在一定程度上降低企业的诉讼风险。此外,披露 CSR 报告的样本公司的盈利能力、公司规模、现金流等显著高于未披露 CSR 报告的样本公司;而其亏损的可能性、违规的可能性、被发表非标审计意见的可能性等显著低于未披露 CSR 报告的样本公司。

表 9-9　　　　　　　　　　单变量均值差异检验

	均值		均值差异	T 值
	未披露 CSR 的公司	披露 CSR 的公司		
PL	0.1344	0.1036	0.03078	4.2710***
PLnum	0.3529	0.2073	0.1456	4.0709***
EPS	0.3262	0.5098	-0.1836	-14.6958***
Size	21.4351	22.9522	-1.5170	-52.3742***
Cfo	0.2491	0.5068	-0.2577	-10.1092***
Lev	0.4735	0.5059	-0.0324	-3.8441***
Lost	0.1023	0.0429	0.0596	9.6789***
Fraud	0.0965	0.0728	0.0237	3.7987***
SOE	0.4149	0.6451	-0.2301	-21.7604***
Opn	0.0581	0.0092	0.0489	10.6936***
Firmage	13.0451	13.9407	-0.8956	-7.9975***

初步的均值差异检验后，我们进行更为精确的多元回归分析。表 9-10 列示了 CSR 报告对企业未决诉讼抑制作用的多元回归结果。回归模型（9-3）的被解释变量是"有无发生未决诉讼"（PL）这一虚拟变量，在控制了其他变量的影响后，对模型（9-3）进行 Logit 回归，解释变量 CSR 的回归系数显著为负，说明披露 CSR 报告的样本公司发生未决诉讼事项的可能性显著低于未披露 CSR 报告的样本公司；同时模型（9-4）的被解释变量是"未决诉讼的涉诉频率"（PLnum）这一连续变量，对模型（9-4）进行 OLS 回归的结果显示解释变量 CSR 的回归系数显著为负，说明披露 CSR 报告的样本公司未决诉讼的涉诉频率显著低于未披露 CSR 报告的样本公司。因此，企业披露 CSR 报告对其未决诉讼的抑制作用得以验证。

表 9-10　　　　　CSR 的披露与公司诉讼风险的回归结果

变量	模型（9-3） pl	模型（9-4） plnum
CSR	-0.165**	-0.0742*
	(-2.12)	(-1.96)
EPS	-0.0709	0.0618**
	(-1.20)	(2.17)
Size	-0.0542**	-0.0244**
	(-2.28)	(-2.05)
Cfo	-0.0908***	-0.0371***
	(-3.14)	(-2.95)

续表

变量	模型（9-3）pl	模型（9-4）plnum
Lev	0.989***	0.681***
	(9.22)	(16.70)
Lost	0.102	-0.0230
	(1.02)	(-0.41)
Fraud	0.389***	0.262***
	(4.61)	(5.31)
SOE	0.102*	-0.0146
	(1.70)	(-0.47)
Opn	0.916***	1.286***
	(8.20)	(16.95)
Firmage	0.0568***	0.0143***
	(10.09)	(5.09)
Year	控制	控制
Industry	控制	控制
Constant	-2.142***	0.264
	(-4.30)	(1.06)
LR chi² (F value)	721.19***	115.58***
R²	0.0741	0.0833
N	12 727	12 727

注：*、**、*** 分别表示在10%、5%、1%水平上显著。

然后，我们以"CSR报告有无第三方鉴证"（CSRA）作为被解释变量、以所有披露CSR报告的上市公司作为研究样本对模型（9-5）进行Logit回归，对模型（9-6）进行OLS回归，结果显示CSRA的回归系数均显著为负，说明较之无第三方鉴证的CSR报告，有第三方鉴证的CSR报告更能降低企业发生未决诉讼的可能性以及未决诉讼的涉诉频率。因此有第三方鉴证的CSR报告更有效的治理效果也得以体现。结果列示于表9-11。

为了验证不同法治水平地区的企业CSR报告治理效果的差异，我们依据公司所在地的法律环境对样本公司进行分组，公司所在地的法治水平是依据樊纲等（2011）编制的中国市场化指数中的"市场中介组织的发育和法律制度环境"指数进行测度，而后按照中位数分为"高法治水平地区"与"低法治水平地区"。分组

表 9-11　　CSR 有无第三方鉴证与公司诉讼风险的回归结果

变量	模型 (9-5) pl	模型 (9-6) plnum
CSRA	-1.541***	-0.129***
	(-3.01)	(-3.59)
EPS	-0.255*	-0.0101
	(-1.67)	(-0.80)
Size	-0.0585	-0.0112*
	(-1.01)	(-1.95)
Cfo	-0.0765**	-0.0115***
	(-2.05)	(-3.29)
Lev	1.274***	0.144***
	(3.02)	(3.54)
Lost	0.440	0.0686**
	(1.45)	(2.03)
Fraud	0.340	0.0217
	(1.49)	(0.90)
SOE	0.00158	0.0111
	(0.01)	(0.75)
Opn	0.315	0.186***
	(0.58)	(2.80)
Firmage	0.0141	0.00131
	(1.02)	(0.97)
Year	控制	控制
Industry	控制	控制
Constant	-0.574	0.0986
	(-0.44)	(0.38)
LR chi^2 (F value)	127.93***	5.17***
R^2	0.0706	0.0578
N	2 730	2 730

注：*、**、*** 分别表示在 10%、5%、1% 水平上显著。

回归结果列示于表 9-12。从回归结果可知，相对于处在低法治水平地区的公司，处在高法治水平地区的公司发布 CSR 报告对其诉讼风险的降低作用更大更显著（法治水平低地区的样本 CSR 回归系数为 -0.1168，相应 z 值为 -1.10；而法治水平高地区的样本 CSR 回归系数为 -0.2370，相应 z 值为 -2.06）。为了严谨地在统计学意义上对比法治水平低地区与法治水平高地区的企业发布 CSR 报告对其诉讼风险影响的差异，我们借鉴 Clogg et al.（1995）的方法，使用"似无关估计模型"（Seemingly unrelated estimation model，简称 suest）来检验法治水平高地区与低地区两个子样本之间的系数差距。结果显示，企业发布 CSR 报告对处在不同法治水平地区的上市公司的诉讼风险的影响有显著的差异（chi-square 值为 18.84，即系数的差异有统计学意义）。类似的，回归结果的后两列显示，企业 CSR 报告对不同法治水平地区上市公司的诉讼风险的降低作用有显著差异。说明在法治水平较低的地区，对企业社会责任相关的法律执行与司法不够规范，法律的监督能力不强，企业所需履行的社会责任的底线较低，弱化了企业社会责任履行的外部压力，因此企业的 CSR 报告在低法治水平地区的信息传递作用也被弱化，对其未决诉讼的治理效果也明显弱于高法治水平地区的上市公司。

表 9-12　处于不同法律环境中的企业 CSR 报告对其诉讼风险的影响对比分析

变量	法治水平高的地区 Pl	法治水平低的地区 Pl	法治水平高的地区 Plnum	法治水平低的地区 Plnum
CSR	-0.237**	-0.117	-0.227**	-0.117
	(-2.06)	(-1.10)	(-1.97)	(-1.10)
EPS	-0.166*	0.0268	-0.172*	0.0268
	(-1.84)	(0.33)	(-1.89)	(0.33)
Size	-0.0565*	-0.0808**	-0.0592*	-0.0808**
	(-1.66)	(-2.36)	(-1.73)	(-2.36)
Cfo	-0.0456	-0.156***	-0.0439	-0.156***
	(-1.35)	(-3.46)	(-1.30)	(-3.46)
Lev	1.385***	0.778***	1.379***	0.778***
	(7.21)	(6.26)	(7.18)	(6.26)
Lost	0.0340	0.166	0.0148	0.166
	(0.21)	(1.29)	(0.09)	(1.29)
Fraud	0.416***	0.366***	0.422***	0.366***
	(3.25)	(3.25)	(3.30)	(3.25)
SOE	0.249***	-0.0125	0.255***	-0.0125
	(2.80)	(-0.15)	(2.86)	(-0.15)
Opn	0.874***	0.922***	0.884***	0.922***
	(4.72)	(6.56)	(4.78)	(6.56)

续表

变量	法治水平高的地区 Pl	法治水平低的地区 Pl	法治水平高的地区 Plnum	法治水平低的地区 Plnum
Firmage	0.0517***	0.0571***	0.0515***	0.0571***
	(6.54)	(7.01)	(6.51)	(7.01)
Year	控制	控制	控制	控制
Industry	控制	控制	控制	控制
Constant	-2.255***	-1.412**	-2.198***	-1.412**
	(-3.19)	(-1.96)	(-3.10)	(-1.96)
Suest (Chi-square)	18.84**		18.83**	
LR chi² (F value)	349.98***	378.63***	78.87***	73.56***
R²	0.0740	0.0760	0.1069	0.1074
N	6600	6127	6600	6127

注：*、**、***分别表示在10%、5%、1%水平上显著。

企业面临的各个利益集团的利益诉求是各不相同的，而企业所承担社会责任的受益人就是这些利益相关者。在分析研究中我们注意到，企业披露的 CSR 报告中，具体披露了其承担企业社会责任的不同方面，不同的企业在其自愿披露的 CSR 报告中披露的内容有所区分，各个企业在是否披露股东权益保护、债权人权益保护、职工权益保护、供应商权益保护、消费者权益保护、环境保护、社会关系和公益事业、社会责任制度建设、安全生产、公司存在的不足等方面不尽相同。那么究竟是哪些层面的社会责任信息披露对于降低企业未决诉讼发生可能性的作用更为显著？就此问题，我们以企业 CSR 报告披露的内容为基础设置了以下十个变量作为解释变量并做进一步分析：是否披露股东权益保护、是否披露债权人权益保护、是否披露职工权益保护、是否披露供应商权益保护、是否披露消费者权益保护、是否披露环境保护、是否披露社会关系和公益事业、是否披露社会责任制度建设、是否披露安全生产以及是否披露企业存在的不足。进一步分析的结果如表9-13列示。结果显示，股东权益保护、债权人权益保护、职工权益保护、供应商权益保护、环境保护、社会关系和公益事业、安全生产这六个方面是的企业社会责任信息的披露对于抑制企业未决诉讼起到了显著的作用；其中的安全生产这项内容起到的作用是最大也是最显著的，这也在一定程度上体现了党和国家政府反复做出"以人为本""安全生产"等指示的重要作用。然而消费者权益保护、社会责任制度建设及公司存在的不足这三个方面社会责任信息的披露对企业未决诉讼并未起到显著的治理作用。

表 9-13　CSR 报告披露的不同内容对企业诉讼风险的影响对比分析

CSR 报告披露的内容	是否存在未决诉讼 (PL)	未决诉讼涉诉频率 (PLnum)
股东权益保护	-0.1435* (-1.83)	-0.0132 (-1.47)
债权人权益保护	-0.1653* (-1.81)	-0.0182* (-1.75)
职工权益保护	-0.1561** (-2.00)	-0.0149* (-1.66)
供应商权益保护	-0.1974** (-2.26)	-0.0205** (-2.09)
消费者权益保护	-0.1179 (-1.51)	-0.0117 (-1.30)
环境保护	-0.1747** (-2.23)	-0.0174* (-1.93)
社会关系和公益事业	-0.1899** (-2.39)	-0.0183** (-2.01)
社会责任制度建设	-0.1105 (-0.93)	-0.0044 (-0.33)
安全生产	-0.2446*** (-2.90)	-0.0244** (-2.57)
公司存在的不足	0.0044 (0.03)	0.0046 (0.29)

注：*、**、***分别表示在10%、5%、1%水平上显著。

通过本节的分析可以看出，上市公司披露 CSR 报告能够显著降低其发生未决诉讼的可能性，尤其是经过第三方鉴证的 CSR 报告对于企业未决诉讼的治理效果更为显著。这一结果不仅证实了企业发布 CSR 报告对未决诉讼产生了切实有效的治理作用，更从一个新的角度探究了企业发布 CSR 报告的动机：越来越多的公司自愿披露 CSR 报告，并非仅仅是来自法律法规和利益相关者的外在压力，而是有着一定的内在推动力。任何一个企业都有许多利益相关者，他们都对公司进行了专有性投资并承担由此带来的风险，企业的生存和发展取决于它能否有效地处理与各利益相关者的关系，而企业所承担社会责任的受益人就是这些利益相关者。企业作为其利益相关者的代理人，很清楚自身的经营状况、财务状况和经理人的道德品质，但是由于信息的不对称，利益相关者却不一定对这些情况有所了解。企业需要利益相关者的支持以维持自身的长远发展，因此 CSR 报告成为企业在市场竞争中为取得更大市场份额、获得更多社会支持而增加收益的信号传递手段。同时，企业的利益相关者十分重视企业社会责任报告的可信度——有第三方鉴证的 CSR 报告对于抑制未决诉讼的效果更显著。此外，分析结果显示：在法治水平高的地区，企业的 CSR 报告更能发挥其信息传递优势，降低公司内外部的信息不对称程度，进而降低公司未决诉讼发生的可能性。这说明国家从宏观层面推进我国各地区的法律发展、提升法治水平，才能从根本上为资本市场的发展提供强有力的保障。

第三节 企业内部控制对其未决诉讼的治理作用

企业内部控制的首要目标就是合理保证企业经营管理合法合规，而"合法合规的经营"正是避免诉讼纠纷的必要条件。安然、世通等一系列的经济丑闻爆发后，美国于2002年颁布了《萨班斯—奥克斯利（SOX）》法案，着重强化对企业内部控制的监管；我国继2006年上交所和2007年深交所分别发布内部控制指引之后，2008年又由财政部、审计署、银监会、证监会和保监会五部委联合发布了《企业内部控制基本规范》，并于2010年颁布了配套指引，总体来看我国企业的内部控制制度在不断加强。那么逐渐强化的内部控制是否有效缓解了企业的诉讼风险？针对该问题，已有文献做了初步探讨：林斌等（2013）以2000—2007年沪深主板A股上市公司的诉讼案件为研究对象，结果发现相对于内控较好的公司，内部控制质量越差的公司被诉的概率越大；毛新述和孟杰（2013）则利用公司在年度报告中披露的涉诉次数和涉诉金额测度公司的诉讼风险，结果发现内部控制越有效，公司面临的诉讼风险越低。以此为基础，笔者认为"诉讼风险"来源于上市公司面临的尚未做出终审判决的"未决诉讼"，进一步探讨内部控制对上市公司未决诉讼的作用方式。

在考虑企业内部制度的同时，其所处的外部环境也不容忽视。我国的市场经济仍处于转轨时期，市场力量和行政力量同时作用于国民经济，由于我国各省区市场化改革的进程不同，因此政府对经济的干预程度影响不同（樊纲等，2011），外部的制度环境是否会对企业内部制度的治理效应产生影响？这也是一个值得关注的问题。本小节将探究的第二个问题就是政府干预是否在企业内部控制对其诉讼纠纷发挥抑制作用的过程中产生调节作用。

本小节以上市公司的未决诉讼作为其诉讼风险的来源，从有无未决诉讼、未决诉讼涉诉频率、未决诉讼涉诉金额以及未决诉讼持续时间四个维度探究内部控制对未决诉讼的作用方式，并进一步考察了政府干预是否影响了内部控制与企业未决诉讼的关系。

企业的诉讼事项多发生在企业与其客户、供应商、债权人、投资者等利益相关者之间。利益相关者理论指出，企业是由多个利益相关者所构成的"契约联合体"（Jensen和Meckling，1976；Freeman和Evan，1991），而内部控制是一份以利益分配形式存在的、具有经济利益的不完备合约，目的是促进企业利益共同体的存在与发展（林钟高和郑军，2007）。国内外已有大量文献验证了高质量的内部控制可以产生积极有效的治理作用，Brochet（2010）认为内部控制减少了内幕交易；李万福等(2011)的研究指出,加强企业内部控制建设是提高公司投资效率的重要途径;陈汉文和周中胜(2014)则证实了内控质量高的上市公司能够获得更低的银行债务融资成本。已有研究表明内部控制条款的实施有助于降低企业风险(Bargeron 等,2010),那么内部控制是否能有效抑制企业的诉讼风险?毛新述和孟杰(2013)、林斌等(2013)已经做了一些探究,发现内部控制能够在一定程度上降低上市公司的诉讼风险。到底何为"诉讼风险",内部控制到底如何作用于诉讼风险?

"未决诉讼"作为一种或有事项,意味着公司正在面临诉讼案件,无论公司作为原告方还是被告方都面临着正在进行的诉讼事项带来的不确定性,其最终结果是给企业带来经济利益流入或流出,只有在一项或若干项不确定的未来事项发生或不发生时才能证实;而已经终审判决的诉讼案件,虽然也要予以披露,但其仅仅是对公司过往发生的、有既定结果的事实进行陈述,无论公司是胜诉还是败诉都"木已成舟",诉讼事项对公司造成的不利或有利的影响也已发生,不存在任何不确定的因素。悬而未决的诉讼发生越频繁、涉案的金额越大,公司面临的诉讼风险越高;此外,同一案件持续时间越长,不确定性和风险因素始终与之相随,对公司造成的负面影响也始终存在。基于已有的研究,我们认为内部控制能够有效降低公司诉讼风险,并具体作用到未决诉讼的涉诉频率、涉诉金额、持续时间三个方面。结合内部控制的五要素,我们认为可能的作用机理如下:

第一,高质量的内部控制致力于营造有效的控制环境,公司注重诚信和道德价值观,努力促进公司合法合规经营,降低企业与外部发生诉讼纠纷的可能性;同时,良好的控制环境能够明晰管理人员的权限和职责,促使管理层人员主动发现问题并解决问题,因而能够更及时地应对与其他公司或组织产生的纠纷,尽量避免其发展为法律案件。

第二,高质量的内部控制重要的表现在于行之有效的风险评估体系,一旦有诉讼案件发生,管理层立刻做出反应,评估被识别风险的后果和可能性并考虑它们的重要程度,落实到控制活动上,从而确立削弱风险的政策和程序,保证采取必要措施来管理诉讼事项,尽快解决已经发生的诉讼案件,缩短未决诉讼的持续时间,将诉讼风险给企业带来的负向影响降到最低。

第三,高质量的内部控制还需具备及时通畅的信息沟通,所有人员都要从高级管理层获得清楚的信息,明白个人的行为如何与他人的工作相联系,在公司发生诉讼纠纷时能够自上而下各司其职,积极解决问题,排除风险隐患。同时还要促进诉讼双方的有效沟通,促使诉讼案件能够更快地解决并将诉讼成本降到最低。

此外,已经形成的诉讼风险只能尽量解决,但高质量的内部控制体系能够有效地监督和反馈,使得公司以后的经营发展中尽可能地避免诉讼案件再次发生,降低诉讼频率,减少大金额诉讼案件的发生。

基于以上分析,具体到内部控制对未决诉讼各个维度的作用,笔者提出以下假说：（1）内部控制越有效，公司的未决诉讼越少；（2）内部控制越有效，公司未决诉讼的涉诉频率越低；（3）内部控制越有效，公司未决诉讼的涉诉金额越少；（4）内部控制越有效，公司未决诉讼的持续时间越短。

中国不同地区之间由于资源禀赋、地理位置、国家政策和传统文化等方面的差异，导致各地区在市场化程度、政府干预程度等方面存在较大差异（樊纲等，2011），市场化程度越高的地区，政府干预经济的意愿越低。基于我国各省区市场化程度的差异及制度环境的区别，张玲等（2009）发现制度环境会影响公司的债务契约行为；陈信元和黄俊（2007）认为政府干预下的企业多元性经营由于更多的是出于政治目标和社会职能的考虑，降低了企业业绩；李延喜等（2012）则指出政府干预推动了企业进行盈余管理；王文甫、明娟和岳超云（2014）研究指出，为了追求 GDP 和税收的最大化，地方政府干预在促使其产量增加的同时，也出现了投资过度，也就是说政府干预在一定程度上降低了资本配置效率；政府干预还使得不同层级政府控制的企业面临不同的融资约束，随着政府控制层级的降低，也就是从中央、省级到市级及以下级别，其控制企业的融资约束越来越强（代光伦，邓建平和曾勇，2012），这也体现了政府干预对正常的市场运行干扰。

公司所处的制度环境也会影响到公司的内部控制（Doyle 等，2006），政府越开明，对市场的干预越少，市场的竞争越有序，公司就越会通过正常经营、控制风险而不是其他手段来获取利润，因此它们会积极提高内部控制质量，并在此基础上形成公司正常经营所需的内部制度（刘启亮等，2012）。反之，市场化程度较低的地区，政府干预地方经济的意志较强，各级政府致力于发展经济，保证当地上市公司的良好运营不仅能够创造业绩，更能够增加当地经济的"活力指数"，上市公司的数量甚至一度成为各个地方政府经济发展程度的一个特征值（刘峰，2001）。因此在政府干预较强的地区，当上市公司出现问题时，地方政府往往会伸出"帮助之手"，进而扭曲了公司内部控制应有的治理效用。基于此，我们认为较强的政府干预会削弱公司内部控制对其诉讼风险的作用效果，可能的机理如下：

首先，地方政府的干预会影响司法的独立性（陈信元等，2009），上市公司发生陷入纠纷时，地方政府很可能伸出帮助之手，使得案件到达法院之前就解决掉；即使未能在走法律程序之前解决，在进入司法程序后，也会对司法的独立性进行干预。久而久之，政府干预较强地区的上市公司产生了一种"依赖心理"，政府的"帮助之手"使得公司内部控制体系应对诉讼纠纷的能力较为迟缓低效。

其次，政府干预较强的地区市场化水平和信息透明度也相对较差，地方政府对媒体的管制干预会大大削弱媒体的监督治理效力，即在地方政府干预程度较高的地区，媒体的舆论监督作用更弱（潘越、戴亦一和刘思超，2011）。因此公司陷入诉讼纠纷被媒体曝光的可能性更低，并且曝光后对公司声誉的损害也很有限，因此管理层通过完善公司内部控制体系，加强诉讼风险预警的意识也相对较弱。

基于以上分析，我们提出如下假说：政府干预削弱了内部控制对公司未决诉讼的抑制作用。

本小节的研究选取了2008—2013年沪深两市非金融类上市公司作为初始样本，并剔除内控指数、相关财务数据缺失的样本以及公司成立时间、公司审计意见等基本信息缺失的样本，最终得到8500个研究样本。本研究中的财务数据、公司特征数据来自国泰安（CSMAR）提供的数据，公司的内部控制数据使用了迪博数据库提供的内控指数，公司的未决诉讼相关数据来自万德数据库，依据数据库中有关"上市公司未决诉讼案件的披露公告"，结合未决诉讼的定义"尚未终结的诉讼，即诉讼过程尚未结束，还在进行过程中"，将当年发生了诉讼且未在当年判决的事项判定为所属会计年度的"未决诉讼事项"，按照此标准逐个梳理样本公司的未决诉讼情况。

根据研究假设，本小节拟采用多元回归方程检验内部控制质量对上市公司诉讼风险的影响，以及政府干预对二者关系的影响，具体模型如下：

$$Litigation\_Risk = \alpha_0 + \alpha_1 IC + \alpha_2 EPS + \alpha_3 Size + \alpha_4 Cfo + \alpha_5 Lev + \alpha_6 Lost + \alpha_7 Fraud + \alpha_8 SOE + \alpha_9 Opn + \alpha_{10} Firmage + \sum Year + \sum Ind + \varepsilon \quad (9-7)$$

$$Litigation\_Risk = \alpha_0 + \alpha_1 IC + \alpha_2 IC \times Gov + \alpha_3 Gov + \alpha_4 EPS + \alpha_5 Size + \alpha_6 Cfo + \alpha_7 Lev + \alpha_8 Lost + \alpha_9 Fraud + \alpha_{10} SOE + \alpha_{11} Opn + \alpha_{12} Firmage + \sum Year + \sum Ind + \varepsilon \quad (9-8)$$

被解释变量为诉讼风险（Litigation_Risk），因此如何衡量诉讼风险是一个关键的问题，严格来说公司的诉讼风险主要来源于未决诉讼，而与已决诉讼关系不大。因此，本研究利用"未决诉讼"衡量上市公司面临的诉讼风险，从有无未决诉讼、未决诉讼涉诉频率、未决诉讼涉诉金额以及持续时间四个维度衡量其诉讼风险，具体设计如下：

涉及未决诉讼与否（PL）：上市公司当个会计年度尚在进行中的诉讼事项，即"未决诉讼"事项；若上市公司当个会计年度存在未决诉讼事项，该变量取值为1，否则为0。

未决诉讼涉诉频率（PLF）：上市公司当个会计年度的涉诉次数作为其诉讼风险的代理变量，取值为ln（未决诉讼涉诉次数+1）。

未决诉讼涉诉金额（PLM）：上市公司当个会计年度总涉诉金额作为其另一个诉讼风险的代理变量，该变量取值为：未决诉讼的涉诉金额/公司总资产。

未决诉讼持续时间（PLT）：上市公司诉讼案件从立案至终审判决的持续时间，如果持续时间超过一年该变量取值为1，若在一年以内则取值为0。

解释变量是内部控制质量。本研究使用迪博数据库提供的基于内部控制目标的实现程度研究设计的内部控制指数体系，运用该指数体系衡量上市公司内部控制水平；本研究还区分了政府干预程度（Gov），各地区的政府干预程度参考了王小鲁等编制的《中国分省企业经营环境指数2013年报告》中政府行政管理中"减少不必要的干预"指数来衡量政府干预程度，该指数的值越大，政府的不必要干预程度越轻（该报告中所有指数数据均更新至 2013 年）。

模型中还需要控制其他可能影响企业诉讼风险的变量。企业的经营状况、盈利能力恶化时，更可能被起诉，选取每股收益（EPS）衡量公司的盈利能力、公司当年发生亏损与否（Lost）来控制公司的经营整体水平；规模较大的企业、现金流量充足的企业内部融资渠道丰富，风险应对能力也更强，发生诉讼可能性更低，选取公司总资产的对数来衡量公司规模（Size），用年度经营活动现金净流量与资产总额的相对值衡量现金流情况（Cfo）；企业的资本结构直接影响其偿债能力，进而影响企业发生诉讼的可能性，选取企业的资产负债率衡量企业的资本结构（Lev）；国有上市公司更可能受到政府保护，因此诉讼风险较低，因此我们控制产权性质（SOE）；公司的审计意见（Opn）及违规情况（Fraud）体现了外部监管对企业的评价，与企业诉讼情况也有关系。本研究还控制了公司的成立时间（Age）、年度（Year）、行业（Ind）。变量的定义如表 9-14 所示。

表 9-14　　　　　　　　　　　变量定义表

变量类型	变量符号	变量定义
被解释变量	PL	公司当年是否存在未决诉讼事项，存在取值为 1，否则为 0
	PLN	公司当年的未决诉讼涉诉频率，ln（涉诉次数 +1）
	PLM	公司当年的未决诉讼涉诉金额，取值为：涉诉金额/总资产
	PLT	公司未决诉讼持续时间，持续时间在一年以内取值为 0，否则为 1
解释变量	IC	内控指数，采用迪博数据库提供的"企业内部控制指数"
	Gov	公司所在地政府干预程度，以王小鲁等编制的《中国分省企业经营环境指数 2013 年报告》中的"减少不必要的干预"指数测量
控制变量	EPS	公司的盈利能力，以每股收益来表示，即：税后利润/股本总数
	Size	公司规模，以公司年末总资产的自然对数表示
	Cfo	公司的现金流动情况，年度经营活动现金净流量/期末资产总额
	Lev	公司的资产负债率，总负债/总资产
	Lost	公司当年发生亏损则取值为 1，否则为 0
	Fraud	公司或其高管当年受到监管部门的处罚则取值为 1，否则为 0
	Soe	公司的产权性质，国有企业取值为 1，否则为 0
	Opn	审计意见的虚拟变量，非标准审计意见取值为 1，否则为 0
	Age	公司成立年数，取值为 ln（公司成立年数）
	Year	年度变量，当样本为某一特定年份时取值为 1，否则为 0
	Ind	行业变量，当样本为某一特定行业时取值为 1，否则为 0；行业划分标准参照了证监会行业分类标准（2012），其中制造业按二级目录细分

我们将实证检验的结果列示于此,从而更清晰地获知企业内部控制机制对其未决诉讼的治理效果。表9-15列示了各个变量的描述性统计。表中显示,被解释变量未决诉讼(PL)的均值为9.8%,说明在所有样本公司中,有9.8%的上市公司存在未决诉讼事项;未决诉讼的涉诉金额与总资产之比(PLM)均值为0.0097,说明样本公司的平均涉诉金额已经接近其总资产的1%,最大值甚至达到了12.732,即涉诉金额是公司总资产的近13倍,可见诉讼风险严重危害到了公司的经营状况与财务运作,未决诉讼持续时间(PLT)的均值为0.221,即存在未决诉讼的样本公司中,有22%的公司诉讼案件持续时间超过一年。解释变量内部控制质量(IC)的标准差为115.078,说明样本公司之间的内控质量存在很大差异。

表9-15 描述性统计

变量	样本量	均值	标准差	最小值	最大值
IC	8500	672.428	115.078	0.000	995.360
PL	8500	0.098	0.297	0.000	1.000
PLN	833	0.097	0.329	0.000	4.094
PLM	833	0.009	0.166	0.000	12.732
PLT	833	0.221	0.415	0.000	1.000
EPS	8500	0.303	0.556	-21.860	10.510
Size	8500	21.994	1.314	16.706	28.464
Cfo	8500	0.038	0.082	-0.594	0.603
Lev	8500	0.549	1.266	0.001	96.959
Growth	8500	0.470	1.650	-0.725	12.761
Lost	8500	0.091	0.288	0.000	1.000
Fraud	8500	0.100	0.300	0.000	1.000
Soe	8500	0.517	0.499	0.000	1.000
Opn	8500	0.037	0.190	0.000	1.000
Age	8500	2.549	0.435	0.000	3.497

为了初步分析各个变量之间的相关性,我们进行了单变量的相关性分析。如表9-16显示,被解释变量公司是否存在未决诉讼(PL)与解释变量内部控制(IC)为显著负相关,初步验证了内控质量高的上市公司诉讼风险更低的假设。

表9-16 相关性分析

	IC	PL	EPS	Size	Cfo	Lev	Growth	Lost	Fraud	Soe	Opn
PL	-0.173***										
EPS	0.422***	-0.058***									

续表

	IC	PL	EPS	Size	Cfo	Lev	Growth	Lost	Fraud	Soe	Opn
Size	0.419***	-0.063***	0.255***								
Cfo	0.136***	-0.052***	0.177***	0.049***							
Lev	-0.157***	0.105***	-0.139***	-0.039***	-0.035***						
Growth	-0.021*	0.044***	0.034**	0.015	-0.097**	0.008					
Lost	-0.468***	0.076***	-0.443***	-0.125***	-0.119***	0.086***	-0.025				
Fraud	-0.195***	0.072***	-0.042*	-0.098***	-0.025*	0.008	0.016	0.049***			
Soe	0.130	-0.012	0.041***	0.357***	0.099***	-0.0011	-0.049***	-0.017	-0.099***		
Opn	-0.406***	0.181***	-0.195***	-0.175***	-0.070***	0.1875***	0.011	0.241***	0.105***	-0.064***	
Age	-0.073***	0.088***	-0.041***	0.087***	0.010	0.0544***	0.098***	0.025*	0.009	0.151***	0.056***

注：*、**、*** 分别表示在10%、5%、1%水平上显著。

表 9-17 列示了对第一组假说的多元回归结果。回归模型 (9-7) 的被解释变量是"诉讼风险"，第一列至第四列分别是对第一组假说中 (1) 至 (4) 的检验结果，即分别用有无未决诉讼 (PL)、未决诉讼涉诉频率 (PLN)、未决诉讼涉诉金额 (PLM) 和未决诉讼的持续时间 (PLT) 作为具体的变量进行回归；有无未决诉讼 (PL) 是虚拟变量，在控制了其他变量的影响后，对模型 (9-7) 进行 Logit 回归，解释变量 IC 的回归系数显著为负，说明内控质量高的样本公司发生未决诉讼事项的可能性显著低于内控质量低的样本公司；未决诉讼的涉诉频率 (PLN) 以及未决诉讼的涉诉金额 (PLM) 都是大于等于 0 的连续变量，分别对模型 (9-7) 进行 Tobit 回归，结果显示解释变量 (IC) 的回归系数都显著为负，说明内控质量高的样本公司未决诉讼的涉诉频率和涉诉金额均显著低于内控质量低的样本公司；未决诉讼的持续时间又是虚拟变量，对模型 (9-7) 使用 Logit 模型回归得到，内部控制质量对未决诉讼的持续时间的治理作用并不显著。综上，假设 1 得到部分验证，内部控制能够降低上市公司发生未决诉讼的可能性，并对其涉诉频率及涉诉金额有显著的抑制作用，但是内部控制对未决诉讼的持续时间并未有显著的抑制作用，未能起到促进已发生的诉讼及时解决的作用。

表 9-17　　　　　　内部控制对企业未决诉讼作用的回归结果

变量	模型 (9-7) logit 回归 PL	模型 (9-7) Tobit 回归 PLN	模型 (9-7) Tobit 回归 PLM	模型 (9-7) Lobit 回归 PLT
IC	-0.00236*** (-6.48)	-0.000691*** (-4.85)	-0.000591*** (-6.66)	0.000320 (0.40)

续表

变量	模型（9-7） logit 回归 PL	模型（9-7） Tobit 回归 PLN	模型（9-7） Tobit 回归 PLM	模型（9-7） Lobit 回归 PLT
EPS	0.250***	-0.00365	0.0200	-0.00427
	(2.94)	(-0.13)	(1.30)	(-0.03)
Size	-0.0679*	0.0392***	-0.0294***	-0.0231
	(-1.79)	(2.74)	(-3.51)	(-0.28)
Cfo	-1.173**	-0.178	-0.195*	1.489
	(-2.53)	(-1.05)	(-1.84)	(1.49)
Lev	0.495***	-0.00119	0.0525***	0.0772
	(3.93)	(-0.29)	(12.55)	(1.40)
Lost	0.0821	-0.0183	-0.0370	0.682**
	(0.58)	(-0.34)	(-1.12)	(2.23)
Fraud	0.497***	-0.00221	0.0641**	0.163
	(4.39)	(-0.05)	(2.32)	(0.65)
Soe	0.0162	0.0233	0.0124	0.196
	(0.19)	(0.67)	(0.64)	(0.98)
Opn	0.772***	0.254***	0.294***	0.177
	(4.73)	(4.39)	(7.65)	(0.53)
Age	0.578***	0.0487	0.113***	0.794***
	(5.15)	(1.13)	(4.75)	(2.76)
Growth	0.0158	-0.00977	0.000989	-0.0309
	(0.79)	(-1.26)	(0.20)	(-0.63)
Year	控制	控制	控制	控制
Ind	控制	控制	控制	控制
Constant	-0.928	0.370	0.266	-2.987
	(-1.04)	(1.05)	(1.35)	(-1.41)
Pseudo R^2	0.0921	0.1224	0.1653	0.0628
N	8500	833	833	833

注：*、**、*** 分别表示在10%、5%、1%水平上显著。

然后，我们依据公司所在地的政府干预程度对样本公司进行分组，验证政府干预在公司内部控制对其未决诉讼治理过程产生的调节作用。公司所在地的政府干预程度是依据王小鲁等编制的《中国分省企业经营环境指数 2013 年报告》中政府行政管理中"减少不必要的干预"指数进行测度,该指数的值越大,政府的不必要干预程度越轻,按照该指数的中位数将样本分为两组,指数低的一组即"高政府干预组",依此设置虚拟变量(highgov):若样本处在"高政府干预组",highgov 则取值为 1,否则为 0。而后设置内部控制质量与政府干预的交互项(IC × highgov)对模型(9-8)进行回归分析,结果列示于表 9-18。基于对第一组假说的验证,内部控制对未决诉讼的持续时间并无显著作用,因此在这一步中被解释变量未放入未决诉讼持续时间(PLT)。结果显示,被解释变量为有无未决诉讼、未决诉讼涉诉频率以及未决诉讼涉诉金额时,内控与高政府干预的交互项 IC × highgov 均显著为正,说明高程度的政府干预确实抑制了内部控制对样本公司未决诉讼的治理效果。

表 9-18　政府干预对内部控制与公司未决诉讼关系调节作用的回归结果

变量	模型(9-8)logit 回归 PL	模型(9-8)Tobit 回归 PLN	模型(9-8)Tobit 回归 PLM
IC	-0.00287 *** (-6.81)	-0.000537 *** (-11.52)	-0.000703 *** (-6.97)
IC × highgov	0.00131 ** (2.26)	0.000309 *** (4.87)	0.000345 ** (2.54)
highgov	-0.975 ** (-2.57)	-0.231 *** (-5.39)	-0.209 ** (-2.33)
EPS	0.236 *** (2.74)	0.0197 *** (2.71)	0.0212 (1.35)
Size	-0.0679 * (-1.77)	0.00356 (1.08)	-0.0315 *** (-3.65)
Cfo	-1.018 ** (-2.16)	-0.101 ** (-2.26)	-0.184 * (-1.69)
Lev	0.468 *** (3.80)	0.0159 *** (5.82)	0.0543 *** (12.66)
Growth	0.0250 (1.24)	0.000973 (0.44)	0.00189 (0.37)
Lost	0.0771 (0.53)	-0.00545 (-0.38)	-0.0319 (-0.94)
Fraud	0.494 *** (4.29)	0.0406 *** (3.49)	0.0688 ** (2.44)

续表

变量	模型（9-8）logit 回归 PL	模型（9-8）Tobit 回归 PLN	模型（9-8）Tobit 回归 PLM
Soe	0.0556	0.000483	0.0178
	(0.65)	(0.06)	(0.90)
Opn	0.808***	0.274***	0.302***
	(4.87)	(13.75)	(7.69)
Age	0.564***	0.0409***	0.111***
	(5.00)	(4.91)	(4.61)
Year	控制	控制	控制
Ind	控制	控制	控制
Constant	-0.553	0.289***	0.375*
	(-0.61)	(3.07)	(1.83)
Pseudo R^2	0.0935	0.1015	0.1485
N	8500	833	833

注：*、**、***分别表示在10%、5%、1%水平上显著。

未决诉讼事项的被告方意味着该上市公司在经济活动中侵犯了其他公司的经济利益而被起诉，并且未在当个会计年度及时解决诉讼纠纷，从而使公司官司缠身、悬而未决；而原告方的诉讼事件所涉及的或有资产未必能转换为真实资产，企业的资金配置和运转也具有一定的不确定性。但是，显然未决诉讼的被告方所面临的公司经营管理的不确定性更大，使得被告方公司面临的风险比原告方公司更高。那么公司的内部控制对未决诉讼的抑制作用是否会在原告和被告上有所区分？我们在进一步分析中，将未决诉讼分为原告方（PLY）与被告方（PLB），进行分组回归检验，结果列示于表9-19。结果显示，内部控制对未决诉讼的原告方和被告方均有显著的抑制作用，但对被告的抑制作用更为显著；为了严谨地在统计学意义上检验二者作用的差距，我们使用"似无关估计模型"进行检验，发现差异是显著的（Chi-square值为3.24）。由此可见，高质量的内部控制对公司诉讼事件发生的抑制作用在公司"提起诉讼"与"被诉讼"两个方面都有作用，毕竟诉讼是一种高成本的冲突解决方式；同时可以看到，高质量的内部控制对危害更大的被告诉讼案件的作用更为明显。

为克服内生性问题的影响，我们在对混合数据进行回归的基础上，又通过面板数据的固定效应模型重新进行验证，结果如表9-20所示。从面板数据的固定效应模型回归结果来看，内部控制与发生未决诉讼的可能性、未决诉讼的涉诉频率及涉诉金额均为负相关，但与未决诉讼持续时间无显著相关关系，这与主回归结论一致，结果稳健。

表9-19　内部控制对不同地位未决诉讼的作用：原告方、被告方的分组回归结果

变量	模型（1）Logit回归 PLY	模型（1）Logit回归 PLB
IC	-0.000617*	-0.00126***
	(-1.66)	(-4.49)
EPS	0.0587	0.173***
	(0.86)	(3.49)
Size	0.000812	-0.0379
	(0.03)	(-1.47)
Cfo	-0.00383	-0.465
	(-0.01)	(-1.51)
Lev	0.0906	0.278***
	(1.11)	(5.23)
Lost	0.0138	0.00346
	(0.11)	(0.04)
Fraud	0.103	0.174**
	(0.89)	(2.01)
Soe	0.217***	0.0289
	(3.10)	(0.51)
Opn	0.00628	0.669***
	(0.03)	(6.00)
Age	0.665***	0.668***
	(6.12)	(7.95)
Growth	0.0342**	0.00302
	(2.05)	(0.21)
Year	控制	控制
Ind	控制	控制
Constant	-3.327***	-1.845***
	(-4.51)	(-3.07)
Suest（Chi-square）	3.24*	
Pseudo R^2	0.0724	0.1457
N	7 930	8 237

注：*、**、*** 分别表示在10%、5%、1%水平上显著。

表 9 – 20　　　　　稳健性检验：固定效应模型检验

变量	(1) PL	(2) PLN	(3) PLM	(4) PLT
IC	-0.000256*** (-6.97)	-0.000352*** (-8.94)	-0.0000668*** (-3.48)	0.000288 (0.79)
EPS	0.0166** (2.40)	0.0230*** (3.05)	0.0189*** (5.45)	0.0276** (2.51)
Size	-0.00445 (-1.37)	-0.00290 (-0.77)	-0.00873*** (-5.92)	-0.00147 (-1.31)
Cfo	-0.0995** (-2.50)	-0.113*** (-2.62)	-0.00614 (-0.30)	-0.0119 (1.12)
Lev	0.0146*** (5.58)	0.0184*** (6.41)	0.0496*** (37.55)	0.0669* (1.68)
Growth	0.00428** (2.18)	0.00163 (0.76)	-0.00168* (-1.68)	0.00282** (2.36)
Lost	-0.00909 (-0.71)	-0.0149 (-1.09)	-0.0183*** (-2.69)	0.0632 (0.89)
Fraud	0.0304*** (2.93)	0.0241** (2.18)	-0.00185 (-0.33)	0.0108 (0.68)
Soe	0.00800 (0.98)	0.00873 (0.90)	-0.00278 (-0.78)	0.119 (0.38)
Opn	0.175*** (9.32)	0.267*** (13.02)	0.0913*** (9.61)	0.772*** (3.11)
Age	0.0413*** (4.93)	0.0378*** (3.89)	0.00645* (1.68)	-0.0287 (-0.55)
Constant	0.237*** (3.44)	0.270*** (3.37)	0.198*** (6.40)	-1.121 (-1.39)
Fixed effect	控制	控制	控制	控制
R^2	0.0877	0.1168	0.1572	0.0598
N	8 500	833	833	833

注：*、**、*** 分别表示在 10%、5%、1% 水平上显著。

从政策层面来看，2008 年由财政部、审计署、银监会、证监会和保监会五部委联合发布了《企业内部控制基本规范》，并于 2010 年颁布了配套指引，自 2011 年 1 月 1 日起首先在境内外同时上市的公司施行，自 2012 年 1 月 1 日起扩大到在上海证券交易所、深圳证券交易所主板上市的公司施行，因此内部控制的推行和实施应该在主板上市公司中更为正式，因此我们在稳健性检验中，仅使用沪深两市主板上市公司重新进行回归分析，如表 9 – 21 所示，基于主板上市公司的回归结果依然稳健。

表 9-21　　稳健性检验：主板上市公司样本

变量	模型（1）logit 回归 PL	模型（1）Tobit 回归 PLN	模型（1）Tobit 回归 PLM	模型（1）Logit 回归 PLT
IC	-0.00242***	-0.00242***	-0.000587***	0.000414
	(-6.36)	(-7.26)	(-5.92)	(1.09)
EPS	0.316***	0.124*	0.0302*	-0.0103
	(3.83)	(1.93)	(1.79)	(-0.27)
Size	-0.145***	-0.0716**	-0.0523***	-0.0118
	(-3.64)	(-2.22)	(-5.43)	(-0.45)
Cfo	-1.399***	-1.192***	-0.268**	1.321
	(-2.85)	(-2.91)	(-2.24)	(1.27)
Lev	0.413***	0.0221	0.0512***	0.0771
	(3.98)	(1.47)	(11.59)	(1.40)
Growth	-0.000886	-0.000476	-0.000306	0.691**
	(-0.77)	(-0.60)	(-0.84)	(2.16)
Lost	0.0670	0.00106	-0.0436	0.158
	(0.46)	(0.01)	(-1.19)	(0.49)
Fraud	0.525***	0.444***	0.0666**	0.287
	(4.27)	(4.13)	(2.05)	(1.46)
Soe	-0.0995	-0.0959	-0.0296	0.177
	(-1.10)	(-1.27)	(-1.33)	(0.53)
Opn	0.568***	0.768***	0.247***	0.812***
	(3.39)	(5.38)	(5.88)	(2.91)
Age	0.180	0.168	0.00587	-0.0402
	(1.14)	(1.36)	(0.16)	(-0.97)
Year	控制	控制	控制	控制
Ind	控制	控制	控制	控制
Constant	2.229**	0.973	1.113***	-3.101
	(2.11)	(1.14)	(4.40)	(-1.48)
Pseudo R^2	0.0897	0.0713	0.1460	0.0609
N	6162	744	744	744

注：*、**、*** 分别表示在 10%、5%、1% 水平上显著。

本小节探讨内部控制对上市公司未决诉讼的作用方式，并将"政府干预"这一外在制度背景纳入考虑，分析其对内部控制的诉讼风险治理作用的影响。研究发现：上市公司的内部控制确实能够降低企业的诉讼风险，具体来看：高质量的内部控制能够降低企业发生未决诉讼的可能性，并且能够降低未决诉讼的涉诉频率与涉诉金额，但是内部控制对未决诉讼的持续时间没有显著的作用；考虑到政府干预，发现政府干预削弱了内部控制对公司未决诉讼的抑制作用。进一步的探究还发现，高质量的内部控制对公司诉讼事件发生的抑制作用在公司"提起诉讼"与"被诉讼"两个方面都有作用，但其对危害更大的被告诉讼案件的抑制作用更为显著。

结合上述研究结论可获得如下启示：第一，对上市公司而言，企业有效的内部控制起到了降低诉讼风险的作用，说明内部控制起到了内部治理的作用，良好的控制环境保证企业尽可能实现合法合规的经营，行之有效的风险评估体系能及时控制诉讼风险，给企业带来了积极效应；第二，对政府而言，本研究针对政府干预的研究显示了政府干预对企业内部治理的干扰，从资本市场和经济社会长远健康发展来看，政府应当减少干预，将企业的经营和发展真正交给市场。

第四节　本章小结

在该小结中，我们探究了哪些因素能够影响企业发生未决诉讼的可能性，鉴于未决诉讼对企业有着负面的作用——潜在的经济利益流出对企业的日产经营及可持续发展构成潜在风险，对企业的声誉的形象产生负面的影响，我们重点寻求可以抑制企业未决诉讼的因素。因此在本节中，我们利用已经建立的"或有事项数据库"中的"未决诉讼数据"，设计实证检验来分析分析师跟进、企业社会责任以及企业内部控制机制是否影响企业的未决诉讼。不出所料，我们通过实证分析验证了分析师跟进这一外部治理机制和企业发布社会责任报告、设置内部控制机制这样的内部治理机制对企业未决诉讼的抑制作用。

随着我国资本市场的发展和日益规范，分析师跟进成为了资本市场的重要治理机制和信息传递渠道，形成了沟通企业内部与资本市场的一道链条，因此我们认为分析师跟进企业能够通过降低企业内外部的信息不对称程度，同时分析师对企业经营者和管理者有一定的监督作用，进而对企业的未决诉讼产生积极的外部治理效应；此外，财务报表这一强制披露手段已不能满足市场对企业内部信息的需求，越来越多的企业选择自愿披露企业的其他非财务信息，从而降低内外部信息不对称，起到积极的治理效果，企业社会责任报告就是重要的非财务信息来源，本节分析认为，企业自愿披露社会责任报告也能降低其未决诉讼发生的可能性；此外，内部控制作为企业内部治理的重要组成部分，确实起到了促进"企业合法合规经营"的作用，进而降低了企业的诉讼风险。

未决诉讼的经济后果研究

中国特色的社会主义法律体系成为国家治理体系的重要组成部分；法治政府成为政府自身改革的重要方向；运用法治思维和法治方式、以法律法规为基础的司法干预机制在我国资本市场中也得到了普遍的认同和使用。上市公司作为资本市场的主要参与者活跃在各类经济往来之中，因此各类纠纷也在上市公司之间频繁发生，私下调解无效后，上市公司往往诉诸法律，因此诉讼事项的发生也日益增多。当企业涉及的诉讼案件尚未终审判决时，则形成了"未决诉讼"这一或有事项。未决诉讼作为或有事项的一个重要特征是不确定性，即未决诉讼事项是否实际给企业造成有利或不利影响的结果往往具有不确定性，它表现为因企业过去的行为而引起的一种潜在债务或损失。正是由于该不确定性不可完全掌控，企业由于未决诉讼而产生的或有负债很可能转换为真实负债，而或有资产则未必能转换为真实资产，因此无论是或有负债成为真实负债的潜在可能性，还是或有资产潜在流失的可能性，企业面临的诉讼风险都会给企业资金周转造成严重的困扰，悬而未决的诉讼事项会干扰企业资金的合理配置。未决诉讼的这些特点会带来怎样的经济后果？在这一章中我们将对此进行分析。

在这一问题的探究中，我们考虑以下四个问题：

首先，从市场价值的角度分析，未决诉讼的披露能否产生显著的市场反应。

其次，从企业经营的角度分析，未决诉讼是否影响了企业获取债务融资的成本；未决诉讼是否影响了企业的经营效率。

然后，从企业内部治理的角度分析，未决诉讼是否对高管人员的薪酬产生影响。

最后，从外部监管的角度分析，未决诉讼是否受到外部监管的注意——未决诉讼是否对公司的审计意见类型、审计费用以及审计报告时滞产生影响。

第一节 公司诉讼事项披露的市场反应

一、理论分析

中国证券市场的现行法律、法规对于上市公司的诉讼事项做出了明确的披露要求，因此诉讼事项对于投资者的影响越来越显著，公司的诉讼事项及其对股价的影响自然成为了投资者们感兴趣的话题。当前我国上市公司对外公告的种类多种多样、披告的事项趋于详细，这些披露的信息对市场有什么影响，值得且需要研究。而随着中国证券市场的发展，我国的法律和法规对于诉讼事项的披露要求也逐步完善。本小节选择临时公告中的涉诉临时公告，研究该披露的信息含量及其对市场的影响，有助于为证券市场效率研究提供新的证据，也有助于会计学与法学的融合。

现代意义上的诉讼，是一种解决社会系统中利益冲突的机制和一种专门的法律活动。在一般意义上有刑事、民事、行政诉讼之分。而上市公司的诉讼大多属于民事诉讼，是用于解决当事人之间私权纠纷的一种基本方式。据了解，我国上市公司一般是由于经济纠纷，而且主要是由于公司或者股东为第三方提供担保，以及向金融机构借款逾期未还等事项，才发生诉讼。按照有效市场理论，当诉讼公告发出后，在股票二级市场上，股票价格对诉讼公告应做出及时和完全的反应。另外，根据公司在诉讼中所处的地位不同，可以把公司分为原告公司和被告公司两大类。按照常理推断，对于被告公司来说，诉讼往往造成其利益受损，因此诉讼应当是一个利空事件；而因为诉讼是在一般经济途径无法解决问题时才使用的一种被动的也是最终的问题解决方法，所以它对于原告公司来说也未必是一个利好事件。因此，首先本研究使用事件研究法旨在研究诉讼这类信息的披露能否影响投资者的投资行为，并使股票收益率的异常波动性发生统计上的显著变化，并以被告公司的数据为基准，对比原告公司的数据，来分析在一般情况下诉讼这一事项对于原告公司和被告公司来说是属于利空事件还是利好事件。

其次，根据有效市场假设，如果股票价格对公开的信息能够立即做出无偏的反应，市场就应该被认为是半强式有效（Fama，1970）。由于股票市场的基础就是信息，本研究使用事件研究法，试图通过对诉讼公告发布这一事件前后一段时间股票价格变动情况进行实证研究，来验证中国证券市场是否已经成为半强式有效市场。

再次，当研究某一事件对股票价格的影响时，不可避免地要涉及过度反应与反应不足的研究。股票市场的过度反应，指的是某一重大事项导致股票价格经历超过预期理论水平的异常变动,一段时间后再通过反向修正的形式回归到原本正常情况下应有的股价上来的现象。这种现象的产生往往是因为投资者对事件造成的影响不能合理正确地评估所引起的。由于股票市场涉及投资者的切身利益,当得知某一消息后,投资者往往过于乐观或者过于悲观,导致股票价格超越正常的理论水平上涨或者下跌。经过一段时间消化吸收后,投资者又往往能够重新合理评估事件的影响,从而使股价产生反向修正的现象。当然,有的时候,投资者对于某个事件的预期可能过于保守,导致其预期未达到正常理论水平下的事件对于股票价格的影响,从而使股票价格只发生了小幅的变化。经过一段时间后,投资者认清了事件的实质,重新合理地评估了事件的影响,从而使股价朝着原有变动方向进一步变动,这就是所谓的反应不足现象。因此,我们也就市场对于诉讼公告发布这一事项的过度反应与反应不足问题提出假设,并对其进行检验。

不论国内国外,有关股票市场对上市公司披露的诉讼信息做出的反应的相关研究都较少。在我们的文献搜索过程中,发现国内这方面的文献仅有鲁士伟(2002)撰写的《中国股票市场公司诉讼的事件研究》,姚胜琦、童菲和周晓辉(2006)撰写的《上市公司诉讼仲裁信息的披露与股票非系统波动性的变化》。前者的研究表明,诉讼事件大体来说是一个利空事件,且在当今的中国证券市场上,一般被标为ST 的公司的被告组合具有更高的效率和稳定性;后者的研究结果是,在公司涉及诉讼事项后,个股的股票价格的非系统波动性将会增加。这两篇文献中都采用了传统的事件研究法。

而来自国外的文献相对较多,主要有如下几例:Viscusi 和 Hersch(1990)发现美国股票市场发生的 29 起产品责任诉讼导致相应上市公司的股票价格明显下降。Griffin、Grundfest 和 Perino(2000)针对美国股票市场的研究表明,上市公司的股票价格会对有关证券欺诈诉讼的公告做出一个统计上显著的负的短期反应,此外,他们发现在有关诉讼的公告被公布的随后几周内股价将持续下跌。Prince 和 Rubin(2002)研究和分析了产品责任诉讼对于汽车和医药行业内的上市公司股价的影响。他们发现,诉讼信息的发布导致了公司的股价显著下跌,他们还发现在汽车行业,一家公司涉及该类诉讼会让其竞争者也受到价值损失;而在医药行业,一家公司被起诉则会导致其他公司得到价值增加。此外,Henry(2005)采用累积平均超额收益率研究了专利诉讼对上市公司市场价值的影响,他分析得出地方法院宣布的关于专利诉讼的判决会使上市公司的市值在统计上显著地增加,且市值的变化方向符合他的预期;而上诉法院对于诉讼的判决对上市公司市值的影响却表现出统计上的非显著性。对于后半个结论,Henry 给出的解释是,可能由于信息提前泄露的增多,以及上诉法院对于判决结果更加趋于一致,使得广大的投资者能够更容易地判断出上诉法院的判决结果,正由于这个原因,在正式判决宣布后,上市公司的市值没有表现出显著的变化。以上文献的作者均采用某一种事件研究法来进行研究,他们的研究结论表明，上市公司的诉讼公告一般会对股价造成显著的负面影响。

在这方面，本节以被告公司组合对涉诉临时公告的反应为基准，对于原告公司组合对涉诉临时公告的反应，拟得出诉讼事项对于原告公司来说是利好事件还是利空事件的结论。

关于新信息对于股票价格的影响及股票价格的过度反应和反应不足现象，西方发达国家的学术界已经有了一定的研究，而对于我国这样一个较为新兴的股票市场来说，这方面的研究并不多见。下面对国外学者的一些研究成果做一回顾。

首先提出股价过度反应的是 DeBondt 和 Thaler（1985），他们把股票分成了 10 个投资组合，发现在 3 年的时间里处于最低端的 10% 的股票比处于最高端的 10% 的股票表现出 24.6% 的超额收益。他们两人在 1987 年测试出在控制了公司规模和系统风险差异的情况下，投资者的过度反应仍在存在，他们还检查了一月效应并得出结论，一月里的异常收益可能有利于过度反应假设的成立。另外一些研究依赖美国证券市场上一日股票价格的极端波动检查了事件日后的超额收益，并发现证据来支持过度反应、反应不足或者有效市场假设，它们包括：Howe（1986）；Brown、Harlow 和 Tinic（1988）；Atkins 和 Dyl（1990）；Bremer 和 Sweeney（1991）；Cox 和 Peterson（1994）；Peterson（1995）；Akhigbe、Gosnell 和 Harikumar（1998）。Ajayi 和 Mehdian（1994）则通过对主要国际市场的研究发现投资者对非预期的信息会产生过度反应和反应不足，他们的研究也暗示了信息的冲击并没有立即在股票价格里显示出来。Daniel、Hirshleifer 和 Subrahmanyam（1998）的研究显示，股价对内部信息会产生过度反应，而对外部公共信息会产生反应不足。此外，Stephen J. Larsona 和 Jeff Madura（1999）发现，那些没有发布公告的事件比那些发布了公告的事件具有发生较强的过度反应的倾向，这说明不确定性是过度反应发生与否的重要诱因。

在这方面，本研究的目的是测定股票价格变动的情况是否完全反应了新的信息（诉讼信息），或者存在着系统偏差并且需要在后期进行适当的修正，即过度反应或反应不足。

二、事件研究法概述

要想观察诉讼公告的市场反应，我们需要引入事件研究法。在此我们对规范的事件研究法加以概述。一般而言，事件研究法包括 6 大步骤，分别是事件、事件日、事件窗口与估计窗口的定义；研究样本的收集和筛选；正常收益模型的选择；超额收益率的估计；超额收益率的显著性检验；实证结果与分析。以下将系统介绍上述 6 大步骤。

1. 定义事件、事件日、事件窗口和估计窗口

所谓事件，就是指研究者将要研究的对象，它包含着本项研究中影响股票价格的所有信息。本项研究中的事件为涉诉临时公告中的第一类公告（下文有解释）的

发布。之所以不考虑定期报告，是因为该类报告在传递诉讼信息的同时往往还传递了其他多类信息，因此我们无法隔离多种信息所带来的多重影响，而且出现在定期报告中的涉诉事项往往有一定的时间滞后现象，因此其所带来的影响可能早已在市场上得到了体现。此外，通过对我国上市公司2007年至2009年三年间所有的涉诉临时公告的研读，本研究将其分为以下三类：第一类，已提起诉讼，包括公司已接到应诉通知书（作为被告）和公司已提交诉讼书（作为原告）时发布的涉诉临时公告；第二类，公司发布的表示诉讼进展情况的公告（和第一类公告一起发布的除外）；第三类，已经完全执行时，公司发布的公告（和第一类公告一起发布的除外）。由于研究者认为第一类公告是最为及时的公告，因此它最能给投资者带来新鲜的信息，再加上资料收集和筛选工作量的限制，本研究仅选择上述的第一类公告。

要确定事件窗口，首先要确定事件日。事件日就是涉诉临时公告发布之日，一般记为日期"0"，即 $t = 0$。如果公告发布日为非交易日，则自动往后推移到公告发布日之后的第一个交易日，把该日标记为 $t = 0$。确定了事件日之后就可以确定事件窗。严格来讲，事件窗是指公告发布日周围的某一时间区间，我们假定股票价格在该区间上会产生显著的统计效应。在此，我们选择了3天的事件窗，即公告发布日 $t = 0$，发布日之前的一个交易日 $t = -1$ 和发布日之后的一个交易日 $t = +1$。

估计窗口即用来计算正常收益模型中的参数的数据所处的时间区间。估计窗口的使用，是假设在公告没有发布的情况下，估计窗内的收益率值可以很好地来预测事件窗口内的收益率值。在此，我们选择涉诉临时公告发布前的第 -150 个交易日，一直到第 -21 个交易日的时间区间作为估计窗口，即估计窗口可标记为 $t-[-150, -21]$。

此外，在事件研究里，发生在事件窗之前一段时间里的超额收益率可以显示市场是否提前预测到了事件所包含的信息，或者市场上是否存在信息泄露和内幕交易行为。而事件窗之后一段时间的超额收益率可以显示市场是否对事件产生了过度反应或者反应不足的现象。因此，本研究在实际研究中的研究窗口将事件窗口进行了扩展，从 -20 日到 $+20$ 日，即标记为 $t = [-20, +20]$。

2. 收集和筛选研究样本

像事件研究这样的实证研究中，样本数据的收集和筛选是非常重要的，尤其是对于小样本的研究，由于某个样本的异常表现可能会影响整个研究结果，有时需要仔细考虑是否要将某一样本包括在内，因此应当预先确定样本筛选的标准，并在整个研究过程中对样本数据合理性进行监控。本研究样本的筛选详见第三章"实证分析"相关内容。

3. 选择正常收益模型

为了评价涉诉临时公告的影响，我们需要计算超额收益率，而超额收益率是事件窗的实际收益率与用估计窗数据估计的事件窗的正常收益率之差。即：

$$\varepsilon_{it} = K_{it} - R_{it} \tag{10-1}$$

式中：ε_{it} 为超额收益率；K_{it} 为实际收益率；R_{it} 为正常收益率；i_t 为第 i 只股票在第 t 日的相应数据。

因此，在计算超额收益率之前必须选择正常收益模型。本研究选择以下两种正常收益模型（由于这两种模型在学术界应用最为广泛，而且对于哪种模型更合理在国内外学界仍然没有达成统一的意见，因此本研究希望通过后面的实证研究和分析对这两种模型的计算结果在一定程度上进行一些比较，从而得出哪种模型更适合当前的中国证券市场方面的结论）：

（1）常均值收益模型。该模型的原理是将估计窗内标的股票的日平均收益率作为事件窗该股票的正常收益率。常均值模型为：

$$R_{it} = \mu_i + \varepsilon_{it} \tag{10-2}$$

式中：R_{it} 为正常收益率；μ_i 为第 i 只股票在估计窗的平均收益率；ε_{it} 为扰动项，其均值为 0；i_t 为第 i 只股票在第 t 日的相应数据。

针对常均值收益模型，Brown 与 Warner（1980，1985）发现该模型产生的结果与那些相对复杂的模型所产生的结果相近；此外，陈汉文和陈向民（2002）还指出常均值收益模型在中国市场上存在某些优势。

（2）市场模型。市场模型是将某一股票的日收益率与市场证券组合的日收益率相联系的统计模型。即：

$$R_{it} = \alpha_i + \beta_i R_{mt} + \varepsilon_{it} \tag{10-3}$$

式中：R_{it} 为第 i 只股票在 t 期的日收益率；α_i、β_i 为市场模型的参数，以估计窗的数据用最小二乘法算得；R_{mt} 为市场投资组合在 t 期的日收益率；ε_{it} 为扰动项，其均值为 0。

根据公式（10-3），对于每只股票可以求出其唯一的 α 值和 β 值，并且建立起由特定股票的特定 α 值和 β 值构成的公式。然后利用该公式以及收集到的研究窗口每日的市场证券组合的日收益率，就可以计算特定股票在估计窗口每日的日正常收益率。

4. 估计超额收益率

选择好正常收益模型之后，就可以计算超额收益率了。本研究计算的超额收益率有以下四类：

（1）对每一只股票计算在研究窗口内每日的超额收益率，即 t 日第 i 只股票的超额收益率为：

$$AR_{it} = K_{it} - R_{it} \tag{10-4}$$

式中：AR_{it} 为第 i 只股票在 t 日的超额收益率；K_{it} 为第 i 只股票在 t 日的实际收益率；R_{it} 为第 i 只股票在 t 日的正常收益率。

（2）t1 时刻到 t2 时刻第 i 只股票的累积超额收益率为：

$$CAR_i(t1,t2) = \sum AR_{it} \qquad (10-5)$$

式中：CAR_i（t1，t2）为第 i 只股票从 t1 日到 t2 日的累积超额收益率；$\sum AR_{it}$ 为对第 i 只股票的日超额收益率求和。

此外，为了考虑整个股票市场对涉诉临时公告的反应程度，还需要引入日平均超额收益率和累积平均超额收益率。

（3）日平均超额收益率即研究窗口中 t 日的股票组合中各只股票超额收益率的平均值：

$$AR_t = 1/N \sum AR_{it} \qquad (10-6)$$

式中：AR_t 为 t 日的股票组合中所有股票的日平均超额收益率。

（4）t1 到 t2 日市场的累计平均超额收益率为 t1 到 t2 日每天平均超额收益率的和：

$$CAR(t1,t2) = \sum AR_t \qquad (10-7)$$

式中：CAR（t1，t2）为 t1 日到 t2 日的累积平均超额收益率。

5. 检验超额收益率的显著性

超额收益率估算出来后，就要检验其是否在统计上是显著的。该项检验中，零假设和备择假设分别为：

H_0（零假设）：日平均超额收益率（或累积平均超额收益率）为 0；

H_1（备择假设）：日平均超额收益率（或累积平均超额收益率）不为 0。

由于所选取的不论是被告公司发布的涉诉临时公告数目还是原告公司发布的涉诉临时公告数目均小于 30，且总体的标准差未知，故根据统计学理论，必须使用 t 检验统计量来进行假设检验，t 统计量的一般计算公式为：

$$t = \frac{x - \mu_0}{s/\sqrt{n}} \qquad (10-8)$$

其中，t 统计量的自由度为 n-1。

本研究中所有的关于统计显著性的 t 检验的计算均通过 Spss 和 Excel 软件来实现。

三、涉诉临时公告市场反应的实证检验

1. 研究假设

过度反应指的是在股票市场上，由于某一事件而引起的股票价格剧烈变动，超越了预期的股票价格正常变动的理论水平，随后股票价格又以反向修正的模式回归到其应有价位的一种现象。造成该现象的原因，是由于广大的投资者不能对事件带给相关上市公司的影响做出合理、正确的评价造成的。在中国股票市场上，当有关某一事件的信息公布给广大投资者后，投资者往往对相关上市公司的股票价格过于

乐观，造成股票价格超理论水平上涨；或者对未来相关上市公司的股票价格过于悲观，造成股票价格超理论水平下跌。随后，经过一定时间的信息消化，当投资者能够更合理地评价和修正事件带来的影响后，股票价格就会产生反向修正现象，即原来涨幅或者跌幅超过理论水平的股票，其股价在反向修正中便会分别表现出跌幅和涨幅超过正常的理论水平。

当涉诉临时公告发布后，市场对诉讼事项给相关上市公司带来的负面影响表现得过于悲观，导致股票价格显著下跌，投资者在涉诉临时公告发布后的初期会获得显著的负超额收益；而一段时间以后，市场认清了诉讼事项对于相关公司的实际影响后，股票价格因反向修正而表现出显著上升的现象，投资者在这段时期将会获得显著的正超额收益。基于此，我们提出假设1：

H1：上市公司披露涉诉临时公告时，若市场表现悲观，其股票价格变动表现为反应过度。

反应不足是指当上市公司发布诸如盈利公告之类的信息之后，证券市场和广大投资者对于新信息反应比较迟钝或者对于新信息给相关上市公司股票价格带来的影响预期低于正常的理论水平，导致相关公司的股票价格只发生小幅的变动。如果新信息属于利好信息，由于最初的股票价格朝正向变动低于合理水平，因此之后一段时间股票价格将会继续表现出正向的变动趋势，直至其达到应有的理论水平；如果新信息属于利空消息，由于最初的股票价格朝负向变动低于理论水平，因此之后一段时间股票价格也将会继续表现出负向的变动趋势，直至其达到应有的理论水平。

当涉诉临时公告发布后，市场对于诉讼事项给相关上市公司带来的负面影响表现得较为乐观，导致股票价格下跌表现出低于理论水平的现象，投资者在涉诉临时公告发布后的初期会获得负的显著超额收益，但该变动低于合理的理论水平；而一段时间以后，市场认清了诉讼事项对于相关公司的实际影响后，股票价格继续表现出统计上负的显著性，投资者在这段时期将继续获得显著的负超额收益。基于此，我们提出假设2：

H2：上市公司披露涉诉临时公告时，若市场表现乐观，其股票价格变动表现为反应不足。

市场有效是指市场及广大投资者，对于有关上市公司的新信息带给公司价值的影响能够做出及时和合理的预期，导致初期股票价格由于新信息而发生的巨幅波动在后期不再进行反向或者正向调整。

当涉诉临时公告发布后，市场对于诉讼事项给上市公司带来的负面影响表现得符合理论预期，导致股票价格的下跌表现出符合理论水平的显著性，并且在一段时间以后，股票价格不再表现出统计上正的或者负的显著性，投资者在这段时期将不再获得任何超额收益。基于此，我们提出假设3：

H3：上市公司披露涉诉临时公告时，若市场表现理性，其股票价格变动符合理论水平，即市场有效。

此处的估计窗口仍然选择 t = [-150, -21]，而把事件窗口扩大为 t = [-3, +3]，从而在检验反应过度、反应不足和市场有效假设的同时可以检验信息是否提前被泄露或者存在内幕交易的现象。为了计算各组合在事件窗内的平均标准化超额收益率，本研究采用市场模型，基于该模型得到下式：

$$AERC_{it} = \frac{K_{it} - R_{it}}{S.D.(R_i)} \tag{10-9}$$

式中：$AERC_{it}$ 为第 i 只股票在 t 日的标准化的超额收益率；$K_{it} - R_{it}$ 为第 i 只股票在 t 日的超额收益率；$S.D.(R_i)$ 为第 i 只股票通过估计窗口计算的收益率的标准差。

因此，$\frac{1}{N}\sum_{i=1}^{N} AERC_{it}$ 就是第 t 日，每种组合中所有股票的平均标准化超额收益率，其中 N 表示股票组合中的股票只数。

然后，对股票组合的平均标准化超额收益率进行 t 检验，检验其影响的方向（正负性）和程度（显著性）。如果在事件窗出现显著负的超额收益率后，本次检验得出存在统计上正的显著性，则支持假设 1；如果在事件窗出现显著负的超额收益率后，本次检验得出存在统计上负的显著性，则支持假设 2；如果两种情况都未发生，则支持假设 3。

2. 数据选取

本次研究选取 2007 年 1 月 1 日至 2009 年 12 月 31 日沪深两市的每日收益数据，本研究中所使用的股票数据均来源于 CSMAR 数据库，数据都已经对股票分割、分红派息等进行了调整。

涉诉临时公告信息来自"巨潮资讯网"（www.cninfo.com.cn），样本期间为 2007 年 1 月 1 日至 2009 年 12 月 31 日，首先排除标为 ST、*ST、股改未完成和发行 B 股的公司，结果共得到 789 项涉诉临时公告，其中沪市 396 项、深市 293 项，然后按照如下步骤进行筛选：

（1）选出其中属于应诉（被告方）和准诉（原告方）信息发布的第一类的涉诉临时公告。得到沪市主板 98 项涉诉临时公告，深市主板 73 项涉诉临时公告。

（2）剔除同一只股票相邻几个涉诉公告过于接近以致事件窗口重合的。得到沪市主板 81 项涉诉临时公告，深市主板 57 项涉诉临时公告。

（3）剔除披露前后 20 个交易日有其他重大事项发生的股票。得到沪市主板 40 项涉诉临时公告，深市主板 21 项涉诉临时公告。

（4）剔除股价数据不完全的 11 项。最终得到沪市主板 32 项涉诉临时公告，深市主板 18 项涉诉临时公告。统计如表 10-1 所示。

表 10-1　　　　　　　　　　　　样本统计结果

	2007 年	2008 年	2009 年	合计
沪市	5	12	15	32
深市	8	5	5	18
合计	13	17	20	50

在此基础上，对所生成的样本进行分类操作，本研究的分类方法如前所述，涉诉临时公告为原告所发出的归为一类，用以比较是否由于原告和被告的不同而会对股票价格产生显著不同的影响。预期的结果是，原告的股票价格也会有一定程度的下跌，解释为诉讼并非为解决公司之间或者公司和个人之间纠纷的最佳手段；涉诉临时公告为被告所发出的归为另一类，用以研究在中国市场一般被告公司的股票价格受涉诉临时公告的影响，并用来作为原告类别的比较和解释的基准。

最终得到属于原告公司发出的涉诉临时公告 26 项，占整体的 52%；属于被告公司发出的涉诉临时公告 24 项，占整体的 48%。

所研究的两个组合共包含 50 个涉诉临时公告事件，其中原告涉诉临时公告包含 26 个事件，被告涉诉临时公告包含 24 个事件。本研究旨在分析股票价格对于涉诉临时公告事件的反应和诉讼事件对于原告公司股票和被告公司股票的影响差异，以及两种正常收益模型计算结果的差异。

3. 实证检验

按照事件研究法的步骤，分别采用常均值收益模型和市场模型来计算每只股票在研究窗口内的正常收益率，然后进一步得到每只股票在研究窗口内的超额收益率，从而计算得到各个组合在研究窗口内的日平均超额收益率和累计平均超额收益率，最后对事件窗的日平均超额收益率以及事件日前后区间的累积平均超额收益率进行均值差异 t 检验。

其中，表 10-2、表 10-3 分别列示了用两种模型计算的研究窗口的日平均超额收益率和累积平均超额收益率；表 10-2、表 10-3 分别列示了对于事件窗的日平均超额收益率和事件日前后区间的累积平均超额收益率的参数 t 检验的结果；图 10-1—图 10-4 给出了根据两种模型得到的日平均超额收益率和累计平均超额收益率的变化曲线。

表 10-2　　　　　　　　研究窗口的日平均超额收益率

DAY	常均值收益模型			市场模型		
	原告	被告	总体	原告	被告	总体
-20	-0.0088	0.0052	-0.0020	-0.0019	-0.0079	-0.0048
-19	-0.0123	0.0013	-0.0058	-0.0052	0.0019	-0.0018

续表

DAY	常均值收益模型			市场模型		
	原告	被告	总体	原告	被告	总体
-18	-0.0067	-0.0080	-0.0073	-0.0000	-0.0024	-0.0012
-17	0.0079	-0.0070	0.0007	0.0036	-0.0003	0.0017
-16	0.0040	0.0137	0.0087	0.0063	0.0092	0.0077
-15	0.0002	-0.0088	-0.0041	0.0048	0.0025	0.0037
-14	0.0073	-0.0039	0.0019	0.0075	-0.0027	0.0026
-13	-0.0022	-0.0014	-0.0018	0.0008	-0.0044	-0.0017
-12	-0.0025	0.0031	0.0002	-0.0036	-0.0021	-0.0029
-11	-0.0081	-0.0010	-0.0047	-0.0051	-0.0047	-0.0049
-10	-0.0007	-0.0055	-0.0030	-0.0043	-0.0066	-0.0054
-9	0.0012	-0.0071	-0.0028	0.0011	-0.0053	-0.0020
-8	-0.0043	-0.0068	-0.0055	0.0025	-0.0004	0.0011
-7	-0.0026	-0.0136	-0.0079	-0.0036	-0.0083	-0.0058
-6	0.0005	0.0002	0.0003	0.0023	-0.0032	-0.0003
-5	-0.0002	0.0098	0.0046	0.0030	0.0112	0.0069
-4	-0.0066	-0.0031	-0.0049	-0.0044	-0.0009	-0.0027
-3	0.0061	0.0157	0.0107	0.0089	0.0061	0.0075
2	0.0066	-0.0033	0.0019	-0.0044	-0.0023	-0.0034
-1	-0.0198	-0.0153	-0.0176	-0.0139	-0.0124	-0.0132
0	-0.0074	-0.0126	-0.0098	-0.0151	-0.0023	-0.0090
+1	-0.0092	-0.0237	-0.0161	-0.0142	-0.0246	-0.0191
+2	0.0134	-0.0068	0.0037	0.0065	-0.0104	-0.0017
+3	0.0035	-0.0070	-0.0015	0.0069	-0.0094	-0.0009
+4	-0.0169	0.0040	-0.0069	-0.0084	0.0034	-0.0027
+5	0.0030	-0.0133	-0.0049	-0.0038	-0.0133	-0.0083
+6	-0.0057	0.0028	-0.0017	-0.0045	-0.0015	-0.0031
+7	0.0151	0.0069	0.0112	0.0165	0.0068	0.0118
+8	0.0166	-0.0042	0.0066	0.0133	0.0036	0.0086
+9	0.0018	0.0019	0.0019	-0.0004	-0.0082	-0.0041
+10	0.0067	0.0022	0.0046	0.0072	-0.0055	0.0011
+11	-0.0006	-0.0084	-0.0043	0.0048	-0.0081	-0.0014
+12	-0.0115	0.0102	-0.0011	0.0007	0.0105	0.0054

续表

DAY	常均值收益模型			市场模型		
	原告	被告	总体	原告	被告	总体
+13	-0.0094	0.0076	-0.0012	-0.0147	0.0001	-0.0076
+14	0.0027	0.0098	0.0061	-0.0001	0.0071	0.0033
+15	0.0082	-0.0056	0.0016	0.0052	-0.0024	0.0016
+16	0.0074	-0.0063	0.0008	0.0130	-0.0061	0.0038
+17	0.0098	0.0002	0.0052	-0.0008	-0.0062	-0.0034
+18	0.0006	-0.0057	-0.0024	-0.0039	-0.0044	-0.0041
+19	0.0157	-0.0072	0.0047	0.0092	0.0089	0.0091
+20	0.0081	-0.0142	-0.0026	0.0102	-0.0031	0.0038

注：(1) 原告：原告公司发布涉诉临时公告的股票数据，样本容量为 26；(2) 被告：被告公司发布涉诉临时公告的股票数据，样本容量为 24；(3) 总体：包含所有发布涉诉临时公告的共 50 只股票数据的样本；(4) DAY0：公告日；(5) DAY -1 到 -20：事件日之前的时间区间；(6) DAY +1 到 +20：事件日之后的时间区间。

表 10-3　　　　　　　　　研究窗口的累积平均超额收益率

DAY	常均值收益模型			市场模型		
	原告	被告	总体	原告	被告	总体
-20	-0.0087	0.0052	-0.0020	-0.0019	-0.0079	-0.0048
-19	-0.0210	0.0065	-0.0078	-0.0071	-0.0060	-0.0066
-18	-0.0276	-0.0016	-0.0151	-0.0071	-0.0084	-0.0077
-17	-0.0198	-0.0086	-0.0144	-0.0035	-0.0086	-0.0060
-16	-0.0157	0.0051	-0.0057	0.0028	0.0006	0.0017
-15	-0.0155	-0.0036	-0.0098	0.0076	0.0031	0.0054
-14	-0.0082	-0.0076	-0.0079	0.0151	0.0004	0.0080
-13	-0.0104	-0.0089	-0.0097	0.0158	-0.0040	0.0063
-12	-0.0129	-0.0059	-0.0095	0.0122	-0.0061	0.0034
-11	-0.0210	-0.0069	-0.0142	0.0072	-0.0107	-0.0014
-10	-0.0217	-0.0124	-0.0172	0.0028	-0.0173	-0.0069
-9	-0.0205	-0.0196	-0.0200	0.0039	-0.0226	-0.0089
-8	-0.0247	-0.0264	-0.0255	0.0064	-0.0231	-0.0078
-7	-0.0273	-0.0400	-0.0334	0.0028	-0.0313	-0.0136
-6	-0.0268	-0.0398	-0.0331	0.0051	-0.0345	-0.0139
-5	-0.0270	-0.0300	-0.0285	0.0081	-0.0233	-0.0070

续表

DAY	常均值收益模型			市场模型		
	原告	被告	总体	原告	被告	总体
-4	-0.0336	-0.0331	-0.0334	0.0037	-0.0242	-0.0097
-3	-0.0275	-0.0174	-0.0227	0.0126	-0.0181	-0.0022
-2	-0.0209	-0.0207	-0.0208	0.0081	-0.0204	-0.0055
-1	-0.0406	-0.0360	-0.0384	-0.0058	-0.0327	-0.0187
0	-0.0480	-0.0486	-0.0483	-0.0209	-0.0350	-0.0277
+1	-0.0571	-0.0723	-0.0644	-0.0351	-0.0596	-0.0468
+2	-0.0438	-0.0790	-0.0606	-0.0286	-0.0700	-0.0485
+3	-0.0402	-0.0860	-0.0622	-0.0217	-0.0794	-0.0494
+4	-0.0571	-0.0820	-0.0690	-0.0301	-0.0759	-0.0521
+5	-0.0542	-0.0953	-0.0739	-0.0339	-0.0892	-0.0605
+6	-0.0599	-0.0926	-0.0755	-0.0384	-0.0908	-0.0635
+7	-0.0448	-0.0856	-0.0644	-0.0219	-0.0840	-0.0517
+8	-0.0282	-0.0898	-0.0577	-0.0086	-0.0804	-0.0431
+9	-0.0263	-0.0879	-0.0558	-0.0090	-0.0886	-0.0472
+10	-0.0196	-0.0857	-0.0513	-0.0017	-0.0941	-0.0461
+11	-0.0202	-0.0940	-0.0556	0.0031	-0.1021	-0.0474
+12	-0.0317	-0.0838	-0.0567	0.0038	-0.0916	-0.0420
+13	-0.0410	-0.0762	-0.0579	-0.0109	-0.0916	-0.0496
+14	-0.0384	-0.0664	-0.0518	-0.0111	-0.0844	-0.0463
+15	-0.0302	-0.0720	-0.0502	-0.0058	-0.0868	-0.0447
+16	-0.0228	-0.0783	-0.0494	0.0072	-0.0929	-0.0409
+17	-0.0130	-0.0781	-0.0442	0.0064	-0.0991	-0.0443
+18	-0.0124	-0.0838	-0.0466	0.0025	-0.1035	-0.0484
+19	0.0034	-0.0911	-0.0419	0.0117	-0.0946	-0.0393
+20	0.0115	-0.1052	-0.0445	0.0219	-0.0977	-0.0355

注：（1）原告：原告公司发布涉诉临时公告的股票数据，样本容量为26；（2）被告：被告公司发布涉诉临时公告的股票数据，样本容量为24；（3）总体：包含所有发布涉诉临时公告的共50只股票数据的样本；（4）DAY0：公告日；（5）DAY-1到-20：事件日之前的时间区间；（6）DAY+1到+20：事件日之后的时间区间。

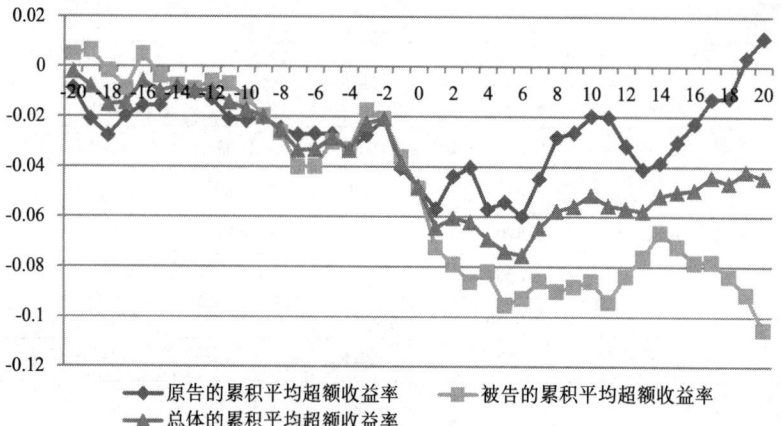

图 10-1　常均值收益模型下的累积平均超额收益率

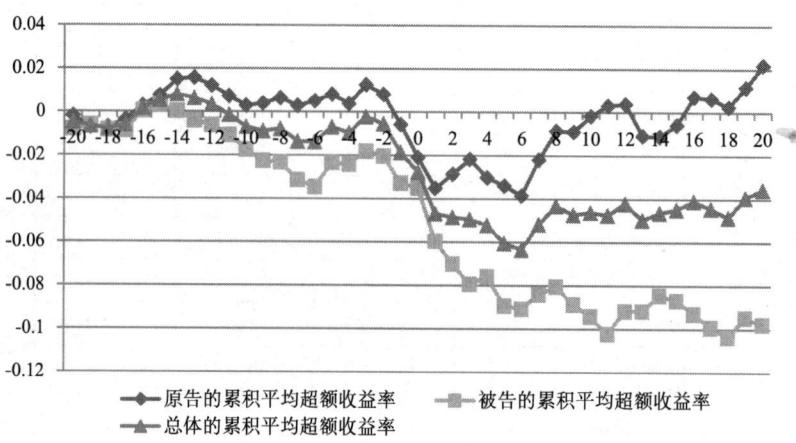

图 10-2　市场模型下的累积平均超额收益率

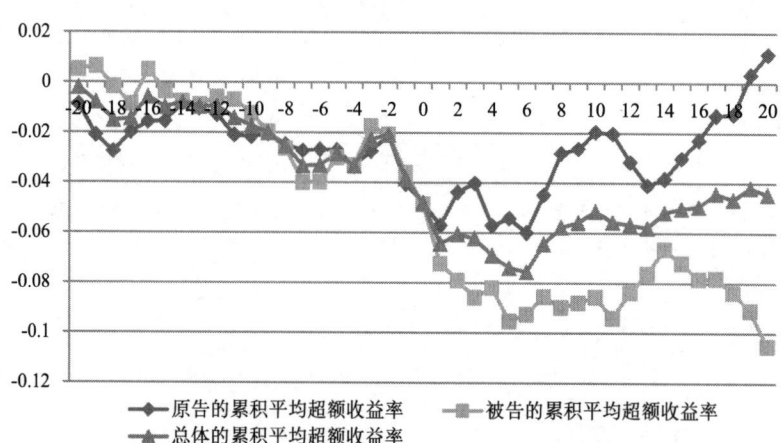

图 10-3　常均值收益模型下的累积平均超额收益率

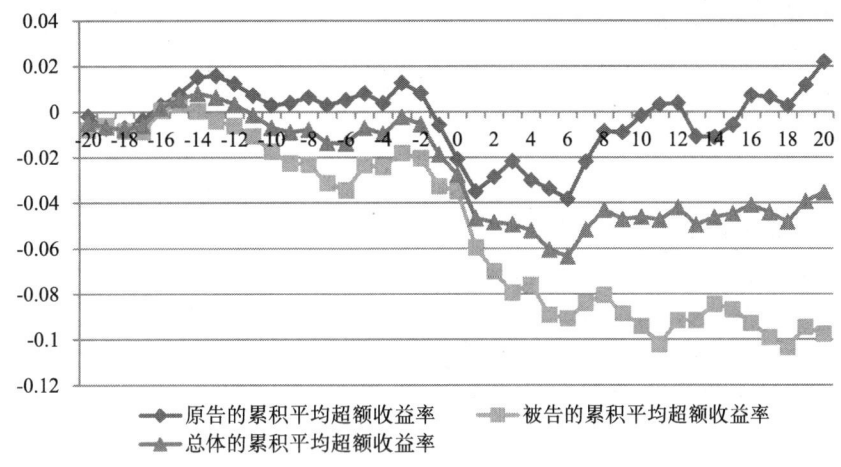

图 10-4 市场模型下的累积平均超额收益率

(1) 事件日周围的日平均超额收益率表现。

从表 10-2 可以看出，在研究窗口的 41 天中，常均值收益模型和市场模型中原告的日平均超额收益率为负的分别为 19 天和 20 天，常均值收益模型和市场模型中被告的日平均超额收益率为负的分别为 25 天和 29 天，由此可见被告公司的日平均超额收益率为负值的天数普遍多于原告公司，这从一定程度上证明诉讼事件对于被告公司的负面影响较大，而对于任何一种组合来说，市场模型计算的结果和常均值收益模型相比有更多的天数，其日平均超额收益率为负值。由于普遍认为诉讼对于公司来说是利空事件，因此可以初步推断，在中国证券市场研究中，市场模型相对于常均值收益模型更具有实际的合理性。

在事件窗，即 -1 日到 +1 日内，原告公司组合、被告公司组合以及总体组合的日平均超额收益率在两种模型下都为负值，说明受诉讼事件的影响，不论原告公司还是被告公司，其股票价格总体上呈现下降趋势，在这方面，常均值收益模型和市场模型差异不明显。通过观察事件窗的日平均超额收益率的表现，基本可以判断，不论对于原告公司还是被告公司，诉讼事件都是利空事件。

再结合图 10-1、图 10-2，可以看出原告组合和被告组合在诉讼临时公告发布之前对诉讼事件都已经做出了一定的负面反应，其中，在常均值收益模型下，原告公司的日平均超额收益率在 -2 日开始呈现下降趋势，而被告公司的日平均超额收益率在 -3 日就开始呈现下降趋势；在市场模型下，不论原告组合还是被告组合，其日平均超额收益率都在 -3 日开始呈现出下降趋势。常均值收益模型显示，原告组合在 -1 日开始出现负面反应，而被告组合在 -2 日开始出现负面反应；市场模型显示，原告和被告组合均在 -2 日开始出现负面反应。这些信息表明，在中国证券市场上，在涉诉临时公告发布之前投资者可能已经预测到部分诉讼事项的信息，或者市场上有部分关于诉讼事项的信息泄露，也说明在中国证券市场上可能存在内幕交易的现象。然而，上市公司的诉讼事项作为一种突发事件，广大的普通投资者在诉讼信息正式公布之前预测到该类信息的可能性是比较小的。而其他一些研究者对于中国股票市场的非涉诉类公告的研究表明，信息的提前泄露或者中国股票市场上存在内幕交易的证据是比较常见的，如张华和张俊喜（2004），因此，本研究认为后一种情形的解释更加合理。研究还发现，在正式的涉诉公告公布之后，两种组合都仍然保持负的超额收益率，证明该诉讼信息对于广大的普通投资者来说仍然是一个新信息。此外，在事件日，被告组合不论在常均值收益模型还是市场模型下，其日平均超额收益率都有所回升；而原告组合在常均值收益模型下有所回升，在市场模型下仍有小幅下降。

此外，事件窗之后，即+1日之后，不论原告组合还是被告组合的股票价格在两种模型下都有一定程度的回升，这可能表明中国证券市场上存在着一定的过度反应，这在后文会做进一步的研究和分析。

（2）事件日前后的累积平均超额收益率表现。

根据表10-3可以发现，常均值收益模型得到的总体的累积平均超额收益率从-20日到+20日为负值；市场模型得到的总体的累积平均超额收益率从-11日到+20日为负值。常均值收益模型得到的原告的累积平均超额收益率从-20日到+18日为负值；市场模型得到的原告的累积平均超额收益率从-1日到+10日为负值，之后为正值。常均值收益模型得到的被告的累积平均超额收益率从-18日到+20日为负值；市场模型得到的被告的累积平均超额收益率从-13日到+20日为负值。从这些观测中可以看出，常均值收益模型和市场模型的计算结果确实存在一些差异，其中市场模型计算出来的累积平均超额收益率为负值的日期区间往往短于常均值收益模型计算出来的结果，这说明在市场模型下能更好地反映诉讼事件对于股票价格的影响，但是两种模型计算结果的这些差异并不影响总体的结论判断。

再结合图10-3、图10-4可以看出，对于由常均值收益模型计算得到的结果来说，原告组合从-2日到+1日其累积平均超额收益率呈现出明显的下降趋势，在+1日到+3日有所上升，随后又伴随着下降；从+5日之后，原告组合的累积平均超额收益率呈振荡上升趋势；而被告组合从-2日到+3日其累积平均超额收益率呈现出下降趋势，从+3日到+11日，被告组合的累积平均超额收益率基本维持稳定，而+12日到+14日呈现上升趋势，随后又下降。对于市场模型得到的结果来说，原告组合的累积平均超额收益率从-3日到+1日呈现出明显的下降趋势，从+1日到+3日有所回升，+3日到+6日又有所下降，随后维持震荡上升的趋势；而被告组合的累积平均超额收益率从-3日到+3日呈现出下降趋势，随后呈现较为稳定的震荡下降趋势。因此，从累积平均超额收益率的变化趋势上可以看出，常均值收益模型和市场模型的计算结果在图表内的走势基本一致，并无实质性的明显差异。

对于涉诉临时公告发布前后的累积平均超额收益率的这种变动趋势，结合中国

证券市场已有的研究,我们认为其原因主要有以下四点:

第一,由于中国的投资者长期以来形成的对于财富的谨慎性,他们往往对公司的诉讼事项极为关注,在诉讼临时公告发布之前就会努力地搜集各种有关公司诉讼事项的资料信息,来指导他们的投资。正是由于这个原因,被告公司和原告公司的股票价格在诉讼临时公告发布之前已经有了相应的变动。在事件日之前股票价格已经部分地反映了诉讼这一信息,并在涉诉临时公告发布后的一两天内反应充分,甚至可能出现一定程度上的过度反应。这说明,中国证券市场具有一定的信息效率性,股票价格能够在一定程度上反映诉讼这一事件,但与此同时,也证明了诉讼事项信息先于诉讼临时公告的发布而散播到了证券市场上,这说明中国证券市场仍然存在信息提前泄露的情况,或者存在着内幕交易的现象,导致股票价格不能及时地反映诉讼这一信息。

第二,尽管按照常理,诉讼对于被告公司来说是利空事件,而对于原告公司来说未必是利空事件。但是,在事件窗(-1日到+1日)之后的数日内,不论被告组合还是原告组合的累积平均超额收益率仍旧维持在一个负值水平的现象可以看出,在中国证券市场上,广大投资者普遍认为不论对于原告公司还是被告公司来说,诉讼这一事项都是利空事件。

第三,涉诉临时公告发布以后的一段研究期间内,累积平均超额收益率的一定程度上的上升,反映的是在诉讼事项影响结束后的正常的市场供需情况。这一现象在常均值收益模型和市场模型的原告组合里表现得较为明显。累积平均超额收益率的回升,说明当前的市场上与公司本身价值有关的信息已经基本上在股价上得到了适当的反映。

第四,原告公司的累积平均超额收益率在事件窗之后,尤其是+6日之后,呈现出明显的震荡上升趋势,尤其在市场模型之下,原告公司从+10日之后其累积平均超额收益率就一直维持在正值水平。通过对原告发布的涉诉临时公告的研读,笔者发现原告起诉的原因大多是由于担保责任引起的借款未还的纠纷。正因为如此,原告起诉后最终胜诉的可能性较大。而投资者起初把原告的涉诉临时公告发布这一事件归类为利空事件,但随着有关诉讼实际进展的信息发布之后,投资者预期原告公司会从诉讼中获利,从而改变了其投资策略,导致股价得到修正并上升。

(3)对事件窗的日平均超额收益率的参数 t 检验,见表 10-4。

表 10-4 事件窗的日平均超额收益率的参数 t 检验统计量

DAY	常均值收益模型			市场模型		
	原告	被告	总体	原告	被告	总体
-1	-2.3950**	-2.0190**	-3.1630***	-2.5070**	-2.7680***	-3.6990***
0	-0.8300	-1.4140	-1.5830	-2.1820**	-0.4370	-2.0160**

续表

DAY	常均值收益模型			市场模型		
	原告	被告	总体	原告	被告	总体
+1	-1.5170	-2.9710***	-3.2130***	-2.8620***	-3.8920***	-4.7790***

注：(1) DAY0：公告日；(2) DAY-1：公告日之前的一个交易日；(3) DAY+1：公告日之后的一个交易日；(4) * 表示在10%水平上统计显著；(5) ** 表示在5%水平上统计显著；(6) *** 表示在1%水平上统计显著；(7) 当t检验统计量的绝对值分别大于1.64、1.96或2.58时，就认为与之相对应的数据在10%、5%或1%的置信水平上是统计非零的。

根据表10-4的数据可以看出，在-1日，不论对于常均值收益模型还是市场模型，原告公司、被告公司以及总体的t检验统计量都至少在5%的置信水平上是显著的，其中常均值收益模型下的总体的t检验统计量和市场模型下的被告公司和总体的t检验统计量更是在1%的置信水平上是显著的。此外，所有的t值都为负值，这揭示了中国证券市场的股票价格在-1日已经对诉讼事件产生了显著的反应，即再次证明了市场上存在着信息泄露或者内幕交易的现象，并且投资者普遍认定不论对于原告公司还是被告公司，诉讼事件对于公司来说都是利空事件。

在0日，也就是诉讼临时公告的发布日，常均值收益模型下的原告公司、被告公司和总体的t检验统计量都为负值，但都不具有统计上的显著性；市场模型下的原告公司和总体的t检验统计量在5%的置信水平上显著为负，而被告公司的t检验统计量虽然也为负值，但是不具备统计显著性。由此看出，市场模型下对日平均超额收益率的检验更符合常理。此外，由于所有组合在0日的t值较其在-1日的t值都有所下降，因此认为在本研究中0日的股票价格对于诉讼信息的反应不如-1日来得强烈。

在+1日，除了常均值收益模型下的原告组合外，其余的t检验统计量都在1%的置信水平上是显著的。此外，所有的t值都为负值，且相对于0日而言，有所上升，这说明在+1日原告公司、被告公司和总体的股票价格仍然保持负的反应趋势，并且在市场模型下各种组合的这种负的反应趋势都呈现统计上的高度显著性，这表明在诉讼信息发布后，该信息对于普通的投资者来说仍然是一个新信息，这也表示在中国证券市场上可能存在过度反应的现象。

不论是常均值收益模型还是市场模型，原告组合和被告组合在+1日的t值的绝对值都大于它们在0日的t值，这再次证明了诉讼事件对于两种组合来说都是利空事件。此外，市场模型和常均值收益模型相比，其计算出的统计显著的t值的绝对值都大于相应的常均值收益模型计算的结果，可见市场模型更好地反映了诉讼对于股价的负面影响。

(4) 对事件日周围区间的累积平均超额收益率的参数t检验，见表10-5。

表 10-5　事件日周围区间的累积平均超额收益率的参数 t 检验统计量

DAY	常均值收益模型			市场模型		
	原告	被告	总体	原告	被告	总体
从 -5 到 -1	-1.3420	-0.3500	-1.2410	-1.2910	1.0350	-2.3470 **
从 +1 到 +5	0.9560	-2.9270 ***	-3.0390 ***	-1.2000	-3.5890 ***	-3.0820 ***
从 -5 到 +5	-1.4130	-1.8590 *	-2.2130 **	-1.8440 *	-1.1680	-3.6800 ***
从 -10 到 -1	-1.7190 *	-2.1210 **	-2.7480 ***	-1.9860 **	-2.5040 **	-3.1780 ***
从 +1 到 +10	2.4230 **	0.0320	1.8140 *	2.6260 ***	-5.0260 ***	-2.9260 ***
从 -10 到 +10	1.8800 *	-2.9990 ***	-2.3460 **	1.9400 *	-3.2140 ***	-2.6950 ***
从 -20 到 -1	-2.2080 **	-1.9830 *	-2.9950 ***	-1.6320	-2.4840 **	-3.0720 ***
从 +1 到 +20	2.7780 ***	0.1490	2.4550 **	2.3690 **	-0.9810	1.4080
从 -20 到 +20	1.4940	0.1340	1.3560	-0.1590	-2.8320 ***	-2.3200 **

注：(1) *、**、*** 分别表示在 10%、5%、1% 水平上统计显著；(2) 当 t 检验统计量的绝对值分别大于 1.64、1.96 或 2.58 时，就认为与之相对应的数据在 10%、5% 或 1% 的置信水平上是统计非零的。

①对事件日周围 11 天的累积平均超额收益率的 t 检验统计量的分析。由表 10-5 的 t 检验统计量的结果可以看出，从 -5 日到 -1 日，只有在市场模型下计算的总体的 t 值为在 5% 水平上显著的负值。原告组合的 t 值在常均值收益模型和市场模型下为相似的负值；被告组合的 t 值在常均值收益模型下为负值，在市场模型下为正值；而总体的 t 值在常均值收益模型下为负值，并且都未表现出统计显著性。

从 +1 日到 +5 日，被告组合和总体的 t 值在常均值收益模型和市场模型下都为在 1% 水平上显著的负值，可见诉讼事件对于股价产生了负面影响。而原告组合的 t 值在常均值收益模型下为正值，在市场模型下为负值，且都未表现出统计显著性。

从 -5 日到 +5 日，由两种模型计算的总体 t 值都表现出高度的负显著性。而原告和被告的 t 值尽管都为负值，但都不是高度显著的。

②对事件日周围 21 天的累积平均超额收益率的 t 检验统计量的分析。从 -10 日到 -1 日，被告组合和总体的 t 值在两种模型下都表现出统计上显著的负值。而原告组合的 t 值在常均值收益模型下产生了近似于统计显著（在 10% 的置信水平上显著）的负值，在市场模型下产生了统计显著的负值。这些都证明，股价在事件日之前就已经反映了部分诉讼信息。

从 +1 日到 +10 日，两种模型下的原告组合的 t 值基本相同，都表现出统计显著的正值，说明在 +1 日到 +10 日，原告组合的股票价格有上涨趋势。被告组合的 t 值在常均值收益模型下为非显著的正值，在市场模型下为统计显著的负值；总体 t 值在常均值收益模型下为近似显著（在 10% 的置信水平上显著）的正值，在市场模型下为高度显著的负值。

从 -10 日到 +10 日，两种模型对于各种组合的计算结果都相似，其中原告组合为近似显著（在10%的置信水平上显著）的正值，被告组合和总体为高度显著的负值。

③对事件日周围41天的累积平均超额收益率的t检验统计量的分析。从-20日到-1日，被告组合和总体的t值在两种模型下都为高度显著的负值；而原告组合t值在常均值收益模型下为高度显著的负值，在市场模型下为非显著的负值。

从+1日到+20日，在两种模型下原告组合都表现为高度显著的正值，而总体t值在常均值收益模型下为高度显著的正值。

从-20日到+20日，只有市场模型下的被告组合和总体的t值为高度显著的负值，其余计算结果都在统计上非显著。

由以上分析可以看出，在事件日周围的11天内，常均值收益模型和市场模型对于原告组合和被告组合的计算结果基本一致。在事件日周围的21天内，除了被告组合在+1日到+10日之间的计算结果两种模型间存在明显差异外（常均值收益模型为0.03，市场模型为-5.03），其他也都趋于一致。而在事件日周围的41天内，两种模型计算的结果存在更大的差异。因此，本研究认为，在时间区间越靠近事件窗的情况下，两种模型的计算结果越趋于一致；当时间区间远离事件窗时，从中国市场的实证研究结果来看，市场模型更为适合中国的证券市场，因为它更精确地反映了诉讼事件对于股票价格的负面影响。此外，从检验结果还可以看出，股票价格的变动在-10日到+10日之间最为显著。

（5）过度反应、反应不足和市场有效问题的检验结果和分析。这里分析选用的样本数据即前面诉讼事件研究中建立的样本组合，其中26只股票样本构成原告组合，24只股票样本构成被告组合。为了研究需要，选取事件窗，即-3日到+3日为时间区间。根据前面的分析结果，选择更为适合中国证券市场的市场模型来对数据进行处理，对每种组合，计算了事件窗内的平均超额收益率、事件窗内的平均标准化超额收益率以及事件窗内的平均标准化超额收益的参数t检验统计量，通过判断t检验统计量的正负性和统计显著性来考察中国证券市场是否存在过度反应、反应不足，以及中国证券市场的市场有效性。

表10-6、表10-7、表10-8、表10-9分别列示了事件日各组合的平均超额收益率、事件窗各组合的平均超额收益率、各组合的平均标准化超额收益率和各组合的平均标准化超额收益率的参数t检验统计量。

表10-6　　　　　　　　事件日各组合的平均超额收益率

组合类型	样本容量	事件日平均超额收益率
原告组合	26	-0.0151
被告组合	24	-0.0023
总体样本	50	-0.0090

表 10 - 7　　　　　　　　事件窗各组合的平均超额收益率

组合类型	样本容量	日 - 3	日 - 2	日 - 1	日 0	日 + 1	日 + 2	日 + 3
原告	26	0.0089	- 0.0044	- 0.0139	- 0.0151	- 0.0142	0.0065	0.0067
被告	24	0.0061	- 0.0023	- 0.0124	- 0.0023	- 0.0246	- 1.0004	- 0.0094
总体	50	0.0075	- 0.0034	- 0.0132	- 0.0090	- 0.0191	- 0.0017	- 0.0009

表 10 - 8　　　　　　　事件窗各组合的平均标准化超额收益率

组合类型	样本容量	日 - 3	日 - 2	日 - 1	日 0	日 + 1	日 + 2	日 + 3
原告	26	0.2005	- 0.1006	- 0.0772	- 0.1492	- 0.1178	0.1617	0.1945
被告	24	0.0899	- 0.0684	- 0.1889	- 0.1354	- 0.4175	- 0.2107	- 0.2407
总体	50	0.1474	- 0.0851	- 0.1308	- 0.0126	- 0.2617	- 0.0170	- 0.0144

表 10 - 9　　　事件窗各组合的平均标准化超额收益率的参数 t 检验统计量

组合类型	样本容量	日 - 3	日 - 2	日 - 1	日 0	日 + 1	日 + 2	日 + 3
原告	26	0.0050	- 2.2890 **	- 2.1230 **	- 2.1530 **	- 2.8420 ***	2.7390 ***	2.2270 **
被告	24	- 1.1130	- 1.5750	- 2.7980 ***	- 0.4380	- 3.6940 ***	- 3.4280 ***	- 0.5050
总体	50	- 0.8190	- 2.6380 ***	- 3.2970 ***	- 2.0300 **	- 4.6810 ***	- 0.4550	1.1970

注意：（1）* 表示在 10% 水平上统计显著；（2）** 表示在 5% 水平上统计显著；（3）*** 表示在 1% 水平上统计显著；（4）当 t 检验统计量的绝对值分别大于 1.64、1.96 或 2.58 时，就认为与之相对应的数据在 10%、5% 或 1% 的置信水平上是统计非零的。

表 10 - 6、表 10 - 7 列示了原告组合、被告组合和总体在事件日和事件窗的日平均超额收益率，其中涵盖事件日之前的 - 3 日到 - 1 日是为了验证"信息泄露或者内幕交易存在于中国证券市场"的结论，而事件日之后的 + 1 日到 + 3 日的数据则是为检验过度反应、反应不足和市场有效性服务的。从表中可以观测到，原告组合和被告组合在 - 2 日和 - 1 日的数据都为负值，这证实了"信息泄露或者内幕交易"的结论。而原告组合在 + 2 日和 + 3 日的数据为正值，其余数据均为负值。

从表 10 - 8 的数据看出，事件日之后的时期，即 + 1 日到 + 3 日里，除了原告组合在 + 2 日和 + 3 日的平均标准化超额收益率为正值以外，其余数据均为负值，这说明中国的证券市场可能同时存在反应过度和反应不足的现象。

表 10 - 9 是对原告组合和被告组合是否存在过度反应、反应不足的事件研究的结果。从表中可以看出， + 1 日到 + 3 日两种组合的平均标准化超额收益率 t 检验值都存在显著不为 0 的情况，这拒绝了市场有效假设。具体的，原告在 + 1 日的 t 值为高度显著的负值，而在 + 2 日和 + 3 日的 t 值为高度显著的正值，前者证明原告组合支持反应不足假设，后者证明原告组合，支持过度反应假设；而被告的 t 值在 + 1 日和 + 2 日均为显著的负值，证明被告组合，支持反应不足假设。

本小节通过对诉讼事件日周围期间个股的收益率变动情况进行研究，发现中国上市公司的涉诉临时公告传递了有效的信息，投资者和市场也做出了合理的反应。在中国证券市场上，不论对于原告公司还是被告公司，诉讼事件普遍被认为是利空事件，这使得投资者的交易行为发生变化，造成股票价格一定程度上的下跌，并且这种情况在事件日周围的21天内最为显著。但是，研究还发现中国的证券市场存在信息提前泄露或者内幕交易的问题，这与其他研究者的研究结论相同，值得监管者和投资者关注。对事件日之后的三天内的数据进行研究发现，中国证券市场上存在过度反应和反应不足现象，因此不支持有效市场假设。其中，原告组合同时存在过度反应和反应不足现象，而被告组合只存在反应不足现象。在研究过程中，我们分别采用常均值收益模型和市场模型对个股数据进行计算和分析，结果发现，市场模型更适合当前中国的证券市场，这一结论与一些研究者的结论相同，如陈信元（2005）。此外，研究还发现，在时间区间越靠近事件窗的情况下，两种模型的计算结果越趋于一致；当时间区间扩大而远离事件窗时，市场模型更为适合中国的证券市场，因为它更精确地反映了诉讼事件对于股票价格的负面影响。

这一内容的研究不仅为中国证券市场效率研究提供了新的证据，而且为投资者和公司管理层提供了新的投资和管理策略，投资者可以根据中国市场存在的过度反应和反应不足现象，合理规划自己的资金，避免不必要的损失；而公司管理层应当尽可能地降低公司涉足诉讼事件的可能性，从而使公司的股票价格避免不必要的下跌。

第二节 未决诉讼对企业债务融资成本的影响

资金是企业在发展过程中必不可少的推动力，当企业内部的资金难以满足企业的经营和投资需求时，企业就需要通过外部融资以满足自身的资金需求。股权融资和债务融资是企业获得外部资金的两大方式，由于债务融资的节税效应和杠杆作用，企业往往更倾向于债务融资。尤其在中国，由于资本市场尚不完善，企业通过资本市场进行直接融资限制较多，通过债务融资获取资金仍然是主要的融资方式，同时由于中国债券市场的不成熟，银行贷款成为企业主要的融资渠道。债务融资成本是影响企业外部融资能力的重要因素，融资成本的高低直接决定着企业的融资决策和融资战略，进而影响着企业的业绩水平和发展能力。因此对企业债务融资成本的研究具有重要的意义。

未决诉讼事项是否实际给企业造成有利或不利影响的结果往往具有不确定性，它表现为因企业过去的行为而引起的一种潜在债务或损失。正是由于该不确定性不可完全掌控，企业由于未决诉讼而产生的或有负债很可能转换为真实负债，而或有资产则未必能转换为真实资产，因此无论是或有负债成为真实负债的潜在可能性，还是或有资产潜在流失的可能性，企业面临的诉讼风险都会给企业资金周转造成严重的困扰，悬而未决的诉讼事项会干扰企业资金的合理配置。在这样的情况下，当企业试图从银行获得债务融资时，作为债权人的银行在权衡债务风险时，是否会考虑企业所面临的未决诉讼事项带来的风险，并因此收取更高的债务利息作为风险补偿？

Engelmann 和 Cornell（1988）发现，当涉及诉讼案件时，涉诉公司整体显示出财富流失；此外，Firth 等（2011）以中国上市公司为研究样本，发现诉讼公告能够降低涉诉公司股票价格，降低公司的市场价值。国内学者也对公司诉讼风险的经济后果进行了研究，林斌等（2013）研究发现，相比其他公司，陷入诉讼纠纷的企业其公司价值更低。我国上市公司的诉讼事项对公司的日常经营带来不容忽视的影响，上市公司的涉诉越来越频繁，涉案金额越来越多，毛新述和孟杰（2013）发现甚至有案件的涉案金额已经超过其上年的净利润甚至销售收入。外部监管机构也注意到了公司诉讼事项带来的风险，由此可见，公司的未决诉讼事项向投资者、外部监管者等利益相关者传递了一种风险信号。

因此，当涉诉企业试图获取银行的债务融资，同样作为利益相关者的银行在评估债务风险时，很有可能会关注企业所面临的诉讼事项。公司未决诉讼的存在会形成或有负债，进而可能导致企业资产背负沉重的债务负担，将会加大企业的财务风险；同时未决诉讼也可能导致企业资产流失或损失，从而加大企业经营风险。特别对上市公司来说，企业风险加大会影响公司形象、影响投资者的信心，进而影响股票市价，更增加企业的经营风险。总的来说，存在未决诉讼的上市公司产生财务困境的可能性更大，公司的经营能力更易受到负面影响，公司面临的不可控风险更高，因此银行贷款给涉诉公司可能带来更高的债务违约风险。特别值得注意的是，据本研究过程中统计，在经济纠纷类诉讼中约有 1/3 的案件是银行作为原告方提起诉讼，起诉上市公司违反借款合同、贷款合同或者担保合同等，这本身就说明这些上市公司已经发生债务违约，还款能力较差。同时，上市公司未决诉讼的涉诉频率越高，或者其涉诉金额越大，其面临的不确定性及经营风险、财务风险越高，发生债务违约的可能性也越大。基于以上分析，我们认为：较之不存在未决诉讼的上市公司，存在未决诉讼的上市公司获取银行的债务融资成本更高，并且涉诉频率越高、涉诉金额越大，债务融资成本越高。

企业的产权性质不同可能会对企业的融资能力产生影响，银行在进行贷款决策的时候可能会区分对待国有企业和非国有企业。纵观我国目前的金融体系，占有主导地位的仍然是国有银行，国有银行所掌握的金融资源也大多流向国有企业，而民营企业却较难获得来自国有银行的贷款。国有上市公司有着天然的政治背景，政府在无形当中扮演了国有上市公司强有力的"担保人"；相比于没有政府背景的非国有企业，银行会更加信任国有企业的还款意愿以及还款能力。Allen 等（2005）的研究指出，由于所有制的差异，民营企业面临着更严重的融资约束；Brandt 等（2003）、Cull（2005）发现，与政府关系越密切的企业获得国有银行的贷款相对容易；Bai 等（2006）以及 Zhou（2009）都发现：政治关联的企业能够获得更多的银行贷款。江伟和李斌（2006）的研究表明，国有上市公司比非国有上市公司能获得更多的长期负债融资；谢德仁和陈运森（2009）的研究指出，政府对国有上市公司存在所谓的"父爱效应"，使得银行放松了对国有上市公司贷款的贷前审查和贷后监管，但政府的这种"父爱效应"不会惠及非国有上市公司。中国近些年的研究开始关注企业产权性质的差异对会计信息在银行贷款契约中作用的不同，孙铮和李增泉（2006）的研究发现，相对于非国有企业，国有企业的会计信息在债务契约中的有用性更低。廖秀梅（2007）的研究发现会计信息可以降低信贷决策中的信息不对称程度，但企业产权性质的不同会导致会计信息对信贷决策有用性的显著差别。李广子和刘力（2009）的研究也发现，上市公司在被民营化后债务融资成本增大了，民营上市公司与非民营上市公司相比承担了更高的债务融资成本。总之，已有的研究表明产权性质的不同会影响企业的融资成本。

中国国有企业的政府背景弱化了一些与之相关的会计信息所传递的信号，银行在考察借款企业时，如果该企业是国有上市公司，那么其会计信息所传递的信息在银行看来就没那么重要；相反，如果借款企业是非国有上市公司，没有政府的隐形担保，那么银行会更为谨慎地考察该企业的相关信息。根据中国学者已有的研究，发现国有上市公司的会计信息在银行贷款契约中的有用性是低于非国有上市公司的，也就是说国有企业的产权性质降低了会计信息在银行贷款契约中的作用。因此，结合本研究来看，作为债权人的银行可能对于不同产权背景的贷款企业的涉诉信息有着不同的考量，在上市公司涉及未决诉讼时，有政府背景的国有企业抵御诉讼风险的能力更强；即使陷入财务困境，失去还款能力，国有企业比非国有企业更有可能得到政府的救助，从而降低银行的债务风险。因此我们认为：较之国有上市公司，非国有上市公司的未决诉讼对其债务融资成本的影响更为显著。

同样也考虑我国不同地区市场化进程的区别，各个地区的法治进程也不一样。余明桂和潘红波（2008）的研究认为，当企业的合同实施难以受到法律和司法体系的维护时，企业的经营风险较大，导致银行贷款给企业的风险较大，因此增加了企业获得银行贷款的难度。余劲松（2007）的研究指出，一个国家或地区的法律体系越健全，对公司信息披露的要求就会越高，利益相关者对公司的信息了解越充分，并且在可能发生的诉讼中控股股东可能承担较重的责任，因而其在进行决策时将更多地考虑公司整体利益；从外部利益相关者的角度来看，地区法治水平越高，在公司诉讼发生时，可查阅资料的范围越广泛，因此对公司交易的信息了解越充分。而在法治水平较低的地区，公司涉诉的相关信息较不透明，银行较难通过法律法规和公司的约束机制获得企业涉诉的详细信息并做出合理有效的风险评价，因此银行对借款企业的诉讼风险更为敏感。谢德仁和张高菊（2007）的研究指出，法律实施较好和政府干预较少的地区对投资者的保护程度更强，因此债务治理效应更好。总之公司的治理水平与所在地区的法制水平呈正相关趋势。由此可见在法治水平较低的地区，上市公司整体的治理水平较差，也增加了银行对其债务违约的担忧，使得银行对公司面临的诉讼风险更为谨慎。基于以上分析我们猜测，较之法治水平高的地区，法治水平低地区的企业未决诉讼对其债务融资成本的影响更为显著。

为了对我们的设想进行验证，继续使用"或有事项数据库"中的"未决诉讼数据"，设计实证分析进行检验。研究样本与上一小节一样，选取2008—2014年沪深两市所有上市公司作为初始样本。研究设计的实证模型如下：

$$BankLoan = \alpha_0 + \alpha_1 PL + \alpha_2 Size + \alpha_3 Tanasset + \alpha_4 Lev + \alpha_5 Cfo + \alpha_6 ROA$$
$$+ \alpha_7 Growth + \alpha_8 Firmage + \sum Year + \sum Ind + \varepsilon \quad (10-10)$$

$$BankLoan = \alpha_0 + \alpha_1 PLnum + \alpha_2 Size + \alpha_3 Tanasset + \alpha_4 Lev + \alpha_5 Cfo + \alpha_6 ROA$$
$$+ \alpha_7 Growth + \alpha_8 Firmage + \sum Year + \sum Ind + \varepsilon \quad (10-11)$$

$$BankLoan = \alpha_0 + \alpha_1 PLamount + \alpha_2 Size + \alpha_3 Tanasset + \alpha_4 Lev + \alpha_5 Cfo + \alpha_6 ROA$$
$$+ \alpha_7 Growth + \alpha_8 Firmage + \sum Year + \sum Ind + \varepsilon \quad (10-12)$$

实证分析中的被解释变量是债务融资成本（BankLoan），主要考虑上市公司获取银行贷款的成本，因此用企业的利息支出除以企业总的银行借款表示，企业总的银行借款包括长期借款与短期借款。

解释变量是未决诉讼相关变量，依旧从三个维度来衡量，即：涉及未决诉讼与否（PL）；未决诉讼涉诉频率（PLnum）；未决诉讼的涉诉金额（PLamount）。

选取公司规模（Size）、公司的盈利能力（ROA）、公司的资产负债率（Lev）、公司的有形资产负债率（Tanasset）、公司的成长性（Growth）、公司的现金流情况（Cfo）、公司的成立时间（Firmage）、年度（year）、行业（Ind）作为控制变量。

此外，在进一步研究中本研究区分了公司的所有权性质和公司的法律环境。依据公司最终控制人将公司分为国有上市公司与非国有上市公司；依据樊纲（2011）市场化进程指数中的"市场中介组织的发育和法律制度环境指数"来测量公司所处地区的法治水平。变量的定义如表10-10所示。

表10-10　　　　　　　　　　变量定义表

变量类型	变量符号	变量定义
被解释变量	BankLoan	公司的银行债务融资成本，利息支出/银行借款总额
解释变量	PL	公司当年是否存在未决诉讼事项，存在取值为1，否则为0
	PLnum	公司当年的未决诉讼涉诉频率，ln（涉诉次数＋1）
	PLamount	公司当年的未决诉讼涉诉金额，取值为涉诉金额/公司总资产

续表

变量类型	变量符号	变量定义
控制变量	SOE	公司的产权性质，国有企业取值为1，否则为0
	Law_index	公司所在地的法制水平，以樊纲（2011）市场化进程指数中"市场中介组织的发育和法律制度环境"指数测量
	Size	公司规模，以公司年末总资产的自然对数表示
	Lev	公司的资产负债率，总负债/总资产
	Tanasset	公司的有形资产负债率，总负债/（资产总计 – 无形资产净额 – 商誉净额）
	ROA	公司的盈利能力，净利润/总资产
	Growth	公司的成长能力，（当年营业收入 – 上年营业收入）/上年营业收入
	Cfo	公司的现金流动情况，年度经营活动现金净流量/期末资产总额
	Firmage	公司成立年数
	Year	年度变量，当样本为某一特定年份时取值为1，否则为0
	Ind	行业变量，当样本为某一特定行业时取值为1，否则为0；行业划分标准参照了证监会行业分类标准（2012），其中制造业按二级目录细分

为了大致了解上市公司涉及诉讼事项的案件类型，表10-11对仅涉诉1次的公司案件类型进行了分类统计①。将上市公司的涉诉案件类型分为经济类诉讼（包括借贷、担保及其他经济往来引起的诉讼）、知识产权类诉讼（包括著作权、商标权、专利权等引起的诉讼）、股权纠纷诉讼（包括股东股权纠纷、股票交易纠纷等引起的诉讼）以及未归入前三类的其他诉讼类型。表中显示，经济类诉讼占比最高，占到了所有类型的74.90%，此类诉讼也与公司的现金流关系密切，相比于其他类型的诉讼案件，更可能对公司的财务状况造成不利影响，影响企业的业绩水平。

表10-11　　　　　　　仅涉诉一次的公司的涉诉案件类型

案件类型	经济类诉讼	知识产权类诉讼	股权纠纷诉讼	其他	合计
公司年	427	30	31	82	570
占比	74.90%	5.27%	5.44%	14.39%	100%

在多元回归分析前，我们先进行单变量的均值差异检验，初步观测存在未决诉讼的样本公司与不存在未决诉讼的样本公司之间各项指标的均值差异情况。如表10-12显示，存在未决诉讼的样本公司的债务融资成本均值显著高于不存在未决诉

---

① 要分析不同类型的诉讼对债务融资成本的影响，为了避免多次涉诉公司存在多类型诉讼干扰结果，在对诉讼案件分类时，仅考虑涉诉1次的样本公司。

讼的样本公司，并且存在未决诉讼的公司，其公司规模、现金流水平、盈利能力都显著低于不存在未决诉讼的公司。

表 10 – 12　　　　　　　　单变量均值差异检验

	均值		均值差异	T 值
	存在诉讼的公司	不存在诉讼的公司		
BankLoan	0.1032769	0.083911	0.019366	6.0786 ***
Size	21.62761	21.93158	-0.30397	-6.998 ***
Tanasset	0.720462	0.5198384	0.200624	22.282 ***
Lev	0.631216	0.4991719	0.132044	19.444 ***
Cfo	0.0246881	0.0381502	-0.01346	-5.116 ***
ROA	0.0152405	0.0350921	-0.01985	-9.877 ***
Growth	0.6969051	0.4563677	0.240537	4.2221 ***
Firmage	15.16545	13.33935	1.826101	10.899 ***

注：*、**、*** 分别表示在 10%、5%、1% 水平上显著。

初步的均值差异检验后，我们进行更为精确的多元回归分析。表 10 – 13 列示了对"未决诉讼对债务融资成本影响"的多元回归结果。由回归模型（10 – 10）可以看出，在控制了其他变量的影响后，解释变量 PL 的回归系数显著为正，说明存在未决诉讼的样本公司获取银行的债务融资成本显著高于不存在未决诉讼的公司；同时模型（10 – 11）、（10 – 12）的结果显示，PLnum 以及 PLamount 的回归系数显著为正，即样本公司的涉诉频率越高、涉诉金额越大，其债务融资成本越高。说明当涉诉企业试图获取银行的债务融资时，作为债权人的银行在评估债务风险时考虑企业所面临的诉讼事项引起的不确定性以及随之而来的风险，并且考虑到其涉诉的频率、诉讼发生的越频繁、诉讼的涉案金额越大，公司面临的不确定性及经营风险、财务风险越高，发生债务违约的可能性也越大。因此，相较于不存在未决诉讼的上市公司，存在未决诉讼的上市公司获取银行的债务融资成本更高；并且涉诉频率越高、涉诉金额越大，债务融资成本越高。

表 10 – 13　　　　　诉讼风险对企业债务融资成本影响的回归结果

变量	模型（10 – 10）	模型（10 – 11）	模型（10 – 12）
	BankLoan	BankLoan	BankLoan
constant	0.205 ***	0.205 ***	0.211 ***
	(3.03)	(3.03)	(3.12)
PL	0.0178 ***		
	(5.49)		

续表

变量	模型 (10-10) BankLoan	模型 (10-11) BankLoan	模型 (10-12) BankLoan
PLnum		0.0183 *** (6.30)	
PLamount			0.00365 * (1.73)
Size	-0.00660 *** (-7.55)	-0.00654 *** (-7.49)	-0.00703 *** (-8.06)
Tanasset	0.0468 *** (6.69)	0.0446 *** (6.36)	0.0486 *** (6.92)
Lev	-0.0707 *** (-7.05)	-0.0697 *** (-6.96)	-0.0684 *** (-6.82)
Cfo	0.142 *** (10.96)	0.143 *** (11.03)	0.140 *** (10.83)
ROA	-0.0491 *** (-2.72)	-0.0497 *** (-2.75)	-0.0495 *** (-2.74)
Growth	0.000866 (1.49)	0.000890 (1.53)	0.000914 (1.57)
Firmage	0.000633 *** (3.04)	0.000628 *** (3.02)	0.000692 *** (3.33)
Year	控制	控制	控制
Industry	控制	控制	控制
F value	9.61 ***	9.78 ***	9.13 ***
R^2	0.0533	0.0542	0.0507
obs	10 142	10 142	10 142

注：*、**、*** 分别表示在10%、5%、1%水平上显著，下同。

为验证产权性质的调节作用，我们依据公司的产权性质对样本公司进行分组，而后进行分组回归，回归结果列示于表10-14。从回归结果的前两列可以得知，相对于国有上市公司，非国有上市公司存在未决诉讼对其债务融资成本的影响更大更显著（国有企业样本 PL 回归系数为 0.0113，相应 t 值为 2.62；而非国有企业样本 PL 回归系数为 0.0204，相应 t 值为 4.17）；为了严谨地在统计意义上对比国有上市公司与非国有上市公司的未决诉讼对其债务融资成本影响的差异，本研究借鉴 Clogg et al. (1995) 的方法，使用"似无关估计模型"（Seemingly unrelated estimation model，简称 suest）来检验国有企业与非国有企业两个子样本之间的系数差距；

检验结果显示，存在未决诉讼对国有企业与非国有企业的债务融资成本的影响有显著的差异（系数差异检验中的 Chi-square 高达 194.66，即系数的差异有统计学意义）。类似的，回归结果的中间两列显示，样本公司的涉诉频率对国有企业与非国有企业债务融资成本的影响也有显著差异；回归结果的后两列显示，涉诉金额也对国有企业与非国有企业债务融资成本的影响也有显著差异。说明作为债权人的银行对于不同产权背景的贷款企业的涉诉信息确实有不同的考量，同样作为涉及未决诉讼的企业，银行认为有政府背景的国有企业抵御诉讼风险的能力更强；企业即使陷入财务困境，失去还款能力，国有企业也比非国有企业更有可能得到政府的救助，从而降低了银行的债务风险，因此相对于国有上市公司，企业的未决诉讼对其债务融资成本的影响在非国有上市公司中更为显著。

表 10-14　不同产权性质的企业诉讼风险对债务融资成本的影响对比分析

变量	国有企业	非国有企业	国有企业	非国有企业	国有企业	非国有企业
	BankLoan	BankLoan	BankLoan	BankLoan	BankLoan	BankLoan
Constant	0.183 ***	0.255 ***	0.182 ***	0.255 ***	0.265 ***	0.173 ***
	(3.95)	(3.34)	(3.94)	(3.35)	(3.47)	(3.75)
PL	0.0113 ***	0.0204 ***				
	(2.62)	(4.17)				
PLnum			0.0129 ***	0.0194 ***		
			(3.29)	(4.48)		
PLamount					0.00178	0.202 ***
					(0.79)	(6.30)
Size	-0.00505 ***	-0.00976 ***	-0.00500 ***	-0.00977 ***	-0.00456 ***	-0.0104 ***
	(-4.46)	(-6.20)	(-4.42)	(-6.21)	(-4.04)	(-6.59)
Tanasset	0.0265 ***	0.0596 ***	0.0259 ***	0.0562 ***	0.0222 **	0.0641 ***
	(2.84)	(5.45)	(2.77)	(5.09)	(2.38)	(5.85)
Lev	-0.0568 ***	-0.0834 ***	-0.0572 ***	-0.0805 ***	-0.0553 ***	-0.0819 ***
	(-4.40)	(-5.18)	(-4.43)	(-5.00)	(-4.30)	(-5.07)
Cfo	0.145 ***	0.134 ***	0.146 ***	0.135 ***	0.142 ***	0.133 ***
	(7.98)	(7.16)	(8.02)	(7.20)	(7.85)	(7.10)
ROA	-0.0424	-0.0535 **	-0.0422	-0.0547 **	-0.0434	-0.0542 **
	(-1.55)	(-2.16)	(-1.55)	(-2.21)	(-1.59)	(-2.19)
Growth	-0.000882	0.00168 **	-0.000844	0.00169 **	-0.000793	0.00169 **
	(-0.97)	(2.17)	(-0.93)	(2.18)	(-0.88)	(2.18)

续表

变量	国有企业	非国有企业	国有企业	非国有企业	国有企业	非国有企业
	BankLoan	BankLoan	BankLoan	BankLoan	BankLoan	BankLoan
Firmage	-0.000537*	0.00122***	-0.000531	0.00120***	-0.000522*	0.00129***
	(-1.73)	(4.13)	(-1.71)	(4.08)	(-1.69)	(4.37)
Year	控制	控制	控制	控制	控制	控制
Industry	控制	控制	控制	控制	控制	控制
Suest (Chi-square)	194.66***	190.26***	216.69***			
R^2	0.055	0.074	0.056	0.074	0.0609	0.0702
F value	5.41***	6.6***	5.47***	6.65***	6.02***	6.29***
obs	5 251	4 891	5 251	4 891	5 251	4 891

注：*、**、***分别表示在10%、5%、1%水平上显著。

为验证地区法治水平的调节作用，我们依据公司所在地的法律环境对样本公司进行分组；公司所在地的法治水平是依据樊纲等（2011）编制的中国市场化指数中的"市场中介组织的发育和法律制度环境"指数进行测度，而后按照中位数分为"高法治水平地区"与"低法治水平地区"。分组回归结果列示于表10-15。从回归结果的前两列可以得知，相对于处在高法治水平地区的公司，处在低法治水平地区的公司存在未决诉讼对其债务融资成本的影响更大更显著（法治水平高的地区的样本PL回归系数为0.00939，相应t值为2.02；而法治水平低的地区的样本PL回归系数为0.0269，相应t值为5.93）；进一步使用"似无关估计模型"进行系数差异检验，结果显示，存在未决诉讼对处在不同法治水平地区的上市公司的债务融资成本的影响有显著的差异（Chi-square值为145.24，即系数的差异有统计学意义）。类似的，回归结果的中间两列显示，涉诉频率对不同法治水平地区的上市公司的债务融资成本的影响有显著的差异；回归结果的后两列显示，涉诉金额对不同法治水平地区的上市公司的债务融资成本的影响也有显著的差异。说明在法治水平较低的地区，公司涉诉的相关信息较难获得，银行通过法律法规对公司的约束机制获得企业涉诉的详细信息并做出合理有效的风险评价难度较大，因此银行对借款企业的诉讼风险更为敏感。同时可能由于法治水平较低的地区，上市公司整体的治理水平较差，也成为了银行担忧其发生债务违约的因素之一，因此银行对低法治水平地区的上市公司面临的诉讼风险更为谨慎。

表 10－15　处于不同法律环境中的企业诉讼风险对债务融资成本的影响对比分析

变量	法治水平高的地区	法治水平低的地区	法治水平高的地区	法治水平低的地区	法治水平高的地区	法治水平低的地区
	BankLoan	BankLoan	BankLoan	BankLoan	BankLoan	BankLoan
Constant	0.190***	0.206***	0.188***	0.207***	0.171***	0.197***
	(2.63)	(3.06)	(2.60)	(3.08)	(2.52)	(2.98)
PL	0.00936**	0.0269***				
	(2.02)	(5.93)				
PLnum			0.0115***	0.0256***		
			(2.80)	(6.24)		
PLamount					0.00298	0.0138**
					(1.27)	(2.27)
Size	−0.00591***	−0.00765***	−0.00578***	−0.00771***	−0.00601***	−0.00853***
	(−4.75)	(−5.97)	(−4.65)	(−6.03)	(−4.85)	(−6.69)
Tanasset	0.0453***	0.0439***	0.0435***	0.0417***	0.0448***	0.0477***
	(4.28)	(4.74)	(4.10)	(4.49)	(4.20)	(5.14)
Lev	−0.0922***	−0.0444***	−0.0917***	−0.0435***	−0.0899***	−0.0427***
	(−6.16)	(−3.29)	(−6.13)	(−3.23)	(−6.00)	(−3.15)
Cfo	0.168***	0.118***	0.169***	0.119***	0.168***	0.113***
	(9.08)	(6.48)	(9.10)	(6.56)	(9.07)	(6.20)
ROA	−0.0872***	−0.0109	−0.0872***	−0.0116	−0.0901***	−0.00550
	(−3.09)	(−0.47)	(−3.09)	(−0.50)	(−3.19)	(−0.23)
Growth	0.00100	0.000686	0.00104	0.000694	0.00101	0.000855
	(1.17)	(0.87)	(1.21)	(0.88)	(1.18)	(1.08)
Firmage	0.000765***	0.000531*	0.000753***	0.000534*	0.000806***	0.000604*
	(2.66)	(1.72)	(2.62)	(1.73)	(2.81)	(1.96)
Year	控制	控制	控制	控制	控制	控制
Industry	控制	控制	控制	控制	控制	控制
Suest (Chi-square)	145.24***		141.70***		153.89***	
R^2	0.068	0.060	0.068	0.060	0.0672	0.0533
F value	6.42***	5.50***	6.49***	5.57***	6.38***	4.92***
obs	5 278	4 864	5 278	4 864	5 278	4 864

注：*、**、***分别表示在10%、5%、1%水平上显著。

此外，描述性统计已显示上市公司涉及的诉讼案件类型各有不同。为了进一步探究不同类型的未决诉讼事项对样本公司的债务融资成本的影响，我们在区分涉诉样本公司的诉讼案件类型的基础上，分别分析各类诉讼对企业债务融资成本的影响。有些涉诉企业在某一会计年度不止存在一起未决诉讼事项，并且诉讼类型也可能有不止一种，因此为了避免多次涉诉样本的诉讼类型互相干扰，我们仅对涉诉一次的样本公司按照诉讼原因分类并进行进一步的回归分析。表10-16所示的回归结果显示，将诉讼案件分为经济类纠纷、知识产权类纠纷、股权类纠纷以及其他纠纷后分别进行分析，发现只有"经济类纠纷"引起的未决诉讼事项增加了企业的债务融资成本，其他三类诉讼类型对企业债务融资成本的影响并不显著。这表明银行在评估企业的债务违约风险时，只是关注企业因借贷、担保、经济往来合同等引起的诉讼风险，此类诉讼往往与公司的现金流关系密切，相比于其他类型的诉讼案件，更可能对公司的财务状况造成不利影响，影响企业的业绩水平，进而影响企业的还款能力，增大企业的债务违约风险。

表 10-16　不同的诉讼类型对企业债务融资成本的影响分析

变量	经济类纠纷 BankLoan	知识产权类纠纷 BankLoan	股权类纠纷 BankLoan	其他纠纷 BankLoan
Constant	0.194 ** (2.28)	0.140 * (1.67)	0.163 * (1.92)	0.166 * (1.96)
PL	0.0216 *** (3.72)	-0.00534 (-0.26)	0.0190 (0.92)	-0.00136 (-0.11)
Size	0.0446 *** (4.64)	0.0432 *** (4.33)	0.0422 *** (4.24)	0.0430 *** (4.35)
Tanasset	-0.0934 *** (-7.07)	-0.0968 *** (-7.17)	-0.0956 *** (-7.09)	-0.0931 *** (-6.92)
Lev	0.160 *** (9.48)	0.150 *** (8.68)	0.150 *** (8.74)	0.148 *** (8.63)
Cfo	-0.0959 *** (-3.91)	-0.0724 *** (-2.83)	-0.0717 *** (-2.81)	-0.0623 ** (-2.46)
ROA	0.00139 * (1.80)	0.000829 (1.04)	0.000802 (1.01)	0.000817 (1.04)
Growth	0.000858 *** (3.19)	0.000832 *** (3.06)	0.000859 *** (3.17)	0.000829 *** (3.06)
Firmage	0.001163 *** (2.77)	0.000422 (1.17)	0.000753 ** (2.02)	0.000199 (1.28)
Year	控制	控制	控制	控制
Industry	控制	控制	控制	控制
R^2	0.0407	0.0382	0.0386	0.0381
F value	6.87 ***	6.17 ***	6.23 ***	6.19 ***
Obs	9 614	9 217	9 218	9 269

注：*、**、***分别表示在10%、5%、1%水平上显著。

通过实证的检验，我们确实发现企业的未决诉讼事项影响了企业的外部融资能力，具体表现在存在未决诉讼的企业承担了更高的银行债务融资成本，并且这种情况在非国有企业中以及处于低法治水平地区的企业中更为明显。这就显示了未决诉讼潜在的风险确实给企业带了负面的经济后果，影响了企业获取资金的能力，进而对企业的经营造成负面影响。

第三节 未决诉讼对审计意见类型、审计费用以及审计报告时滞的影响

一、未决诉讼对审计意见类型、审计费用的影响研究

上市公司诉讼事项的背后往往蕴涵着经营活动和财务运作的风险，如果上市公司卷入诉讼案件，并且持续一段时间，所形成的未决诉讼是一种潜在的危机，会加大上市公司持续经营的风险。上市公司诉讼事件呈现出两个较为明显的特点，即诉讼数量与涉诉金额的同比大幅攀升，而且相当一部分上市公司的未决诉讼涉诉金额超过上一年度的净利润甚至营业收入。对2008—2012年主板A股上市公司的不完全统计，诉讼案件涉及的金额都在百亿元级别，并有逐年增加的趋势。由此可见，我国上市公司涉及的未决诉讼事项会带来巨大的潜在风险，对公司的经营产生重大不利影响。

注册会计师作为外部监管力量，在对上市公司进行审计的过程中，需要识别、分析、评估被审计单位的风险，因此从注册会计师的角度来看，被审计单位存在涉及巨额索赔诉讼等重大不确定事项，很可能影响企业的持续经营能力，甚至给企业造成致命打击。这使得会计师事务所在接受这些企业的委托时，将承受较高的审计风险。2006年我国新的审计准则体系的发布，标志着确立了以风险导向为基础的审计模式，也加大了注册会计师的法律风险，注册会计师需要为自己发表的审计意见承担更多的责任。在这样的审计制度背景下，我国的审计师在审计和出具审计意见时，是否会考虑上市公司所存在的未决诉讼事项及其背后所蕴含的风险？上市公司所发生的诉讼事项对审计收费和审计意见是否具有影响？这将是这一节要分析的问题。

未决诉讼事项对审计费用的影响可以通过审计业务的供求双方分别来看。从审计需求方角度来看，当其涉及未决诉讼事项时，需要审计师进行稽核、审计的范围有所增大，有必要向审计师支付更高的审计费用；此外，根据审计需求的保险理论，审计兼具信息价值和保险价值（Dye，1993），由于未决诉讼事项所蕴含的不确定性，上市公司面临的经营风险较高，从而导致预期的保险赔偿概率增加，作为投保人的被审上市公司有必要支付更高的审计费用作为风险溢价。从审计供给方的角度

来看，一方面未决诉讼事项的存在有可能使得审计师在审计过程中增加审计程序、扩大实质性测试的范围，还可能需要增加高素质审计师的人数，延长审计时间等，也就是说审计业务量大为增加，因此需要向被审计单位索取更高的审计费用作为成本补偿（冯延超和梁莱歆，2010）；另一方面，未决诉讼的"不确定性"增加了企业的风险。由于未决诉讼的存在而导致的或有负债作为一种潜在因素可能导致企业资产背负沉重债务负担，将会加大企业的财务风险；未决诉讼也可能导致企业资产流失或损失，从而加大企业经营风险。特别对上市公司来说，企业风险加大会影响公司形象、影响投资者的信心，进而影响股票市价，更增加企业的经营风险。总的来说，存在未决诉讼的上市公司产生财务困境的可能性更大，公司的经营能力更易受到负面影响，公司面临的不可控风险更高。根据审计风险理论，当上市公司面临的不确定性较高而增加其不可控风险时，公司编制的财务报告的质量和公允性更容易受到质疑，这使得"审计风险"模型中的"重大错报风险"增大（蔡吉甫，2007）；为了保证审计质量，会计师事务所需要通过降低自身的"检查风险"来控制总体的审计风险，因此需要投入更多经验丰富的审计人员，延长审计时间，增加审计程序、扩大实质性测试的范围，这就增加了审计成本，会计师事务所会向被审单位收取更高的审计费用来补偿成本（张继勋、陈颖、吴璇，2005）。图10-5简要清晰地展示了未决诉讼影响审计费用的逻辑路径。

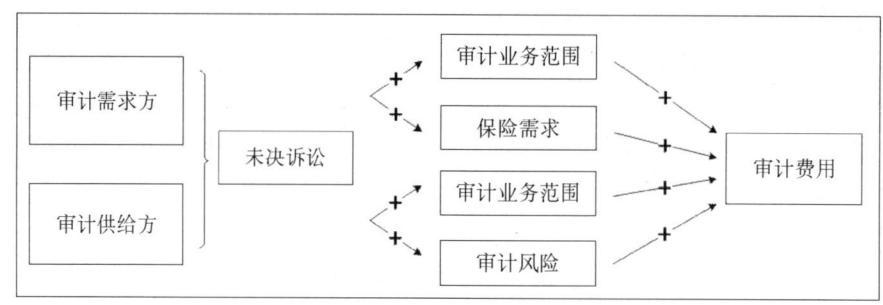

图 10-5　未决诉讼与审计费用的关系框架图

基于以上分析，我们认为：较之不存在未决诉讼的上市公司，存在未决诉讼的上市公司审计收费更高。

鉴于我国的资本市场尚不完善，企业之间的经济往来缺乏有力的监管和保护，上市公司卷入各种经济纠纷进而诉诸法律也属正常，并非会对企业的长远发展产生巨大的影响。但如果上市公司频繁地受到诉讼案件的困扰，并且涉诉金额巨大时，企业经营受到未决诉讼事项带来的负面影响将不容小觑。特别是涉及产品服务质量、履行债务契约等方面的或有事项，往往具有涉诉金额高、未来发生现金流出概率大的特点。因此，上市公司未决诉讼涉诉金额的加大，会使其融资能力、企业形象均受到影响，审计师的审计风险也会随之增加，作为风险补偿，审计师很可能会要求被审计公司支付潜在赔偿的风险溢价费用。同时,审计师为保证审计质量,不得不投入更多的人力物力、延长审计时间、增加审计程序,这些额外投入的成本需要通过收取更高的审计费用获得补偿。基于以上分析,我们进一步推断:上市公司未决诉讼涉诉金额越高,审计收费越高。

审计意见类型反映了注册会计师执业过程中的独立性以及对审计风险的谨慎程度,是审计质量的综合体现。审计师在出具审计意见时一般会考虑到需要付出的努力和未来面临的损失(Simmunic 和 Stein,1995)。随着我国资本市场的日益发展,投资者对财务报表信息日益重视,对审计师承担审计责任的期望也随之提高,甚至将审计师的审计意见看作是一种"担保",如果审计师发表了不恰当的审计意见进而导致报表使用者的经济损失,他们会将责任归咎于审计师,并向审计师索赔,这就会迫使审计师日益注重执业风险,审慎出具审计意见。

根据委托代理理论,外部独立审计受托在对被审单位进行审计时,需要全面细致地考察公司的经营和管理状况,严谨地鉴定公司财务报告的真实性,对其中的不确定信息进行审慎处理。然而,未决诉讼作为一种或有事项,其结果是否发生以及具体发生的时间或发生的金额都具有不确定性。不确定性越大,说明企业未来经营受到不可预测因素的影响越大。这使得注册会计师审计时面临着各种不确定情况,很可能提高其发表不恰当审计意见的可能性,进而增大审计风险。同时,对未决诉讼事项的界定和评估缺乏公认标准,这要求注册会计师审计时要更依赖其执业经验和专业判断,这必然会增加审计风险(张朝东,2010)。此外,被审计的上市公司为了自身利益,财务造假的行为愈演愈烈。在面临未决诉讼等或有事项问题时,会计人员的专业判断空间很有可能被作为企业实施盈余管理的工具;注册会计师若不能及时有效地识别被审计单位的财务舞弊行为,很有可能发表不当的审计意见,这必然会形成审计风险。

因此,审计师给予经营环境不确定性程度高的公司较高的风险评估水平,当被审单位存在较大不确定性时,审计风险也会随之加大,审计师受到会计信息使用者索赔的风险也会增高。已有文献表明,当公司的风险评估较高时,审计师在出具审计意见时表现得更谨慎,出具非标审计意见的概率较大(Lennox,2000);审计师为了减轻自身承担法律责任的风险,避免审计失败,保证审计质量,就越有可能出具非标准审计意见。

另一方面,基于保险理论,审计作为一种保险行为而存在,注册会计师实际上不仅在为审计失误承担风险,还承担了一部分来自被审单位经营失败甚至破产对投资者造成危害的风险。注册会计师为了减轻自身的责任,尽量规避风险,会在审计过程中对经营状况差、财务状况不理想、不确定性大的被审单位给予更高的期望风险,因此会更加谨慎、保守地出具审计意见。同时,随着上市公司未决诉讼的涉诉金额增大,其所面临的财务风险将越大,导致审计师面临的审计风险也随之加大。

因此,上市公司未决诉讼的涉诉金额很有可能构成审计师判断上市公司未决诉讼给其经营带来负面影响的重要依据。越高的涉诉金额意味着越高的经营风险,这很可能引导审计师出于谨慎性原则,出具非标准审计意见。基于以上分析,我们认为:存在未决诉讼的上市公司被出具非标准审计意见的可能性更大,并且未决诉讼涉诉金额越高,上市公司被出具非标准审计意见的可能性越大。

我们继续设计实证分析来证实我们的推测。未决诉讼依然使用已建立的"或有事项数据库"中提供的未决诉讼数据,选取沪深两市 2008—2014 年共 7 年所有主板 A 股公司作为初始样本。首先,建立实证研究的模型:

$$Lnfee = \beta_0 + \beta_1 PL + \beta_2 Size + \beta_3 Big4 + \beta_4 Lopinion + \beta_5 Opinion + \beta_6 Lev + \beta_7 Roa + \beta_8 Roc + \beta_9 Cat + \beta_{10} At + \beta_{11} Arr + \beta_{12} Invr + \beta_{13} Growth + \beta_{14} SOE + \sum Year + \sum Industry + \varepsilon \quad (10-13)$$

$$Lnfee = \beta_0 + \beta_1 PL_{amount} + \beta_2 Size + \beta_3 Big4 + \beta_4 Lopinion + \beta_5 Opinion + \beta_6 Lev + \beta_7 Roa + \beta_8 Roc + \beta_9 Cat + \beta_{10} At + \beta_{11} Arr + \beta_{12} Invr + \beta_{13} Growth + \beta_{14} SOE + \sum Year + \sum Industry + \varepsilon \quad (10-14)$$

$$Opinion = \beta_0 + \beta_1 PL + \beta_2 Size + \beta_3 Big4 + \beta_4 Lnfee + \beta_5 Lev + \beta_6 Roa + \beta_7 Roc + \beta_8 Cat + \beta_9 At + \beta_{10} Arr + \beta_{11} Invr + \beta_{12} Growth + \beta_{13} Lost + \sum Year + \sum Industry + \varepsilon \quad (10-15)$$

$$Opinion = \beta_0 + \beta_1 PL_{amount} + \beta_2 Size + \beta_3 Big4 + \beta_4 Lnfee + \beta_5 Lev + \beta_6 Roa + \beta_7 Roc + \beta_8 Cat + \beta_9 At + \beta_{10} Arr + \beta_{11} Invr + \beta_{12} Growth + \beta_{13} Lost + \sum Year + \sum Industry + \varepsilon \quad (10-16)$$

实证分析的被解释变量是审计意见类型和审计收费,我们对"审计意见类型"设置了哑变量,即上市公司年度财务报告是否被出具非标准审计意见(Opinion);当审计师出具非标准审计意见时,该变量取值为 1,否则为 0;审计收费(Lnfee)使用上市公司的"审计费用总计"的自然对数,具体地,该费用包括境内审计费用金额、境外审计费用金额以及其他相关费用金额。解释变量是未决诉讼的相关变量,采用有无未决诉讼的哑变量(PL)以及未决诉讼涉诉金额(PL_amount)。为了确保实证结果的准确性,根据已有的研究成果,将其他影响审计收费和审计意见类型的因素作为控制变量。主要参照了 Taylor(1999)、方军雄(2004)、蔡春(2005)、吕先锫(2007)等对审计定价模型的研究,结合本研究的研究对象,引入以下对审计收费和审计意见类型有重要影响的因素作为控制变量:公司规模(Size)、事务所规模(Big4)、资产负债率(Lev)、总资产报酬率(Roa)、收入经营现金比(Roc)、流动资产周转率(Cat)、资产周转率(At)、应收账款周转率(Arr)、存货周转率(Invr)、主营收入增长率(Growth)。此外,公司所有权性质(SOE)、上年审计意见类型（Lopinion）、公司当年审计意见类型（Opinion）也作为影响审计收费的控制变量，公司当年是否发生亏损（Lost）、公司当年的审计收费（Lnfee）作为影响审计意见类型的控制变量。此外，为控制行业和年度的影响，还对行业和年度进行了整体控制，具体变量表见表 10-17。

表 10-17　　　　　　　　　　　变量定义表

变量性质	变量符号	变量名称	变量解释
被解释变量	Lnfee	审计费用	本期审计费用的自然对数
	Opinion	审计意见类型	当年年报被出具非标准审计意见取值为1，否则为0
解释变量	PL	未决诉讼	当年存在未决诉讼事项取值为1，否则为0
	PL_{amount}	未决诉讼涉诉金额	当年未决诉讼涉诉金额占总资产比例取对数
控制变量	Size	公司规模	期末总资产的自然对数
	Big4	事务所规模	审计师是国际四大取值为1，否则为0
	Lopinion	上年审计意见类型	上一年度年报被出具非标准审计意见取值为1，否则为0
	Lev	资产负债率	期末负债总额/期末资产总额
	Roa	资产报酬率	（利润总额+利息支出）/平均资产总额
	Roc	收入经营现金比	经营现金净流量/营业收入
	Cat	流动资产周转率（次）	营业收入/流动资产期末余额
	At	资产周转率（次）	营业收入/资产总额期末余额
	Arr	应收账款周转率（次）	营业收入/平均应收账款余额
	Invr	存货周转率（次）	营业成本/平均存货总额
	Growth	主营收入增长率	（本年主营业务收入-上年主营业务收入）/上年主营业务收入
	SOE	公司所有权性质	公司为国有取值为1，否则为0
	Lost	公司当年是否发生亏损	公司当年发生经营亏损取值为1，否则为0
	Year	年度变量	当样本为某一特定年份时取值为1，否则为0
	Industry	行业变量	当样本为某一特定行业时取值为1，否则为0

对不同的被解释变量，选用不同的模型进行回归分析，具体结果见表 10-18。

表 10-18　　上市公司未决诉讼事项对审计收费影响的回归分析

	Lnfee OLS 回归				Opinion Logit 回归			
	模型（10-13）		模型（10-14）		模型（10-15）		模型（10-16）	
	回归系数	t值	回归系数	t值	回归系数	z值	回归系数	z值
PL	0.0987***	5.93			0.918***	6.03		
PL_{amount}			0.455*	2.43			4.001*	2.30

续表

	Lnfee OLS 回归				Opinion Logit 回归			
	模型（10-13）		模型（10-14）		模型（10-15）		模型（10-16）	
	回归系数	t 值	回归系数	t 值	回归系数	z 值	回归系数	z 值
Size	0.361***	52.47	0.361***	25.65	-1.083***	-13.29	-0.903***	-5.95
Big4	0.968***	28.26	0.913***	11.24	0.713	1.69	-0.835	-0.74
Lopinion	0.149***	4.78	0.133***	4.48				
Opinion	0.103***	3.39	0.185***	4.13				
SOE	-0.0701***	-5.34	-0.0121	-0.37				
Lev	0.0354	1.5	0.0726***	6.41	3.089***	12.22	1.040***	4.01
Roa	-0.0188	-0.21	0.171*	2.23	-2.410*	-2.14	1.427*	2.06
Roc	-0.115***	-5.18	-0.0146	-0.87	-0.367	-1.44	-0.123	-1.08
Cat	0.00233	0.27	-0.0215	-1.08	0.265*	2.56	0.468**	2.75
At	0.107***	5.72	0.195***	4.94	-1.067***	-4.92	-1.444***	-4.20
Arr	0.0948*	2.27	0.0574	0.87	0.234	0.53	0.272	0.57
Invr	-0.0296***	-4.13	0.00266	0.44	0.0177	0.26	0.045	1.18
Growth	-0.00222	-0.87	-0.00617***	-3.38	-0.0184	-0.64	-0.0266	-0.88
Lnfee					0.558**	3.2	0.754**	2.79
Lost					1.043***	5.07	1.724***	6.06
Year	控制		控制		控制		控制	
Industry	控制		控制		控制		控制	
Constant	5.645***	45.43	5.139***	11.14	10.74***	5.38	2.198	0.57
N	6110		1104		6110		1104	
R^2	0.679		0.654		0.46		0.4325	

注：*、**、*** 分别表示在 10%、5%、1% 水平上显著。

首先，以"审计费用"为被解释变量，对模型（10-13）采用 OLS 回归，发现未决诉讼（PL）的符号为正，符合我们的预期，并且该结果在 1% 水平上显著。说明存在未决诉讼事项的上市公司审计收费更高。

进一步研究未决诉讼的涉诉金额对审计收费的影响，以所有存在未决诉讼的上市公司作为回归样本（共 1104 个样本），对模型（10-14）采用 OLS 回归，发现涉诉金额占总资产的比例（PL_amount）符号为正，符合我们的预期，并且该结果在 1% 水平上显著。说明存在未决诉讼事项的上市公司其涉诉金额越高，审计收费越高。

然后，以"审计意见类型"为被解释变量，对模型（10-15）采用 Logit 回归，发现未决诉讼（PL）的符号为正，符合我们的预期，并且该结果在1%水平上显著。说明存在未决诉讼事项的上市公司被出具非标准审计意见的可能性更大。

进一步研究未决诉讼的涉诉金额对审计意见类型的影响，选取所有存在未决诉讼的上市公司作为回归样本（共1104个样本），对模型（10-16）回归，发现涉诉金额占总资产的比例（PL_amount）符号为正，符合我们的预期，并且该结果在1%水平上显著。说明存在未决诉讼事项的上市公司其涉诉金额越高，被出具非标准审计意见的可能性越大。

实证研究证实了上市公司未决诉讼会对审计收费及审计意见类型产生影响。研究结果显示审计师在审计过程中以及在出具审计意见时，充分关注了被审计上市公司未决诉讼事项带来的审计风险。在控制其他因素的影响后，存在未决诉讼事项的上市公司，比不存在未决诉讼事项的上市公司支付了更高的审计费用，而且更可能被出具非标准审计意见；考虑到未决诉讼事项的涉诉金额，涉诉金额越高，审计收费越高，被出具非标准审计意见的可能性越大。

二、未决诉讼审计报告时滞的影响研究

上市公司的年度财务报告是公司向其外部投资者等利益相关者传递公司经营及盈利状况最重要的方式，但是由于信息不对称以及委托代理问题，公司管理层人员所提供的年度报告的可靠性容易受到财务报告使用者的质疑，因此独立第三方出具的审计报告至关重要，可以增强财务信息的可靠性。外部审计需要投入人力成本与时间成本，因此审计报告签署日滞后于资产负债表日；如果审计师在审计过程中遇到困难，需要增加审计程序、扩大实质性测试的范围进而获取更充分的审计证据，那么审计报告时滞就会相应地增加。一方面，审计时滞反映了审计师完成审计工作所花费的时间，因此可以反映审计努力程度（刘笑霞等，2017），另一方面，较长的审计时滞使得报表使用者的信息成本增加，降低了审计的价值（李瑛玫等，2016）。探究引起审计时滞的因素有助于挖掘提升审计效率的方法，同时有助于上市公司的管理层提升年报披露效率，保证公司会计信息的及时传递。

审计时滞能比审计费用更清晰地反映审计投入，因此我们对未决诉讼与审计时滞之间的关系进行检验，可以了解未决诉讼事项是否会使得审计师为了控制审计风险而投入更多的时间成本、提高其努力程度，进一步探究了未决诉讼增加审计费用的路径。此外，法律环境作为重要的制度背景，是否会影响审计师在对涉及未决诉讼企业的审计风险判断时起到调节作用？

基于以上问题，我们继续利用手工搜集整理的上市公司未决诉讼数据库，实证研究上市公司的未决诉讼对审计报告时滞产生的影响，并深入探究了不同法律环境

下，审计师对未决诉讼带来的审计风险的程度判断是否有所区分。研究发现上市公司的未决诉讼整体上并未使得其审计报告时滞变长。区分上市公司所处法律环境后发现，高法治水平地区的上市公司未决诉讼对其审计报告时滞的正向影响是显著的，并且涉诉频率越高、涉诉金额越大，影响越显著。

民事诉讼是解决纠纷的正式司法渠道，这一制度对于维护和促进我国市场经济的稳定发展有重要意义。随着我国市场化的推进以及制度的不断规范，市场经济的重要参与者——上市公司之间通过诉讼解决各类纠纷越来越普遍，因此诉讼案件数量不断增长。诉讼风险已成为影响公司生存经营的重要因素（钱爱民和郁智，2017）。股票市场反应往往比较迅速且能够直观地体现企业市场价值的变动，Cutler 和 Summers（1988）基于德士古集团和壳牌集团长达四年的诉讼纠纷这一经典案例，发现诉讼导致了企业的价值流失；Engelmann 和 Cornell（1988）的研究则基于五起诉讼案例，结果发现当涉及诉讼案件时，涉诉公司整体显示出财富流失；Firth 等（2011）以中国上市公司为研究样本，发现无论是原告方还是被告方，诉讼事项均引起了负向的市场反应，即企业市场价值的流失。由此可见诉讼事项对于诉讼双方来看也是经济利益的负和博弈。资金是企业运营必不可少的"燃料"，因此融资活动显得尤为重要；刘慧、张俊瑞和周键（2016）的研究发现上市公司未决诉讼事项所形成的诉讼风险增加了企业的债务融资成本，这体现了债权人关注了企业面临的诉讼案件，在其制定债务契约时将诉讼风险纳入了考虑。企业的生产经营活动也会受到诉讼风险的负面影响；创新活动作为企业长远发展的动力源泉十分重要，而资金类的诉讼却对企业的创新活动产生了显著的抑制作用（潘越等，2015）。总之，已有的研究从多个角度都证实了诉讼风险能够对企业产生负面的经济影响。

公司卷入诉讼案件，一方面会形成一系列的经济损失，不仅仅是直接的法院诉讼费、律师聘请费，还会有潜在的诉讼失败赔偿金、争议标的等；另一方面，尤其是被告方企业，潜在的败诉可能会损害利益相关者的信心，对其声誉造成较大的损害。此外，如果企业存在未决诉讼，一定程度上说明公司已存在的经营风险，而且会进一步加剧企业在生产经营、融资等方面的困难，从而放大经营风险，管理人员可能为了弥补诉讼引起的声誉损失而采取一些不当行为进行"粉饰"，例如王彦超、林斌和辛清泉（2008）以及钱伟民和郁智（2017）均发现诉讼会增加企业的盈余管理活动，进而降低了企业的会计信息质量。审计师作为独立第三方，被看作是公司的外部监督机制。当企业涉及未决诉讼形成诉讼风险时，审计师也会相应地将诉讼风险纳入审计判断。冯延超和梁莱歆（2010）及张俊瑞、刘慧和杨蓓（2015）均指出了诉讼风险使得企业的审计费用增加，也使得企业被出具非标审计意见的可能性增加，他们的研究已经初步说明了审计师通过提升审计费用来弥补审计风险成本，通过出具非标审计意见来削弱自身承担的审计风险。那么，更深入地思考，审计师面对存在未决诉讼的客户时，是否在审计过程中投入更多的时间和精力，实施更为严格的审计流程从而降低审计风险？增加的审计费用中，除了风险成本补偿，是否还有审计师增加的工作成本？审计报告时滞的长短可以较为清晰地反映审计师的审计时间投入。我们认为，在审计存在诉讼风险的客户时，审计师会考虑到该客户面临的潜在经济利益流失，企业管理人员很可能会通过盈余管理甚至财务报告舞弊等不当手段维护对外形象，其财务报告错报风险可能增加，因此审计师会投入更多的时间和精力进行稽查，降低审计风险；同时，面临诉讼风险的客户更可能被市场和媒体所关注，被告方企业的声誉也很容易受到损害，审计师也会相应地考量自身的声誉风险，通过更努力的工作出具合适的审计意见报告。投入更多的时间和精力，进行更努力的工作就意味着更长的审计时间。基于以上分析，我们提出假设1：上市公司未决诉讼对其审计报告时滞有显著的正向影响。

La port 等（1998）基于不同的法律体系，首次探究了法律环境对投资者保护和公司治理的影响。我国地大物博，加之历史原因、地理环境因素的影响，各个区域经济发展水平差距较大，各地区的法律环境、政府干预程度等制度背景也有较大差异（樊纲等，2011）。地区法治水平越高，在公司诉讼发生时，可查阅资料的范围越广泛，因此对公司交易的信息了解越充分；同时外部利益相关者的法律意识更强，诉讼风险这种不确定性因素更被重视（余劲松，2007）。因此在高法治水平地区，当企业存在诉讼风险时，市场对其风险更为敏感，其经营风险更大；同时，高法治水平地区市场化程度更高，市场信息透明程度更高，上市公司的诉讼风险更容易被利益相关者察觉，进而质疑其声誉。由此可见，审计师在审计高法治水平地区的客户时，也会对其经营风险以及声誉风险更为敏感，为了降低自身的审计风险，审计师更有动机增加工作时间和精力。基于此，我们提出假设2：较之低法治水平地区，高法治水平地区的上市公司未决诉讼对其审计报告时滞的正向影响更为明显。

为了进行实证检验，我们选取2008—2013年沪深两市所有上市公司作为初始样本，并剔除金融行业样本、相关财务数据缺失的样本以及公司注册地、成立时间等基本信息缺失的样本，最终得到7598个研究样本。本研究中的财务数据、公司特征数据主要来自国泰安（CSMAR）提供的数据，公司的未决诉讼事项相关数据来自万德（Wind）数据库。实证检验的变量设定如下：

（1）被解释变量——审计报告时滞。本研究用上年度资产负债表日与注册会计师签署审计报告日之间的实际日历天数代表审计报告时滞（Audit report lag，记作ARL）。该值越大，审计报告时滞越长。

（2）解释变量——未决诉讼。依据Wind数据库中有关"上市公司未决诉讼案件的披露公告"，结合未决诉讼的定义"尚未终结的诉讼，即诉讼过程尚未结束，还在进行过程中"，将当年发生了诉讼且未在当年判决的事项判定为所属会计年度的"未决诉讼事项"，按照此标准逐个梳理样本公司的未决诉讼情况，最后依据

"有无未决诉讼事项"设置了代表上市公司未决诉讼情况的哑变量 PL（存在未决诉讼事项取值 =1，不存在未决诉讼事项取值 =0）。同时，为了总体了解上市公司某一会计年度发生未决诉讼事项的频率（PL_num），将发生在该会计年度且未在该会计年度做出判决的诉讼事件的个数加和，衡量未决诉讼事项的发生频率；将发生在该会计年度且未在该会计年度做出判决的诉讼事件的涉案金额累加，衡量未决诉讼事项的涉诉金额（PL_amount）。

（3）调节变量——法律环境。各地区的法治水平参考了王小鲁等编写的《中国分省企业经营环境指数 2013 年报告》，该报告建立了包含政府行政管理、企业经营的法制环境、金融服务、人力资源供应、基础设施条件、中介组织和技术服务以及企业经营的社会环境等七大方面指数组成的中国分省企业经营环境指数体系，我们使用其中的"企业经营的法制环境"分指数来测量各地区的法治水平。

（4）控制变量。建立回归模型时，需要控制其他可能对审计报告时滞造成影响的变量。参考 Schoderbek、Bamber 和 Bamber（1993）；Allison、Nestor 和 Takahiro（2010）；Bikki 和 Judy（1999）等有关审计报告时滞影响因素的经典研究，结合中国市场的实际情况，本研究选取了审计意见（Audopn）、公司规模（Size）、是否为前十大审计师事务所（Big10）、审计收费（Audfee）、公司是否亏损（Loss）、公司财务情况 Z 得分（ZFC）、账面市值比（BM）、董事会规模（Boardsize）、独立董事比例（Bindep）、是否两职合一（Dual）以及公司产权性质（SOE）为控制变量。具体的变量定义见表 10-19。

表 10-19　　　　　　　　　　　　　变量定义表

	变量	变量描述
被解释变量	ARL	上年度资产负债表日与注册会计师签署审计报告日之间的实际日历天数
解释变量	PL	公司当年是否存在未决诉讼事项，存在取值为 1，否则为 0
	PL_num	公司当年未决诉讼涉诉频率，ln（涉诉次数 +1）
	PL_amount	公司当年未决诉讼涉诉金额，取值为 ln（涉诉金额）/ln（年末总资产）
调节变量	Law_index	公司所在地的法制水平，以王小鲁等（2013）企业经营环境指数中"企业经营的法制环境"指数测量
控制变量	Audopn	公司当年的审计意见，若为标准无保留审计意见则取值为 0，若为非标审计意见则取值为 1
	Size	公司规模，取值为 ln（总资产）
	Loss	公司是否亏损。公司当年利润为负发生亏损，取值为 1，否则为 0
	Big10	事务所规模，如果事务所规模为全国前十，则取值为 1，否则为 0

续表

	变量	变量描述
控制变量	ZFC	Z 得分①，参考 Zmijewski（1984）建立的企业破产预测模型，该指数得分越高（越低），公司财务状况越差（好）
	Audfee	公司当个会计年度总审计费用，取值为 ln（审计费用）
	BM	账面市值比
	SOE	若公司为国有产权，则取值为 1，否则为 0
	Boardsize	董事会规模，取值为 ln（董事会总人数）
	Bindep	独立董事比例，取值为独立董事人数/董事会总人数
	Dual	是否两职合一，董事会主席与 CEO 为同一人则取值为 1，否则为 0
	Year	年度变量，当样本为某一特定年份时取值为 1，否则为 0
	Ind	行业变量，当样本为某一特定行业时取值为 1，否则为 0；行业划分标准参照了证监会行业分类标准（2012），其中制造业按二级目录细分

进而建立回归模型如下：

$ARL_t = \beta_0 + \beta_1 PL_{t-1}/PL\_num_{t-1}/PL\_amount_{t-1} + \beta_2 Audopn_{t-1} + \beta_3 Big10_{t-1} + \beta_4 Audfee_{t-1} + \beta_5 Size_{t-1} + \beta_6 Loss_{t-1} + \beta_7 ZFC_{t-1} + \beta_8 BM_{t-1} + \beta_9 SOE_{t-1} + \beta_{10} Boardsize_{t-1} + \beta_{11} Bindep_{t-1} + \beta_{12} Dual_{t-1} + \sum Year + \sum Ind + \varepsilon$

进行回归分析时考虑到，未决诉讼以及审计其他相关变量、公司治理情况、公司财务状况等变量对审计报告时滞的影响可能会有滞后效应，因此我们将解释变量以及控制变量均滞后一期处理。

表 10–20 统计了 2008—2013 年分年度的涉诉公司数量。统计显示，样本公司在这 6 年间共有 774 家上市公司存在未决诉讼事项，涉及未决诉讼的上市公司数量整体呈增加趋势，2010 年有显著的增加，2013 年有多达 173 家上市公司在当个会计年度有尚未结案的诉讼案件。

表 10–20 分年度涉诉公司数量

年份	2008	2009	2010	2011	2012	2013	Total
未决诉讼涉诉公司数量	97	95	152	133	124	173	774

表 10–21 统计了样本公司涉及未决诉讼的频率情况。由统计可知，当个会计年

---

① ZFC = −4.336 − 4.513（ROA）+5.679（Lev）+0.004（CR），其中 ROA 为企业的资产收益率，即"（利润总额 + 利息支出）/平均资产总额"；Lev 为企业的资产负债率，即"期末负债总额/期末资产总额"；CR 为企业的流动比率，即"流动资产/流动负债"。

度存在未决诉讼的样本公司，多数存在 1—2 次未决诉讼事项，但是也有近 3% 的涉诉公司在一年之内发生 10 次及以上的未决诉讼事项，相当频繁地卷入诉讼纠纷中并不能在当年顺利解决，这很可能会对公司的日常经营和财务状况造成不利影响。

表 10-21　　　　　　　　　　诉讼频率统计

未决诉讼数量	1	2	3	4	5—10	10 次及以上	Total
公司年	464	167	45	25	53	20	774
占比	59.9%	21.6%	5.8%	3.3%	6.8%	2.6%	100%

表 10-22 给出了研究中涉及的所有变量的描述性统计。统计结果显示，审计报告时滞均值为 89.45，中位数为 88，按照规定年报需在次年 4 月 30 日前披露，即年报审计延迟不能超过 120 天，而样本公司审计报告时滞接近 90 天，总体时滞较长。有无未决诉讼的虚拟变量 PL 均值为 0.0988，即样本公司中约有 10% 存在未决诉讼事项。

表 10-22　　　　　　　　　　变量的描述性统计

变量	样本数	均值	中位数	标准差	最小值	最大值
ARL	7 598	89.4503	88.0000	20.9420	0.0000	184.0000
PL	7 598	0.0988	0.0000	0.2985	0.0000	1.0000
PLnum	7 598	0.0985	0.0000	0.3364	0.0000	4.0944
Audopn	7 598	0.0472	0.0000	0.2121	0.0000	1.0000
Size	7 598	21.9962	21.8219	1.3275	16.7059	28.4639
Big10	7 598	0.5488	1.0000	0.4976	0.0000	1.0000
Audfee	7 598	13.5359	13.3847	0.7742	11.5129	18.3694
Loss	7 598	0.0237	0.0000	0.1523	0.0000	1.0000
ZFC	7 598	-1.2504	-1.5558	8.1989	-5.2629	567.6907
BM	7 598	0.7367	0.7242	0.3104	0.0228	2.6842
Boardsize	7 598	9.0806	9.0000	1.8387	4.0000	18.0000
Bindep	7 598	0.3687	03333	0.0549	0.0909	0.8000
Dual	7 598	0.1859	0.0000	0.3890	0.0000	1.0000
SOE	7 598	0.5279	1.0000	0.4993	0.0000	1.0000

接下来，我们采用多元回归分析来验证未决诉讼与审计报告时滞的关系，以及法律环境在其中起到的调节作用。

基于建立的回归模型，我们对未决诉讼与审计报告时滞之间的关系进行多元回归分析；回归的因变量是审计报告时滞，该变量的取值是大于 0 的，属于"限值因变量"，采用截尾回归模型（Tobit 回归模型）并设定截尾值为 0 较为合理，分析结果列示于表 10-23。回归结果显示，衡量未决诉讼情况的三个变量中，仅"有无未决诉讼"的虚拟变量结果显著,但也仅在10%水平上显著,总体来看未决诉讼对审计报告时滞的正向影响并不显著,假设1未得到支持。

表10-23 未决诉讼事项对审计报告时滞影响的回归结果

变量	(1) ARL	(2) ARL	(3) ARL
PL	1.341* (1.65)		
PL_num		0.436 (0.52)	
PL_amount			0.677 (1.43)
Audopn	3.472*** (3.11)	3.494*** (3.24)	3.496*** (3.13)
Size	-1.641*** (-4.87)	-1.583*** (-4.70)	-0.622** (-2.34)
Big10	-0.958* (-1.93)	-0.977** (-1.98)	-0.580 (-1.18)
Loss	0.965 (0.60)	0.956 (0.60)	1.650 (1.03)
Audfee	2.503*** (5.02)	2.432*** (4.88)	2.788*** (5.23)
ZFC	0.773*** (5.43)	0.756*** (5.31)	0.825*** (5.81)
BM	6.490*** (6.57)	6.523*** (6.61)	6.137*** (6.21)
SOE	-2.290*** (-4.25)	-2.287*** (-4.25)	-2.267*** (-4.20)
Boardsize	0.0915 (0.62)	0.0792 (0.53)	0.102 (0.69)
Bindep	7.631 (1.63)	7.522 (1.61)	8.614* (1.83)
Dual	1.900*** (2.99)	1.886*** (2.97)	1.900*** (2.98)
Firm FE	YES	YES	YES

续表

变量	(1)	(2)	(3)
	ARL	ARL	ARL
Year FE	YES	YES	YES
Constant	91.98***	92.01***	103.4***
	(16.32)	(16.34)	(17.75)
Pseudo R^2	0.055	0.056	0.052
N	7598	7598	7598

已有的研究已证实，上市公司的未决诉讼事项会显著增加其审计费用（张俊瑞、刘慧和杨蓓，2015），即审计师考虑了未决诉讼蕴含的不确定性和由此引发的潜在财务风险及经营风险，并通过提高审计费用来降低审计风险。本研究的检验显示，面临未决诉讼时，审计师虽然考虑到了由引发的审计风险，但并未增加审计投入或是提高审计工作努力程度，审计收费的增加并未包含增加的审计成本，而仅仅是审计师收取额外的风险溢价。

而后我们依据公司所在地的法律环境对样本公司进行分组。公司所在地的法治水平是依据王小鲁等（2013）编制的《中国分省企业经营环境指数2013年报告》中的"企业经营的法制环境"分指数进行测度，而后按照中位数分为"高法治水平地区"与"低法治水平地区"。分组回归结果列示于表10-24。从回归结果的前两列可以得知，仅有处在高法治水平地区的公司其未决诉讼事项的存在会显著增加审计报告时滞，而处在低法治水平地区的公司存在未决诉讼对其审计报告时滞无显著影响。类似的，回归结果的中间两列显示，涉诉频率对不同法治水平地区的上市公司的债务融资成本的影响有显著的差异；回归结果的后两列显示，涉诉金额对不同法治水平地区的上市公司的债务融资成本的影响也有显著的差异。因此分组回归的结果验证了假设2。

结合对假设1的检验，样本公司整体来看，未决诉讼对审计报告时滞的正向影响不显著，但是在高法治水平地区，未决诉讼却对审计报告时滞产生了显著的影响。这表明虽然整体上来看审计师并未通过增加审计投入和提高审计努力程度来降低未决诉讼带来的审计风险，但是在高法治水平地区，当企业存在诉讼风险时，市场对其风险更为敏感，其经营风险更大。同时，高法治水平地区市场化程度更高，市场信息透明程度更高，上市公司的诉讼风险更容易被利益相关者察觉，进而质疑其声誉。因此审计师在审计高法治水平地区的客户时，会对其经营风险以及声誉风险更为敏感，为了降低自身的审计风险，审计师确实通过增加工作时间和精力进行更为严谨的审计，扩大实质性测试范围等。由此可以推断，在高法治水平地区，未决诉讼导致审计费用增加的部分，既包含了风险溢价，也包含了审计师额外投入的审计成本。

表 10-24 不同法治水平地区未决诉讼对审计报告时滞的影响

变量	高法治水平地区 ARL	低法治水平地区 ARL	高法治水平地区 ARL	低法治水平地区 ARL	高法治水平地区 ARL	低法治水平地区 ARL
PL	2.557** (2.30)	0.684 (0.58)				
PL_num			3.011*** (2.91)	0.539 (0.53)		
PL_amount					2.539*** (3.13)	0.519 (0.35)
Audopn	2.918* (1.75)	3.804** (2.53)	2.854* (1.71)	3.788** (2.52)	3.116* (1.87)	3.776** (2.50)
Size	-1.110*** (-3.20)	-0.437 (-1.00)	-1.092*** (-3.15)	-0.444 (-1.02)	-1.122*** (-3.23)	-0.452 (-1.04)
Big10	0.206 (0.31)	-1.414* (-1.95)	0.237 (0.35)	-1.418* (-1.96)	0.146 (0.22)	-1.413* (-1.95)
Loss	5.301** (2.15)	-1.899 (-0.89)	5.232** (2.12)	-1.917 (-0.90)	5.623** (2.28)	-1.814 (-0.85)
Audfee	1.998*** (4.72)	3.831** (2.08)	2.788*** (4.70)	1.834** (2.09)	2.515*** (4.76)	2.841** (2.10)
ZFC	0.410** (2.49)	1.712*** (6.38)	0.396** (2.41)	1.710*** (6.36)	0.435*** (2.65)	1.718*** (6.39)
BM	4.951*** (3.86)	7.325*** (4.79)	4.970*** (3.88)	7.321*** (4.79)	4.937*** (3.85)	7.324*** (4.79)
SOE	-2.977*** (-3.96)	-1.022 (-1.29)	-2.981*** (-3.96)	-1.024 (-1.29)	-2.935*** (-3.90)	-1.037 (-1.31)
Boardsize	0.404* (1.91)	-0.180 (-0.85)	0.409* (1.94)	-0.178 (-0.85)	0.394* (1.86)	-0.178 (-0.84)
Bindep	21.62*** (3.36)	-4.240 (-0.62)	21.64*** (3.36)	-4.177 (-0.61)	21.53*** (3.34)	-4.211 (-0.61)
Dual	1.477* (1.79)	1.856* (1.86)	1.477* (1.79)	1.846* (1.84)	1.450* (1.75)	1.852* (1.85)
Firm FE	YES	YES	YES	YES	YES	YES
Year FE	YES	YES	YES	YES	YES	YES

续表

变量	高法治水平地区 ARL	低法治水平地区 ARL	高法治水平地区 ARL	低法治水平地区 ARL	高法治水平地区 ARL	低法治水平地区 ARL
Constant	106.9*** (14.03)	105.2*** (10.94)	106.4*** (13.96)	105.4*** (10.97)	107.6*** (14.10)	105.6*** (11.01)
Pseudo R^2	0.073	0.070	0.073	0.071	0.073	0.069
N	3820	3778	3820	3778	3820	3778

为了克服可能存在的内生性问题，我们在实证部分利用全样本进行回归分析的基础上，进行基于 PSM 的研究假设再检验。PSM（倾向得分匹配法）用于处理样本选择偏误与混杂变量对研究结论带来的影响，便于对实验组与对照组进行更准确合理的比较。本研究中，实验组为存在未决诉讼的上市公司，首先要通过倾向得分的方法得出与实验组特征尽可能相似的参照组。参照张俊瑞等（2016）、林斌等（2013）、毛新述等（2013）的研究，本研究采用如下（模型4）概率模型计算倾向得分。

$$Probit(PL) = \alpha_0 + \alpha_1 EPS + \alpha_2 Size + \alpha_3 Cfo + \alpha_4 Lev + \alpha_5 Loss + \alpha_6 Fraud + \alpha_7 Audopn + \sum Year + \sum Ind + \varepsilon$$

模型中，EPS 是每股收益、Size 是公司规模、Cfo 是公司经营现金流量、Lev 是公司的资产负债率、Loss 是公司的亏损情况、Fraud 是公司的违规情况、Audopn 公司的审计意见；本研究认为这些变量对企业是否存在诉讼产生重大影响。最后，还控制了年度和行业。

根据倾向得分，采用最小距离匹配法为每一个存在未决诉讼的上市公司进行配对，得到与之对应的不存在未决诉讼的上市公司样本。得到配对样本共1548个之后，重新对未决诉讼与审计报告时滞之间的关系进行检验。表 10 – 25 列示了实验组与对照组之间各个变量的均值差异检验结果，控制变量之间差异较小，说明通过 PSM 得到的配对样本有效地消除了控制变量可能存在的系统性差异。表 10 – 26 和表 10 – 27 列示了基于 PSM 配对样本的回归结果，可知该回归结果与全样本回归的结果基本一致，即虽然整体上未决诉讼对审计报告时滞的影响不显著，但是在高法治水平地区，存在未决诉讼的上市公司确实对其审计报告时滞有显著的正向影响。

表 10 – 25　　　　　　　实验组与对照组单变量均值差异检验

	均值		均值差异	T 值
	实验组（N = 774）	对照组（N = 774）		
ARL	89.2694	91.0081	1.7386	1.4999
Audopn	0.07314	0.07846	-0.00532	-0.3895

续表

	均值		均值差异	T 值
	实验组（N = 774）	对照组（N = 774）		
Size	21.7730	21.8608	-0.0878	-1.2567
Big10	0.4934	0.5106	-0.0173	-0.6701
Loss	0.07181	0.06516	0.0066	0.5102
Audfee	13.5354	13.4660	0.0694	1.8286
ZFC	-0.4776	-1.0108	0.5331	-3.8404***
BM	0.6932	0.7096	-0.0164	1.0273
SOE	0.5106	0.5160	-0.0054	-0.2062
Boardsize	8.9424	8.9357	0.0067	0.0729
Bindep	0.3693	0.3709	-0.0016	-0.5565
Dual	0.1780	0.1855	-0.0075	0.3749

表 10 – 26　基于 PSM 的研究假设再检验：未决诉讼与审计报告时滞

变量	(1)	(2)	(3)
	ARL	ARL	ARL
PL	1.063		
	(0.93)		
PL_num		1.233	
		(1.27)	
PL_amount			-0.120
			(-0.07)
Audopn	9.710***	9.571***	9.725***
	(4.28)	(4.22)	(4.29)
Size	-2.189***	-2.204***	-2.216***
	(-3.22)	(-3.25)	(-3.25)
Big10	-0.327	-0.342	-0.320
	(-0.27)	(-0.28)	(-0.27)
Loss	-6.368**	-6.379**	-6.347**
	(-2.51)	(-2.52)	(-2.50)
Audfee	2.02***	2.02***	2.17***
	(2.92)	(2.93)	(3.00)
ZFC	0.915***	0.885***	0.937***
	(3.87)	(3.70)	(3.68)

续表

变量	(1) ARL	(2) ARL	(3) ARL
BM	10.24***	10.25***	10.31***
	(3.84)	(3.85)	(3.87)
SOE	-0.790	-0.799	-0.774
	(-0.61)	(-0.62)	(-0.60)
Boardsize	0.296	0.314	0.293
	(0.78)	(0.83)	(0.78)
Bindep	13.77	14.35	13.65
	(1.19)	(1.24)	(1.18)
Dual	0.385	0.296	0.368
	(0.25)	(0.19)	(0.24)
Firm FE	YES	YES	YES
Year FE	YES	YES	YES
Constant	129.8***	129.7***	131.0***
	(9.20)	(9.20)	(9.22)
Pseudo R^2	0.103	0.104	0.103
N	1548	1548	1548

表 10-27　基于 PSM 的研究假设再检验：不同法治水平地区的差异

变量	高法治水平地区 ARL	低法治水平地区 ARL	高法治水平地区 ARL	低法治水平地区 ARL	高法治水平地区 ARL	低法治水平地区 ARL
PL	2.783*	-0.340				
	(1.74)	(-0.21)				
PL_num			3.230**	-0.484		
			(2.25)	(-0.37)		
PL_amount					0.116**	-0.167
					(2.07)	(-0.80)
Audopn	8.393**	9.608***	8.330**	9.680***	8.617***	9.813***
	(2.56)	(3.15)	(2.54)	(3.17)	(2.62)	(3.21)
Size	-1.772**	-3.611***	-1.756*	-3.595***	-1.862**	-3.756***
	(-1.97)	(-3.37)	(-1.95)	(-3.36)	(-2.06)	(-3.46)

续表

变量	高法治水平地区 ARL	低法治水平地区 ARL	高法治水平地区 ARL	低法治水平地区 ARL	高法治水平地区 ARL	低法治水平地区 ARL
Big10	-2.293 (-1.38)	1.404 (0.81)	-2.208 (-1.33)	1.434 (0.82)	-2.393 (-1.44)	1.457 (0.84)
Loss	3.679 (0.82)	-10.43*** (-3.37)	3.853 (0.86)	-10.42*** (-3.37)	3.795 (0.84)	-10.39*** (-3.35)
Audfee	1.94** (2.03)	1.78** (1.90)	3.04*** (3.01)	1.78* (1.80)	4.89*** (3.22)	1.83* (1.85)
ZFC	0.917** (2.54)	0.665** (2.06)	0.832** (2.28)	0.675** (2.09)	0.998** (2.53)	0.800** (2.20)
BM	8.090** (2.12)	11.63*** (3.15)	8.252** (2.17)	11.62*** (3.15)	8.621** (2.26)	11.54*** (3.13)
SOE	-2.343 (-1.32)	2.166 (1.12)	-2.394 (-1.35)	2.150 (1.11)	-2.075 (-1.17)	2.180 (1.13)
Boardsize	0.866* (1.66)	-0.0657 (-0.12)	0.894* (1.71)	-0.0725 (-0.14)	0.830 (1.59)	-0.0517 (-0.10)
Bindep	39.02** (2.29)	3.432 (0.21)	38.87** (2.29)	3.127 (0.19)	37.27** (2.19)	3.648 (0.23)
Dual	-2.825 (-1.29)	2.106 (0.94)	-2.778 (-1.27)	2.171 (0.96)	-3.016 (-1.38)	2.302 (1.02)
Firm FE	YES	YES	YES	YES	YES	YES
Year FE	YES	YES	YES	YES	YES	YES
Constant	105.0*** (5.54)	169.3*** (7.39)	104.2*** (5.51)	169.1*** (7.40)	109.2*** (5.75)	172.4*** (7.42)
Pseudo R^2	0.116	0.097	0.120	0.101	0.117	0.100
N	699	849	699	849	699	849

该部分内容以我国2008—2013年沪深两市除金融行业以外的所有上市公司作为研究样本，实证研究了上市公司的未决诉讼是否会对其审计报告时滞产生影响。研究结果发现，整体来看未决诉讼的存在并未对上市公司的审计报告时滞有显著影响，因此可以推断已有研究所证实的未决诉讼增加审计费用的主要原因是审计师收取额外的风险补偿，并未体现于审计师增加的审计成本。但是在区分公司所在地的法律环境后发现，较之低法治水平地区，处于高法治水平地区的企业未决诉讼会对其审

计报告时滞产生显著的正向影响。由此可见审计师在审计高法治水平地区的客户时，会对其经营风险以及声誉风险更为敏感，为了降低自身的审计风险，审计师确实通过增加工作时间和精力进行更为严谨的审计。因此在高法治水平地区，未决诉讼导致审计费用增加的部分，既包含了风险溢价，也包含了审计师额外投入的审计成本。

以上的研究结论能够带来一些启示。其一，企业必须重视经营过程中发生的各类诉讼纠纷，及时处理，防范风险；其二，区分地区法律环境的研究发现高法治水平地区的审计师对其客户的未决诉讼更为敏感，为了降低审计风险，收取更高的审计费用中既包含风险溢价也包含增加的审计成本，这从另一个角度说明了提升法治水平确实能够规范市场经营环境，提升公司内外部信息传递效率，有益于企业的长远发展和市场经济的高效运行。

第四节 未决诉讼对高管薪酬的影响

企业在经营活动中可能会遇到一些诉讼案件，在被控事项判决前，企业有负担赔偿损失的可能责任。目前上市公司涉及的这类诉讼案件较多的是债务诉讼案件和担保诉讼案件等。可以肯定地说，诉讼事项的背后往往蕴涵着经营活动和财务运作的风险，如果上市公司卷入诉讼案件，并且持续一段时间，所形成的未决诉讼是一种潜在的危机，它涉及企业本年度的盈利状况。这样的情况对公司的管理层人员来说也是巨大的挑战，他们一方面面临着由未决诉讼所带来风险的压力，自身的利益由于风险的加大而受到负面影响；另一方面，他们在这样的情况下所做出的决策对公司的生存发展至关重要，投资者的利益需要他们的努力得以保障。

资本市场的不完美性导致的信息不对称，以及现代企业所有权与控制权的分离，衍生出了委托代理问题（Fama 和 Jensen，1983），委托代理带来了一系列引起企业效率低下的问题可能会导致股东财富的损失，为此高级管理人员的薪酬契约设计作为一项降低委托代理成本的机制应运而生（Jensen 和 Murphy，1990）。

依据公司业绩设计高管薪酬促使高管人员在实现自身利益最大化的基础上也努力实现公司价值和股东财富的最大化。因此，公司绩效被认为是影响高管薪酬的一个重要的因素，有关公司绩效对高管薪酬影响的研究以及进一步发展出来的"薪酬绩效敏感度"研究出现较早，国内外大量文献证实了上市公司总经理的报酬与公司业绩存在显著的正相关关系（Ciscell 和 Carroll，1980；Murphy，1985；张俊瑞，2003）。依据企业组织理论，高管人员要通过控制公司的大多数资源组织生产经营，公司的总资产规模是这一行为的限制条件，有关公司规模对高管薪酬的研究也形成较为成熟的结论，公司规模越大，涉及的管理问题就越多，对高管能力要求就越高，责任也会越大，其所付出的时间和精力也会增多。相应的，高管所具有的权力和威望就越大，其利用权力所获取的薪酬也就会越高。大量实证表明高管薪酬与公司规模正相关（Murphy，1985；魏刚，2000；李增泉，2000）。基于公司治理的视角，股权结构、两职分离、独立董事比例等因素都可能会对高管薪酬产生影响。公司的持股高度分散时，实际的控制权就会落入管理层之手，他们将会出于自身利益的考虑为自己谋取更高的报酬（Jensen 和 Meckling，1976；Firth，1999）；公司的董事长兼任总经理会使董事会的权利增大，对管理层的监督削弱，从而影响自身的报酬（Fama 和 Jensen，1983；Hambrick 和 Finkelstein，1990）。

此外，公司的成长性、资本结构、所有制性质等因素，都会对高管薪酬产生影响，出于对公司未来持续发展的考虑，公司的成长性越好，高管的薪酬也会越高（Ciscell 和 Carroll，1980）；公司的资本结构如何影响高管薪酬的结论不甚统一，有的研究认为负债率高的企业对高管的激励水平较低，但也有学者认为，其他条件相同时，公司的资产负债率越高，公司的经营风险越高，高管人员会要求更高的薪酬来平衡所承担的风险，也即资产负债率越高，高管薪酬越高。同时，在中国的制度背景下，公司的所有制性质是一个必须考虑的因素，国有企业由于其所拥有的政府背景，经营风险相对较低，同时存在潜在的在职消费等因素，使得国有企业的高管薪酬绩效敏感度低于经营风险较高的民营企业。但同时，近些年面临的市场竞争也愈来愈激烈，想要在竞争中保留人才，也需要通过有效的激励手段，国有企业的高管薪酬也在大幅度提升。

从理论上进行分析，未决诉讼属于公司的或有事项，所谓或有事项，是指过去的交易或者事项形成的一种状况，其结果须由某些未来事件的发生或不发生才能决定的不确定事项。或有事项的确认所涉及的问题是，与或有事项有关的义务应在符合什么条件时确认为负债。如果与或有事项相关的义务同时符合以下条件，企业应将其确认为负债：(1) 该义务是企业承担的现时义务；(2) 该义务的履行很可能导致经济利益流出企业；(3) 该义务的金额能够可靠地计量。因此可知，未决诉讼作为企业或有事项的一种，是企业承担的现时义务，并且很可能导致经济利益流出企业，进而直接影响企业当年的业绩水平，并且企业未决诉讼的涉诉金额越大，对企业业绩水平的负面影响就越大。未决诉讼事项是否实际给企业造成有利或不利影响的结果往往具有不确定性，它表现为一种因企业过去的行为而引起的一种潜在的债务或损失。如果这种潜在的债务或损失一旦成为现实，很可能造成企业一夜之间因巨额债务不能清偿或因巨额亏损而遭致破产。大量未判决的诉讼纠纷事项对财务状况和经营成果的影响，远远超出了企业可接受的范围，这必将影响企业的正常经营运作，对企业的业绩产生负面的影响，给企业埋下潜在的风险和危机。

一方面，从人力资本成本理论的角度来看，美国经济学家 Schultz 认为人力资本是存在于人体之中具有经济价值的知识、技能和体力等因素的总称，人力资本最大的特征是能够支配和调控其他资本要素；高级管理者的经营管理能力是一种高级人力资本，是比物质资本更为重要的企业生产要素。从风险承担的角度来说，职业经理人和股东具有不同的风险偏好，对股东而言，他们可以进行各种投资组合以分散风险，因此股东多是风险中性者。人力资本的具有的三个特性：不可分离性、专用性和团队性决定了人力资本所有者无法规避企业的风险。也就是说，对于职业经理人，他们受限于无法分散的人力资本往往只能任职于一处，使得他们自身的利益与任职的公司息息相关，这使得他们多倾向于规避风险而保证公司的正常运转，从而保障自己的利益（Kren 和 Kerr，1992）。总之，风险的最终承担者是人力资本所有者，而非物质资本所有者（方竹兰，1997）。未决诉讼作为一种或有事项，最大的特点就在于"不确定性"，它给企业带来了潜在的危机。从企业内部来说，风险分为经营风险和财务风险。风险是与不确定性联系在一起的，而未决诉讼的不确定性会增加企业的风险。由于未决诉讼的存在而导致的或有负债作为一种潜在因素可能导致企业背负沉重债务负担，从而加大企业的财务风险；同时也可能导致企业资产流失或损失，从而加大企业经营风险。特别对上市公司来说，企业风险加大会影响公司形象、影响投资者的信心，进而影响股票市价，更增加企业的经营风险。总地来说，当公司涉及未决诉讼事项时，背后往往蕴涵着经营活动和财务运作的风险，绩效不确定性明显提高。因此未决诉讼事项带来的是企业所面临风险的加大，同时也使得公司的高级管理人员的决策风险提高，严重时企业甚至面临破产的风险，高管人员也会因此面临着失去工作的风险。这些风险的存在使得高管人员的人力成本加大，他们很可能由于自身面临的风险增大、所需付出的成本升高而要求更高的薪酬，以弥补他们的人力成本，获得所谓的风险补偿，以维持他们工作的稳定性（Hill 和 Phan，1991）。因此，公司的经营风险越高，其风险补偿应相对增加从而留住能力较高的职业经理人。

另一方面，上市公司在卷入诉讼案件后，需要高管人员付出更多的时间和精力来应对相关事件；为了使公司尽早脱离诉讼纠纷，尽可能降低公司在诉讼过程中收到的损失，需要能力更强的高管人员投入更多的时间和精力来处理诉讼案件相关的事务。因此，高管人员将会要求更高的薪酬来补偿由此增加的劳动成本。基于这两方面的分析，我们猜想上市公司的高管薪酬受到未决诉讼事项的显著影响，并且这种影响是正向的。

我国的资本市场的建立与发展尚不完善，各个企业之间的经济往来缺乏有力的监管和保护，一些上市公司被卷入纠纷也属正常，并不一定会对企业的长远发展产生巨大的影响。但是，如果上市公司频繁地受到诉讼案件的困扰，企业经营受到未决诉讼事项带来的负面影响将不容小觑。上市公司的未决诉讼的涉诉频率的加大，其融资能力、产品形象等均受到影响，未来持续经营的不确定性增大。上市公司的未决诉讼事项的涉诉频率越高，给上市公司带来的经营风险和财务风险的可能性就越大。因此，涉诉频率越高，高管人员所要求的风险补偿的额度很可能会越高；同时，涉诉频率越高，高管人员应对相关事件所要投入的时间和精力就会越多，高管人员因此也会要求更高的报酬。因此我们认为上市公司的未决诉讼事项的涉诉频率越高，高管薪酬越高。

此外，基于风险的角度考虑上市公司的未决诉讼事项对高管薪酬的影响，一个不可忽略的问题是风险的存在有可能会影响高管薪酬业绩敏感性。薪酬业绩敏感性衡量的是高管人员的薪酬变化与公司经营绩效、股东财富变化的联系紧密程度（Jensen 和 Murphy，1990）。根据经典代理理论，薪酬业绩的敏感度越高，将激励高管人员在公司的经营运作中付出更多的努力，从而有利于股东实现财富最大化。然而，如果公司本身的风险比较高，对于厌恶风险的高管人员来说，高的报酬业绩敏感度意味着承担更多的风险，将给高管人员带来更大的负担，这是一种消极的效用。因此，股东必须在激励与风险之间做出权衡。基于经典的委托代理理论，薪酬体系的设计要权衡风险与激励，对于风险厌恶的管理层而言，公司面临的风险越大，薪酬业绩敏感性相应越小。Mengistae 和 Xu（2004）的研究选取我国国有上市公司作为样本发现薪酬业绩敏感性与公司风险之间存在显著的负相关，验证了委托代理理论。Baker（1987）、周嘉南和黄登仕（2006）也发现薪酬业绩敏感性与风险之间存在显著负相关关系的证据。据此我们进一步推断：上市公司的未决诉讼事项会降低高管人员的薪酬业绩敏感性。

为了继续通过实证设计检验我们的推测，根据已有研究中较为成熟的结论，我们建立有关高管薪酬的回归模型运用多元回归来分析上市公司的未决诉讼事项对高管薪酬产生怎样的影响。在检验未决诉讼事项是否对高管薪酬产生显著影响时，综合考虑多种对高管的不同界定，选取了"高管前三名薪酬总额""董事、监事及高管年薪总额"和"董事、监事及高管前三名薪酬总额"定义的高管薪酬作为被解释变量，并对其取对数（Lnpay）；被解释变量仍然选取未决诉讼的相关变量——有无未决诉讼（PL）、未决诉讼的涉诉频率（PLnum），控制变量的选取综合参照有关高管薪酬的影响因素的经典文献，最终选取了以下几个变量：衡量公司业绩水平的"每股收益"、衡量公司规模的"总资产"（对其取对数）、衡量公司成长性的"销售收入增长率"、衡量公司资本结构的"资产负债率"，衡量股权集中程度的"赫芬达尔指数（公司前十位大股东持股比例的平方和）"，以及衡量公司所有制性质的哑变量"是否为国有企业"（国有企业＝1，非国有企业＝0）。另外，对年度以及行业进行了总体控制。实证模型如下，具体的变量定义列示于表 10 - 28。

$$Lnpay = \beta_0 + \beta_1 PL + \beta_2 EPS + \beta_3 Lev + \beta_4 Size + \beta_5 Growth \\ + \beta_6 SOE + \beta_7 Herfindahl + \sum Year + \sum Industry + \varepsilon \quad (10-17)$$

$$Lnpay = \beta_0 + \beta_1 PL_{-Fre} + \beta_2 EPS + \beta_3 Lev + \beta_4 Size + \beta_5 Growth \\ + \beta_6 SOE + \beta_7 Herfindahl + \sum Year + \sum Industry + \varepsilon \quad (10-18)$$

$$Lnpay = \beta_0 + \beta_1 PL + \beta_2 EPS + \beta_3 PL \times EPS + \beta_4 Lev + \beta_5 Size + \beta_6 Growth$$
$$+ \beta_7 SOE + \beta_8 Herfindahl + \sum Year + \sum Industry + \varepsilon$$

$$(10-19)$$

表 10 - 28　　　　　　　　　　变量定义表

变量性质	变量符号	变量名称	含义
被解释变量	LnPay1	高管前三名薪酬总额的对数值	衡量上市公司高管薪酬水平
	LnPay2	董事、监事及高管年薪总额的对数值	
	LnPay3	董事、监事及高管前三名薪酬总额的对数值	
解释变量	PL	上市公司涉及未决诉讼事项的情况	若上市公司存在未决诉讼，则取值 = 1；若不存在未决诉讼，则取值 = 0
	PLnum	上市公司未决诉讼涉诉频率	衡量上市公司未决诉讼涉诉次数的多少
	PL × EPS	有无未决诉讼与每股收益的交互项	未决诉讼事项对高管薪酬业绩敏感性的调节效应
控制变量	Size	公司总资产的对数值	测量公司规模大小
	EPS	每股收益	测量公司的业绩情况
	Growth	销售增长率	测量公司的成长能力
	Lev	公司的资产负债率	测量公司的财务风险
	SOE	公司所有制性质	若上市公司是国有企业，则取值 = 1；若是非国有企业，取值 = 0
	Herfindahl	赫芬达尔指数	公司前十位大股东持股比例的平方和
	∑Year	2011 - 2012 会计年度	总体控制不同会计年度的影响
	∑Industry	上市公司所处的行业	总体控制不同行业的影响

表 10 - 29 列示了采取不同的高管定义下，上市公司的未决诉讼事项对高管薪酬影响的回归结果。因变量分别采取了"高管前三名薪酬总额""董事、监事及高管年薪总额"和"董事、监事及高管前三名薪酬总额"定义的高管薪酬，自变量是说明上市公司有无未决诉讼事项的哑变量，另外还有 6 个控制变量。

表 10 - 29　　　　基于三种高管定义的未决诉讼对高管薪酬的影响

变量	高管前三名薪酬总额	董事、监事及高管年薪总额	董事、监事及高管前三名薪酬总额
PL	0.104 ***	0.114 ***	0.111 ***
	(4.86)	(5.17)	(5.26)

续表

变量	高管前三名薪酬总额	董事、监事及高管年薪总额	董事、监事及高管前三名薪酬总额
EPS	0.397***	0.398***	0.402***
	(22.34)	(21.56)	(22.80)
Size	0.253***	0.331***	0.256***
	(37.99)	(47.82)	(38.75)
Lev	-0.206***	-0.236***	-0.216***
	(-7.73)	(-8.54)	(-8.18)
Growth	-0.0129***	-0.0171***	-0.0134***
	(-3.83)	(-4.90)	(-4.01)
SOE	0.0485***	0.0787***	-0.014
	(2.78)	(4.34)	(0.42)
Herfindahl	-0.481***	-0.830***	-0.522***
	(-7.35)	(-12.21)	(-8.05)
Year	控制	控制	控制
Industry	控制	控制	控制
Constant	8.706***	7.941***	8.460***
	(51.60)	(45.31)	(56.09)
Obs	6659	6665	6663
AdjR^2	0.45	0.509	0.448

注：*、**、***分别表示统计显著水平0.10、0.05、0.01。

从回归结果可以看到，无论是采取"高管前三名薪酬总额""董事、监事及高管年薪总额"，还是"董事、监事及高管前三名薪酬总额"作为被解释变量，在控制了其他影响薪酬变动的因素之后，"PL"代表的解释变量"上市公司是否存在未决诉讼事项"都能够显著的影响被解释变量高管薪酬，并且PL这一哑变量的符号始终为正，说明上市公司的未决诉讼对高管薪酬的影响是正向的。同时可以看到，无论采取何种定义下的高管薪酬，公司的业绩水平、公司的规模对高管薪酬的影响都是显著为正的，这与以前的研究结论一致；公司的财务杠杆、成长性、股权集中程度对高管薪酬的影响是显著为负的，说明公司的负债水平越高，公司高管的薪酬水平越低；公司的成长性越好，高管的薪酬水平越低，这与之前的研究结论有所偏差；公司的股权越集中，高管薪酬水平越低。在采取"高管前三名薪酬总额""董事、监事及高管年薪总额"定义高管薪酬时，回归结果显示，国有企业的高管薪酬水平高于民营企业，这与之前研究中认为国有企业的高管薪酬水平普遍低于民营企业有所不符，可能是近些年面临的市场竞争也愈来愈激烈，想要在竞争中保留人才，也需要通过有效的激励手段，国有企业的高管薪酬也在大幅度提升。最后，回归模

型的 R^2 达到了 45% 以上,说明模型能够较好的解释研究对象。

在研究上市公司未决诉讼涉诉频率对高管薪酬的影响时,本研究采用"样本公司每一会计年度的未决诉讼事项发生次数"作为解释变量,被解释变量依旧分别采取了"高管前三名薪酬总额""董事、监事及高管年薪总额"和"董事、监事及高管前三名薪酬总额"定义的高管薪酬。回归结果如表 10 – 30 所示。

表 10 – 30　　　　基于三种高管定义的未决诉讼涉诉频率对高管薪酬的影响

变量	高管前三名薪酬总额	董事、监事及高管年薪总额	董事、监事及高管前三名薪酬总额
PLnum	0.00869**	0.00880**	0.0101**
	(2.04)	(1.99)	(2.4)
EPS	0.404***	0.401***	0.407***
	(22.14)	(21.13)	(22.53)
Size	0.257***	0.335***	0.259***
	(37.85)	(47.3)	(38.39)
Lev	-0.202***	-0.235***	-0.213***
	(-7.32)	(-8.2)	(-7.77)
Growth	-0.0133***	-0.0177***	-0.0137***
	(-3.87)	(-4.96)	(-4.03)
SOE	0.0517***	0.0799***	-0.0128
	(2.89)	(4.29)	(-0.72)
Herfindahl	-0.526***	-0.865***	-0.569***
	(-7.86)	(-12.41)	(-8.56)
Year	控制	控制	控制
Industry	控制	控制	控制
Constant	8.735***	8.101***	8.420***
	(50.93)	(45.09)	(54.76)
Obs	6 659	6 665	6 663
Adj – R^2	0.452	0.508	0.448

注:*、**、***分别表示统计显著水平 0.10、0.05、0.01。

从回归结果可以看到,无论是采取"高管前三名薪酬总额""董事、监事及高管年薪总额",还是"董事、监事及高管前三名薪酬总额"作为被解释变量,在控制了其他影响薪酬变动的因素之后,"PLnum"代表的解释变量"上市公司未决诉讼涉诉频率"都能够较为显著的影响高管薪酬,并且 PLnum 的符号始终为正,说明上市公司未决诉讼对高管薪酬的影响是正向的,这说明上市公司越是频繁地卷入诉讼事项并在该会计年度未能顺利解决,高管人员会要求越高的薪酬水平。回归模型

的 R^2 达到了 45% 左右，说明模型能够较好地解释研究对象。

在研究了上市公司未决诉讼及其涉诉频率对高管薪酬的影响的基础上，我们进一步分析未决诉讼事项对高管薪酬业绩敏感性的影响。因变量依然在不同的高管定义下分别采取了"高管前三名薪酬总额""董事、监事及高管年薪总额"和"董事、监事及高管前三名薪酬总额"，自变量是说明上市公司有无未决诉讼事项的哑变量，另外还有6个控制变量。此步骤中，主要的变化是加入了未决诉讼与公司业绩指标"每股收益"的交互项，以考察未决诉讼事项对上市公司高管薪酬业绩敏感性的调节作用。回归结果如表 10-31 所示。

表 10-31　基于三种高管定义的未决诉讼对高管薪酬业绩敏感性的影响

变量	高管前三名薪酬总额	董事、监事及高管年薪总额	董事、监事及高管前三名薪酬总额
PL	0.0997***	0.112***	0.107***
	(4.67)	(5.05)	(5.06)
EPS	0.412***	0.407***	0.416***
	(21.84)	(20.76)	(22.29)
PL*EPS	-0.0718**	-0.0429	-0.0728**
	(-2.28)	(-1.31)	(-2.33)
Size	0.253***	0.331***	0.256***
	(37.90)	(47.75)	(38.66)
Lev	-0.212***	-0.240***	-0.222***
	(-7.93)	(-8.64)	(-8.38)
Growth	-0.0126***	-0.0169***	-0.0130***
	(-3.73)	(-4.84)	(-3.92)
SOE	0.0488***	0.0788***	-0.0136
	(2.80)	(4.35)	(-0.79)
Herfindahl	-0.478***	-0.829***	-0.519***
	(-7.31)	(-12.18)	(-8.00)
Year	控制	控制	控制
Industry	控制	控制	控制
Constant	8.718***	7.948***	8.471***
	(51.66)	(45.33)	(56.15)
Obs	6 659	6 665	6 663
AdjR²	0.45	0.509	0.449

注：*、**、***分别表示统计显著水平 0.10、0.05、0.01。

从回归结果可以看到，无论是采取"高管前三名薪酬总额""董事、监事及高管年薪总额",还是"董事、监事及高管前三名薪酬总额"作为被解释变量,在控制了其他影响薪酬变动的因素之后,"EPS"代表的公司的业绩水平对高管薪酬水平有着显著地正向影响,同时可以看出高管薪酬业绩敏感系数在 0.41 左右;"PL"代表的解释变量"上市公司是否存在未决诉讼事项"对高管薪酬水平的影响也是显著为正的;重点关注加入的"未决诉讼"与"公司业绩水平"的交互项,采取"高管前三名薪酬总额""董事、监事及高管前三名薪酬总额"作为被解释变量,在控制了其他影响薪酬变动的因素之后交互项对高管薪酬的影响是比较显著的,并且这种影响是负的,这说明上市公司的未决诉讼事项降低了高管薪酬业绩敏感性,但是采取"董事、监事及高管年薪总额"定义高管薪酬时,结果不显著。

上市公司的未决诉讼事项可以显著影响公司高管的薪酬水平,并且这种影响是正向的,这说明公司发生未决诉讼时,高管人员一方面需要付出更多的工作时间和精力去应对诉讼事件,高管人员需要更高的薪酬来弥补他们付出的劳动成本;另一方面,高管人员需要承担更高的风险,作为一种风险补偿机制,高层管理者也会为自己谋求更高的薪酬;上市公司的未决诉讼涉诉频率越高,高管人员在处理相关诉讼事件时付出的时间和精力就会越多,承担的风险也会越大,因此上市公司未决诉讼的涉诉频率越高,高管要求获得的薪酬越高。研究同时发现,上市公司的未决诉讼事项会显著降低高管的薪酬业绩敏感性,这说明对于厌恶风险的高管人员来说,高的薪酬业绩敏感性意味着他们将承担更多的风险,给他们带来更大的负担,因此在公司存在未决诉讼时,出于降低风险的考虑,高管人员的薪酬业绩敏感性会显著降低。

第五节 未决诉讼对公司经营效率的影响

近年来,全球化与信息化逐渐成为我国经济发展的趋势,高新技术的迅猛发展也日渐取代了传统的经济发展形态。同时,我国正在逐步加快市场化进程,一方面促进了资本市场运营的公平化,另一方面也使得企业竞争压力日益激烈。在这样的市场环境下,需要企业具有良好的经营情况,才能高效率地根据市场的需求合理组织开展各项生产和经营活动,获取更好的经济效益。在一定的经济条件下,企业是否能在生产经营过程中合理配置企业资源,最大限度地提供市场需求的产品并获得高额利润,推动组织目标达成,使得其投入产出或成本收益的比例达到最佳状态,对于企业的生存和发展至关重要,这也正是企业经营效率的体现。企业需要关注哪些因素能够影响其经营效率,进而趋利避害,保证企业的可持续发展。

为了构建一个兼顾公平与效率的资本市场,中国政府也着力于促进社会法律规则体系的发展。党的十八届三中全会明确提出了司法体制改革的具体方案,强调要形成市场经济运行机制的法律保障体系,明确企业责任,构建诚信基础,促进商品和要素自由流动、公平交易、平等使用。进一步的，在2015年"两会"期间，来自最高人民法院和最高人民检察院的"两高报告"释放出了落实司法体制改革的信号。因此，司法干预机制在我国资本市场中也得到了普遍的认同和使用。上市公司作为资本市场的主要参与者活跃在各类经济往来之中，因此各类纠纷也在上市公司之间频繁发生，私下调解无效后，上市公司往往诉诸法律，因此诉讼事项的发生也日益增多，诉讼风险逐渐成为影响公司发展的重要外部不确定因素之一。本研究认为，悬而未决的诉讼事项也有可能干扰公司资金的合理配置，进而影响公司的经营情况。为了探究公司诉讼风险对其经营情况是否造成显著影响，笔者搜集了2007—2013年沪深两市上市公司的诉讼事项并从中整理出每个会计年度的未决诉讼事项，以有无未决诉讼、未决诉讼的涉诉频率及涉诉金额作为公司诉讼风险的代理变量，就企业的诉讼风险对其经营效率的影响进行了实证检验。在此基础上，区分公司所在地法律环境的不同做进一步的分析。与前人的研究相比，我们的贡献体现在以下两个方面：第一，拓展了对公司或有事项经济后果的研究。国内外研究中对上市公司的诉讼事项、诉讼风险的涉及较少。并且已有研究中，在考量公司诉讼事项的风险时，并未区分"未决诉讼"与"已决诉讼"，由于诉讼所处阶段不同，使得其传递的信息有本质的区别：尚在进行中的诉讼其结果具有不确定性，而已判决的诉讼仅仅是公司过往发生的、有既定结果的客观事实，不存在任何不确定的因素。因此严格来说，公司的诉讼风险主要来源于未决诉讼这一或有事项，而与已决诉讼关系不大。第二，丰富了公司诉讼领域的研究。目前国内对公司诉讼风险的研究很少，已有的研究也侧重于分析公司诉讼风险的影响因素（毛新述和孟杰，2013；林斌等，2013）。本研究则着重考虑诉讼风险的经济后果，研究公司诉讼风险对企业经营的影响。同时，在对公司诉讼风险的研究中，将各地区的法治水平纳入考虑，以检验法律发展情况对资本市场的影响，进一步论证了我国推进"依法治国"的必要性与迫切性。

一、公司诉讼风险与经营效率

诉讼事项已经成为上市公司不可小觑的风险来源，特别是当上市公司存在尚未判决的诉讼案件，形成了未决诉讼这一或有事项时，直至最终判决，诉讼引起的不确定性和随之而来的风险始终存在。未决诉讼作为或有事项的一个重要特征是不确定性，即未决诉讼事项是否实际给企业造成有利或不利影响的结果往往具有不确定性，它表现为一种因企业过去的行为而引起的一种潜在债务或损失。正是由于这种不确定性不可完全掌控，企业由于未决诉讼而产生的或有负债很可能转换为真实负债，而或有资产也有可能最终落空，未必能转换为真实资产。因此无论是或有负债成为真实负债的潜在可能性，还是或有资产潜在流失的可能性，都会给企业的资金运转造成不可忽视的困扰，悬而未决的诉讼事项会干扰企业资金的合理配置。大量未判决的诉讼纠纷对其财务状况、经营成果，尤其是现金流量的影响，远远超出了企业可承受的范围，这必将影响企业的正常经营。

企业经营链条各个环节的运营情况都会对企业经营效率产生显著的影响，即企业的经营效率是其"供—产—销"经营链中各个阶段运营效果的综合体现。如果企业涉及未决诉讼，形成诉讼风险，企业的财务状况很可能受到负面影响，使得企业的现金流量大大减少，在"原材料供应"阶段中出现资金短缺的情况，降低了原材料的周转速度，进而降低整体的经营效率；进一步地，企业在"生产"阶段的效率也因此受到限制，资金不能合理地进行配置；而在"销售"阶段，企业涉及的未决诉讼形成的诉讼风险，很可能会给企业的信誉造成负面影响，同时可能使得企业的产品形象受损，引起企业产品的竞争能力减弱、销售量下降，销售收入因此也随之下降。总之，企业的诉讼风险可能会给企业经营链的任何阶段造成不利影响，进而降低企业的经营效率。

基于以上分析，提出以下研究假设1：

H1：未决诉讼能够降低企业经营效率，并且涉诉频率越高、涉诉金额越大，企业的经营效率越低。

二、法律环境对公司诉讼风险与经营效率关系的影响

（La port et al.，1997）将法律制度融入了金融领域的研究，研究发现一个国家的法律体系能够在很大程度上决定这个国家的公司治理结构，进而影响公司价值，他们的研究主要是针对不同国家、不同法系之间的区别。然而在中国，各个地区的经济发展水平有较大差异，相应的制度环境也有所区别。正如樊纲和王小鲁（2011）在《各地区市场化相对进程2011年报告》中的统计显示，虽然处于同一国家，但是在不同的地区，市场化进展程度相差较大，各个地区的政府干预程度、市场中介组织的发育和法治制度环境的发展进程也有很大差距。国内已有一些针对地区法治进程差异的研究，王俊秋和张奇峰（2007）的研究指出，高法治水平地区，控股股东的"掏空"行为受到了有效的遏制；魏志华和李常青（2009）研究发现，法治水平高地区的上市公司有较高的信息披露水平；李延喜等（2015）的研究指出，加强法治水平建设有助于改善上市公司投资效率。这些研究均体现了法律制度对公司治理效率的促进作用。

各个地区法治水平的高低也会对上市公司的日常经营和财务状况产生一定的影响。较好的法律环境有助于公司经营业务的健康有序发展，进而会降低公司的财务风险（苏坤等，2010）。法律环境较差的地区，法律的执行效率往往较低，余明桂和潘红波（2008）的研究认为，当企业的合同实施难以受到法律和司法体系的维护时，企业的经营风险较大，导致银行贷款给企业的风险较大，因此增加了企业获得银行贷款的难度。因此在法律环境较差的地区，上市公司一旦发生诉讼事项，其经营业务更易受到负面影响，公司的财务风险与诉讼风险一起加大。法律环境对公司诉讼风险与经营效率之间的关系具有一定的调节作用。基于此，提出以下研究假设2：

H2：较之法治水平高的地区，法治水平低地区的企业未决诉讼对其经营效率的负向影响更为显著。

三、产权性质对公司诉讼风险与经营效率关系的影响

企业的产权性质不同，在一定程度上会影响企业的经营目标及企业治理结构的有效性。国有上市公司受到政府的控制，需要基于其他目标考虑公司的决策和行为，而不仅仅是追求利润最大化，政府的动机和行为对国有上市公司能够产生重要影响。已有研究表明，国有企业承担了政府的多重目标，例如就业、税收、地方乃至国家的经济发展战略（Lin et al., 1998；林毅夫等，2004a，2004b）。Hess 等（2010）的研究也指出，国有股权集中度能够影响企业价值，国有股主导的企业需要兼顾更多社会和政治目标。佟爱琴等（2012）的研究发现，国有企业的非效率投资比非国有企业更为严重。

国有上市公司承担了政府额外的政策性目标，会因此付出更多的成本和代价，国有企业整体的经营效率可能会低于非国有企业。但是同时，政府也会更为"偏袒"国有上市公司，给予其更多的政策性优惠，正如谢德仁和陈运森（2009）的研究中指出，政府对国有上市公司存在所谓的"父爱效应"。国有企业的政府背景弱化了一些与之相关的会计信息所传递的信号，因为有政府的"隐性担保"，国有上市公司的利益相关者会弱化消极的会计信息给国有上市公司带来的负面影响，债权人、供应商、经销商等能够对企业经营效率产生关键影响的利益相关者会因为国有上市公司的政府背景而更多的"宽容"。因此，即使国有上市公司涉及未决诉讼，形成了诉讼风险，其正常经营所需的资金来源受到的影响也较小，不一定会面临严重的融资问题，例如 Brandt 等（2003）、Cull（2005）的研究都发现，与政府关系越密切的企业获得国有银行的贷款相对容易，生产经营所需的原材料周转也不会受到严重的影响，产品的销售也可正常进行。由此来看，国有企业的企业经营效率水平可能整体低于非国有企业，但是未决诉讼这一会计信息对国有企业的经营效率的负面影响会被削弱。基于此，提出本研究假设3：

H3：国有上市公司企业经营效率的整体水平低于非国有上市公司，但国有上市公司诉讼风险对公司经营效率的负向影响较小。

为了验证我们提出的假设，选取2007—2013年沪深两市所有上市公司作为初始样本，并剔除金融行业样本、相关财务数据缺失的样本以及公司治理的相关数据如独立董事数目、高管薪酬等信息缺失的样本，最终得到9856个研究样本。本研究中的财务数据、公司特征数据主要来自国泰安（CSMAR）提供的数据，公司的未决诉讼事项相关数据来自万德（Wind）数据库，依据数据库中有关"上市公司未决诉

讼案件的披露公告"，结合未决诉讼的定义"尚未终结的诉讼，即诉讼过程尚未结束，还在进行过程中"，将当年发生了诉讼且未在当年判决的事项判定为所属会计年度的"未决诉讼事项"，按照此标准逐个梳理样本公司的未决诉讼情况，最后依据"有无未决诉讼事项"设置了代表上市公司未决诉讼情况的哑变量（存在未决诉讼事项取值 =1，不存在未决诉讼事项取值 =0）。同时，为了总体了解上市公司某一会计年度发生未决诉讼事项的频率，将发生在该会计年度且未在该会计年度做出判决的诉讼事件的个数加和，衡量未决诉讼事项的发生频率；将发生在该会计年度且未在该会计年度做出判决的诉讼事件的涉案金额累加，衡量未决诉讼事项的涉诉金额。此外，各地区的法治水平参考了樊纲、王小鲁等编写的《各地区市场化相对进程 2011 年报告》，并且主要使用了其中的"市场中介组织的发育和法律制度环境"指数。

$$OE\_score = \alpha_0 + \alpha_1 PL + \alpha_2 Dual + \alpha_3 Boardsize + \alpha_4 Indep + \alpha_5 Comp + \alpha_6 TOP1 \\ + \alpha_7 Size + \alpha_8 Lev + \alpha_9 SOE + \alpha_{10} ROA + \alpha_{11} Growth + \sum Year + \sum Ind + \varepsilon$$
（10 - 20）

$$OE\_score = \alpha_0 + \alpha_1 PLnum + \alpha_2 Dual + \alpha_3 Boardsize + \alpha_4 Indep + \alpha_5 Comp + \alpha_6 TOP1 \\ + \alpha_7 Size + \alpha_8 Lev + \alpha_9 SOE + \alpha_{10} ROA + \alpha_{11} Growth + \sum Year + \sum Ind + \varepsilon$$
（10 - 21）

$$OE\_score = \alpha_0 + \alpha_1 PLamount + \alpha_2 Dual + \alpha_3 Boardsize + \alpha_4 Indep + \alpha_5 Comp \\ + \alpha_6 TOP1 \\ + \alpha_7 Size + \alpha_8 Lev + \alpha_9 SOE + \alpha_{10} ROA + \alpha_{11} Growth + \sum Year + \sum Ind \\ + \varepsilon$$
（10 - 22）

模型中，各变量解释如下：

公司经营效率（OE_score）：本研究使用数据包络分析（Data Envelopment Analysis，DEA）方法衡量企业的效率。DEA 是美国著名运筹学家 Charnes 等于 20 世纪 80 年代提出的一种效率评价方法（Charnes 等，1978）。DEA 以相对效率概念为基础，根据多指标投入（输入）和多指标产出（输出），对决策单元进行相对有效性或效益评价（苏蕊芯等，2010）。本研究在将所有企业都看作是追求利润最大化的个体，通过有限的投入实现最大化的产出。参照苏蕊芯等（2010）的研究，我们拟定在使用 DEA 方法计算企业效率时，投入要素包括固定资产总额、营业成本以及三项费用之和（销售费用、营业费用和财务费用）；产出要素包括营业收入和净利润。

设定好 DEA 方法的基本变量后，我们将研究样本的相关投入要素值和产出要素值输入数据包络分析软件 MaxDEA5.2，软件运算后得到了衡量每个样本公司经营效率的指标：经营效率得分（OE_score）。

涉及未决诉讼与否（PL）：本研究在考虑上市公司的诉讼风险时，只针对上市公司当个会计年度尚在进行中的诉讼事项，即"未决诉讼"事项；如果上市公司当个会计年度存在未决诉讼事项，该变量取值为1，否则为0。

未决诉讼涉诉频率（PLnum）：为了进一步量化企业诉讼风险的程度，本研究使用上市公司当个会计年度的涉诉次数作为其诉讼风险的代理变量，在实证分析中，该变量的取值为：ln（未决诉讼涉诉次数+1）。

未决诉讼的涉诉金额（PLamount）：此外，本研究还使用了上市公司当个会计年度总的涉诉金额作为其另一个诉讼风险的代理变量，在实证分析中，该变量的取值为：未决诉讼的涉诉金额/公司总资产。

综合考虑其他可能影响企业经营效率的因素，设定控制变量。首先，我们将代表公司治理结构的变量纳入考虑，包括企业的董事会规模（Boardsize）、独立董事比例（Indep）、管理层薪酬水平（Comp）、董事长兼任总经理与否（Dual）、第一大股东持股比例（Top1）；然后，我们还考虑了一些代表公司基本经营情况的变量，包括公司规模（Size）、资产负债率（Lev）、公司的盈利能力（ROA）、公司的成长能力（Growth）；最后，我们还对年度（Year）、行业（Ind）进行了控制。模型中各变量的具体定义见表10-32。

表10-32 变量定义表

变量类型	变量符号	变量定义
被解释变量	OE_score	公司的经营效率，利用数据包络分析得到的公司经营效率得分
解释变量	PL	公司是否存在未决诉讼事项，存在取值为1，否则为0
	PLnum	公司的未决诉讼涉诉频率，ln（涉诉次数+1）
	PLamount	公司的未决诉讼涉诉金额，取值为涉诉金额/公司总资产
控制变量	SOE	公司的产权性质，国有企业取值为1，否则为0
	Law_index	公司所在地的法制水平，以樊纲（2011）市场化进程指数中"市场中介组织的发育和法律制度环境"指数测量
	Boardsize	董事会规模，董事会成员数量
	Indep	独立董事比例，独立董事占所有董事的比例
	Comp	管理层薪酬水平，"薪酬最高的前三名高管人员"的薪酬总额取自然对数
	Dual	两职合一，若董事长和总经理为一人则为1；否则为0
	Top1	第一大股东持股比例
	Size	公司规模，以公司年末总资产的自然对数表示
	Lev	公司的资产负债率，总负债/总资产
	ROA	公司的盈利能力，（利润总额+利息支出）/平均资产总额
	Growth	公司的成长能力，（当年营业收入-上年营业收入）/上年营业收入

续表

变量类型	变量符号	变量定义
控制变量	Year	年度变量，当样本为某一特定年份时取值为1，否则为0
	Ind	行业变量，当样本为某一特定行业时取值为1，否则为0；行业划分标准参照了证监会行业分类标准（2012），其中制造业按二级目录细分

表10-33 统计了样本上市公司 2007—2013 年期间未决诉讼情况。数据显示，样本公司在这七年间共有 955 家上市公司存在发生在某个会计年度并未在当个会计年度最终判决的诉讼事项，即未决诉讼事项。当个会计年度存在未决诉讼的样本公司，多数存在 1—2 次未决诉讼事项，但是也有近 3% 的涉诉公司在一年之内发生 10 次及以上的未决诉讼事项，相当频繁地卷入诉讼纠纷中并不能在当年顺利解决，这很可能会对公司的日常经营和财务状况造成不利影响，在企业的"供—产—销"等各个经营环节上造成负面影响，进而降低企业的经营效率。

表10-33 公司当个会计年度未决诉讼涉诉频次

未决诉讼频次	1	2	3	4	5	5-10	10次及以上	合计
公司年	570	203	63	31	14	48	26	955
占比	59.70%	21.25%	6.60%	3.25%	1.45%	5.03%	2.72%	100%

表10-34 列示了各个变量的描述性统计。表中显示，衡量企业经营效率的指标"经营效率得分"（OE_score）的取值处于 [0, 1] 区间，本研究的研究样本中，企业经营效率得分的最小值为 0.00531，最大值达到了 1，均值为 0.278。解释变量未决诉讼（PL）的均值为 9.27%，说明在所有样本公司中，有 9.27% 的上市公司存在未决诉讼事项；未决诉讼涉诉频率（PLnum）均值为 0.21，说明平均每个样本公司在某一会计年度存在 0.21 起未决诉讼事项；未决诉讼的涉诉金额与总资产之比（PLamount）均值为 0.015，说明样本公司的平均涉诉金额已经达到了其总资产的 1.5%，最大值甚至达到了 38.9，即涉诉金额是公司总资产的近 40 倍，可见诉讼风险严重危害到了公司的经营状况与财务运作。

表10-34 变量的描述性统计分析

变量	样本数	均值	标准差	中位数	最小值	最大值
OE_score	9856	0.278044	0.088863	0.258561	0.00531	1
PL	9856	0.092735	0.290076	0	0	1
PLnum	9856	0.214444	1.372024	0	0	59.00032
PLamount	9856	0.014739	0	0.437252	0	38.9086
Dual	9856	0.193588	0.39513	0	0	1
Boardsize	9856	9.104505	1.847025	9	3	18

续表

变量	样本数	均值	标准差	中位数	最小值	最大值
Indep	9856	0.367595	0.054134	0.333333	0.090909	0.8
Comp	9856	13.88188	0.860877	13.91082	0	17.2495
Top1	9856	36.33253	15.65078	34.4522	0.8225	89.4086
Size	9856	21.90972	1.280925	21.7529	19.1626	25.7984
Lev	9856	0.510043	0.203268	0.509861	0.118945	0.988413
SOE	9856	0.515524	0.499784	1	0	1
ROA	9856	0.033588	0.058362	0.033204	-0.24797	0.19972
Growth	9856	0.478087	1.676529	0.101815	-0.73585	12.7857

为了初步分析各个变量之间的相关性,我们进行了单变量的相关性分析。如表10-35 显示,因变量公司经营效率得分(OE_score)与公司存在未决诉讼事项(PL)显著负相关,初步验证了存在未决诉讼的上市公司经营效率较低的假设。

表 10-35 单变量的相关性分析

	OE	PL	Dual	Boardsize	Indep	Comp	Top1	Size	Lev	SOE	ROA
PL	-0.03 ***										
Dual	-0.011 **	-0.0017									
Boardsize	0.0402 *	-0.0293	-0.149 ***								
Indep	-0.038 *	-0.0004	0.081 ***	-0.3204 ***							
Comp	0.1067 *	-0.0381	0.0066	0.1272 ***	0.0185 **						
Top1	0.1064 **	-0.0612 *	-0.0669 *	0.0186 **	0.0548 **	0.0712 **					
Size	0.0598 *	-0.0649 **	-0.1713 **	0.2799 ***	0.077 **	0.4554 ***	0.2952 ***				
Lev	0.0562 *	0.1823 ***	-0.139 ***	0.0994 **	-0.0106	-0.026 *	0.0249 **	0.297 ***			
SOE	0.0592 **	-0.0246	-0.2423 **	0.248 ***	-0.0326 **	0.1206 **	0.2298 **	0.3566 ***	0.1802 ***		
ROA	0.1388 ***	-0.0903 **	0.0134 ***	0.0317 **	-0.0264 **	0.2545 **	0.0979 **	0.1013 **	-0.373 **	-0.0249 *	
Growth	-0.119 *	0.0403 **	-0.0062	-0.051 **	0.0214 **	0.0006	0.028 **	0.0054	0.0874 **	-0.0495 **	0.0183

注:*、**、***分别表示在10%、5%、1%水平上显著。

表 10-36 列示了对假设1检验的多元回归结果。由回归模型(10-20)可以看出,在控制了其他变量的影响后,解释变量 PL 的回归系数显著为负,说明存在未决诉讼的样本公司的经营效率得分显著低于不存在未决诉讼的公司;同时模型(10-21)、(10-22)的结果显示,PLnum 以及 PLamount 的回归系数显著为负,即样本公司的涉诉频率越高、涉诉金额越大,其经营效率得分越低。回归结果验证了假设1。说明企业涉及未决诉讼而形成的诉讼风险,很可能对其财务状况造成负面

影响,进而在企业的经营环节产生不利影响,如降低原材料的周转速度、限制资金的合理配置、影响企业声誉进而减弱企业产品的竞争能力等。总之,企业的诉讼风险会给企业经营链的任何阶段造成不利影响,进而降低企业的经营效率。

表 10-36　　未决诉讼对企业经营效率得分影响的回归结果

变量	(10-20) OE_score	(10-21) OE_score	(10-22) OE_score
PL	-0.0346**		
	(-2.13)		
PLnum		-0.0336**	
		(-2.29)	
PLamount			-1.651***
			(-6.35)
Dual	-0.000140	0.000158	0.000914
	(-0.01)	(0.01)	(0.07)
Boardsize	0.00678**	0.00671**	0.00678**
	(2.35)	(2.33)	(2.36)
Indep	-0.108	-0.109	-0.0979
	(-1.17)	(-1.18)	(-1.06)
Comp	0.0831***	0.0830***	0.0823***
	(12.53)	(12.52)	(12.44)
Top1	0.00339***	0.00339***	0.00335***
	(10.54)	(10.54)	(10.46)
Size	-0.0385***	-0.0386***	-0.0439***
	(-7.45)	(-7.47)	(-8.38)
Lev	0.383***	0.385***	0.418***
	(13.53)	(13.55)	(14.55)
SOE	0.0489***	0.0488***	0.0477***
	(4.59)	(4.59)	(4.49)
ROA	1.641***	1.643***	1.655***
	(17.92)	(17.93)	(18.09)
Growth	-0.0141***	-0.0142***	-0.0144***
	(-4.79)	(-4.81)	(-4.91)
Year	控制	控制	控制
Ind	控制	控制	控制

续表

变量	(10-20) OE_score	(10-21) OE_score	(10-22) OE_score
Constant	-0.336 (-1.00)	-0.334 (-0.99)	-0.234 (-0.69)
F-value	63.33***	63.34***	64.14***
Adj-R²	0.2817	0.2817	0.2843
N	9856	9856	9856

注：*、**、***分别表示在10%、5%、1%水平上显著，下同。

为了验证假设2，我们依据公司所在地的法律环境对样本公司进行分组；公司所在地的法治水平是依据樊纲等（2011）编制的中国市场化指数中的"市场中介组织的发育和法律制度环境"指数进行测度，而后按照中位数分为"高法治水平地区"与"低法治水平地区"。分组回归结果列示于表10-37。从回归结果的前两列可以得知，处在高法治水平地区公司的未决诉讼对其经营效率的负向影响并不显著，而处在低法治水平地区公司的未决诉讼对其经营效率有着显著的负向影响。为了严谨地在统计学意义上对比国有上市公司与非国有上市公司的未决诉讼对其债务融资成本影响的差异，本研究借鉴Clogg等（1995）的方法，使用"似无关估计模型"（Seemingly unrelated estimation model，简称suest）来检验高法治水平地区企业与低法治水平地区企业这两个了样本之间的系数差距。检验结果显示，存在未决诉讼对不同法治水平地区企业的经营效率的影响有显著差异（系数差异检验中的chi-square为4.89，即系数的差异有统计学意义）。类似的，回归结果的中间两列显示，涉诉频率对不同法治水平地区上市公司的经营效率的影响有显著的差异；回归结果的后两列显示，涉诉金额对不同法治水平地区上市公司的经营效率的影响也有显著的差异。因此分组回归的结果验证了假设2。

表10-37 　　　　　　　　法律环境，未决诉讼与企业经营效率

变量	High_law OE_score	Low_law OE_score	High_law OE_score	Low_law OE_score	High_law OE_score	Low_law OE_score
PL	-0.0791 (-1.62)	-0.131** (-2.44)				
PLnum			-0.0637 (-1.46)	-0.0866* (-1.76)		
PLamount					-1.116 (-1.42)	-2.731*** (-3.13)

续表

变量	High_law OE_score	Low_law OE_score	High_law OE_score	Low_law OE_score	High_law OE_score	Low_law OE_score
Dual	-0.129***	-0.0867**	-0.130***	-0.0857**	-0.0856**	-0.131***
	(-3.60)	(-2.04)	(-3.61)	(-2.01)	(-2.01)	(-3.66)
Boardsize	0.0248***	0.0186**	0.0247***	0.0185**	0.0187**	0.0246***
	(2.64)	(2.09)	(2.63)	(2.08)	(2.10)	(2.63)
Indep	-0.181	-0.115	-0.180	-0.126	-0.118	-0.166
	(-0.63)	(-0.39)	(-0.63)	(-0.42)	(-0.40)	(-0.58)
Comp	0.0586**	0.105***	0.0587**	0.104***	0.103***	0.0574**
	(2.49)	(5.23)	(2.50)	(5.19)	(5.16)	(2.44)
Top1	0.00709***	0.00426***	0.00710***	0.00429***	0.00427***	0.00710***
	(7.26)	(3.96)	(7.27)	(3.98)	(3.97)	(7.28)
Size	0.0128	-0.0249	0.0127	-0.0226	-0.0246	0.00529
	(0.82)	(-1.43)	(0.80)	(-1.30)	(-1.40)	(0.33)
Lev	0.824***	0.843***	0.825***	0.833***	0.839***	0.865***
	(9.21)	(9.34)	(9.18)	(9.17)	(9.09)	(9.56)
SOE	0.100***	0.302***	0.0997***	0.303***	0.304***	0.0989***
	(2.98)	(8.69)	(2.97)	(8.72)	(8.74)	(2.94)
ROA	1.748***	3.159***	1.752***	3.156***	3.170***	1.754***
	(5.79)	(11.33)	(5.81)	(11.32)	(11.35)	(5.82)
Growth	-0.0350***	-0.0470***	-0.0352***	-0.0474***	-0.0478***	-0.0360***
	(-3.81)	(-5.04)	(-3.83)	(-5.08)	(-5.13)	(-3.91)
Year	控制	控制	控制	控制	控制	控制
Ind	控制	控制	控制	控制	控制	控制
Constant	-1.128	-1.544*	-1.125	-1.577*	-1.532*	-0.961
	(-1.44)	(-1.91)	(-1.43)	(-1.95)	(-1.89)	(-1.22)
Suest Chi-square	4.89**		4.04*		4.72**	
F-value	36.40***	35.05***	36.39***	34.94***	34.95***	36.57***
Adj-R^2	0.2989	0.2956	0.2989	0.2913	0.2950	0.2999
N	5148	4708	5148	4708	5148	4708

注：*、**、***分别表示在10%、5%、1%水平上显著。

为验证假设3，我们依据公司的产权性质对样本公司进行分组。第一步，通过均值差异分析来检验国有企业与非国有企业的经营效率在整体上有无差异；均值差异 T 检验的结果列示于表 10-38。结果显示，国有企业与非国有企业的经营效率在整体上并未有显著差异，与设想有所不同。这可能是由于尽管国有企业由于政策性负担要付出更多的成本与代价，并不能以追求利润最大化为企业目标，但是由于政府的干预与"庇护"，国有企业更容易获得优惠政策，比如以更低的成本获取原材料、以更低的成本获取债务融资、获得更多的销售途径等等，因此其经营效率并未受到"政策性负担"的显著影响，企业整体的经营效率与非国有企业无显著差异。第二步进行分组回归，检验未决诉讼对企业经营效率的影响在不同产权性质的上市公司中有无差异，分组回归结果列示于表 10-39。从回归结果的前两列可以得知，国有上市公司的未决诉讼对其经营效率并无显著影响，而非国有上市公司的未决诉讼对其经营效率的负向影响是显著的；进一步使用"似无关估计模型"进行系数差异检验，结果显示，存在未决诉讼对处在不同法治水平地区的上市公司的债务融资成本的影响有显著的差异（Chi-square 值为 5.04，即系数的差异有统计学意义）。类似的，回归结果的中间两列显示，样本公司的涉诉频率对国有企业与非国有企业债务融资成本的影响也有显著差异；回归结果的后两列显示，涉诉金额也对国有企业与非国有企业债务融资成本的影响也有显著差异。综合两步分析，假设 3 得到部分验证，即国有上市公司企业经营效率的整体水平与非国有上市公司并无差异，但非国有上市公司诉讼风险对公司经营效率的负向影响显著大于国有上市公司。

表 10-38　　　国有上市公司与非国有上市公司经营效率均值差异检验

	均值		均值差异	T 值
	国有上市公司	非国有上市公司		
OE_score	0.2777696	0.2783154	-0.0005458	0.2918

表 10-39　　　　　产权性质，未决诉讼与企业经营效率

变量	SOE CAT	Non_SOE CAT	SOE CAT	Non_SOE CAT	SOE CAT	Non_SOE CAT
PL	-0.0768 (-1.36)	-0.117*** (-2.59)				
PLnum			-0.0450 (-0.86)	-0.0973** (-2.45)		
PLamount					-1.334 (-1.14)	-2.388*** (-3.85)
Dual	-0.0634 (-1.20)	-0.115*** (-3.89)	-0.0625 (-1.19)	-0.115*** (-3.87)	-0.0612 (-1.16)	-0.115*** (-3.89)

续表

变量	SOE CAT	Non_SOE CAT	SOE CAT	Non_SOE CAT	SOE CAT	Non_SOE CAT
Boardsize	0.0227**	0.0149	0.0228***	0.0144	0.0228***	0.0148
	(2.57)	(1.56)	(2.58)	(1.51)	(2.59)	(1.55)
Indep	0.181	-0.587**	0.176	-0.589**	0.184	-0.580**
	(0.59)	(-2.12)	(0.58)	(-2.13)	(0.60)	(-2.10)
Comp	0.105***	0.0845***	0.105***	0.0841***	0.104***	0.0825***
	(4.61)	(4.43)	(4.60)	(4.41)	(4.59)	(4.33)
Top1	0.00549***	0.00476***	0.00550***	0.00476***	0.00548***	0.00475***
	(5.07)	(5.05)	(5.08)	(5.05)	(5.07)	(5.05)
Size	0.0187	-0.0537***	0.0193	-0.0535***	0.0174	-0.0634***
	(1.10)	(-3.37)	(1.14)	(-3.35)	(1.02)	(-3.89)
Lev	0.898***	0.741***	0.895***	0.743***	0.900***	0.788***
	(8.35)	(9.93)	(8.30)	(9.88)	(8.34)	(10.32)
ROA	2.604***	2.451***	2.603***	2.460***	2.604***	2.483***
	(7.41)	(10.47)	(7.40)	(10.51)	(7.41)	(10.61)
Growth	-0.0549***	-0.0319***	-0.0552***	-0.0320***	-0.0552***	-0.0327***
	(-4.64)	(-4.39)	(-4.66)	(-4.40)	(-4.66)	(-4.49)
Year	控制	控制	控制	控制	控制	控制
Ind	控制	控制	控制	控制	控制	控制
Constant	-1.991***	0.394	-2.001***	0.397	-1.958***	0.601
	(-3.21)	(0.72)	(-3.23)	(0.73)	(-3.15)	(1.09)
Suest Chi-square	4.71**		5.08***			
F-value	36.34***	25.47***	37.61***	27.26***	37.72***	27.47***
Adj-R²	0.2875	0.2352	0.2857	0.2355	0.2876	0.2369
N	5081	4775	5081	4775	5081	4775

注：*、**、***分别表示在10%、5%、1%水平上显著。

为了保证结果的可靠性，我们进行了以下稳健性检验：

对于企业经营效率的衡量，我们也参照了陈运森（2015）的研究，使用经行业调整的资产周转率（Turnover）作为企业经营效率的代理变量，以此作为本研究的被解释变量重新进行回归检验。结果列示于表10-40，我们发现未决诉讼（PL）及涉诉频率（PLnum）、涉诉金额（PLamount）与该替代性的经营效率指标均为显著负相关，说明未决诉讼与经营效率的关系是稳定的。

表 10 - 40　　未决诉讼对企业总资产周转率影响的回归结果

变量	(10 - 20) Turnover	(10 - 21) Turnover	(10 - 22) Turnover
PL	-0.106***		
	(-2.90)		
PLnum		-0.0760**	
		(-2.31)	
PLamount			-1.807***
			(-3.10)
Dual	-0.0874***	-0.0868***	-0.0865***
	(-3.20)	(-3.18)	(-3.16)
Boardsize	0.0215***	0.0214***	0.0217***
	(3.34)	(3.33)	(3.37)
Indep	-0.158	-0.161	-0.148
	(-0.77)	(-0.78)	(-0.72)
Comp	0.0856***	0.0853***	0.0842***
	(5.77)	(5.75)	(5.68)
Top1	0.00557***	0.00559***	0.00557***
	(7.76)	(7.78)	(7.76)
Size	-0.000948	-0.000219	-0.00459
	(-0.08)	(-0.02)	(-0.39)
Lev	0.803***	0.800***	0.820***
	(12.69)	(12.58)	(12.76)
SOE	0.188***	0.188***	0.187***
	(7.89)	(7.90)	(7.87)
ROA	2.521***	2.523***	2.535***
	(12.31)	(12.32)	(12.37)
Growth	-0.0425***	-0.0427***	-0.0430***
	(-6.46)	(-6.49)	(-6.53)
Year	控制	控制	控制
Ind	控制	控制	控制
Constant	-0.724	-0.731	-0.643
	(-0.96)	(-0.97)	(-0.85)
F - value	64.23***	64.16***	64.26***

续表

变量	(10-20) Turnover	(10-21) Turnover	(10-22) Turnover
Adj-R²	0.2846	0.2844	0.2847
N	9856	9856	9856

注：*、**、***分别表示在10%、5%、1%水平上显著。

为了进一步检验是公司的未决诉讼所带来的诉讼风险对其经营效率造成负向影响，而不是受到其他因素的间接影响，在主回归的基础上，本研究使用变化模型进行另一种稳健性检验。首先，考虑企业前后两年未决诉讼涉诉频率的变化（$\Delta PLnum$）以及前后两年未决诉讼涉诉金额的变化（$\Delta PLamount$），这两个值代表了公司前后两年诉讼风险的变化情况；以企业经营效率得分的变化值（ΔOE_score）为被解释变量，控制变量也采用主回归中相应控制变量前后两年的变化值，而后进行回归分析，结果列示于表10-41。由变化模型的回归结果可知，诉讼风险的变化与企业经营效率的变化的方向是相反的，即涉诉频率的增加以及涉诉金额的增加降低了企业的经营效率。因此，变化模型的回归结果与主回归的结论一致，结果稳健。

表10-41　　　　　　稳健性检验：变化模型回归分析

	(1) ΔOE_score	(2) ΔOE_score
$\Delta PLnum$	-0.302*	
	(-1.81)	
$\Delta PLamount$		-1.343***
		(-3.20)
$\Delta Dual$	-0.00666	-0.0540**
	(-0.67)	(-2.15)
$\Delta Boardsize$	-0.00147	-0.00867
	(-0.64)	(-1.50)
$\Delta Indep$	0.0262	0.173
	(0.36)	(0.95)
$\Delta Comp$	0.0101*	0.00985
	(1.83)	(0.71)
$\Delta Top1$	0.000222	-0.0000594
	(0.87)	(-0.09)
$\Delta Size$	-0.0121***	-0.0231**
	(-2.99)	(-2.26)

续表

	(1)	(2)
ΔLev	0.0291	0.161***
	(1.27)	(2.79)
ΔSOE	0.0100	0.0184
	(1.19)	(0.86)
ΔROA	0.0891	0.314*
	(1.21)	(1.69)
ΔGrowth	0.00326	0.0231***
	(1.41)	(3.95)
Year	控制	控制
Ind	控制	控制
Constant	0.282	0.784
	(1.18)	(1.30)
F-value	3.64***	2.97***
Adj-R^2	0.0285	0.0234
N	7636	7636

注：*、**、***分别表示在10%、5%、1%水平上显著。

除此之外，本研究我们还进行了如下稳健性检验。（1）对连续变量进行上下1%的去异常值处理，对假设1—3进行检验，结果也基本一致；（2）变换控制变量的测量指标，如公司规模选用销售总额代替总资产进行衡量、公司的盈利能力选用资产回报率（ROA）代替每股收益（EPS）等，对假设1—3进行检验，结果也基本一致。在进行多种稳健性检验后可以发现，我们的研究结论总体来看比较可靠。

研究结果发现：

（1）较之不存在未决诉讼的上市公司，存在未决诉讼的上市公司经营效率更低；并且涉诉频率越高、涉诉金额越大，经营效率越低。

（2）对公司的产权性质进行区分：较之国有上市公司，非国有上市公司的未决诉讼对其经营效率的负向影响更为显著。

（3）对公司所在地的法律环境进行区分：较之法治水平高的地区，法治水平低地区的企业未决诉讼对其经营效率的负向影响更为显著。本研究的研究从公司的经营效率的角度出发，实证检验了上市公司的未决诉讼事项带来的风险及其对企业实际经济活动造成的影响。

本研究的发现能够对上市公司管理层及监管机构有所启示。从上市公司的角度来看，如果涉及诉讼，不仅会耗费公司的资源，还会由于未决诉讼事项的不确定性带来巨大的经营风险和财务风险，给企业经营链的各个阶段造成不利影响，进而降低企业的经营效率,因此上市公司的管理层应该加强对于公司牵涉诉讼、仲裁等事件的关注,加强对涉诉事项的管理。同时我们也要注意到,公司的诉讼风险对其经营效率的影响在非国有上市公司中表现更为显著;这在一定程度上显示出目前我国的市场经济仍然受到政府的显著干预,国有企业往往受到政府的"庇护",而非国有企业却更容易受到"歧视"。因此从市场长远地健全发展来看,政府应当减少干预,让资源配置更加市场化。此外,研究还发现公司的诉讼风险对其经营效率的影响在法治水平低的地区表现更为显著,因此国家应当进一步推进市场法律体系的建设,社会各层应该积极配合,推动发展"依法治国"。

第六节 本章小结

在本章中,我们对未决诉讼事项可能引发的经济后果进行了分析研究。公司存在未决诉讼事项,意味着公司正在面临诉讼案件,无论公司作为原告方还是被告方都面临着正在进行的诉讼事项带来的不确定性,或是给公司带来潜在损失,或是给公司带来潜在收益或声誉,都需要日后案件的判决来最终确定,因此未决诉讼的存在蕴含着潜在的风险,可能影响企业的财务状况和经营状况,甚至影响企业的可持续经营能力。那么,未决诉讼的这种潜在风险是否真实存在,亦或者是这种风险是否被资本市场及外部监管机构所关注?企业内部又会如何应对这种风险?

基于这样的疑问,我们从未决诉讼对企业融资能力的影响、对企业高管薪酬的影响、对审计意见类型、审计收费和审计报告时滞的影响以及对企业经营效率的影响四个方面展开对未决诉讼事项经济后果的探索。研究结果显示,未决诉讼的存在使得企业要付出更高的债务融资成本,而且使得企业的经营效率有所下降,并且要付给高管人员更高的薪酬以补偿风险承担,同时高管人员的薪酬业绩敏感性也因此下降;外部监管的角度来看,未决诉讼使得企业被出具非标准审计意见的可能性加大,并且企业将因此支付了更高的审计费用,同时处在高水平法治水平地区的上市公司,未决诉讼还会使得审计报告时滞加长。

综合本章的分析来看,未决诉讼蕴含的潜在风险确实被市场及监管机构所关注,企业内部也由于未决诉讼的存在而产生了变化。这样的结论能够带来一些启示:对上市公司来说,上市公司的管理层应该加强对于公司牵涉诉讼、仲裁等事件的关注,加强对涉诉事项的管理。如果涉及诉讼,不仅会耗费公司的资源,还会由于未决诉讼事项的不确定性带来巨大的经营风险和财务风险,从而加大企业外部融资的困难,进而影响企业的资金周转和资源配置,最终损害公司价值。因此,公司本身要强化内部管理,切实建立起一套科学严密的内部控制和管理制度,以堵塞发生问题的漏洞;同时公司在对外经济活动中,要提高警惕性,在筛选外部客户的时候,坚持谨慎的原则，同时注重调查研究，以做出正确判断和决策；此外，要重视健全法律事务机构，加强法律事件应对机制，尽量避免诉讼仲裁事件的发生。一直悬而未决的诉讼事项会牵扯公司很大的精力，同时也会损坏公司声誉，为公司未来的发展带来不利的影响，因此公司万一发生了诉讼事项也能够及时应对，尽快解决，使企业远离风险，健康发展。

参考文献

[1] Aboody D, Kasznik R. CEO stock option awards and the timing of corporate voluntary disclosures [J]. Journal of Accounting and Economics, 2000, 29: 73 - 100.

[2] Allen, F. , Qian, J. , Qian, M. . Law, Finance, and Economic Growth in China [J]. Journal of Financial Economics, 2005, 77 (1): 57 - 116.

[3] Anderson R. C. , Mansi S. A. , and Reeb D. M. , Founding Family Ownership and the Agency Cost of Debt [J]. Journal of Financial Economics, 2003, 68 (2): 263 - 285.

[4] Andrade S. C. , Bernile G. , and Hood III, F. M. , SOX, Corporate Transparency, and the Cost of Debt [J]. Journal of Banking and Finance, 2014, 38 (1): 145 - 165.

[5] Armstrong, Craig. , Ben Craig, Willianm Jackson, and James Thomson. The moderating influence of financial market development on the relationship between loan guarantees for SMEs and local market employment rates [J]. Journal of Small Business Management, 2014, 52 (1): 126 - 140.

[6] Arslanalp S, Liao Y. Contingent liabilities and sovereign risk: evidence from banking sectors [R]. Centre for Applied Macroeconomic Analysis (CAMA), Australian National University, Australia working paper, 2013.

[7] Bai C E, Lu J, Tao Z. Property rights protection and access to bank loans [J]. Economics of Transition, 2006, 14 (4): 611 - 628.

[8] Bailey W. , Huang W. , and Yang Z. , Bank Loans with Chinese Characteristics: Some Evidence on Inside Debt in a State - Controlled Banking System [J]. Journal of Financial and Quantitative Analysis, 2011, 46 (6), 1795 - 1830.

[9] Baker G P. Discussion of an analysis of the use of accounting and market measures of performance in executive compensation contracts [J]. Journal of Accounting research, 1987: 126 - 129.

[10] Baldwin, Carliss, Donald Lessard, and Scott Mason. Budgetary time bombs: controlling government loan guarantees [J]. Canadian Public Policy/Analyse de Politiques, 1983: 338 - 346.

[11] Bamber EM, Stratton RA. The information content of the uncertainty - modi-

fied audit report: Evidence from bank loan officers [J]. Accounting Horizons, 1997. 11: 1 - 11.

[12] Barro R. J., The Loan Market, Collateral, and Rates of Interest [J]. Journal of Money, Credit and Banking, 1976, 8 (4): 439 - 456.

[13] Barth ME, McNichols MF, Wilson GP. Factors Influencing Firms' Disclosures about Environmental Liabilities [J]. Review of Accounting Studies, 1997, 2: 35 - 64.

[14] Benjamin C. Esty. The impact of contingent liability on commercial bank risk taking [J]. Journal of Financial Economics, 1998 (47): 189 - 218.

[15] Berkman, Henk, Rebel A. Cole, and Lawrence J. Fu. Expropriation through loan guarantees to related parties: Evidence from China [J]. Journal of Banking and Finance, 2009, 33 (1): 141 - 156.

[16] Berry M. A. Using daily stock returns in event studies and the choice of parametric versus nonparametric test statistics [J]. Quarterly journal of finance and accounting. 1990, 29 (1): 70 - 85.

[17] Bhagat S, Romano R. Event studies and the law: Part I: Technique and corporate litigation [J]. American Law and Economics Review, 2002, 4 (1): 141 - 168.

[18] Black, Fischer, and Myron Scholes. The pricing of options and corporate liabilities [J]. The Journal of Political Economy, 1973, 81 (3): 637 - 654.

[19] Botosan CA. Disclosure Level and the Cost of Equity Capital [J]. The Accounting Review, 1997, 72 (3): 323 - 349.

[20] Bradshaw T K. The contribution of small business loan guarantees to economic development [J]. Economic Development Quarterly, 2002, 16 (4): 360 - 369.

[21] Brandt L, Li H. Bank discrimination in transition economies: ideology, information, or incentives? [J]. Journal of comparative economics, 2003, 31 (3): 387 - 413.

[22] Brock, Philip L. External Shocks and Financial Collapse: Foreign - Loan Guarantees and Intertemporal Substitution of Investment in Texas and Chile [J]. The American Economic Review, 1992: 168 - 173.

[23] Brown S, Warner J. Measuring security price performance [J]. Journal of Financial Economics, 1980, 8: 205 - 258.

[24] Brown S, Warner J. Using daily stock returns: The case of event studies [J]. Journal of Financial Economics, 1985, 14 (3): 31.

[25] Bruner, Robert F. Applied mergers and acquisitions [M]. Vol. 173. John Wiley & Sons, 2004.

[26] Bulan L T, Subramanian N. A closer look at dividend omissions: payout policy, investment and financial flexibility [J]. Investment and Financial Flexibility (No-

vember 6, 2008), 2008.

[27] Busetta G, Zazzaro A. Mutual loan – guarantee societies in monopolistic credit markets with adverse selection [J]. Journal of Financial Stability, 2012, 8 (1): 15 – 24.

[28] Bushman R. M., Piotroski J. D., and Smith A. J., What Determines Corporate Transparency? [J]. Journal of Accounting Research, 2004, 42 (2): 207 – 252.

[29] Chan Y. S. and Kanatas G.., Asymmetric Valuations and the Role of Collateral in Loan Agreements [J]. Journal of Money, Credit and Banking, 1985, 17 (1): 84 – 95.

[30] Chang, Chuang – Chang, San – Lin Chung, and Min – Teh Yu. Loan guarantee portfolios and joint loan guarantees with stochastic interest rates [J]. The Quarterly Review of Economics and Finance, 2006, 46. (1): 16 – 35.

[31] Charnes A, Cooper W W, Rhodes E. Measuring the efficiency of decision making units [J]. European journal of operational research, 1978, 2 (6): 429 – 444.

[32] Chen CJ, Su X, Zhao R. 2000. An Emerging Market's Reaction to Initial Modified Audit Opinions: Evidence from the Shanghai Stock Exchange* [J]. Contemporary Accounting Research, 17 (3): 429 – 455.

[33] Chen, Hui. Macroeconomic conditions and the puzzles of credit spreads and capital structure [J]. The Journal of Finance, 2010, 65 (6): 2171 – 2212.

[34] Chen, Long, David A. Lesmond, and Jason Wei. Corporate yield spreads and bond liquidity [J]. The Journal of Finance, 2007, 62 (1): 119 – 149.

[35] Chen, Yehning. Collateral, loan guarantees, and the lenders' incentives to resolve financial distress [J]. The Quarterly Review of Economics and Finance, 2006, 46 (1): 1 – 15.

[36] Choi JH, Wong TJ. Auditors' Governance Functions and Legal Environments: An International Investigation [J]. Contemporary Accounting Research, 2007. 24 (1): 13 – 46.

[37] Ciscel D H, Carroll T M. The determinants of executive salaries: An econometric survey [J]. The Review of Economics and Statistics, 1980: 7 – 13.

[38] Clarke, D., The Creation of a Legal Structure for Market Institutions in China, Reforming Asian Socialism: The Growth of Market Institutions, edited by John McMillan and Barry Naughton. Ann Arbor: University of Michigan Press, 1996: 39 – 59.

[39] Cohen D, Darrough M, Huang R et al. Warranty Reserve: Contingent Liability, Informational Signal, or Earnings Management Tool? [C]. 2009, http://algo magic.s3.ama zon aws.com/8168.pdf.

[40] Collin-Dufresne, Pierre, Robert S. Goldstein, and J. Spencer Martin. The determinants of credit spread changes [J]. The Journal of Finance, 2001, 56 (6): 2177-2207.

[41] Cook, Douglas O., and Lewis J. Spellman. Firm and guarantor risk, risk contagion, and the interfirm spread among insured deposits [J]. Journal of Financial and Quantitative Analysis, 1996, 31 (2): 265-281.

[42] Cowling, Marc, and Peter Mitchell. Is the small firms loan guarantee scheme hazardous for banks or helpful to small business [J]. Small Business Economics, 2003, 21 (1): 63-71.

[43] Cowling, Marc. The role of loan guarantee schemes in alleviating credit rationing in the UK [J]. Journal of Financial Stability, 2010, 6 (1): 36.

[44] Cull R, Xu L C. Institutions, ownership, and finance: the determinants of profit reinvestment among Chinese firms [J]. Journal of Financial Economics, 2005, 77 (1): 117-146.

[45] DeFond ML, Raghunandan K, Subramanyam K. 2002. Do non-audit service fees impair auditor independence? Evidence from going concern audit opinions [J]. Journal of Accounting Research, 40 (4): 1247-1274.

[46] Dodson, Charles. Bank size, lending paradigms, and usage of farm service agency's guaranteed loan programs abstract purpose [J]. Agricultural Finance Review, 2014 (1): 133-152.

[47] Duffee, Gregory R. The relation between treasury yields and corporate bond yield spreads [J]. The Journal of Finance, 1998, 53 (6): 2225-2241.

[48] Dybvig P H, Shan S C, Tang D Y. Outsourcing bank loan screening: evidence from third-party loan guarantees [R]. working paper, . https://wpweb2.tepper.cmu.edu/wfa/wfasecure/upload/ 2012_ PA_ 916775_ 439746_ 745874. pdf, 2012.

[49] Dybvig P., Shan S. C., and Tang D. Y., 2011, Does Informal Finance Help Formal Finance? Evidence from Third Party Loan Guarantees in China, Working Paper.

[50] Englemann K, Cornell B. Measuring the cost of corporate litigation: Five case studies [J]. J. Legal Stud., 1988, 17: 377.

[51] Fama E F, Jensen M C. Separation of ownership and control [J]. Journal of law and economics, 1983: 301-325. Firth M, Rui O M, Wu W. The effects of political connections and state ownership on corporate litigation in China [J]. Journal of Law and Economics, 2011, 54 (3): 573-607.

[52] Fama E, Fisher L, Jensen M, et al. The adjustment of stock prices to new information [J]. International Economic Review, 1969, 10: 1-21.

[53] Fama French three factor asset pricing model: evidence from the Australian stockmarket [J]. Accounting & Finance, 2004, 44 (1): 27 - 44.

[54] Fama, Eugene F., and Kenneth R. French. Common risk factors in the returns on stocks and bonds [J]. Journal of Financial Economics, 1993, 33 (1): 3 - 56.

[55] Fesler R D, Hagler J L. Litigation disclosures under SFAS No. 5: A study of actual cases [J]. Accounting Horizons, 1989, 3 (1): 10.

[56] Fields P. L., Fraser D. R., and Subrahmanyam A., Board Quality and the Cost of Debt Capital: The Case of Bank Loans [J]. Journal of Banking & Finance, 2012, 36 (5): 1536 - 1547.

[57] Firth M. 1978. Qualified audit reports: their impact on investment decisions [J]. Accounting Review, 53 (3): 642 - 650.

[58] Fisher L., Determinants of Risk Premiums on Corporate Bonds [J]. The Journal of Political Economy, 1959, 67 (3): 217 - 237.

[59] Fombrun C, Riel C B M. The reputational landscape [J]. Corporate reputation review, 1997: 1 - 16.

[60] Frankel R, Li X. Characteristics of a firm's information environment and the information asymmetry between insiders and outsiders [J]. Journal of Accounting and Economics, 2004, 37 (2): 229 - 259.

[61] Frankel R, McNichols M, Wilson G P. Discretionary disclosure and external financing [J]. Accounting Review, 1995: 135 - 150.

[62] Geiger MA, Raghunandan K. Auditor tenure and audit reporting failures [J]. Auditing: A Journal of Practice & Theory, 2002, 21 (1): 67 - 78.

[63] Gigler F. Self - enforcing voluntary disclosures [J]. Journal of Accounting Research, 1994, 32 (2): 224 - 240.

[64] Gray P., Koh P. S., and Tong Y. H., Accruals Quality, Information Risk and Cost of Capital: Evidence from Australia [J]. Journal of Business Finance & Accounting, 2009, 36 (1 - 2): 51 - 72.

[65] Gul F. A., Zhou G. S., and Zhu X. K., Investor Protection, Firm Informational Problems, Big N Auditors and Cost of Debt Around the World [J]. Auditing: A Journal of Practice and Theory, 2013, 32 (3): 1 - 30.

[66] Hackbarth, Dirk, Jianjun Miao, and Erwan Morellec. Capital structure, credit risk, and macroeconomic conditions [J]. Journal of Financial Economics, 2006, 82 (3): 519 - 550.

[67] Harvey K D, Shrieves R E. Executive compensation structure and corporate governance choices [J]. Journal of Financial Research, 2001, 24 (4): 495 - 512.

[68] Heal G. Guarantees and risk-sharing [J]. The Review of Economic Studies, 1977: 549-560.

[69] Hennes K M. The reporting of contingent legal liabilities [J]. Smeal College of Business, Pennsylvania State University, 2008.

[70] Hess K, Gunasekarage A, Hovey M. State-dominant and non-state-dominant ownership concentration and firm performance: evidence from China [J]. International Journal of Managerial Finance, 2010, 6 (4): 264-289.

[71] Hope O, Thomas WB. Managerial Empire Building and Firm Disclosure [J]. Journal of Accounting Research, 2008, 46 (3): 591-626.

[72] Hopwood W, McKeown J, Mutchler J. A test of the incremental explanatory power of opinions qualified for consistency and uncertainty [J]. Accounting Review, 1989, 64 (1): 28-48.

[73] Jennings, Peter, and Graham Beaver. The performance and competitive advantage of small firms: a management perspective [J]. International Small Business Journal, 1997, 15 (2): 63-75.

[74] Jensen M C, Murphy K J. Performance pay and top-management incentives [J]. Journal of political economy, 1990: 225-264.

[75] Jian M. and Xu M., Determinants of the Guarantee Circles: The Case of Chinese Listed Firms [J]. Pacific-Basin Finance Journal, 2012, 20 (1): 78-100.

[76] Jiang G. H., Lee C., and Yue H., Tunneling through Intercorporate Loans: The China Experience [J]. Journal of Financial Economics, 2010, 98 (1): 1-20.

[77] Johnson S., La-Porta R., Lopez-de-Silanes F., and Shleifer A., Tunneling [J]. American Economic Review, 2000, 90 (2): 22-27.

[78] Johnston M. A. A review of the application of event studies in marketing [J]. Academy of marketing science review. 2007, 04: 1-31.

[79] Jones E P, Mason S P, Rosenfeld E. Contingent claims analysis of corporate capital structures: An empirical investigation [J]. The Journal of Finance, 1984, 39 (3): 611-625.

[80] Karjalainen, J., Audit Quality and Cost of Debt Capital for Private Firms: Evidence from Finland [J]. International Journal of Auditing, 2011, 15 (1): 88-108.

[81] Kasznik R, Lev B. To warn or not to warn: Management disclosures in the face of an earnings surprise [J]. Accounting review, 1995: 113-134.

[82] Kennedy DB, Shaw WH. 1991. Evaluating financial distress resolution using prior audit opinions [J]. Contemporary Accounting Research, 8 (1): 97-114.

[83] Khanna T. and Palepu K., Is Group Affiliation Profitable in Emerging Mar-

kets? An Analysis of Diversified Indian Business Groups [J]. The Journal of Finance, 2000, 55 (2): 867–891.

[84] Kim J. B., Simunic D. A., Stein M. T., and Yi C. H., Voluntary Audits and the Cost of Debt Capital for Privately Held Firms: Korean Evidence [J]. Contemporary Accounting Research, 2011, 28 (2): 585–615.

[85] Klapper LF, Love I. Corporate governance, investor protection, and performance in emerging markets [J]. Journal of Corporate Finance, 2004, 10 (5): 703–728.

[86] Knechel WR, Vanstraelen A. The relationship between auditor tenure and audit quality implied by going concern opinions [J]. Auditing: A Journal of Practice & Theory, 2007, 26 (1): 113–131.

[87] Koh P S, Qian C, Wang H. Firm litigation risk and the insurance value of corporate social performance [J]. Strategic Management Journal, 2013.

[88] Kothari SP, Shu S, Wysocki PD. Do Managers Withhold Bad News? [J]. Journal of Accounting Reasearch, 2009, 47 (1): 241–276.

[89] Kritzman MP. What practitioners need to know about event studies [J]. Financial Analysis Journal, 1994, 50 (6): 17–20.

[90] Kuo C J, Chen C M, Sung C H. Evaluating guarantee fees for loans to small and medium-sized enterprises [J]. Small Business Economics, 2011, 37 (2): 205–218.

[91] La Porta R, Lopez-de-Silanes F, Shleifer A, et al. Legal determinants of external finance [J]. Journal of finance, 1997: 1131–1150.

[92] Leeth, John D., and Jonathan A. Scott. The incidence of secured debt: evidence from the small business community [J]. Journal of Financial and Quantitative Analysis, 1989, 24 (3): 379–394.

[93] Leland, Hayne. Corporate debt value, bond covenants, and optimal capital structure [J]. The Journal of Finance, 1994, 49 (4): 1213–1252.

[94] Leng A, Zhang J, Xing G. Will Capital Structure and Performance Affect External Financial Guarantee Behavior? [C]//Computational Sciences and Optimization (CSO), 2014 Seventh International Joint Conference on. IEEE, 2014: 584–588.

[95] Leng, Aolin, Zhang, Junrui and Xing, Guangyuan. Loan Guarantees and Guarantor Default Risk: Evidence from China [R]. SSRN: http://ssrn.com/abstract=2536695, 2014.

[96] Li C. 2009. Does Client Importance Affect Auditor Independence at the Office Level? Empirical Evidence from Going-Concern Opinions [J]. Contemporary Accounting Research, 26 (1): 201–230.

[97] Li H, Meng L, Wang Q, et al. Political connections, financing and firm performance: Evidence from Chinese private firms [J]. Journal of development economics, 2008, 87 (2): 283-299.

[98] Lie E. Financial Flexibility, Performance, and the Corporate Payout Choice* [J]. The Journal of Business, 2005, 78 (6): 2179-2202.

[99] Lin J H, Tsai J Y, Hung W M. Bank equity risk under bailout programs of loan guarantee and/or equity capital injection [J]. International Review of Economics & Finance, 2014, 31: 263-274.

[100] Lin J Y, Tan G. Policy burdens, accountability, and the soft budget constraint [J]. American Economic Review, 1999: 426-431.

[101] Lin Z. J., Tang Q. L., and Xiao J., An Experimental Study of Users' Responses to Qualified Audit Reports in China [J]. Journal of International Accounting, Auditing and Taxation, 2003, 12 (1): 1-22.

[102] Longstaff, Francis A., Sanjay Mithal, and Eric Neis. Corporate yield spreads: Default risk or liquidity? New evidence from the credit default swap market [J]. The Journal of Finance, 2005, 60 (5): 2213-2253.

[103] Lys T, Sohn S. The association between revisions of financial analysts' earnings forecasts and security-price changes [J]. Journal of Accounting and Economics, 1990, 13 (4): 341-363.

[104] Massin S S, Brothers Jr N M. Surviving the litigious' 90s: What corporate officers and di [J]. SAM Advanced Management Journal, 1994, 59 (4): 27.

[105] Mengistae T, Xu L C. Agency Theory and Executive Compensation: The Case of Chinese State-Owned Enterprises [J]. Journal of Labor Economics, 2004, 22 (3): 615-637.

[106] Merton R C. On the pricing of corporate debt: The risk structure of interest rates [J]. The Journal of Finance, 1974, 29 (2): 449-470.

[107] Merton, Robert C. An analytic derivation of the cost of deposit insurance and loan guarantees an application of modern option pricing theory [J]. Journal of Banking & Finance, 1977, 1 (1): 3-11.

[108] Merton, Robert C. On the pricing of corporate debt: The risk structure of interest rates [J]. The Journal of Finance, 1974, 29 (2): 449-470.

[109] Merton, Robert C., and Zvi Bodie. On the management of financial guarantees [J]. Financial Management, 1992, 1 (4): 87-87.

[110] Mody, Ashoka, and Dilip K. Patro. Valuing and accounting for loan guarantees [J]. The World Bank Research Observer, 1996, 11 (1): 119-142.

[111] Murphy K J. Corporate performance and managerial remuneration: An empirical analysis [J]. Journal of accounting and economics, 1985, 7 (1): 11 – 42.

[112] Mutchler JF, Hopwood W, McKeown JM. The influence of contrary information and mitigating factors on audit opinion decisions on bankrupt companies [J]. Journal of Accounting Research, 1997, 35 (2): 295 – 310.

[113] Noe CF. Voluntary disclosure and insider transactions [J]. Journal of Accounting and Economics, 1999, 27: 305 – 326.

[114] Pittman J. A. and Fortin S., Auditor Choice and the Cost of Debt Capital for Newly Public Firms [J]., Journal of Accounting and Economics, 2004, 37 (1): 113 – 136.

[115] Prince, Wallace D. The effects of products liability litigation on the value of firms [D]. Emory University, 2000.

[116] Qi Y., Roth L., and Wald J. K., Political Rights and the Cost of Debt [J]. Journal of Financial Economics, 2010, 95 (2): 202 – 226.

[117] Raffournier B. The determinants of voluntary financial disclosure by Swiss listed companies: a reply [J]. European Accounting Review, 1997, 6 (3): 493 – 496.

[118] Richardson A J, Welker M. Social disclosure, financial disclosure and the cost of equity capital [J]. Accounting, Organizations and Society, 2001, 26 (7): 597 – 616.

[119] Riding A. L. and Haines J. G., Loan Guarantees: Costs of Default and Benefits to Small Firms [J]. Journal of Business Venturing, 2001, 16 (6): 595 – 612.

[120] Roland G. On the speed and sequencing of privatisation and restructuring [J]. The Economic Journal, 1994: 1158 – 1168.

[121] Ross, A Stephen, Randolph W. westerfield, and Jeffrey Jaffe. Corporate Finance [M]. Mcgraw – Hill College, 2012.

[122] Samujh R. H., Twiname L., and Reutemann J., Credit Guarantee Schemes Supporting Small Enterprise Development: A Review [J]. Asian Journal of Business and Accounting, 2012, 5 (2): 21 – 40.

[123] Seetharaman A, Gul F A, Lynn S G. Litigation risk and audit fees: Evidence from UK firms cross – listed on US markets [J]. Journal of Accounting and Economics, 2002, 33 (1): 91 – 115.

[124] Selby M J P, Franks J R, Karki J P. Loan guarantees, wealth transfers and incentives to invest [J]. The Journal of Industrial Economics, 1988: 47 – 65.

[125] Sengupta P., Corporate Disclosure Quality and the Cost of Debt [J]. Accounting Review, 1998, 73 (4): 459 – 474.

[126] Simunic D A, Stein M T. 1995. The impact of litigation risk on audit pricing: A review of the economics and the evidence [M]. Business, Law, and Economics Center.

[127] Skinner DJ. Why Firms Voluntarily Disclose Bad News [J]. Journal of Accounting Research, 1994, 32 (1): 38-60.

[128] Smirlock M, Kaufold H. Bank foreign lending, mandatory disclosure rules, and the reaction of bank stock prices to the Mexican debt crisis [J]. Journal of Business, 1987, 60: 347-364.

[129] Sosin, Howard B. On the valuation of federal loan guarantees to corporations [J]. The Journal of Finance 1980, 35 (5): 1209-1221.

[130] Stiglitz, Joseph E. A re-examination of the Modigliani-Miller theorem [J]. The American Economic Review, 1969: 784-793.

[131] Stiglitz, Joseph E. Some aspects of the pure theory of corporate finance: bankruptcies and take-overs [J]. The Bell Journal of Economics and Management Science, 1972: 458-482.

[132] Stiglitz, Joseph E., and Andrew Weiss. Credit rationing in markets with imperfect information [J]. The American Economic Review, 1981, 71 (3): 393-410.

[133] Taylor M. E, Baker R L. An analysis of external audit fee [J]. Accounting and Business Research, 1981, (12): 55-60.

[134] Trabelsi A, Oueslati A. The dynamics of stock price adjustments to new information: Empirical evidence from the Tunisian stock exchange market [J]. Finance India, 2004, 18 (2): 835-857.

[135] Valta P., Competition and the Cost of Debt, Journal of Financial Economics, 2012, 105 (3): 661-682.

[136] Vicky B. Hoffman, James M. Patton. How are loss contingency accruals affected by alternative reporting criteria and incentives [J]. Journal of Accounting and Public Policy. 2002, (21): 151-167.

[137] Wang K, Sewon O, Claiborne MC. Determinants and consequences of voluntary disclosure in an emerging market: Evidence from China [J]. Journal of International Accounting, Auditing and Taxation, 2008, 17: 14-30.

[138] Yu F F. Analyst coverage and earnings management [J]. Journal of Financial Economics, 2008, 88 (2): 245-271.

[139] Yu, Fan. Accounting transparency and the term structure of credit spreads [J]. Journal of Financial Economics, 2005, 75 (1): 53-84.

[140] Zhou W. Bank financing in China's private sector: The payoffs of political capital [J]. World Development, 2009, 37 (4): 787-799.

[141] 包建祥. 信息与股票价格变动研究 [J]. 世界经济, 2000 (08): 44-49.

[142] 蔡利剑,张人骥.担保链中企业审计报告——持续经营审计状况及一种新的审计意见变通行为[J].审计与经济研究,2005(05):31-34.

[143] 曹敏,何佳,潘启良.金融中介及关系银行——基于广东外资企业银行融资数据研究[J].经济研究,2003(3):44-53.

[144] 陈斌.中国担保行业的SWOT分析[J].华东经济管理,2008(04):58-60.

[145] 陈汉文,陈向民.证券价格的事件性反应——方法、背景和基于中国证券市场的应用[J].经济研究,2002(01):40-47.

[146] 陈汉文,周中胜.内部控制质量与企业债务融资成本[J].南开管理评论,2014(03):103-111.

[147] 陈红.公司表外负债研究[J].上海立信学院学报,2007.

[148] 陈宏.中国上市公司对外担保行为研究[D].厦门大学,2006.

[149] 陈焕宇.会计信息在商业银行信贷决策中应用的初步研究[D].西南财经大学,2007.

[150] 陈晓红,顾海峰.基于债务展期的担保风险定价理论及应用[J].管理评论,2007,19(5):15-20.

[151] 陈欣,邓攀.啤酒花担保圈的"恶之花"[J].投资与合作,2003(12):80-81.

[152] 陈运森.社会网络与企业效率:基于结构洞位置的证据[J].会计研究,2015(01):48-55+97.

[153] 邓舸.上市公司对外担保存在的问题与风险防范[J].证券市场导报,2004(12):53-57.

[154] 杜权,郑炳蔚.对当前浙江企业担保链问题的思考[J].浙江金融,2010(06):20-21.

[155] 樊纲,王小鲁,朱恒鹏.《中国市场化指数——各地区市场化相对进程2011年报告》,经济科学出版社,2011.

[156] 范小雯.上市公司自愿性信息披露影响因素研究[J].证券市场导报,2006(04):72-77.

[157] 方红星,施继坤,张广宝.产权性质,信息质量与公司债定价——来自中国资本市场的经验证据[J].金融研究,2013(04):170-182.

[158] 冯根福,马亚军,姚树洁.中国上市公司担保行为的实证分析[J].中国工业经济,2005(03):13-21.

[159] 冯延超,梁莱歆.上市公司法律风险,审计收费及非标准审计意见——来自中国上市公司的经验证据[J].审计研究,2010(3):75-81.

[160] 冯宗宪,郭建伟,孙克.企业债的信用价差及其动态过程研究[J].金

融研究, 2009 (03): 54-71.

[161] 高雷, 戴勇, 张杰. 审计实务影响银行贷款政策吗? ——基于上市公司面板数据的经验研究 [J]. 金融研究, 2010 (5): 191-206.

[162] 高雷, 宋顺林. 掏空、财富效应与投资者保护——基于上市公司关联担保的经验证据 [J]. 中国会计评论, 2007 (1): 21-42.

[163] 顾海峰. 基于资信评估路径的中小企业金融担保风险识别研究——兼论中小企业资信评估系统的科学性建构 [J]. 华东经济管理, 2010 (12): 69-73.

[164] 顾海峰. 中小企业信用担保风险形成的内在机制研究 [J]. 财经理论与实践, 2007, 28 (3): 8-11.

[165] 何春. 会计信息与股票价格变动和资本市场效率的关系 [J]. 法制与社会, 2008, 12 (上): 115-116.

[166] 何贤杰, 肖土盛, 陈信元. 企业社会责任信息披露与公司融资约束 [J]. 财经研究, 2012 (08): 60-71+83.

[167] 胡奕明, 唐松莲. 审计、信息透明度与银行贷款利率 [J]. 审计研究, 2007 (06): 74-84.

[168] 黄惠玲. 试析或有负债对银行贷款决策的影响 [J]. 福建金融管理干部学院学报, 2002 (05): 48-61.

[169] 贾芳琳, 黄亚雄, 吴君羊. 我国担保契约的保费费率定价问题 [J]. 经济数学, 2010 (02): 62-66.

[170] 江金锁. 审计意见与债务期限约束——来自中国上市家族企业的经验证据 [J]. 审计与经济研究, 2011 (6): 31-36.

[171] 康宏. 事件研究法算法的研究与设计 [D]. 天津: 河北工业大学, 2005.

[172] 孔艳杰. 我国商业银行信贷风险全过程控制研究 [D]. 东北农业大学, 2004.

[173] 李爱荣. 论或有事项的不确定性及其处理方法 [J]. 武汉理工大学学报—信息与管理工程版, 2004 (04): 199-200.

[174] 李成, 周青. 政府声誉介入下的上市公司虚假信息披露博弈分析 [J]. 浙江大学学报 (人文社会科学版) 预印本, 2009 (03): 10-18.

[175] 李峰. 应收账款担保法律制度研究 [D]. 复旦大学, 2011.

[176] 李广子, 刘力. 债务融资成本与民营信贷歧视 [J]. 金融研究, 2009 (12): 137-150.

[177] 李健, 陈传明. 企业家政治关联、所有制与企业债务期限结构——基于转型经济制度背景的实证研究 [J]. 金融研究, 2013 (03): 157-169.

[178] 李明辉. 试论自愿性信息披露 [J]. 财经论丛, 2001 (04): 70-75.

[179] 李姝, 谢晓嫣. 民营企业的社会责任、政治关联与债务融资——来自中国资本市场的经验证据 [J]. 南开管理评论, 2014 (06): 30-40+95.

[180] 李姝, 赵颖, 童婧. 社会责任报告降低了企业权益资本成本吗?——来自中国资本市场的经验证据 [J]. 会计研究, 2013 (09): 64-70+97.

[181] 李延喜, 曾伟强, 马壮, 陈克兢. 外部治理环境、产权性质与上市公司投资效率 [J]. 南开管理评论, 2015 (01): 25-36.

[182] 李增泉. 实证分析: 审计意见的信息含量 [J]. 会计研究, 1999 (8): 16-22.

[183] 李正, 李增泉. 企业社会责任报告鉴证意见是否具有信息含量——来自我国上市公司的经验证据 [J]. 审计研究, 2012 (01): 78-86.

[184] 廖秀梅. 会计信息的信贷决策有用性: 基于所有权制度制约的研究 [J]. 会计研究, 2007 (05): 31-38+95.

[185] 廖义刚. 审计师出具持续经营不确定性审计意见的动因分析 [J]. 审计与经济研究, 2007 (04): 38-42.

[186] 林斌, 周美华, 舒伟, 刘春丽. 内部控制、公司诉讼和公司价值 [J]. 中国会计评论, 2013 (04): 431-456.

[187] 刘成立. 对外担保、掏空与外部审计治理效应 [J]. 财贸研究, 2010 (03): 131-138.

[188] 刘大远. 中国商业银行信贷制度研究 [D]. 四川大学, 2007.

[189] 刘赛. 或有事项的比较研究 [J]. 中国证券期货, 2010 (02): 111-113.

[190] 刘伟. 信息不对称与中小企业信用担保风险 [J]. 求索, 2007 (02): 33-35.

[191] 刘小年, 郑仁满. 公司业绩, 资本结构与对外信用担保 [J]. 金融研究, 2005 (04): 155-164.

[192] 刘晓婕, 苏柯. 上市公司或有事项披露浅析 [J]. 财会通讯, 2012 (13): 74-75.

[193] 刘志刚. 沪市"过度反应"的实证与理论解释 [D]. 成都: 西南财经大学, 2005.

[194] 鲁士伟. 中国股票市场公司诉讼的事件研究 [D]. 武汉: 华中科技大学, 2002.

[195] 罗党论, 唐清泉. 政府控制, 银企关系与企业担保行为研究——来自中国上市公司的经验证据 [J]. 金融研究, 2007 (03): 151-161.

[196] 雒敏, 麦海燕. 审计意见、审计质量与债务期限结构 [J]. 经济管理, 2011 (07): 121-130.

[197] 吕先锫，王伟．注册会计师非标准审计意见影响因素的实证研究——来自中国证券市场的行业经验证据［J］．审计研究，2007（01）：51-58．

[198] 马晨，程茂勇，张俊瑞．事务所变更能帮助公司提升审计质量吗？——来自二次财务重述的经验证据［J］．中国软科学，2014（10）：109-120．

[199] 马晨，张俊瑞，李彬等．或有事项：研究述评与展望［J］．现代管理科学，2011（06）：35-43．

[200] 马亚军，冯根福．上市公司担保行为分析［J］．证券市场导报，2005（05）：58-64．

[201] 马忠，吴翔宇．金字塔结构对自愿性信息披露程度的影响：来自家族控股上市公司的经验验证［J］．会计研究，2007（01）：44-50．

[202] 毛新述，孟杰．内部控制与诉讼风险［J］．管理世界，2013（11）：155-165．

[203] 孟晞，钟田丽．小微企业与互助担保组织的动态博弈研究［J］．财经问题研究，2012（12）：117-121．

[204] 牛鹏辉．或有事项对企业盈余管理的影响［J］．管理论坛，2010（07下）：12-15．

[205] 牛鹏辉．或有事项对企业盈余管理的影响［J］．会计之友，2010（02）：13-17．

[206] 潘越，潘健平，戴亦一．公司诉讼风险、司法地方保护主义与企业创新［J］．经济研究，2015（03）：131-145．

[207] 潘志梅．上市公司担保与担保所引起的或有负债关系研究［D］．湖南大学，2006．

[208] 企业会计准则［M］．经济科学出版社，2006．

[209] 乔旭东．上市公司年度报告自愿披露行为的实证研究［J］．当代经济科学，2003．

[210] 裘宗舜，饶静．股权结构、治理环境与利益输送——来自我国上市公司的经验证据［J］．当代财经，2007（09）：65-69．

[211] 尚轩如．或有事项会计处理弹性问题研究［D］．东北财经大学，2010．

[212] 邵瑞庆，崔丽娟．对我国上市公司持续经营不确定性审计意见的分析［J］．审计与经济研究，2006（02）：27-31．

[213] 沈洪涛，万拓，杨思琴．我国企业社会责任报告鉴证的现状及评价［J］．审计与经济研究，2010（06）：68-74．

[214] 沈洪涛，王立彦，万拓．社会责任报告及鉴证能否传递有效信号？——基于企业声誉理论的分析［J］．审计研究，2011（04）：87-93．

[215] 宋常，恽碧琰．上市公司首次披露的非标准审计意见信息含量研究

[J]．审计研究，2005（01）：32－40．

[216] 孙蔓莉．论上市公司信息披露中的印象管理行为［J］．会计研究，2004（03）：40－45．

[217] 孙旭东，景乃权．证券诉讼与有效市场争论［J］．浙江金融，2004（05）：22－23．

[218] 孙艳，郭菊娥，王乐．优先求偿权条件下贷款担保价值研究［J］．管理评论，2009（04）：34－41．

[219] 孙艳，郭菊娥，王乐．基于债务展期的企业融资担保合约博弈分析［J］．中国管理科学，2009（03）：159－165．

[220] 孙艳，郭菊娥，王乐．基于障碍期权的可提前终止贷款担保价值研究[J]．当代经济科学，2010（01）：77－83＋127．

[221] 孙铮，李增泉，王景斌．所有权性质、会计信息与债务契约——来自我国上市公司的经验证据［J］．管理世界，2006（10）：100－107＋149．

[222] 谭斌，彭邓华，彭杰．我国或有事项会计处理中存在的问题研究［J］．财会研究，2013：119－120．

[223] 唐跃军，薛红志．企业业绩组合，业绩差异与季报披露的时间选择[J]．会计研究，2005（10）：59－60．

[224] 唐震斌．我国证券市场效率研究［J］．河南金融管理干部学院学报．2006（01）：99－102．

[225] 万良勇，魏明海．金融生态、利益输送与信贷资源配置效率——基于河北担保圈的案例研究［J］．管理世界，2009（05）：6－16＋46＋187．

[226] 汪炜，蒋高峰．信息披露，透明度与资本成本［J］．经济研究，2004（07）：107－114．

[227] 王箭．商业银行信贷风险度量及控制研究［D］．武汉理工大学，2008．

[228] 王俊秋，张奇峰．法律环境、金字塔结构与家族企业的"掏空"行为[J]．财贸研究，2007（05）：97－104．

[229] 王克敏，罗艳梅．中国上市公司对外担保与财务困境研究［J］．吉林大学社会科学学报，2007（05）：106－113．

[230] 王立彦，林小驰．上市公司对外担保行为的股权结构特征分析［J］．南开管理评论，2007（01）：62－69．

[231] 王奇杰．基于博弈论的上市公司内部控制信息披露研究［J］．财政研究，2011（06）：62－65．

[232] 王少飞，孙铮，张旭．审计意见、制度环境与融资约束——来自我国上市公司的实证分析［J］．审计研究，2009（02）：63－72．

[233] 王雄元，陈文娜，顾俊．年报及时性的信号效应——基于2004—2006A

股上市公司年报的实证检验 [J]. 会计研究, 2008 (12): 47-55.

[234] 王雄元. 自愿性信息披露: 信息租金与管制 [J]. 会计研究, 2005 (04): 25-29.

[235] 王彦超, 林斌, 辛清泉. 市场环境、民事诉讼与盈余管理 [J]. 中国会计评论, 2008 (01): 21-40.

[236] 王正位, 朱武祥. 市场非有效与公司投机及过度融资 [J]. 管理科学学报, 2010, 13 (002): 50-57.

[237] 魏志华, 李常青. 家族控制、法律环境与上市公司信息披露质量——来自深圳证券交易所的证据 [J]. 经济与管理研究, 2009 (08): 95-102+109.

[238] 魏志华, 王贞洁, 吴育辉, 李常青. 金融生态环境、审计意见与债务融资成本 [J]. 审计研究, 2012 (03): 98-105.

[239] 温素彬, 薛恒新, 卢太平. 会计信息披露的利益相关者博弈分析 [J]. 经济问题, 2003 (10): 51-53.

[240] 夏立军, 方轶强. 政府控制、治理环境与公司价值——来自中国证券市场的经验证据 [J]. 经济研究, 2005 (05): 40-51.

[241] 肖绍平. 上市公司信息披露、投资者信息识别与博弈均衡 [J]. 中央财经大学学报, 2012 (02): 90-96.

[242] 谢德仁, 张高菊. 金融生态环境、负债的治理效应与债务重组: 经验证据 [J]. 会计研究, 2007 (12): 43-50+96-97.

[243] 阎红玉, 肖爱萍. 商业银行贷款客户的或有负债分析 [J]. 中国金融, 1999 (6): 24-28.

[244] 杨柏. 上市公司信息披露违规行为监管博弈分析 [J]. 管理世界, 2005 (08): 151-152+155.

[245] 杨清香, 俞麟, 宋丽. 内部控制信息披露与市场反应研究——来自中国沪市上市公司的经验证据 [J]. 南开管理评论, 2012 (01): 123-130.

[246] 姚海鑫, 尹波, 李正. 关于上市公司会计监管的不完全信息博弈分析 [J]. 会计研究, 2003 (05): 43-45.

[247] 姚胜琦, 童菲, 周晓辉. 上市公司诉讼仲裁信息的披露与股票非系统波动性的变化 [J]. 系统工程, 2006, 24 (7): 37-44.

[248] 余明桂, 潘红波. 政治关系、制度环境与民营企业银行贷款 [J]. 管理世界, 2008 (08): 9-21+39+187.

[249] 俞鸿琳. 治理环境和治理机制的有效性——基于中国 A 股市场的经验证据 [J]. 生产力研究, 2007 (06): 42-44+47.

[250] 袁显平, 柯大钢. 事件研究方法及其在金融经济研究中的应用 [J]. 统计研究, 2006 (10): 31-35.

[251] 袁显平, 柯大钢. 长期事件研究方法论——一个综述 [J]. 数理统计与管理, 2007, 26 (5): 809-820.

[252] 张纯, 吕伟. 机构投资者、终极产权与融资约束 [J]. 管理世界, 2007 (11): 119-126.

[253] 张继勋, 陈颖, 吴璇. 风险因素对我国上市公司审计收费影响的分析——沪市 2003 年报的数据 [J]. 审计研究, 2005 (04): 34-38.

[254] 张建波. 中小企业信用担保市场低效率的原因及对策 [J]. 华东经济管理, 2009 (12): 78-80+125.

[255] 张经. 会计自愿性信息披露动机的实证研究 [D]. 东北林业大学, 2010.

[256] 张俊瑞, 郭慧婷, 贾宗武等. 企业环境会计信息披露影响因素研究 [J]. 统计与信息论坛, 2008 (23).

[257] 张俊瑞, 刘慧, 杨蓓. 未决诉讼对审计收费和审计意见类型的影响研究 [J]. 审计研究, 2015 (01): 67-74.

[258] 张俊瑞, 赵进文, 张建. 高级管理层激励与上市公司经营绩效相关性的实证分析 [J]. 会计研究, 2004 (09): 29-34.

[259] 张璐璐, 徐飞. 上市公司对外担保与股东财富风险研究 [J]. 财经问题研究, 2008 (06): 66-70.

[260] 张敏, 张胜, 王成方. 政治关联与信贷资源配置效率——来自我国民营上市公司的经验证据 [J]. 管理世界, 2010 (11): 143-153.

[261] 张维迎, 柯荣住. 诉讼过程中的逆向选择及其解释——以契约纠纷的基层法院判决书为例的经验研究 [J]. 中国社会科学, 2002 (02): 31-43+205-206.

[262] 张晓岚, 李强, 吴勋. 持续经营审计判断的改进: 经营效率证据的引入 [J]. 会计研究, 2007 (01): 66-73.

[263] 张晓岚, 宋敏. 上市公司持续经营审计意见信息含量的差异性研究 [J]. 审计研究, 2007 (06): 59-66.

[264] 张晓琦. 我国商业银行信用风险度量及管理研究 [D]. 哈尔滨工程大学, 2011.

[265] 张颖慧, 聂强. 担保、连带责任与小额信贷合同 [J]. 华东经济管理, 2012 (07): 145-149.

[266] 张勇. 信任、审计意见与商业信用融资 [J]. 审计研究, 2013 (05): 72-79.

[267] 张子健, 王立峰. 上市公司或有事项披露情况及完善建议 [J]. 财会月刊, 2010 (32): 22-24.

[268] 张宗新,张晓荣,廖士光.上市公司自愿性信息披露行为有效吗?——基于1998—2003年中国证券市场的检验[J].经济学(季刊),2005(01):369-386.

[269] 章琳一,张洪辉.审计意见、公司融资与公司投资——来自中国上市公司的经验证据[J].山西财经大学学报,2013(09):116-124.

[270] 赵大玮.我国商业银行信贷决策行为研究[D].湖南大学,2009.

[271] 赵丽萍.深市A股公司或有事项信息披露的现状分析[J].会计之友,2008(12下):42-44.

[272] 赵尚梅,史宏梅,杜华东.地方政府在城市商业银行的大股东掏空行为——从地方政府融资平台贷款视角的研究[J].管理评论,2013(12):32-41.

[273] 赵息,张靖.上市公司信息披露的一个经济博弈分析[J].天津大学学报(社会科学版),2011(05):408-412.

[274] 郑海英.上市公司对外担保及其风险分析——基于啤酒花事件引发的思考[J].中央财经大学学报,2004(08):33-36.

[275] 郑建明,范黎波,朱媚.关联担保、隧道效应与公司价值[J].中国工业经济,2007(05):64-70.

[276] 郑志刚,邓贺斐.法律环境差异和区域金融发展——金融发展决定因素基于我国省级面板数据的考察[J].管理世界,2010(06):14-27+187.

[277] 周冬华,赵玉洁.分析师跟进能够降低审计费用吗——来自中国证券市场的经验证据[J].证券市场导报,2015(01):13-18+44.

[278] 周宏.上海证券市场年报公布的市场效应研究[J].会计研究,2004(07):013.

[279] 周嘉南,黄登仕.上市公司高级管理层薪酬业绩敏感度与风险之间关系的实证检验[J].会计研究,2006(04):44-50.

[280] 周涌.谈事件研究法在金融市场有效性检验中的局限性[J].财经视线,2008(05):107-108.

[281] 朱红军,何贤杰,陶林.中国的证券分析师能够提高资本市场的效率吗——基于股价同步性和股价信息含量的经验证据[J].金融研究,2007(02):110-121.

[282] 朱凯,陈信元.金融发展、审计意见与上市公司融资约束[J].金融研究,2009(07):66-80.

附录1：或有事项研究数据搜集及数据库建立

本书主要围绕中国上市公司或有事项信息披露及其经济后果问题展开研究，并对或有事项中高频项目进行重点研究。本书研究设立之初，国内大型数据库，如CSMAR、CCER、万德（Wind）等，或不存在或有事项数据字段，或即使存在或有事项相关字段，但数据严重缺失（例如，CSMAR中缺失诉讼数据字段以及2011年前担保数据，Wind数据库担保数据缺失率超过50%等）。故此，急需构建完整、系统的上市公司或有事项数据库。研究期初的工作重点集中于"上市公司或有事项数据库"的数据收集与构建。

根据《企业会计准则13号——或有事项》规定，研究人员将或有事项分为债务担保、未决诉讼和未决仲裁、应收票据贴现和背书、产品质量保证、债务重组、环境污染整治、亏损合同、预计负债以及或有资产等九个大的项目分别进行数据搜集。数据收集工作主要采取人工采集方式，对中国上市公司披露的年报中涉及的或有事项信息逐年、逐公司、逐事项分别收集、整理、分类、汇总。数据搜集的范围设定为A股主板上市公司2007年至2014年的年度报告。

从2011年9月数据库方案起草开始，研究人员先后讨论了数据的收集范围、区间以及数据的结构化处理等数据库构建的相关问题。2012年1月，数据库进入正式收集阶段。2012年4月初至9月末，研究组采用代码分工分别进行搜集，每位数据搜集成员按照每月1200份左右上市公司报表，或每月1000份左右的上市公司或有事项相关的临时公告（如"上市公司诉讼事项临时公告"）的速度同时搜集数据，保证了同一个上市公司数据的内部衔接性。2012年10月初至10月末，研究人员对初步搜集的数据进行了整理与完善。由于数据搜集工作由多人完成，且各家上市公司年报中披露信息的具体内容和方式存在差异，导致初步搜集的数据中存在一些不一致或口径不统一的问题。对此，研究组花费近一个月的时间对已搜集的数据进行统一整理和完善。截至2012年12月，数据收集基本完成，共收集整理完A股主板上市公司6742张年度财务报表。2012年12月至2015年12月，研究人员按照第一阶段的流程继续更新逐年的数据，并不断对构建数据库的数据内容进行最终调整和校验，于2016年1月完成最终的"上市公司或有事项数据库"。

附录2：企业会计准则第13号——或有事项（2006年）

第一章 总 则

第一条 为了规范或有事项的确认、计量和相关信息的披露，根据《企业会计准则——基本准则》，制定本准则。

第二条 或有事项，是指过去的交易或者事项形成的，其结果须由某些未来事项的发生或不发生才能决定的不确定事项。

第三条 职工薪酬、建造合同、所得税、企业合并、租赁、原保险合同和再保险合同等形成的或有事项，适用其他相关会计准则。

第二章 确认和计量

第四条 与或有事项相关的义务同时满足下列条件的，应当确认为预计负债：

（一）该义务是企业承担的现时义务；

（二）履行该义务很可能导致经济利益流出企业；

（三）该义务的金额能够可靠地计量。

第五条 预计负债应当按照履行相关现时义务所需支出的最佳估计数进行初始计量。所需支出存在一个连续范围，且该范围内各种结果发生的可能性相同的，最佳估计数应当按照该范围内的中间值确定。

在其他情况下，最佳估计数应当分别下列情况处理：

（一）或有事项涉及单个项目的，按照最可能发生金额确定。

（二）或有事项涉及多个项目的，按照各种可能结果及相关概率计算确定。

第六条 企业在确定最佳估计数时，应当综合考虑与或有事项有关的风险、不确定性和货币时间价值等因素。货币时间价值影响重大的，应当通过对相关未来现金流出进行折现后确定最佳估计数。

第七条 企业清偿预计负债所需支出全部或部分预期由第三方补偿的，补偿金额只有在基本确定能够收到时才能作为资产单独确认。确认的补偿金额不应当超过预计负债的账面价值。

第八条 待执行合同变成亏损合同的，该亏损合同产生的义务满足本准则第四条规定的，应当确认为预计负债。待执行合同，是指合同各方尚未履行任何合同义务，或部分地履行了同等义务的合同。亏损合同，是指履行合同义务不可避免会发生的成本超过预期经济利益的合同。

第九条 企业不应当就未来经营亏损确认预计负债。

第十条 企业承担的重组义务满足本准则第四条规定的，应当确认预计负债。同时存在下列情况时，表明企业承担了重组义务：

（一）有详细、正式的重组计划，包括重组涉及的业务、主要地点、需要补偿的职工人数及其岗位性质、预计重组支出、计划实施时间等；

（二）该重组计划已对外公告。

重组，是指企业制定和控制的，将显著改变企业组织形式、经营范围或经营方式的计划实施行为。

第十一条 企业应当按照与重组有关的直接支出确定预计负债金额。直接支出不包括留用职工岗前培训、市场推广、新系统和营销网络投入等支出。

第十二条 企业应当在资产负债表日对预计负债的账面价值进行复核。有确凿证据表明该账面价值不能真实反映当前最佳估计数的，应当按照当前最佳估计数对该账面价值进行调整。

第十三条 企业不应当确认或有负债和或有资产。或有负债，是指过去的交易或者事项形成的潜在义务，其存在须通过未来不确定事项的发生或不发生予以证实；或过去的交易或者事项形成的现时义务，履行该义务不是很可能导致经济利益流出企业或该义务的金额不能可靠计量。或有资产，是指过去的交易或者事项形成的潜在资产，其存在须通过未来不确定事项的发生或不发生予以证实。

第三章 披 露

第十四条 企业应当在附注中披露与或有事项有关的下列信息：

（一）预计负债。

1. 预计负债的种类、形成原因以及经济利益流出不确定性的说明。

2. 各类预计负债的期初、期末余额和本期变动情况。

3. 与预计负债有关的预期补偿金额和本期已确认的预期补偿金额。

（二）或有负债（不包括极小可能导致经济利益流出企业的或有负债）。

1. 或有负债的种类及其形成原因，包括已贴现商业承兑汇票、未决诉讼、未决仲裁、对外提供担保等形成的或有负债。

2. 经济利益流出不确定性的说明。

3. 或有负债预计产生的财务影响，以及获得补偿的可能性；无法预计的，应当说明原因。

（三）企业通常不应当披露或有资产。但或有资产很可能会给企业带来经济利益的，应当披露其形成的原因、预计产生的财务影响等。

第十五条 在涉及未决诉讼、未决仲裁的情况下,按照本准则第十四条披露全部或部分信息预期对企业造成重大不利影响的,企业无须披露这些信息,但应当披露该未决诉讼、未决仲裁的性质,以及没有披露这些信息的事实和原因。

附录3：国际会计准则第37号（IAS37）
——准备、或有负债和或有资产

一、目的

本准则的目的是确保将适当的确认标准和计量基础运用于准备、或有负债和或有资产，并确保在财务报表的附注中披露充分的信息，以使使用者能够理解它们的性质、时间和金额。

二、范围

1. 本准则适用于所有企业对以下各项之外的准备、或有负债和或有资产的会计核算：

（1）以公允价值计量的金融工具形成的准备、或有负债和或有资产；

（2）执行中的合同（除了亏损的执行中的合同）形成的准备、或有负债和或有资产；

（3）保险公司与保单持有人之间签订的合同形成的准备、或有负债和或有资产；以及

（4）由其他国际会计准则规范的准备、或有负债和或有资产。

2. 本准则适用于不是以公允价值计量的金融工具（包括担保）。

3. 执行中的合同是指双方均未履行任何义务或双方均同等程度地履行了部分义务的合同。本准则不适用于执行中的合同，除非它是亏损的。

4. 本准则适用于保险公司的准备、或有负债和或有资产，但不适用于其与保单持有人之间签订的合同形成的准备、或有负债和或有资产。

5. 如果其他国际会计准则规范了特定的准备、或有负债和或有资产，企业应运用该准则而不是本准则，例如，关于以下项目的准则也规范了特定的准备：

（1）建造合同（参见《国际会计准则第11号——建造合同》）；

（2）所得税（参见《国队会计准则第12号——所得税》）；

（3）租赁（参见《国际会计准则第17号——租赁》），但是，《国际会计准则第17号》未对已变为亏损的经营租赁的核算提出具体要求，因而本准则应适用于这些情况；

（4）雇员福利（参见《国际会计准则第19号——雇员福利》）。

6. 一些作为准备处理的金额可能与收入的确认有关，例如企业提供担保以收取

费用,本准则不涉及收入确认,《国际会计准则第 18 号——收入》明确了收入确认标准,并就确认标准的应用提供了实务指南,本准则不改变《国际会计准则第 18 号》的规定。

7. 本准则将准备定义为时间或金额不确定的负债,在某些国家,"准备"也与一些项目相联系使用,例如折旧,资产减值和坏账:这些是对资产账面金额的调整,本准则不涉及。

8. 其他国际会计准则规定了支出是作为资产还是作为费用处理,本准则不涉及这些问题,相应地,本准则既不禁止也不要求对提取准备时所确认的费用予以资本化。

9. 本准刚适用于重组(包括中止营业)准备,重组符合中止营业的定义时,《国际会计准则第 35 号——中止营业》可能要求提供附加的披露。

三、定义

10. 本准则中使用的下列术语,其定义为:

准备,指时间或金额不确定的负债。

负债,指因过去事项而发生的企业的现时义务,该义务的结算预期会导致含经济利益的资源流出企业。

义务事项,指形成法定或推定义务的事项,这些法定或推定义务使企业没有现实的选择,只能结算该义务。

法定义务,指因以下任意项而发生的种义务:

(1) 合同(通过其明确的或隐含的条款);

(2) 法规;

(3) 法律的其他实施。

推定义务,福因企业的行为而产生的种义务,其中:

(1) 由于以往实务的成型做法、公开的政策或相当明确的当前声明,企业已向其他方面表明它将承担特定的责任;

(2) 结果,企业使其他方面建立了个有效预期,即它将解除那些责任。

或有负债,指以下二者之:

(1) 因过去事项而产生的潜在义务,其存在仅通过不完全由企业控制的个或数个不确定未来事项的发生或不发生予以证实;

(2) 因过去事项而产生、但因下列原因而未予确认的现时义务:

①结算该义务不是很可能要求含经济利益的资源流出企业;或

②该义务的金额不可以足够可靠地计量。

或有资产,指因过去事项而形成的潜在资产,其存在仅通过不完全由企业控制的个或数个不确定未来事项的发生或不发生予以证实。

亏损合同，指种合同，根据该合同履行义务发生的不可避免费用超过了预期获得的经济利益。

重组，指项由管理部门计划和控制、并重大地改变了企业的经营范围或进行该经营的方式的方案。

准备和其他负债

11. 准备可以与诸如应付账款和应计项目等其他负债区分开来，因为准备的结算所要求的未来支出的时间或金额是不确定的。而比较来说：

（1）应付账款指为已收或已提供的、并已开出发票或已与供应商达成正式协议的货物或劳务进行支付的负债；

（2）应计项目指为已收或已提供的、但还未支付、开出发票或与供应商达成正式协议的货物或劳务进行支付的负债，包括应付给雇员的金额（例如，与应计的假期支付有关的金额）。虽然有时需要对应计项目的金额或时间进行估计，但其不确定性要比对准备估计时面临的不确定性小得多。

应计项目经常作为应付帐款和其他应付款的部分进行报告，而准备则单独地进行报告。

准备与或有负债的关系

12. 一般意义上讲，所有准备都是或有性质的，因为它们在时间或金额上是不确定的，但是，在本准则中，"或有"这个术语用于不予确认的资产和负债，因为它们的存在仅通过不完全由企业控制的一个或数个不确定未来事项的发生或不发生予以证实，另外，术语"或有负债"用于不满足确认条件的负债。

13. 本准则在准备和或有负债之间作出了区分：

（1）准备——确认为负债（假定能作出可靠的估计），因为它们是现时义务，而且结算该义务很可能要求含经济利益的资源流出；

（2）或有负债不确认为负债，因为它们是①潜在义务，企业是否存在一个会导致含经济利益的资源流出的现时义务还未得到证实，或是②不满足本准则确认条件的现时义务（因为结算该义务不是很可能要布含经济利益的资源流出，或者不能对该义务的金额作出相当可靠的估计）。

确认准备

14. 以下条件均满足时应确认准备：

（1）企业因过去事项而承担项现时的法定或推定义务；

（2）结算该义务很可能要求含经济利益的资源流出企业；

（3）该义务的金额可以可靠地估计。

如果这些条件没有满足，不应确认准备。

现时义务

15. 在极少的情况下，会不清楚是否存在项现时义务。在这些情况下，如果考虑所有可获得的证据后，发现在资产负债表日有可能存在现时义务，那么可以认为该过去事项导致了项现时义务。

16. 在几乎所有的情况下，过去事项是否已导致了一项现时义务是明确的，在极少的情况下，例如在法律诉讼中，特定事项是否已发生或这些事项是否已产生了一项现时义务，可能存在争议。在这样的情况下，企业应通过考虑所有可获得的证据，包括专家的意见等，来确定资产负债表日是否存在现时义务。应予考虑的证据包括资产负债表日后事项提供的附加证据。在这些证据的基础上：

（1）如果资产负债表日有可能存在现时义务，则企业应确认一项准备（假定满足确认条件）；

（2）如果资产负债表日有可能不存在现时义务，除非含经济利益的资源流出的可能性极小（见第86段），否则企业应披露一项或有负债。

过去事项

17. 形成现时义务的过去事项称为义务事项。对于作为义务事项的事项，企业必须没有现实的选择，只能结算该事项形成的义务。仅当以下事项之一发生时才出现这种情况：

（1）义务的结算通过法律来执行；

（2）就推定义务而言，事项（可能是企业的行为）使其他方面建立了一个有效预期，即企业将结算该义务。

18. 财务报表反映企业报告期末的财务状况，而不反映企业未来可能的财务状况。因此，对未来经营活动所发生的费用不确认准备。只有在资产负债表日存在的负债才能在企业资产负债表上予以确认。

19. 仅对与企业未来行为（例如，未来经营活动）无关的过去事项产生的义务确认准备。这种义务的例子有：对违法的环境破坏的处罚或清除费用，这两者不论企业的未来行为如何，其结算均会导致含经济利益的资源流出企业，同样地，企业应在有义务纠正已造成的破坏的范围内，对油井或核反应堆的拆撤费用确认准备。相反，因商业压力或法律要求，企业可能打算或需要发生支出以在未来按特殊方式经营（例如，在特定类型的工厂安装烟尘过滤器）。因为企业能借助其未来行为避免未来支出，例如，改变经营方法，所以对于该未来支出，企业不承担现时义务，不确认准备。

20. 义务总是涉及义务所属的另一方，但是没有必要知道义务所属该方的身份，实际上义务可能属于公众。因为义务总是涉及对另一方的承诺，所以管理部门或董事会的决定在资产负债表日并不形成推定义务，除非该决定在资产负债表日之前已经以一种相当具体的方式传达给那些受影响的方面，以使他们建立了一个有效预期，即企业将解除其责任。

21. 因法律变化或企业行为（例如，相当具体的公开声明）形成了一项推定义务,一项不立刻形成义务的事项可能会在以后形成义务。例如,在造成环境污染时,可能没有义务治理认污染,但是,如果一项新的法律要求治理现有污染,或企业用一种形成推定义务的方式公开承担了治理义务的责任时,环境污染将成为义务事项。

22. 如果拟议中的新法律的具体条文还未定稿,那么仅在该法律基本肯定会象起草的那样颁布时才形成义务。本准则中,这样的义务视作法定义务,围绕法律颁布的情况之间存在的差别,使得确定促成某项法律基本肯定会颁布的单个事项是不可能的。很多情况下,在法律颁布之前,无法判断该项法律是否基本肯定会颁布。

含经济利益的资源很可能流出

23. 对于满足确认条件的负债,不仅必须存在现时义务,而且结算该义务很可能要求含经济利益的资源流出,本准则中,如果该事项很可能发生,即该事项发生的可能性比其不发生的可能性大,则资源流出或其他事项被认为是很可能的,现时义务不是很可能存在时,除非含经济利益的资源流出的可能性极小(见第86段),否则企业应披露一项或有负债。

24. 如果有很多类似的义务(例如,产品保证或类似合同),则结算时要求资源流出的可能性应通过总体考虑该类义务来确定,虽然对于某个项目而言,资源流出的可能性小,但很可能需要流出一些资源以总体结算该类义务。如果出现这种情况,则应确认项准备(假定其他确认条件也能满足)。

义务的可靠估计

25. 估计的使用是财务报表编制过程中必不可少的一部分,且不削弱财务报表的可靠件,这一点对于准备来说尤其如此,因为从性质看,准备比大多数其他资产负债表项目更具不确定性。除了极少的情况,企业均能确定可能结果的范围,从而能对义务作出估计,该估计足够可靠地用于确认准备,

26. 在极少的情况下,不能作出可靠的估计,因此存在不能确认的负债。该负债应作为或有负债予以披露(见第86段),

或有负债

27. 企业不应确认或有负债。

28. 除非含经济利益的资源流出的可能性极小,否则或有负债应按第86段要求的那样予以披露,

29. 企业联合和各自对某项义务负有责任时,义务中预期由其他方面结算的部分应作为或有负债处理,企业对很可能要求含经济利益的资源流出的那部分义务确认准备,除非极少的情况下不能对该义务作出可靠的估计。

30. 或有负债可能不按最初预料的方式发展,因此,应对它们进行持续的评价,以确定含经济利益的资源流出的可能性是否已变为很可能,如果对应以前作为或有负债处理的事项的未来经济利益流出的可能性变为很可能了,则应在可能性发生变化当期的财务报表上确认一项准备(除非在极少的情况下不能作出可靠的估计)。

或有资产

31. 企业不应确认或有资产。

32. 或有资产通常由导致经济利益可能流入企业的未计划的事项或其他未预料到的事项形成。索赔是或有资产的一个例子。企业通过法律程序提出索赔，其结果具有不确定性。

33. 或有资产不应在财务报表中予以确认，因为确认或有资产可能会导致那些可能永远不会实现的收益得到确认。但是，收益基本肯定会实现时，相关资产已不是或有资产，此时将其确认是恰当的。

34. 经济利益很可能流入时，应按第89段的要求披露或有资产。

35. 应对或有资产进行持续评价，以确保情况的发展在财务报表中得到适当的反映。经济利益基本肯定会流入时，该资产和相关收益应在变化发生当期的财务报表上予以确认。经济利益只是很可能会流入时，企业应披露该或有资产（见第89段）。

计量

最好估计

36. 确认为准备的金额应是资产负债表日结算现时义务所要求支出的最好估计。

37. 结算现时义务所要求支出的最好估计，应是企业在资产负债表日结算该义务，或在此时将该义务转让给第三方而合理支付的金额。在资产负债表日结算或转让义务通常不可能发生或是异常昂贵，但是，企业为结算或转让该义务进行合理支付的金额的估计，提供了资产负债表日结算现时义务所要求支出的最好估计。

38. 结果和财务影响的估计由企业管理部门根据判断，同时辅之以类似交易的经验和（某些情况下）独立专家出具的报告来确定。应考虑的证据包括资产负债表日后事项提供的附加证据。

39. 围绕予以确认为准备的金额的不确定性，可根据情况采用不同的方式处理，如果予以计量的准备涉及大量的项目，则应基于其相关的可能性，对各种可能结果进行加权来对义务进行估计，这种估计的统计方法称为"预期价值法"。因此，给定金额的损失的可能性不同（比如说60%或90%）时，准备的金额也是不同的，如果存在可能结果的连续范围，且该范围中每一点和其他各点的可能性一样，则范围内的各点均可采用。

40. 计量一项单项义务时，单个最可能的结果可能是该负债的最好估计。但是，即使在这种情况下，企业也应考虑其他可能的结果，如果其他可能的结果大部分均比最可能结果的金额高或低，则最好估计将是一项较高或较低的金额，例如，如果企业不得不纠正其为客户建造的主要厂房中存在的严重失误，则单个最可能金额可能是一次补救成功须花费的费用1000万元，但是，如果存在重大的可能性，有必要作进一步的补救，则应提取一项较大金额的准备。

41. 准备在税前计量，因为准备的税后结果及变化，应按《国际会计准则第12号所得税》进行处理。

风险和不确定性

42. 不可避免地围绕很多事项和情况的风险和不确定性，应在计算准备的最好估计时予以考虑。

43. 风险描述结果的变化，风险调整可能增加负债计量的金额。在不确定的情况下进行判断需要谨慎，以使收益或资产不会高估，费用或负债不会低估，但是，不确定性并不说明应提取过多准备和故意夸大负债，例如，如果一个特别相反结果的预计费用是在谨慎的基础上进行估计的，那么该结果不能人为地认为比实际的情况更可能。需要谨慎以避免对风险和不确定性进行重复调整，高估准备。

44. 应按第85段（2）的要求披露与支出金额相关的不确定性。

现值

45. 如果货币时间价值的影响重大，准备的金额应是结算义务预期所要求支出的现值。

46. 因货币时间价值的影响，与资产负债表日后不久发生的现金流出有关的准备，比与较后发生的同样金额的现金流出有关的准备更加负有义务。因此，影响重大时，准备应予折现。

47. 折现率应是反映货币时间价值的当前市场评价及该负债特有风险的税前折现率。折现靠不应反映未来现金流量估计已为其调整的风险。

未来事项

48. 对于可能影响结算业务所须金额的未来事项，如果有足够的客观证据表明它们将发生，则应在准备金额中予以反映。

49. 预期的未来事项可能对计量准备特别重要。例如，企业可能认为，在项目结束时清理场地的费用将因未来技术的变化而降低。确认的金额应反映技术上合格且公正的观察者所作出的合理预测。这些预测是该观察者考虑了清理场地时可使用技术等因素的所有证据后作出的。因此，恰当的做法是，将与应用现有技术过程中积累的经验有关的预计费用减少额，或现有技术应用于比以前进行过的更大或更复杂的清理项目的预期费用，在预测中考虑。但是，除非得到相当客观的证据的支持，否则企业不应对全新的清理技术的发展进行预期。

50. 如果存在相当客观的证据表明，新法规基本肯定会颁布，那么新法规的潜在影响应在计量现时义务时予以考虑。实务中出现的情况的多样化使确定一个在每种情况下均能提供充足、客观证据的单独事项是不可能的。所要求的证据包括，需要什么样的法规、是否在适当的时候基本肯定会颁布和实施，在很多情况下，直至新法规颁布，才存在相当客观的证据。

资产的预期处置

51. 资产预期处置形成的利得不应在计量准备时予以考虑。

52. 资产预期处置形成的利得不应在计量准备时予以考虑，即使该预期处置与形成准备的事项密切联系也是如此。企业应在涉及相关资产的国际会计准则规定的时点确认资产预期处置形成的利得。

补偿

53. 如果结算准备所要求支出的部分或全部预期会由另方补偿，那么当且仅当如果企业结算该义务，就基本评定会收到补偿时，确认该补偿。该补偿应作为项单独的资产处理。对补偿确认的金额不应超过准备的金额。

54. 在收益表中，与准备有关的费用可以扣除对补偿确认的金额后的净额列报。

55. 有时，企业能够让另一方支付结算准备所要求支出的一部分或全部（例如，通过保险合同、豁免条款或供应商的保证），另一方可能补偿企业已付的金额或直接支付这项金额。

56. 在大多数情况下，企业仍对所讨论的全部金额负有责任，以至于第三方出于某种原因未能支付时，企业不得不结算全部金额。在这种情况下，应对负债全额确认准备；而且，应在企业结算该负债时就基本肯定会收到补偿的情况下，对预期的补偿确认一项单独的资产。

57. 在某些情况下，第三方未能支付时企业对所讨论的费用不负有责任，在这种情况下，企业对这些费用不承担义务，因而不应将其包括在准备中。

58. 如第 29 段指出的那样，企业联合和各自负责的某项义务中，预期由其他方面结算的部分应作为或有负债处理。

准备的变化

59. 在每个资产负债表日，应对准备进行检查并予以调整，以反映当前的最好估计。结算该义务不再是很可能要求含经济利益的资源流出时，准备应予转记。

60. 如果使用折现，则应在各期增加准备的账而价值，以反映时间的流逝。这项增加应作为利息费用予以确认。

准备的使用

61. 准备应仅仅用于最初为其确认的支出。

62. 只有与原准备有关的支出才能冲减该准备，将支出冲减原先为其他目的确认的准备会隐藏两个不同事项的影响。

确认和计量原则的应用

未来经营亏损

63. 对未来经营亏损不应确认准备，

64. 未来经营亏损不符合第 10 段中负债的定义，以及第 14 段为准备设定的一般确认条件。

65. 对未来经营亏损的预期，表明特定的经营资产可能发生减值。企业应按

《国际会计准则第 36 号资产减值》对这些资产进行减值测试。

亏损合同

66. 如果企业有项亏损合同,那么该合同下的现时义务应作为准备予以确认和计量。

67. 很多合同(例如,一些日常订单)可以在不须支付给对方补偿的情况下取消,因此不存在义务,其他一些合同对合同当事人同时确立了权利和义务,如果某些事项使一项合同成为亏损合同,则该合同属于本准则范围的内容,且存在应予确认的负债,那些不是亏损的执行中的合同不在本准则规范,

68. 本准则将亏损合同定义为一种合同,根据该合同履行义务发生的不可避免费用超过了预期获得的经济利益,一项合同下不可避免费用反映了退出该合同的最低净费用,即履行该合同的费用与未能履行该合同而发生的补偿或处罚两者之中较低者,

69. 在为亏损合同设立单独准备之前,企业应对该合同标的资产发生的减值损失进行确认(参见《国际会计准则第 36 号资产减值》)。

重组

70. 以下是可能符合重组定义的事项的例子:

(1) 一组业务的转让或终止;

(2) 在一个国家或地区的营业场所的关闭,或营业场所由一个国家或地区移至另一个国家或地区;

(3) 管理结构的变化,例如,取消一个层次的管理部门;

(4) 对企业经营性质和经营重点有重大影响的重要重组。

71. 仅在满足第 14 段为准备设立的一般确认条件时,才能对重组费用确认准备,第 72—83 段对如何将一般确认条件应用于重组,提供了指南。

72. 重组的推定义务仅在个企业有以下情况时产生:

(1) 有项详细、正式的重组计划,该计划至少明确了以下事项:

①涉及的营业或营业的部分;

②受影响的主要经营场所;

③因终止服务而将得到补偿的雇员的分布、职能和大概人数;

④将承担的支出;

⑤计划何时实施;

(2) 通过开始实施该计划,或向那些受具影响的方面通告该计划的主要方面,已使那些受影响的方面建立了个有效预期,即企业将实施该重组。

73. 通过拆卸厂房、出售资产或者公开宣布计划的主要方面等,可以提供企业已经开始实施重组计划的证据,公开宣布重组的具体计划,只有在其通过一种特定方式并相当详细(即明确了计划的主要内容)以至于使其他方面(诸如客户、供应

商和雇员或其代表）建立了一个有效预期（即企业将进行重组）时，才构成一项排定义务。

74. 为了使计划在传达给那些受影响的方面时足以形成推定义务，该计划的实施需要尽早安排，并在不可能再对计划作重大修改的时间限度内完成，如果预期重组开始之前将有长时间的延迟，或重组将持续一段不合理的长时间，那么该计划现在不可能使其他方面建立一个企业承诺重组的有效预期，因为该时间限度内企业有机会改变其计划。

75. 管理部门或董事会在资产负债表日前作出的重组决定，在资产负债表日不形成一项推定义务，除非企业在资产负债表日之前已经开始实施重组计划，或以一种相当特定的方式将重组计划的主要方面传达给那些受影响的方面，使他们建立一个企业将实施重组的有效预期。

在某些情况下，企业仅在资产负债表日之后才开始实施重组，或将其主要方面传达给那些受其影响的方面，如果重组很重要，以至于不对其进行披露将影响财务报表的使用者作出正确的评价和决定，那么根据《国际会计准则第10号或有事项和资产负债表日后事项》的规定，可能要求对此予以披露。

76. 虽然推定义务不只是因管理部门的决定产生的，但义务可能因这种决定及其他以前的事项产生，例如，与雇员代表就解雇费进行的协商或与购买者就转让一项营业进行的谈判，可能已经完成只等董事会批准，一旦获得批准，并传达给了其他方面，而且满足第72段的条件，企业就承担了一项重组的推定义务。

77. 在某些国家，最终决策权属于董事会，其成员包括管理部门以外的利益代表（例如，雇员），或董事会作出决策前必须通知这些代表。因为董事会作出这些决策涉及与这些代表的沟通，因此这项决策可能形成一项重组的推定义务。

78. 直到企业承诺转让，即签有个约束性的转让协议，才产生营业转让的义务。

79. 即使企业已作出决定转让某项营业并公开宣布该决定，直到确定了购买者并签有约束性的转让协议，才说明对转让作出了承诺。在签有约束性转让协议之前，企业可以改变主意，而且如果根据可接受条款找不到购买者，企业完全可以采取其他行动。如果转让营业构成重组的一部分，应按《国际会计准则第36号资产减值》的要求，对该营业的资产作减值测试。如果转让仅是重组的一部分，则在约束性转让协议签订之前，可能对重组的其他部分产生了一项推定义务。

80. 重组准备应仅仅包括重组引起的直接支出，即重组所必需的，但与企业持续进行的活动无关的直接支出。

81. 重组准备不包括以下发生的费用：
（1）再培训或安置留用职员；
（2）推销；
（3）投资新系统或销售网络；

这些支出与未来经营活动有关，在资产负债表日不是重组义务，这些支出应以与重组无关的基础进行确认。

82. 截止重组日发生的可辩认未来经营亏损不包括在准备中，但当它们与第10段定义的亏损合同有关时，可以例外。

83. 按第51段的要求，在计量重组准备时，不应考虑资产预期处置形成的利得，即使资产的转让构成重组的一部分也是如此。

四、披露

84. 对于每类准备，企业应披露：
（1）期初和期末的帐面价值；
（2）当期增加的准备，包括对现存准备部分的增加；
（3）本期使用的金额（即发生并冲销准备的金额）；
（4）当期转回的未使用金额；
（5）本期因时间流逝而增加的折现金额，以及折现率的变化。

不要求提供比较信息。

85. 对于每类准备，企业应披露以下内容：
（1）义务性质的简短描述，以及经济利益最终流出的预期时间；
（2）有关这些经济利益流出的金额或时间的不确定性的说明。如果必须提供充足的信息，那么企业应按第48段的要求，披露就未来事项所作的主要假设；
（3）预期补偿的金额，说明就该预期补偿已确认的资产的金额。

86. 除非结算时经济利益流出的可能性极小，否则企业应在资产负债表日就每类或有负债简短地披露其性质，并在可行的情况下，再披露：
（1）其财务影响的估计（按第36—52段进行计算）；
（2）与流出的金额或时间有关的不确定性的说明；
（3）补偿的可能性。

87. 在确定哪些准备或或有负债可以合并为一个类别时，必须考虑这碑项目的性质是否相当类似，以至可用一个单独的说明来满足第85段（1）和（2）以及第86段（1）和（2）的要求，因此，将与不同产品保证有关的金额作为单独一类准备处理可能是恰当的，但将与一般担保有关的金额和受法律程序约束的金额作为单独一类准备处理则是不适当的。

88. 如果准备和或有负债由相同的一系列情况形成，企业应按第84—86段的要求进行披露，披露的方式应表明该准备和或有负债之间的关系。

89. 如果经济利益很可能流入，企业应在资产负债表日简短地披露或有资产的性质。并在可行的情况下，再披露其财务影响的估计数，该估计数按第36—52段中设立的原则进行计算。

90. 披露或有资产以避免就收益产生的可能性提供误导信息是重要的。

91. 如果因不可行而没有披露第 86 和 89 段要求的信息，则应说明该事实。

92. 在极少的情况下，披露第 84—89 段所要求的部分或全部信息，预期会严重损害处在与其他方面就准备、或有负债或或有资产发生争端的企业的地位。在这样的情况下，企业不需要披露这些信息，但应披露该争端的般性质、以及没有披露该信息的事实和原因。

五、过渡性规定

93. 在其生效日期（或之前）采用本准则所造成的影响，应作为首次采用本准则当期留存收益期初余额的调整数予以报告。鼓励但不要求企业调整最早列报期间的留存收益期初余额，并重述比较信息。如果不重述比较信息，应披露该事实。

94. 本准则与《国际会计准则第 8 号——当期净损失、重大错误和会计政策变更》要求的处理不同，《国际会计准则第 8 号》要求重述比较信息（基准处理方法），或按应予披露的重述基础提供附加的匡算比较信息（允许选用的处理方法）。如果这样做不可行，则属例外。

六、生效日期

95. 本准则对报告期从 1999 年 7 月 1 日或以后开始的财务报表生效。鼓励较早地采用。如果企业在 1999 年 7 月 1 日之前采用本准则，应披露这事实。

96. 本准则替代了《国际会计准则第 10 号——或有事项和资产负债表日后事项》中涉及或有事项的规定。

附录4：中华人民共和国担保法

（1995年6月30日第八届全国人民代表大会常务委员会第十四次会议通过，1995年6月30日中华人民共和国主席令第五十号公布，自1995年10月1日起施行）

第一章　总则
第二章　保证
第一节　保证和保证人
第二节　保证合同和保证方式
第三节　保证责任
第三章　抵押
第一节　抵押和抵押物
第二节　抵押合同和抵押物登记
第三节　抵押的效力
第四节　抵押权的实现
第五节　最高额抵押
第四章　质押
第一节　动产质押
第二节　权利质押
第五章　留置
第六章　定金
第七章　附则

第一章　总　则

第一条　为促进资金融通和商品流通，保障债权的实现，发展社会主义市场经济，制定本法。

第二条　在借贷、买卖、货物运输、加工承揽等经济活动中，债权人需要以担保方式保障其债权实现的，可以依照本法规定设定担保。

本法规定的担保方式为保证、抵押、质押、留置和定金。

第三条　担保活动应当遵循平等、自愿、公平、诚实信用的原则。

第四条　第三人为债务人向债权人提供担保时，可以要求债务人提供反担保。

反担保适用本法担保的规定。

第五条 担保合同是主合同的从合同，主合同无效，担保合同无效。担保合同另有约定的，按照约定。

担保合同被确认无效后，债务人、担保人、债权人有过错的，应当根据其过错各自承担相应的民事责任。

第二章 保 证

第一节 保证和保证人

第六条 本法所称保证，是指保证人和债权人约定，当债务人不履行债务时，保证人按照约定履行债务或者承担责任的行为。

第七条 具有代为清偿债务能力的法人、其他组织或者公民，可以作保证人。

第八条 国家机关不得为保证人，但经国务院批准为使用外国政府或者国际经济组织贷款进行转贷的除外。

第九条 学校、幼儿园、医院等以公益为目的的事业单位、社会团体不得为保证人。

第十条 企业法人的分支机构、职能部门不得为保证人。

企业法人的分支机构有法人书面授权的，可以在授权范围内提供保证。

第十一条 任何单位和个人不得强令银行等金融机构或者企业为他人提供保证；银行等金融机构或者企业对强令其为他人提供保证的行为，有权拒绝。

第十二条 同一债务有两个以上保证人的，保证人应当按照保证合同约定的保证份额，承担保证责任。没有约定保证份额的，保证人承担连带责任，债权人可以要求任何一个保证人承担全部保证责任，保证人都负有担保全部债权实现的义务。已经承担保证责任的保证人，有权向债务人追偿，或者要求承担连带责任的其他保证人清偿其应当承担的份额。

第二节 保证合同和保证方式

第十三条 保证人与债权人应当以书面形式订立保证合同。

第十四条 保证人与债权人可以就单个主合同分别订立保证合同，也可以协议在最高债权额限度内就一定期间连续发生的借款合同或者某项商品交易合同订立一个保证合同。

第十五条 保证合同应当包括以下内容：

（一）被保证的主债权种类、数额；

（二）债务人履行债务的期限；

（三）保证的方式；

（四）保证担保的范围；

（五）保证的期间；

（六）双方认为需要约定的其他事项。

保证合同不完全具备前款规定内容的，可以补正。

第十六条 保证的方式有：

（一）一般保证；

（二）连带责任保证。

第十七条 当事人在保证合同中约定，债务人不能履行债务时，由保证人承担保证责任的，为一般保证。

一般保证的保证人在主合同纠纷未经审判或者仲裁，并就债务人财产依法强制执行仍不能履行债务前，对债权人可以拒绝承担保证责任。

有下列情形之一的，保证人不得行使前款规定的权利：

（一）债务人住所变更，致使债权人要求其履行债务发生重大困难的；

（二）人民法院受理债务人破产案件，中止执行程序的；

（三）保证人以书面形式放弃前款规定的权利的。

第十八条 当事人在保证合同中约定保证人与债务人对债务承担连带责任的，为连带责任保证。

连带责任保证的债务人在主合同规定的债务履行期届满没有履行债务的，债权人可以要求债务人履行债务，也可以要求保证人在其保证范围内承担保证责任。

第十九条 当事人对保证方式没有约定或者约定不明确的，按照连带责任保证承担保证责任。

第二十条 一般保证和连带责任保证的保证人享有债务人的抗辩权。债务人放弃对债务的抗辩权的，保证人仍有权抗辩。

抗辩权是指债权人行使债权时，债务人根据法定事由，对抗债权人行使请求权的权利。

第三节 保证责任

第二十一条 保证担保的范围包括主债权及利息、违约金、损害赔偿金和实现债权的费用。保证合同另有约定的，按照约定。

当事人对保证担保的范围没有约定或者约定不明确的，保证人应当对全部债务承担责任。

第二十二条 保证期间，债权人依法将主债权转让给第三人的，保证人在原保证担保的范围内继续承担保证责任。保证合同另有约定的，按照约定。

第二十三条 保证期间，债权人许可债务人转让债务的，应当取得保证人书面同意，保证人对未经其同意转让的债务，不再承担保证责任。

第二十四条 债权人与债务人协议变更主合同的，应当取得保证人书面同意，未经保证人书面同意的，保证人不再承担保证责任。保证合同另有约定的，按照约定。

第二十五条 一般保证的保证人与债权人未约定保证期间的，保证期间为主债务履行期届满之日起六个月。

在合同约定的保证期间和前款规定的保证期间，债权人未对债务人提起诉讼或者申请仲裁的，保证人免除保证责任；债权人已提起诉讼或者申请仲裁的，保证期间适用诉讼时效中断的规定。

第二十六条 连带责任保证的保证人与债权人未约定保证期间的，债权人有权自主债务履行期届满之日起六个月内要求保证人承担保证责任。

在合同约定的保证期间和前款规定的保证期间，债权人未要求保证人承担保证责任的，保证人免除保证责任。

第二十七条 保证人依照本法第十四条规定就连续发生的债权作保证，未约定保证期间的，保证人可以随时书面通知债权人终止保证合同，但保证人对于通知到债权人前所发生的债权，承担保证责任。

第二十八条 同一债权既有保证又有物的担保的，保证人对物的担保以外的债权承担保证责任。

债权人放弃物的担保的，保证人在债权人放弃权利的范围内免除保证责任。

第二十九条 企业法人的分支机构未经法人书面授权或者超出授权范围与债权人订立保证合同的，该合同无效或者超出授权范围的部分无效，债权人和企业法人有过错的，应当根据其过错各自承担相应的民事责任；债权人无过错的，由企业法人承担民事责任。

第三十条 有下列情形之一的，保证人不承担民事责任：

（一）主合同当事人双方串通，骗取保证人提供保证的；

（二）主合同债权人采取欺诈、胁迫等手段，使保证人在违背真实意思的情况下提供保证的。

第三十一条 保证人承担保证责任后，有权向债务人追偿。

第三十二条 人民法院受理债务人破产案件后，债权人未申报债权的，保证人可以参加破产财产分配，预先行使追偿权。

第三章 抵　押

第一节　抵押和抵押物

第三十三条 本法所称抵押，是指债务人或者第三人不转移对本法第三十四条所列财产的占有，将该财产作为债权的担保。债务人不履行债务时，债权人有权依照本法规定以该财产折价或者以拍卖、变卖该财产的价款优先受偿。

前款规定的债务人或者第三人为抵押人，债权人为抵押权人，提供担保的财产为抵押物。

第三十四条 下列财产可以抵押：

（一）抵押人所有的房屋和其他地上定着物；

（二）抵押人所有的机器、交通运输工具和其他财产；

（三）抵押人依法有权处分的国有的土地使用权、房屋和其他地上定着物；

（四）抵押人依法有权处分的国有的机器、交通运输工具和其他财产；

（五）抵押人依法承包并经发包方同意抵押的荒山、荒沟、荒丘、荒滩等荒地的土地使用权；

（六）依法可以抵押的其他财产。

抵押人可以将前款所列财产一并抵押。

第三十五条 抵押人所担保的债权不得超出其抵押物的价值。

财产抵押后，该财产的价值大于所担保债权的余额部分，可以再次抵押，但不得超出其余额部分。

第三十六条 以依法取得的国有土地上的房屋抵押的，该房屋占用范围内的国有土地使用权同时抵押。

以出让方式取得的国有土地使用权抵押的，应当将抵押时该国有土地上的房屋同时抵押。

乡（镇）、村企业的土地使用权不得单独抵押。以乡（镇）、村企业的厂房等建筑物抵押的，其占用范围内的土地使用权同时抵押。

第三十七条 下列财产不得抵押：

（一）土地所有权；

（二）耕地、宅基地、自留地、自留山等集体所有的土地使用权，但本法第三十四条第（五）项、第三十六条第三款规定的除外；

（三）学校、幼儿园、医院等以公益为目的的事业单位、社会团体的教育设施、医疗卫生设施和其他社会公益设施；

（四）所有权、使用权不明或者有争议的财产；

（五）依法被查封、扣押、监管的财产；

（六）依法不得抵押的其他财产。

第二节 抵押合同和抵押物登记

第三十八条 抵押人和抵押权人应当以书面形式订立抵押合同。

第三十九条 抵押合同应当包括以下内容：

（一）被担保的主债权种类、数额；

（二）债务人履行债务的期限；

（三）抵押物的名称、数量、质量、状况、所在地、所有权权属或者使用权权属；

（四）抵押担保的范围；

（五）当事人认为需要约定的其他事项。

抵押合同不完全具备前款规定内容的，可以补正。

第四十条　订立抵押合同时，抵押权人和抵押人在合同中不得约定在债务履行期届满抵押权人未受清偿时，抵押物的所有权转移为债权人所有。

第四十一条　当事人以本法第四十二条规定的财产抵押的，应当办理抵押物登记，抵押合同自登记之日起生效。

第四十二条　办理抵押物登记的部门如下：

（一）以无地上定着物的土地使用权抵押的，为核发土地使用权证书的土地管理部门；

（二）以城市房地产或者乡（镇）、村企业的厂房等建筑物抵押的，为县级以上地方人民政府规定的部门；

（三）以林木抵押的，为县级以上林木主管部门；

（四）以航空器、船舶、车辆抵押的，为运输工具的登记部门；

（五）以企业的设备和其他动产抵押的，为财产所在地的工商行政管理部门。

第四十三条　当事人以其他财产抵押的，可以自愿办理抵押物登记，抵押合同自签订之日起生效。

当事人未办理抵押物登记的，不得对抗第三人。当事人办理抵押物登记的，登记部门为抵押人所在地的公证部门。

第四十四条　办理抵押物登记，应当向登记部门提供下列文件或者其复印件：

（一）主合同和抵押合同；

（二）抵押物的所有权或者使用权证书。

第四十五条　登记部门登记的资料，应当允许查阅、抄录或者复印。

第三节　抵押的效力

第四十六条　抵押担保的范围包括主债权及利息、违约金、损害赔偿金和实现抵押权的费用。抵押合同另有约定的，按照约定。

第四十七条　债务履行期届满，债务人不履行债务致使抵押物被人民法院依法扣押的，自扣押之日起抵押权人有权收取由抵押物分离的天然孳息以及抵押人就抵押物可以收取的法定孳息。抵押权人未将扣押抵押物的事实通知应当清偿法定孳息的义务人的，抵押权的效力不及于该孳息。

前款孳息应当先充抵收取孳息的费用。

第四十八条　抵押人将已出租的财产抵押的，应当书面告知承租人，原租赁合同继续有效。

第四十九条　抵押期间，抵押人转让已办理登记的抵押物的，应当通知抵押权人并告知受让人转让物已经抵押的情况；抵押人未通知抵押权人或者未告知受让人的，转让行为无效。

转让抵押物的价款明显低于其价值的，抵押权人可以要求抵押人提供相应的担保；抵押人不提供的，不得转让抵押物。

抵押人转让抵押物所得的价款，应当向抵押权人提前清偿所担保的债权或者向与抵押权人约定的第三人提存。超过债权数额的部分，归抵押人所有，不足部分由债务人清偿。

第五十条 抵押权不得与债权分离而单独转让或者作为其他债权的担保。

第五十一条 抵押人的行为足以使抵押物价值减少的，抵押权人有权要求抵押人停止其行为。抵押物价值减少时，抵押权人有权要求抵押人恢复抵押物的价值，或者提供与减少的价值相当的担保。

抵押人对抵押物价值减少无过错的，抵押权人只能在抵押人因损害而得到的赔偿范围内要求提供担保。抵押物价值未减少的部分，仍作为债权的担保。

第五十二条 抵押权与其担保的债权同时存在，债权消灭的，抵押权也消灭。

第四节 抵押权的实现

第五十三条 债务履行期届满抵押权人未受清偿的，可以与抵押人协议以抵押物折价或者以拍卖、变卖该抵押物所得的价款受偿；协议不成的，抵押权人可以向人民法院提起诉讼。

抵押物折价或者拍卖、变卖后，其价款超过债权数额的部分归抵押人所有，不足部分由债务人清偿。

第五十四条 同一财产向两个以上债权人抵押的，拍卖、变卖抵押物所得的价款按照以下规定清偿：

（一）抵押合同以登记生效的，按照抵押物登记的先后顺序清偿；顺序相同的，按照债权比例清偿；

（二）抵押合同自签订之日起生效的，该抵押物已登记的，按照本条第（一）项规定清偿；未登记的，按照合同生效时间的先后顺序清偿，顺序相同的，按照债权比例清偿。抵押物已登记的先于未登记的受偿。

第五十五条 城市房地产抵押合同签订后，土地上新增的房屋不属于抵押物。需要拍卖该抵押的房地产时，可以依法将该土地上新增的房屋与抵押物一同拍卖，但对拍卖新增房屋所得，抵押权人无权优先受偿。

依照本法规定以承包的荒地的土地使用权抵押的，或者以乡（镇）、村企业的厂房等建筑物占用范围内的土地使用权抵押的，在实现抵押权后，未经法定程序不得改变土地集体所有和土地用途。

第五十六条 拍卖划拨的国有土地使用权所得的价款，在依法缴纳相当于应缴纳的土地使用权出让金的款额后，抵押权人有优先受偿权。

第五十七条 为债务人抵押担保的第三人，在抵押权人实现抵押权后，有权向债务人追偿。

第五十八条 抵押权因抵押物灭失而消灭。因灭失所得的赔偿金，应当作为抵押财产。

第五节 最高额抵押

第五十九条 本法所称最高额抵押，是指抵押人与抵押权人协议，在最高债权额限度内，以抵押物对一定期间内连续发生的债权作担保。

第六十条 借款合同可以附最高额抵押合同。

债权人与债务人就某项商品在一定期间内连续发生交易而签订的合同，可以附最高额抵押合同。

第六十一条 最高额抵押的主合同债权不得转让。

第六十二条 最高额抵押除适用本节规定外，适用本章其他规定。

第四章 质 押

第一节 动产质押

第六十三条 本法所称动产质押，是指债务人或者第三人将其动产移交债权人占有，将该动产作为债权的担保。债务人不履行债务时，债权人有权依照本法规定以该动产折价或者以拍卖、变卖该动产的价款优先受偿。

前款规定的债务人或者第三人为出质人，债权人为质权人，移交的动产为质物。

第六十四条 出质人和质权人应当以书面形式订立质押合同。

质押合同自质物移交于质权人占有时生效。

第六十五条 质押合同应当包括以下内容：

（一）被担保的主债权种类、数额；

（二）债务人履行债务的期限；

（三）质物的名称、数量、质量、状况；

（四）质押担保的范围；

（五）质物移交的时间；

（六）当事人认为需要约定的其他事项。

质押合同不完全具备前款规定内容的，可以补正。

第六十六条 出质人和质权人在合同中不得约定在债务履行期届满质权人未受清偿时，质物的所有权转移为质权人所有。

第六十七条 质押担保的范围包括主债权及利息、违约金、损害赔偿金、质物保管费用和实现质权的费用。质押合同另有约定的，按照约定。

第六十八条 质权人有权收取质物所生的孳息。质押合同另有约定的，按照约定。

前款孳息应当先充抵收取孳息的费用。

第六十九条 质权人负有妥善保管质物的义务。因保管不善致使质物灭失或者毁损的，质权人应当承担民事责任。

质权人不能妥善保管质物可能致使其灭失或者毁损的，出质人可以要求质权人将质物提存，或者要求提前清偿债权而返还质物。

第七十条 质物有损坏或者价值明显减少的可能，足以危害质权人权利的，质权人可以要求出质人提供相应的担保。出质人不提供的，质权人可以拍卖或者变卖质物，并与出质人协议将拍卖或者变卖所得的价款用于提前清偿所担保的债权或者向与出质人约定的第三人提存。

第七十一条 债务履行期届满债务人履行债务的，或者出质人提前清偿所担保的债权的，质权人应当返还质物。

债务履行期届满质权人未受清偿的，可以与出质人协议以质物折价，也可以依法拍卖、变卖质物。

质物折价或者拍卖、变卖后，其价款超过债权数额的部分归出质人所有，不足部分由债务人清偿。

第七十二条 为债务人质押担保的第三人，在质权人实现质权后，有权向债务人追偿。

第七十三条 质权因质物灭失而消灭。因灭失所得的赔偿金，应当作为出质财产。

第七十四条 质权与其担保的债权同时存在，债权消灭的，质权也消灭。

第二节 权利质押

第七十五条 下列权利可以质押：

（一）汇票、支票、本票、债券、存款单、仓单、提单；

（二）依法可以转让的股份、股票；

（三）依法可以转让的商标专用权，专利权、著作权中的财产权；

（四）依法可以质押的其他权利。

第七十六条 以汇票、支票、本票、债券、存款单、仓单、提单出质的，应当在合同约定的期限内将权利凭证交付质权人。质押合同自权利凭证交付之日起生效。

第七十七条 以载明兑现或者提货日期的汇票、支票、本票、债券、存款单、仓单、提单出质的，汇票、支票、本票、债券、存款单、仓单、提单兑现或者提货日期先于债务履行期的，质权人可以在债务履行期届满前兑现或者提货，并与出质人协议将兑现的价款或者提取的货物用于提前清偿所担保的债权或者向与出质人约定的第三人提存。

第七十八条 以依法可以转让的股票出质的，出质人与质权人应当订立书面合同，并向证券登记机构办理出质登记。质押合同自登记之日起生效。

股票出质后，不得转让，但经出质人与质权人协商同意的可以转让。出质人转让股票所得的价款应当向质权人提前清偿所担保的债权或者向与质权人约定的第三人提存。

以有限责任公司的股份出质的,适用公司法股份转让的有关规定。质押合同自股份出质记载于股东名册之日起生效。

第七十九条 以依法可以转让的商标专用权,专利权、著作权中的财产权出质的,出质人与质权人应当订立书面合同,并向其管理部门办理出质登记。质押合同自登记之日起生效。

第八十条 本法第七十九条规定的权利出质后,出质人不得转让或者许可他人使用,但经出质人与质权人协商同意的可以转让或者许可他人使用。出质人所得的转让费、许可费应当向质权人提前清偿所担保的债权或者向与质权人约定的第三人提存。

第八十一条 权利质押除适用本节规定外,适用本章第一节的规定。

第五章 留 置

第八十二条 本法所称留置,是指依照本法第八十四条的规定,债权人按照合同约定占有债务人的动产,债务人不按照合同约定的期限履行债务的,债权人有权依照本法规定留置该财产,以该财产折价或者以拍卖、变卖该财产的价款优先受偿。

第八十三条 留置担保的范围包括主债权及利息、违约金、损害赔偿金、留置物保管费用和实现留置权的费用。

第八十四条 因保管合同、运输合同、加工承揽合同发生的债权,债务人不履行债务的,债权人有留置权。

法律规定可以留置的其他合同,适用前款规定。

当事人可以在合同中约定不得留置的物。

第八十五条 留置的财产为可分物的,留置物的价值应当相当于债务的金额。

第八十六条 留置权人负有妥善保管留置物的义务。因保管不善致使留置物灭失或者毁损的,留置权人应当承担民事责任。

第八十七条 债权人与债务人应当在合同中约定,债权人留置财产后,债务人应当在不少于两个月的期限内履行债务。债权人与债务人在合同中未约定的,债权人留置债务人财产后,应当确定两个月以上的期限,通知债务人在该期限内履行债务。

债务人逾期仍不履行的,债权人可以与债务人协议以留置物折价,也可以依法拍卖、变卖留置物。

留置物折价或者拍卖、变卖后,其价款超过债权数额的部分归债务人所有,不足部分由债务人清偿。

第八十八条 留置权因下列原因消灭:

(一)债权消灭的;

(二)债务人另行提供担保并被债权人接受的。

第六章 定　　金

第八十九条　当事人可以约定一方向对方给付定金作为债权的担保。债务人履行债务后，定金应当抵作价款或者收回。给付定金的一方不履行约定的债务的，无权要求返还定金；收受定金的一方不履行约定的债务的，应当双倍返还定金。

第九十条　定金应当以书面形式约定。当事人在定金合同中应当约定交付定金的期限。定金合同从实际交付定金之日起生效。

第九十一条　定金的数额由当事人约定，但不得超过主合同标的额的百分之二十。

第七章 附　　则

第九十二条　本法所称不动产是指土地以及房屋、林木等地上定着物。
本法所称动产是指不动产以外的物。

第九十三条　本法所称保证合同、抵押合同、质押合同、定金合同可以是单独订立的书面合同，包括当事人之间的具有担保性质的信函、传真等，也可以是主合同中的担保条款。

第九十四条　抵押物、质物、留置物折价或者变卖，应当参照市场价格。

第九十五条　海商法等法律对担保有特别规定的，依照其规定。

第九十六条　本法自1995年10月1日起施行。

附录5：中华人民共和国担保法司法解释

关于适用《中华人民共和国担保法》若干问题的解释

法释〔2000〕44号

二〇〇〇年十二月八日

为了正确适用《中华人民共和国担保法》（以下简称担保法），结合审判实践经验，对人民法院审理担保纠纷案件适用法律问题作出如下解释。

一、关于总则部分的解释

第一条 当事人对由民事关系产生的债权，在不违反法律、法规强制性规定的情况下，以担保法规定的方式设定担保的，可以认定为有效。

第二条 反担保人可以是债务人，也可以是债务人之外的其他人。

反担保方式可以是债务人提供的抵押或者质押，也可以是其他人提供的保证、抵押或者质押。

第三条 国家机关和以公益为目的的事业单位、社会团体违反法律规定提供担保的，担保合同无效。因此给债权人造成损失的，应当根据担保法第五条第二款的规定处理。

第四条 董事、经理违反《中华人民共和国公司法》第六十条的规定，以公司资产为本公司的股东或者其他个人债务提供担保的，担保合同无效。除债权人知道或者应当知道的外，债务人、担保人应当对债权人的损失承担连带赔偿责任。

第五条 以法律、法规禁止流通的财产或者不可转让的财产设定担保的，担保合同无效。

以法律、法规限制流通的财产设定担保的，在实现债权时，人民法院应当按照有关法律、法规的规定对该财产进行处理。

第六条 有下列情形之一的，对外担保合同无效：

（一）未经国家有关主管部门批准或者登记对外担保的；

（二）未经国家有关主管部门批准或者登记，为境外机构向境内债权人提供担保的；

（三）为外商投资企业注册资本、外商投资企业中的外方投资部分的对外债务提供担保的；

（四）无权经营外汇担保业务的金融机构、无外汇收入的非金融性质的企业法人提供外汇担保的；

（五）主合同变更或者债权人将对外担保合同项下的权利转让，未经担保人同意和国家有关主管部门批准的，担保人不再承担担保责任。但法律、法规另有规定的除外。

第七条 主合同有效而担保合同无效，债权人无过错的，担保人与债务人对主合同债权人的经济损失，承担连带赔偿责任；债权人、担保人有过错的，担保人承担民事责任的部分，不应超过债务人不能清偿部分的二分之一。

第八条 主合同无效而导致担保合同无效，担保人无过错的，担保人不承担民事责任；担保人有过错的，担保人承担民事责任的部分，不应超过债务人不能清偿部分的三分之一。

第九条 担保人因无效担保合同向债权人承担赔偿责任后，可以向债务人追偿，或者在承担赔偿责任的范围内，要求有过错的反担保人承担赔偿责任。

担保人可以根据承担赔偿责任的事实对债务人或者反担保人另行提起诉讼。

第十条 主合同解除后，担保人对债务人应当承担的民事责任仍应承担担保责任。但是，担保合同另有约定的除外。

第十一条 法人或者其他组织的法定代表人、负责人超越权限订立的担保合同，除相对人知道或者应当知道其超越权限的以外，该代表行为有效。

第十二条 当事人约定的或者登记部门要求登记的担保期间，对担保物权的存续不具有法律约束力。

担保物权所担保的债权的诉讼时效结束后，担保权人在诉讼时效结束后的二年内行使担保物权的，人民法院应当予以支持。

二、关于保证部分的解释

第十三条 保证合同中约定保证人代为履行非金钱债务的，如果保证人不能实际代为履行，对债权人因此造成的损失，保证人应当承担赔偿责任。

第十四条 不具有完全代偿能力的法人、其他组织或者自然人，以保证人身份订立保证合同后，又以自己没有代偿能力要求免除保证责任的，人民法院不予支持。

第十五条 担保法第七条规定的其他组织主要包括：
（一）依法登记领取营业执照的独资企业、合伙企业；
（二）依法登记领取营业执照的联营企业；
（三）依法登记领取营业执照的中外合作经营企业；
（四）经民政部门核准登记的社会团体；
（五）经核准登记领取营业执照的乡镇、街道、村办企业。

第十六条 从事经营活动的事业单位、社会团体为保证人的，如无其他导致保证合同无效的情况，其所签定的保证合同应当认定为有效。

第十七条 企业法人的分支机构未经法人书面授权提供保证的，保证合同无效。

因此给债权人造成损失的，应当根据担保法第五条第二款的规定处理。

企业法人的分支机构经法人书面授权提供保证的，如果法人的书面授权范围不明，法人的分支机构应当对保证合同约定的全部债务承担保证责任。

企业法人的分支机构经营管理的财产不足以承担保证责任的，由企业法人承担民事责任。

企业法人的分支机构提供的保证无效后应当承担赔偿责任的，由分支机构经营管理的财产承担。企业法人有过错的，按照担保法第二十九条的规定处理。

第十八条 企业法人的职能部门提供保证的，保证合同无效。债权人知道或者应当知道保证人为企业法人的职能部门的，因此造成的损失由债权人自行承担。

债权人不知保证人为企业法人的职能部门，因此造成的损失，可以参照担保法第五条第二款的规定和第二十九条的规定处理。

第十九条 两个以上保证人对同一债务同时或者分别提供保证时，各保证人与债权人没有约定保证份额的，应当认定为连带共同保证。

连带共同保证的保证人以其相互之间约定各自承担的份额对抗债权人的，人民法院不予支持。

第二十条 连带共同保证的债务人在主合同规定的债务履行期届满没有履行债务的，债权人可以要求债务人履行债务，也可以要求任何一个保证人承担全部保证责任。

连带共同保证的保证人承担保证责任后，向债务人不能追偿的部分，由各连带保证人按其内部约定的比例分担。没有约定的，平均分担。

第二十一条 按份共同保证的保证人按照保证合同约定的保证份额承担保证责任后，在其履行保证责任的范围内对债务人行使追偿权。

第二十二条 第三人单方以书面形式向债权人出具担保书，债权人接受且未提出异议的，保证合同成立

主合同中虽然没有保证条款，但是，保证人在主合同上以保证人的身份签字或者盖章的，保证合同成立

第二十三条 最高额保证合同的不特定债权确定后，保证人应当对在最高债权额限度内就一定期间连续发生的债权余额承担保证责任。

第二十四条 一般保证的保证人在主债权履行期间届满后，向债权人提供了债务人可供执行财产的真实情况的，债权人放弃或者怠于行使权利致使该财产不能被执行，保证人可以请求人民法院在其提供可供执行财产的实际价值范围内免除保证责任

第二十五条 担保法第十七条第三款第（一）项规定的债权人要求债务人履行债务发生的重大困难情形，包括债务人下落不明、移居境外，且无财产可供执行

第二十六条 第三人向债权人保证监督支付专款专用的，在履行了监督支付专

款专用的义务后，不再承担责任。未尽监督义务造成资金流失的，应当对流失的资金承担补充赔偿责任。

第二十七条 保证人对债务人的注册资金提供保证的，债务人的实际投资与注册资金不符，或者抽逃转移注册资金的，保证人在注册资金不足或者抽逃转移注册资金的范围内承担连带保证责任。

第二十八条 保证期间，债权人依法将主债权转让给第三人的，保证债权同时转让，保证人在原保证担保的范围内对受让人承担保证责任。但是保证人与债权人事先约定仅对特定的债权人承担保证责任或者禁止债权转让的，保证人不再承担保证责任。

第二十九条 保证期间，债权人许可债务人转让部分债务未经保证人书面同意的，保证人对未经其同意转让部分的债务，不再承担保证责任。但是，保证人仍应当对未转让部分的债务承担保证责任。

第三十条 保证期间，债权人与债务人对主合同数量、价款、币种、利率等内容作了变动，未经保证人同意的，如果减轻债务人的债务的，保证人仍应当对变更后的合同承担保证责任；如果加重债务人的债务的，保证人对加重的部分不承担保证责任。

债权人与债务人对主合同履行期限作了变动，未经保证人书面同意的，保证期间为原合同约定的或者法律规定的期间。

债权人与债务人协议变动主合同内容，但并未实际履行的，保证人仍应当承担保证责任。

第三十一条 保证期间不因任何事由发生中断、中止、延长的法律后果。

第三十二条 保证合同约定的保证期间早于或者等于主债务履行期限的，视为没有约定，保证期间为主债务履行期届满之日起六个月。

保证合同约定保证人承担保证责任直至主债务本息还清时为止等类似内容的，视为约定不明，保证期间为主债务履行期届满之日起二年。

第三十三条 主合同对主债务履行期限没有约定或者约定不明的，保证期间自债权人要求债务人履行义务的宽限期届满之日起计算。

第三十四条 一般保证的债权人在保证期间届满前对债务人提起诉讼或者申请仲裁的，从判决或者仲裁裁决生效之日起，开始计算保证合同的诉讼时效。

连带责任保证的债权人在保证期间届满前要求保证人承担保证责任的，从债权人要求保证人承担保证责任之日起，开始计算保证合同的诉讼时效。

第三十五条 保证人对已经超过诉讼时效期间的债务承担保证责任或者提供保证的，又以超过诉讼时效为由抗辩的，人民法院不予支持。

第三十六条 一般保证中，主债务诉讼时效中断，保证债务诉讼时效中断；连带责任保证中，主债务诉讼时效中断，保证债务诉讼时效不中断。

一般保证和连带责任保证中，主债务诉讼时效中止的，保证债务的诉讼时效同时中止。

第三十七条　最高额保证合同对保证期间没有约定或者约定不明的，如最高额保证合同约定有保证人清偿债务期限的，保证期间为清偿期限届满之日起六个月。没有约定债务清偿期限的，保证期间自最高额保证终止之日或自债权人收到保证人终止保证合同的书面通知到达之日起六个月。

第三十八条　同一债权既有保证又有第三人提供物的担保的，债权人可以请求保证人或者物的担保人承担担保责任。当事人对保证担保的范围或者物的担保的范围没有约定或者约定不明的，承担了担保责任的担保人，可以向债务人追偿，也可以要求其他担保人清偿其应当分担的份额。

同一债权既有保证又有物的担保的，物的担保合同被确认无效或者被撤销，或者担保物因不可抗力的原因灭失而没有代位物的，保证人仍应当按合同的约定或者法律的规定承担保证责任。

债权人在主合同履行期届满后怠于行使担保物权，致使担保物的价值减少或者毁损、灭失的，视为债权人放弃部分或者全部物的担保。保证人在债权人放弃权利的范围内减轻或者免除保证责任。

第三十九条　主合同当事人双方协议以新贷偿还旧贷，除保证人知道或者应当知道的外，保证人不承担民事责任。

新贷与旧贷系同一保证人的，不适用前款的规定。

第四十条　主合同债务人采取欺诈、胁迫等手段，使保证人在违背真实意思的情况下提供保证的，债权人知道或者应当知道欺诈、胁迫事实的，按照担保法第三十条的规定处理。

第四十一条　债务人与保证人共同欺骗债权人，订立主合同和保证合同的，债权人可以请求人民法院予以撤销。因此给债权人造成损失的，由保证人与债务人承担连带赔偿责任。

第四十二条　人民法院判决保证人承担保证责任或者赔偿责任的，应当在判决书主文中明确保证人享有担保法第三十一条规定的权利。判决书中未予明确追偿权的，保证人只能按照承担责任的事实，另行提起诉讼。

保证人对债务人行使追偿权的诉讼时效，自保证人向债权人承担责任之日起开始计算。

第四十三条　保证人自行履行保证责任时，其实际清偿额大于主债权范围的，保证人只能在主债权范围内对债务人行使追偿权。

第四十四条　保证期间，人民法院受理债务人破产案件的，债权人既可以向人民法院申报债权，也可以向保证人主张权利。

债权人申报债权后在破产程序中未受清偿的部分，保证人仍应当承担保证责任。

债权人要求保证人承担保证责任的,应当在破产程序终结后六个月内提出。

第四十五条　债权人知道或者应当知道债务人破产,既未申报债权也未通知保证人,致使保证人不能预先行使追偿权的,保证人在该债权在破产程序中可能受偿的范围内免除保证责任。

第四十六条　人民法院受理债务人破产案件后,债权人未申报债权的,各连带共同保证的保证人应当作为一个主体申报债权,预先行使追偿权。

三、关于抵押部分的解释

第四十七条　以依法获准尚未建造的或者正在建造中的房屋或者其他建筑物抵押的,当事人办理了抵押物登记,人民法院可以认定抵押有效。

第四十八条　以法定程序确认为违法、违章的建筑物抵押的,抵押无效。

第四十九条　以尚未办理权属证书的财产抵押的,在第一审法庭辩论终结前能够提供权利证书或者补办登记手续的,可以认定抵押有效。

当事人未办理抵押物登记手续的,不得对抗第三人。

第五十条　以担保法第三十四条第一款所列财产一并抵押的,抵押财产的范围应当以登记的财产为准。抵押财产的价值在抵押权实现时予以确定。

第五十一条　抵押人所担保的债权超出其抵押物价值的,超出的部分不具有优先受偿的效力。

第五十二条　当事人以农作物和与其尚未分离的土地使用权同时抵押的,土地使用权部分的抵押无效。

第五十三条　学校、幼儿园、医院等以公益为目的的事业单位、社会团体,以其教育设施、医疗卫生设施和其他社会公益设施以外的财产为自身债务设定抵押的,人民法院可以认定抵押有效。

第五十四条　按份共有人以其共有财产中享有的份额设定抵押的,抵押有效。

共同共有人以其共有财产设定抵押,未经其他共有人的同意,抵押无效。但是,其他共有人知道或者应当知道而未提出异议的视为同意,抵押有效。

第五十五条　已经设定抵押的财产被采取查封、扣押等财产保全或者执行措施的,不影响抵押权的效力。

第五十六条　抵押合同对被担保的主债权种类、抵押财产没有约定或者约定不明,根据主合同和抵押合同不能补正或者无法推定的,抵押不成立。

法律规定登记生效的抵押合同签订后,抵押人违背诚实信用原则拒绝办理抵押登记致使债权人受到损失的,抵押人应当承担赔偿责任。

第五十七条　当事人在抵押合同中约定,债务履行期届满抵押权人未受清偿时,抵押物的所有权转移为债权人所有的内容无效。该内容的无效不影响抵押合同其他部分内容的效力。

债务履行期届满后抵押权人未受清偿时，抵押权人和抵押人可以协议以抵押物折价取得抵押物。但是，损害顺序在后的担保物权人和其他债权人利益的，人民法院可以适用合同法第七十四条、第七十五条的有关规定。

第五十八条 当事人同一天在不同的法定登记部门办理抵押物登记的，视为顺序相同。

因登记部门的原因致使抵押物进行连续登记的，抵押物第一次登记的日期，视为抵押登记的日期，并依此确定抵押权的顺序。

第五十九条 当事人办理抵押物登记手续时，因登记部门的原因致使其无法办理抵押物登记，抵押人向债权人交付权利凭证的，可以认定债权人对该财产有优先受偿权。但是，未办理抵押物登记的，不得对抗第三人。

第六十条 以担保法第四十二条第（二）项规定的不动产抵押的，县级以上地方人民政府对登记部门未作规定，当事人在土地管理部门或者房产管理部门办理了抵押物登记手续，人民法院可以确认其登记的效力。

第六十一条 抵押物登记记载的内容与抵押合同约定的内容不一致的，以登记记载的内容为准。

第六十二条 抵押物因附合、混合或者加工使抵押物的所有权为第三人所有的，抵押权的效力及于补偿金；抵押物所有人为附合物、混合物或者加工物的所有人的，抵押权的效力及于附合物、混合物或者加工物；第三人与抵押物所有人为附合物、混合物或者加工物的共有人的，抵押权的效力及于抵押人对共有物享有的份额。

第六十三条 抵押权设定前为抵押物的从物的，抵押权的效力及于抵押物的从物。但是，抵押物与其从物为两个以上的人分别所有时，抵押权的效力不及于抵押物的从物。

第六十四条 债务履行期届满，债务人不履行债务致使抵押物被人民法院依法扣押的，自扣押之日起抵押权人收取的由抵押物分离的天然孳息和法定孳息，按照下列顺序清偿：

（一）收取孳息的费用；

（二）主债权的利息；

（三）主债权。

第六十五条 抵押人将已出租的财产抵押的，抵押权实现后，租赁合同在有效期内对抵押物的受让人继续有效。

第六十六条 抵押人将已抵押的财产出租的，抵押权实现后，租赁合同对受让人不具有约束力。

抵押人将已抵押的财产出租时，如果抵押人未书面告知承租人该财产已抵押的，抵押人对出租抵押物造成承租人的损失承担赔偿责任；如果抵押人已书面告知承租人该财产已抵押的，抵押权实现造成承租人的损失，由承租人自己承担。

第六十七条 抵押权存续期间,抵押人转让抵押物未通知抵押权人或者未告知受让人的,如果抵押物已经登记的,抵押权人仍可以行使抵押权;取得抵押物所有权的受让人,可以代替债务人清偿其全部债务,使抵押权消灭。受让人清偿债务后可以向抵押人追偿。

如果抵押物未经登记的,抵押权不得对抗受让人,因此给抵押权人造成损失的,由抵押人承担赔偿责任。

第六十八条 抵押物依法被继承或者赠与的,抵押权不受影响。

第六十九条 债务人有多个普通债权人的,在清偿债务时,债务人与其中一个债权人恶意串通,将其全部或者部分财产抵押给该债权人,因此丧失了履行其他债务的能力,损害了其他债权人的合法权益,受损害的其他债权人可以请求人民法院撤销该抵押行为。

第七十条 抵押人的行为足以使抵押物价值减少的,抵押权人请求抵押人恢复原状或提供担保遭到拒绝时,抵押权人可以请求债务人履行债务,也可以请求提前行使抵押权。

第七十一条 主债权未受全部清偿的,抵押权人可以就抵押物的全部行使其抵押权。

抵押物被分割或者部分转让的,抵押权人可以就分割或者转让后的抵押物行使抵押权。

第七十二条 主债权被分割或者部分转让的,各债权人可以就其享有的债权份额行使抵押权。

主债务被分割或者部分转让的,抵押人仍以其抵押物担保数个债务人履行债务。但是,第三人提供抵押的,债权人许可债务人转让债务未经抵押人书面同意的,抵押人对未经其同意转让的债务,不再承担担保责任

第七十三条 抵押物折价或者拍卖、变卖该抵押物的价款低于抵押权设定时约定价值的,应当按照抵押物实现的价值进行清偿。不足清偿的剩余部分,由债务人清偿。

第七十四条 抵押物折价或者拍卖、变卖所得的价款,当事人没有约定的,按下列顺序清偿:

(一)实现抵押权的费用;
(二)主债权的利息;
(三)主债权。

第七十五条 同一债权有两个以上抵押人的,债权人放弃债务人提供的抵押担保的,其他抵押人可以请求人民法院减轻或者免除其应当承担的担保责任。

同一债权有两个以上抵押人的,当事人对其提供的抵押财产所担保的债权份额或者顺序没有约定或者约定不明的,抵押权人可以就其中任一或者各个财产行使抵

押权。

抵押人承担担保责任后,可以向债务人追偿,也可以要求其他抵押人清偿其应当承担的份额。

第七十六条 同一动产向两个以上债权人抵押的,当事人未办理抵押物登记,实现抵押权时,各抵押权人按照债权比例受偿。

第七十七条 同一财产向两个以上债权人抵押的,顺序在先的抵押权与该财产的所有权归属一人时,该财产的所有权人可以以其抵押权对抗顺序在后的抵押权。

第七十八条 同一财产向两个以上债权人抵押的,顺序在后的抵押权所担保的债权先到期的,抵押权人只能就抵押物价值超出顺序在先的抵押担保债权的部分受偿。

顺序在先的抵押权所担保的债权先到期的,抵押权实现后的剩余价款应予提存,留待清偿顺序在后的抵押担保债权。

第七十九条 同一财产法定登记的抵押权与质权并存时,抵押权人优先于质权人受偿。

同一财产抵押权与留置权并存时,留置权人优先于抵押权人受偿。

第八十条 在抵押物灭失、毁损或者被征用的情况下,抵押权人可以就该抵押物的保险金、赔偿金或者补偿金优先受偿。

抵押物灭失、毁损或者被征用的情况下,抵押权所担保的债权未届清偿期的,抵押权人可以请求人民法院对保险金、赔偿金或补偿金等采取保全措施。

第八十一条 最高额抵押权所担保的债权范围,不包括抵押物因财产保全或者执行程序被查封后或债务人、抵押人破产后发生的债权。

第八十二条 当事人对最高额抵押合同的最高限额、最高额抵押期间进行变更,以其变更对抗顺序在后的抵押权人的,人民法院不予支持。

第八十三条 最高额抵押权所担保的不特定债权,在特定后,债权已届清偿期的,最高额抵押权人可以根据普通抵押权的规定行使其抵押权。

抵押权人实现最高额抵押权时,如果实际发生的债权余额高于最高限额的,以最高限额为限,超过部分不具有优先受偿的效力;如果实际发生的债权余额低于最高限额的,以实际发生的债权余额为限对抵押物优先受偿。

四、关于质押部分的解释

(一) 动产质权

第八十四条 出质人以其不具有所有权但合法占有的动产出质的,不知出质人无处分权的质权人行使质权后,因此给动产所有人造成损失的,由出质人承担赔偿责任。

第八十五条 债务人或者第三人将其金钱以特户、封金、保证金等形式特定化后，移交债权人占有作为债权的担保，债务人不履行债务时，债权人可以以该金钱优先受偿。

第八十六条 债务人或者第三人未按质押合同约定的时间移交质物的，因此给质权人造成损失的，出质人应当根据其过错承担赔偿责任。

第八十七条 出质人代质权人占有质物的，质押合同不生效；质权人将质物返还于出质人后，以其质权对抗第三人的，人民法院不予支持。

因不可归责于质权人的事由而丧失对质物的占有，质权人可以向不当占有人请求停止侵害、恢复原状、返还质物。

第八十八条 出质人以间接占有的财产出质的，质押合同自书面通知送达占有人时视为移交。占有人收到出质通知后，仍接受出质人的指示处分出质财产的，该行为无效。

第八十九条 质押合同中对质押的财产约定不明，或者约定的出质财产与实际移交的财产不一致的，以实际交付占有的财产为准。

第九十条 质物有隐蔽瑕疵造成质权人其他财产损害的，应由出质人承担赔偿责任。但是，质权人在质物移交时明知质物有瑕疵而予以接受的除外。

第九十一条 动产质权的效力及于质物的从物。但是，从物未随同质物移交质权人占有的，质权的效力不及于从物。

第九十二条 按照担保法第六十九条的规定将质物提存的，质物提存费用由质权人负担；出质人提前清偿债权的，应当扣除未到期部分的利息。

第九十三条 质权人在质权存续期间，未经出质人同意，擅自使用、出租、处分质物，因此给出质人造成损失的，由质权人承担赔偿责任。

第九十四条 质权人在质权存续期间，为担保自己的债务，经出质人同意，以其所占有的质物为第三人设定质权的，应当在原质权所担保的债权范围之内，超过的部分不具有优先受偿的效力。转质权的效力优于原质权。

质权人在质权存续期间，未经出质人同意，为担保自己的债务，在其所占有的质物上为第三人设定质权的无效。质权人对因转质而发生的损害承担赔偿责任。

第九十五条 债务履行期届满质权人未受清偿的，质权人可以继续留置质物，并以质物的全部行使权利。出质人清偿所担保的债权后，质权人应当返还质物。

债务履行期届满，出质人请求质权人及时行使权利，而质权人怠于行使权利致使质物价格下跌的，由此造成的损失，质权人应当承担赔偿责任。

第九十六条 本解释第五十七条、第六十二条、第六十四条、第七十一条、第七十二条、第七十三条、第七十四条、第八十条之规定，适用于动产质押。

（二）权利质押

第九十七条 以公路桥梁、公路隧道或者公路渡口等不动产收益权出质的，按照担保法第七十五条第（四）项的规定处理。

第九十八条 以汇票、支票、本票出质，出质人与质权人没有背书记载"质押"字样，以票据出质对抗善意第三人的，人民法院不予支持。

第九十九条 以公司债券出质的，出质人与质权人没有背书记载"质押"字样，以债券出质对抗公司和第三人的，人民法院不予支持。

第一百条 以存款单出质的，签发银行核押后又受理挂失并造成存款流失的，应当承担民事责任。

第一百零一条 以票据、债券、存款单、仓单、提单出质的，质权人再转让或者质押的无效。

第一百零二条 以载明兑现或者提货日期的汇票、支票、本票、债券、存款单、仓单、提单出质的，其兑现或者提货日期后于债务履行期的，质权人只能在兑现或者提货日期届满时兑现款项或者提取货物。

第一百零三条 以股份有限公司的股份出质的，适用《中华人民共和国公司法》有关股份转让的规定

以上市公司的股份出质的，质押合同自股份出质向证券登记机构办理出质登记之日起生效

以非上市公司的股份出质的，质押合同自股份出质记载于股东名册之日起生效

第一百零四条 以依法可以转让的股份、股票出质的，质权的效力及于股份、股票的法定孳息。

第一百零五条 以依法可以转让的商标专用权，专利权、著作权中的财产权出质的，出质人未经质权人同意而转让或者许可他人使用已出质权利的，应当认定为无效。因此给质权人或者第三人造成损失的，由出质人承担民事责任。

第一百零六条 质权人向出质人、出质债权的债务人行使质权时，出质人、出质债权的债务人拒绝的，质权人可以起诉出质人和出质债权的债务人，也可以单独起诉出质债权的债务人。

五、关于留置部分的解释

第一百零七条 当事人在合同中约定排除留置权，债务履行期届满，债权人行使留置权的，人民法院不予支持。

第一百零八条 债权人合法占有债务人交付的动产时，不知债务人无处分该动产的权利，债权人可以按照担保法第八十二条的规定行使留置权。

第一百零九条 债权人的债权已届清偿期，债权人对动产的占有与其债权的发生有牵连关系，债权人可以留置其所占有的动产。

第一百一十条 留置权人在债权未受全部清偿前，留置物为不可分物的，留置权人可以就其留置物的全部行使留置权

第一百一十一条 债权人行使留置权与其承担的义务或者合同的特殊约定相抵

触的，人民法院不予支持。

第一百一十二条　债权人的债权未届清偿期，其交付占有标的物的义务已届履行期的，不能行使留置权。但是，债权人能够证明债务人无支付能力的除外。

第一百一十三条　债权人未按担保法第八十七条规定的期限通知债务人履行义务，直接变价处分留置物的，应当对此造成的损失承担赔偿责任。债权人与债务人按照担保法第八十七条的规定在合同中约定宽限期的，债权人可以不经通知，直接行使留置权。

第一百一十四条　本解释第六十四条、第八十条、第八十七条、第九十一条、第九十三条的规定，适用于留置。

六、关于定金部分的解释

第一百一十五条　当事人约定以交付定金作为订立主合同担保的，给付定金的一方拒绝订立主合同的，无权要求返还定金；收受定金的一方拒绝订立合同的，应当双倍返还定金。

第一百一十六条　当事人约定以交付定金作为主合同成立或者生效要件的，给付定金的一方未支付定金，但主合同已经履行或者已经履行主要部分的，不影响主合同的成立或者生效。

第一百一十七条　定金交付后，交付定金的一方可以按照合同的约定以丧失定金为代价而解除主合同，收受定金的一方可以双倍返还定金为代价而解除主合同。对解除主合同后责任的处理，适用《中华人民共和国合同法》的规定。

第一百一十八条　当事人交付留置金、担保金、保证金、订约金、押金或者订金等，但没有约定定金性质的，当事人主张定金权利的，人民法院不予支持。

第一百一十九条　实际交付的定金数额多于或者少于约定数额，视为变更定金合同；收受定金一方提出异议并拒绝接受定金的，定金合同不生效。

第一百二十条　因当事人一方迟延履行或者其他违约行为，致使合同目的不能实现，可以适用定金罚则。但法律另有规定或者当事人另有约定的除外。

当事人一方不完全履行合同的，应当按照未履行部分所占合同约定内容的比例，适用定金罚则。

第一百二十一条　当事人约定的定金数额超过主合同标的额百分之二十的，超过的部分，人民法院不予支持。

第一百二十二条　因不可抗力、意外事件致使主合同不能履行的，不适用定金罚则。因合同关系以外第三人的过错，致使主合同不能履行的，适用定金罚则。受定金处罚的一方当事人，可以依法向第三人追偿。

七、关于其他问题的解释

第一百二十三条　同一债权上数个担保物权并存时，债权人放弃债务人提供的物的担保的，其他担保人在其放弃权利的范围内减轻或者免除担保责任。

第一百二十四条　企业法人的分支机构为他人提供保证的，人民法院在审理保证纠纷案件中可以将该企业法人作为共同被告参加诉讼。但是商业银行、保险公司的分支机构提供保证的除外。

第一百二十五条　一般保证的债权人向债务人和保证人一并提起诉讼的，人民法院可以将债务人和保证人列为共同被告参加诉讼。但是，应当在判决书中明确在对债务人财产依法强制执行后仍不能履行债务时，由保证人承担保证责任。

第一百二十六条　连带责任保证的债权人可以将债务人或者保证人作为被告提起诉讼，也可以将债务人和保证人作为共同被告提起诉讼。

第一百二十七条　债务人对债权人提起诉讼，债权人提起反诉的，保证人可以作为第三人参加诉讼。

第一百二十八条　债权人向人民法院请求行使担保物权时，债务人和担保人应当作为共同被告参加诉讼。

同一债权既有保证又有物的担保的，当事人发生纠纷提起诉讼的，债务人与保证人、抵押人或者出质人可以作为共同被告参加诉讼。

第一百二十九条　主合同和担保合同发生纠纷提起诉讼的，应当根据主合同确定案件管辖。担保人承担连带责任的担保合同发生纠纷，债权人向担保人主张权利的，应当由担保人住所地的法院管辖。

主合同和担保合同选择管辖的法院不一致的，应当根据主合同确定案件管辖。

第一百三十条　在主合同纠纷案件中，对担保合同未经审判，人民法院不应当依据对主合同当事人所作出的判决或者裁定，直接执行担保人的财产。

第一百三十一条　本解释所称"不能清偿"指对债务人的存款、现金、有价证券、成品、半成品、原材料、交通工具等可以执行的动产和其他方便执行的财产执行完毕后，债务仍未能得到清偿的状态。

第一百三十二条　在案件审理或者执行程序中，当事人提供财产担保的，人民法院应当对该财产的权属证书予以扣押，同时向有关部门发出协助执行通知书，要求其在规定的时间内不予办理担保财产的转移手续。

第一百三十三条　担保法施行以前发生的担保行为，适用担保行为发生时的法律法规和有关司法解释。

担保法施行以后因担保行为发生的纠纷案件，在本解释公布施行前已经终审，当事人申请再审或者按审判监督程序决定再审的，不适用本解释。

担保法施行以后因担保行为发生的纠纷案件，在本解释公布施行后尚在一审或二审阶段的，适用担保法和本解释。

第一百三十四条　最高人民法院在担保法施行以前作出的有关担保问题的司法解释，与担保法和本解释相抵触的，不再适用。

附录6：企业对外担保的内部控制制度（例）

××股份有限公司对外担保内部控制制度

第一章 总 则

第一条 为了规范××股份有限公司（以下简称"公司"）的对外担保行为，保护投资者的合法权益，控制公司资产运营风险，促进公司健康稳健的发展，根据《中华人民共和国公司法》（以下简称"《公司法》"）、《中华人民共和国证券法》（以下简称"《证券法》"）、《中华人民共和国担保法》、《深圳证券交易所股票上市规则》（以下简称"《上市规则》"）、《深圳证券交易所中小企业板诚信建设指引》（以下简称"诚信建设指引"）、《××股份有限公司章程》（以下简称"《公司章程》"）和其他相关法律法规的规定，制定本制度。

第二条 公司对外担保是指公司为法律、法规和规范性文件等所允许的其他第三方（包括公司的控股子公司）的债务履行提供担保的行为，担保方式包括保证、抵押、质押、留置和定金。

第三条 未经董事会或股东大会批准，公司不得对外提供担保。

第四条 公司对外担保的内部控制应当遵循合法、审慎、互利、安全的原则，严格控制担保风险。

第五条 公司对外担保（对全资子公司的担保除外）时必须要求对方提供反担保，且反担保的提供方应当具有实际承担能力。

第二章 对外担保的事前调查

第六条 公司董事会应当在审议对外担保议案前充分调查被担保人的经营和资信情况，认真审议分析被担保方的财务状况、营运状况、行业前景和信用情况，依法审慎作出决定。公司可以在必要时聘请外部专业机构对担保风险进行评估，以作为董事会或股东大会进行决策的依据。

第七条 对被担保人进行担保调查需要但不限于对以下内容：

（一）被担保人的基本情况；

（二）被担保人的财务状况，最近一期经审计的财务报告；

（三）被担保人的生产经营状况，所属行业前景；

（四）被担保人的信用情况；

（五）债权人单位、担保方式、期限、金额等；

（六）被担保人申请贷款项目的可行性、合法性；

（七）被担保人的对外担保情况；

（八）其他需要了解的资料。

第八条 被担保人申请贷款项目发生变更时，公司应重新组织进行审查、评估。

第九条 有下列情形之一的，公司不得为被担保人提供担保：

（一）产权不清晰，行业不符合国家产业政策鼓励的；

（二）提供虚假财务报表和其他资料的；

（三）存在债务逾期、拖欠利息等情况的；

（四）经营状况已近恶化或预期将要恶化的；

（五）公司认为该担保可能存在损害公司或股东利益的；

（六）《公司章程》所认定的不能为其提供担保的情形的。

第十条 公司对外担保应当要求对方提供反担保，谨慎判断反担保提供方的实际担保能力和反担保的可执行性。

第三章 对外担保的审批权限

第十一条 股东大会和董事会是公司对外担保的决策机构，公司一切对外担保行为，须按程序经公司股东大会或董事会批准。未经公司股东大会或董事会的批准，公司不得对外提供担保。

第十二条 公司董事会有权决定单次金额不超过公司最近一期经审计净资产的10%的对外担保事项，以及除需股东大会审议批准之外的对外担保事项。

第十三条 公司对外担保提交董事会审议时，应当取得出席董事会会议的三分之二以上董事同意并经全体独立董事三分之二以上同意。对表决事项有重大利害关系的关联董事，不得参加表决；回避后表决董事人数少于3人的，应提交股东大会审议。公司独立董事应当在董事会审议对外担保事项（对合并范围内子公司提供担保除外）时发表独立意见，必要时可以聘请会计师事务所对公司累计和当期对外担保情况进行核查。如发现异常，要及时向董事会和监管部门报告并公告。

第十四条 以下对外担保行为，经董事会审议通过后，还须经股东大会批准：

（一）公司及其控股子公司的对外担保总额，达到或超过公司最近一期经审计净资产50%以后提供的任何担保；

（二）连续十二个月内公司的对外担保总额，达到或超过公司最近一期经审计总资产30%以后的任何担保；

（三）连续十二个月内担保金额超过公司最近一期经审计净资产的50%且绝对金额超过5 000万元人民币；

（四）为资产负债率超过70%的担保对象提供的担保；

（五）单笔担保额超过最近一期经审计净资产10%的担保；

（六）对股东、实际控制人及其关联方提供的担保；

（七）国家法律、法规、规章、规范性文件和《公司章程》规定的其他担保情形。股东大会审议前款第（二）担保事项时，应经出席股东大会的股东所持表决权的三分之二以上通过。

第十五条　股东与股东大会拟审议担保事项有关联关系时，应当回避表决，其所持有表决权的股份不计入出席股东大会有表决权的股份总数。股东大会在审议为股东、实际控制人及其关联人提供的担保议案时，该股东或受该实际控制人支配的股东，不得参与该项表决，该项表决应由出席股东大会的其他股东所持表决权的半数以上通过。

第十六条　提交股东大会审议的对外担保（不含对合并报表范围内的子公司的担保）公司应当通过网络投票等方式为中小股东参加股东大会提供便利。

第十七条　公司对外担保事项经董事会或股东大会批准后，由董事长负责签署担保合同以及反担保合同。

第十八条　公司对外签署的担保合同中，应当确定下列条款：

（一）债权人、债务人；

（二）被保证人的债权的种类、金额；

（三）债权人与债务人履行债务的约定期限；

（四）保证的方式；

（五）保证担保的范围；

（六）保证期间；

（七）各方认为需要约定的其他事项。

第四章　对外担保的信息披露

第十九条　公司对外担保事项经董事会或股东大会审议批准后，董事会秘书处应按照信息披露相关规定及时做好信息披露工作。

第二十条　公司已披露的对外担保事项，如出现以下情形之一时应及时披露相关情况及拟采取的措施：

（一）被担保人于债务到期后十五个交易日内未履行还款义务的；

（二）被担保人出现破产、清算及其他严重影响还款能力情形的。

第五章　对外担保的事后管理

第二十一条　公司担保事项发生后，公司财务部门要妥善管理担保合同及相关原始资料，及时进行清理检查，并定期与银行等相关机构进行核对，保证存档资料的完整、准确、有效，关注担保的时效、期限，发现问题要立即向公司董事会、监事会和财务总监报告，以便及时采取有效的保全措施，防范潜在风险，避免或减少可能发生的损失。

第二十二条 公司财务部门要持续关注被担保人的情况，收集被担保人最近一期的财务资料和审计报告，定期分析其财务状况及偿债能力，关注其生产经营、资产负债、对外担保以及分立合并、法定代表人变化等情况，建立相关财务档案，定期向董事会报告。如发现被担保人经营状况严重恶化或发生公司解散、分立等重大事项的，有关责任人要及时报告董事会。董事会应当采取有效措施，将损失降低到最小程度。

第二十三条 公司对外担保的债务到期后，公司要督促被担保人在限定时间内履行偿债义务。若被担保人未能按时履行义务，公司应当及时采取必要的补救措施。

第二十四条 公司对外担保的债务到期后需展期并需公司继续为其提供担保的，应当作为新的对外担保事项，重新履行担保审批程序和信息披露义务。

第六章 对外担保的监督和检查

第二十五条 公司监事会负责对外担保的监督和检查，审计部做好日常的监督和检查工作。

第二十六条 对外担保的监督和检查，主要内容包括：

（一）外担保决策程序是否正确，是否存在越权批准行为；

（二）担保风险是否超出公司可承受范围，被担保人的诚信记录、经营状况和财务状况是否良好；

（三）被担保人是否提供反担保，反担保是否具有可实施性；

（四）独立董事和保荐人（如有）是否发表意见；

（五）财务部门是否指派专人持续关注被担保人的经营状况和财务状况，并对担保事项进行跟踪管理。

第二十七条 监事会、审计部对监督、检查过程中发现的对外担保内部控制中的薄弱环节，应要求被检查单位纠正和完善；发现重大问题应立即向董事会报告，以便及时采取有效措施，控制对外担保风险。

第七章 责任人责任

第二十八条 公司董事、总经理及其他高级管理人员未按规定程序擅自越权签订对担保合同，给公司造成损害的，将从严追究当事人的有关责任。

第二十九条 有关责任人怠于行使职权，给公司造成损失的，公司可视情节轻重给予包括经济处罚在内的处分，有关责任人应当承担赔偿责任。

第三十条 相关责任人在公司对外担保过程中违反法律规定的，由公司移交司法机关依法追究刑事责任。

第八章 附 则

第三十一条 本制度适用于本公司及控股子公司。本制度未尽事宜，依照国家有关法律法规、中国证监会有关规定、《上市规则》和《公司章程》的有关规定执行。本制度与有关法律法规、中国证监会有关规定、《上市规则》和《公司章程》的规定不一致的，按照法律法规、中国证监会有关规定、《上市规则》和《公司章程》执行。

第三十二条 本制度经公司董事会审议通过后实施。

第三十三条 本制度由公司董事会负责解释和修订。